高等职业教育轨道交通新形态一体化系列教材

铁路轨道构造与维护

主编 ◎ 张振雷　解宝柱

主审 ◎ 马德东

本书数字资源

西南交通大学出版社

·成　都·

内容提要

本书共分为七章，主要介绍普速、高速铁路轨道组成及几何形位，普速、高速铁路曲线轨道主要技术标准，普通无缝线路、跨区间无缝线路结构原理与主要技术标准，普速、高速铁路道岔构造与主要技术标准，我国无砟轨道及扣件组成与主要技术标准，普速铁路维修基本知识与方法，高速铁路维修基本知识与方法。

本书可作为交通运输铁道工程技术、高速铁路施工与维护、高速铁路综合维修技术及相关专业的教学用书，也可供相关专业技术人员参考。

图书在版编目（ＣＩＰ）数据

铁路轨道构造与维护/张振雷，解宝柱主编. —成都：西南交通大学出版社，2022.10
ISBN 978-7-5643-8887-4

Ⅰ. ①铁… Ⅱ. ①张… ②解… Ⅲ. ①轨道（铁路）–构造–高等职业教育–教材②轨道（铁路）–维修–高等职业教育–教材 Ⅳ. ①U213.2②U216.42

中国版本图书馆 CIP 数据核字（2022）第 160560 号

Tielu Guidao Gouzao yu Weihu

铁路轨道构造与维护

主　编 / 张振雷　解宝柱　　　　责任编辑 / 姜锡伟
　　　　　　　　　　　　　　　　封面设计 / 何东琳设计工作室

西南交通大学出版社出版发行
（四川省成都市金牛区二环路北一段 111 号西南交通大学创新大厦 21 楼　　610031）
发行部电话：028-87600564　　　028-87600533
网址：http://www.xnjdcbs.com
印刷：成都蜀通印务有限责任公司

成品尺寸　185 mm×260 mm
印张　27　　字数　590 千
版次　2022 年 10 月第 1 版
印次　2022 年 10 月第 1 次

书号　ISBN 978-7-5643-8887-4
定价　69.00 元

前　言

　　现版高等职业教育轨道类教材，一般包括两套体系：一是为铁道工程技术专业编写的铁路轨道类教材，以介绍普速铁路部分内容为主；二是为高速铁路施工与维护专业编写的高速铁路轨道类教材，以介绍高速铁路轨道部分内容为主。这种划分的依据是国家铁路线路维护岗位分为高速铁路和普速铁路。但从轨道结构本身来说，普速铁路轨道和高速铁路轨道没有本质区别，就是按不同速度目标值划分，用不同的技术标准施工与维护，但基本的维修方法和手段并没有本质不同。从学生就业的角度看，除国铁对普速和高速铁路维修岗位有明确的区分外，其他的铁路施工、维修部门都不能做到这种明确分工。在现实中，两类专业的学生由于种种原因交叉就业，使学生学到的知识互为短板。因此，无论是从学生认知规律，还是从满足学生就业岗位需要等出发，都需要一本将普速、高速铁路内容融为一体的铁路轨道教材。

　　在充分调研现行铁路轨道类教材的基础上，结合新颁布的铁路轨道设计和施工规范、维修规则等技术规范，根据高等职业教育专业教学标准，本书共分为七章，介绍普速、高速铁路轨道结构组成及几何形位、曲线轨道、无缝线路、道岔、无砟轨道、普速铁路轨道设备维护和高速铁路轨道设备维护的基本内容和技术方法。

　　本书由辽宁铁道职业技术学院张振雷（第一章第三节至第六节、第五章第一节和第三节、第四章）、解宝柱（第三章）主编，中国铁路沈阳局集团有限公司教授级高级工程师马德东主审。参加编写工作的还有辽宁铁道职业技术学院李坤（第六章）、肖俊（第七章）、满吉芳（第二章）、李福林（第五章第二节）、郭云啸（第一章第一节、第二节），全书由解宝柱教授统稿。

　　在本书编写过程中，编者参考了大量优秀的教材、学术著作和文献，引用了相关规范、规程、规则的部分条文，在此向相关单位、编著者表示衷心感谢。

编　者

2022 年 4 月

目　录

第一章　轨道组成与轨道几何形位 ·· 001

第一节　轨道组成与类型 ·· 001

第二节　钢轨与联结零件 ·· 003

第三节　有砟轨道轨枕与扣件 ·· 012

第四节　道砟与有砟道床 ·· 028

第五节　轨道几何形位 ·· 033

第六节　轨道加强设备 ·· 047

思考与练习 ·· 052

第二章　曲线轨道 ·· 053

第一节　铁路曲线的主要技术条件 ·· 053

第二节　曲线轨距与限界加宽计算 ·· 057

第三节　曲线外轨超高 ·· 063

第四节　缓和曲线 ·· 080

第五节　曲线轨道方向整正 ·· 086

第六节　曲线缩短轨的配置 ·· 103

思考与练习 ·· 111

第三章　无缝线路 ·· 113

第一节　无缝线路概述 ·· 113

第二节　无缝线路基本原理 ·· 115

第三节　无缝线路结构设计 ·· 130

第四节　特殊地段无缝线路 ·· 142

思考与练习 ·· 148

第四章　道　岔 ·· 149

第一节　道岔设备概述 ·· 149

第二节　我国道岔发展与道岔的统型化 ······································ 152

第三节　普通单开道岔构造及主要部件识别 ·································· 161

第四节　普通单开道岔几何形位 ……………………………………… 181

第五节　高速客专道岔 ……………………………………………… 196

第六节　重载道岔 …………………………………………………… 226

第七节　特种道岔 …………………………………………………… 233

第八节　钢轨伸缩调节器 …………………………………………… 239

思考与练习 …………………………………………………………… 247

第五章　无砟轨道 …………………………………………………… 248

第一节　无砟轨道概述与分类 ……………………………………… 248

第二节　无砟轨道构造 ……………………………………………… 255

第三节　无砟轨道扣件系统 ………………………………………… 290

思考与练习 …………………………………………………………… 304

第六章　普速铁路轨道设备维护 …………………………………… 305

第一节　普速铁路线路维修概述 …………………………………… 305

第二节　铁路轨道设备检查 ………………………………………… 312

第三节　线路维修工作内容 ………………………………………… 320

第四节　钢轨检查与维护 …………………………………………… 322

第五节　轨枕及扣件的铺设与轨道几何形位调整 ………………… 330

第六节　道床病害与线路冻害防治 ………………………………… 341

第七节　有砟轨道曲线维护 ………………………………………… 343

第八节　无缝线路铺设及养护维修 ………………………………… 349

第九节　道岔及钢轨伸缩调节器养护维修 ………………………… 361

思考与练习 …………………………………………………………… 372

第七章　高速铁路轨道设备维护 …………………………………… 373

第一节　高速铁路线路维护管理要求及组织机构 ………………… 373

第二节　线路设备检查 ……………………………………………… 376

第三节　高速铁路轨道维修工作内容与工作计划 ………………… 386

第四节　无砟轨道扣件安装、轨道几何形位调整与维修 ………… 390

第五节　有砟轨道维护作业 ………………………………………… 393

第六节　钢轨维护 …………………………………………………… 399

第七节　道岔及钢轨伸缩调节器维护 ……………………………… 405

第八节　无缝线路养护维修 ………………………………………… 420

思考与练习 …………………………………………………………… 422

参考文献 ……………………………………………………………… 424

本章导读

轨道是指路基、桥梁、隧道等线下结构物以上的线路部分，主要由钢轨及配件、轨枕及扣件、道床（有砟、无砟）、道岔及钢轨伸缩调节器等组成。本章主要介绍钢轨、轨枕、有砟道床、轨道几何形位等构造和维护方面的基本知识和技术要求。

本章目标

主要了解有砟、无砟轨道的组成及铁路等级、轨道类型划分；掌握钢轨、轨枕、扣件的类型及主要技术特征；了解道砟的技术特征，掌握有砟道床横断面的主要特征；理解并掌握轨距、水平、高低、方向等轨道几何尺寸的含义，理解不同等级铁路线路轨道静态几何尺寸偏差管理值的含义。

本章重点

钢轨、轨枕、扣件的类型及主要技术条件，道床横断面的主要特征，轨道几何尺寸及不同等级铁路轨道偏差管理值。

第一节 轨道组成与类型

本节要求

（1）了解轨道的组成，掌握铁路等级划分的条件。

（2）了解轨道类型选择的相关内容。

（3）了解有砟轨道正线设计标准，了解我国铁路无砟轨道的类型及主要组成。

一、轨道组成

铁路轨道是铁路线路的上部建筑，是直接承受列车荷载的部分，通常包括钢轨、轨枕、道床、道岔等。轨道的作用是引导列车运行，并将列车荷载传递到路基或其他结构（如桥涵、隧道等）上。

二、轨道类型

1. 铁路等级与分类

铁路等级应根据其在路网中的作用、性质、设计速度和客货运量确定，分为高速铁路、城际铁路、客货共线铁路、重载铁路。

客货共线铁路分为 Ⅰ、Ⅱ、Ⅲ、Ⅳ级，其划分依据为：

（1）Ⅰ级铁路，铁路网中起骨干作用的铁路，或近期年客货运量大于或等于 20 Mt 者。

（2）Ⅱ级铁路，铁路网中起联络、辅助作用的铁路，或近期年客货运量小于 20 Mt 且大于或等于 10 Mt 者。

（3）Ⅲ级铁路，为某一地区或企业服务的铁路，近期年客货运量小于 10 Mt 且大于或等于 5 Mt 者。

（4）Ⅳ级铁路，为某一地区或企业服务的铁路，近期年客货运量小于 5 Mt 者。

2. 铁路轨道类型

铁路轨道按道床是散粒体道砟还是混凝土整体结构分为有砟轨道和无砟轨道，按铁路线路平面线型是直线、曲线还是交叉分为直线轨道、曲线轨道、道岔轨道，按铺设的钢轨是定尺长度钢轨还是连续焊接或胶接长钢轨分为有缝线路（标准轨线路）和无缝线路。

无缝线路又可根据焊接长钢轨长度是否跨越闭塞分区、区间等分为普通无缝线路、区间无缝线路和跨区间无缝线路。

3. 正线有砟轨道结构主要技术标准

正线有砟轨道结构主要技术标准见表 1-1。

表 1-1 正线有砟轨道结构主要技术标准

项目		单位	高速铁路	城际铁路			客货共线铁路				重载铁路				
							Ⅰ级铁路			Ⅱ级铁路					
运营条件	年通过总质量	Mt	—	—	—	—	≥20			10~20	>250	101~250		40~100	
	列车轴重 P	t	≤17	≤17	≤17	≤17	≤25	≤25	≤25	≤25	25~30	30	27、25	30	27、25
	旅客列车设计速度 V_k	km/h	≥250	200	160	120	200	160	120	≤120	—	—	—	—	—
	货物列车设计速度 V_h	km/h					≤120	≤120	≤80	≤80	≤100	≤100	≤100	≤100	≤100
轨道结构	钢轨每米质量	kg/m	60	60	60	60	60	60	60	60/50	75	75/60	60	60	60
	扣件	—	—	弹条Ⅳ或Ⅴ型	弹条Ⅱ、Ⅲ、Ⅳ或Ⅴ型	弹条Ⅱ或Ⅲ型	弹条Ⅱ、Ⅲ、Ⅳ或Ⅴ型	弹条Ⅱ或Ⅲ型	弹条Ⅱ或Ⅲ型	弹条Ⅱ或Ⅲ型	与轨枕匹配的弹性扣件				

续表

项目			单位	高速铁路	城际铁路			客货共线铁路				重载铁路				
								I 级铁路			II 级铁路					
混凝土轨枕	型号		—	—	III	III	III	III	III	III或新II	III或新II	满足设计轴重要求的混凝土轨枕				
	间距		mm	600	600	600	600	600	600	600或570	600或570	600	600	600	600	600
轨道结构道床厚度及材质	土质路基（双层道床）	面砖	cm	—	—	30	25	—	30	30	25	35	35	30	35	30
		底砖	cm	—	—	20	20	—	20	20	20	20	20	20	20	20
	土质路基（单层道床）	道砟	cm	35	30	30	30	30	30	30	30	35	35	35	35	30
	硬质岩石路基、隧道	道砟	cm	35	35	30	35	35	35	30	35	35	35	35	35	35
	桥梁	道砟	cm	35	35	30	30	35	30	25	25	35	35	35	35	35
	道砟材质	面砖	—	—	特级	特/一级	一级	特/一级	一级	一级	一级	特级	特/一级	特/一级	一级	一级

第二节　钢轨与联结零件

本节要求

（1）掌握钢轨的分类方法及钢轨的类型。

（2）了解钢轨伤损的主要形式及成因。

（3）了解接头类型及其特征。

（4）了解接头联结零件并能说明其作用。

（5）能正确计算预留轨缝。

一、钢轨的功用与要求

钢轨是铁路轨道的主要组成部件。它的功用在于引导机车车辆前进，承受车轮的巨大压力，并将其传递到轨枕上。钢轨必须为车轮提供连续、平顺和阻力最小的滚动表面。在电气化铁道或自动闭塞区段，钢轨还兼作轨道电路之用。

为使列车能够安全、平稳和不间断地运行，钢轨除必须充分发挥上述诸功能外，还应保证在轮载和轨温变化作用下，应力和变形均不超过规定的限值。这就要求钢轨具有足够的强度、韧性和耐磨性能。

二、钢轨的断面及类型

（一）钢轨断面及其几何参数

作用于直线轨道钢轨上的力主要是竖直力，其结果是使钢轨挠曲。因此，钢轨采用稳定性和抗弯性能良好的工字形断面，由轨头、轨腰及轨底三部分组成。标准钢轨断面轮廓线由很多不同半径的圆弧连接形成对称于纵轴线的组合工字形断面，如图 1-1 所示。但用于制造道岔某些部件时也需要用到非对称断面钢轨。

我国铁路近年来针对钢轨头部磨耗及伤损还开展了对钢轨轨头廓形的优化工作，研发了具有更合理轮轨关系的新廓形断面钢轨 60N 和 75N。60N 和 75N 钢轨是根据我国高速铁路多年的运营维护经验，以 60 和 75 钢轨为原型，研究设计出的新型钢轨，如图 1-1 所示是 60 和 60N 钢轨断面尺寸。不同类型钢轨断面尺寸及几何特性见表 1-2。

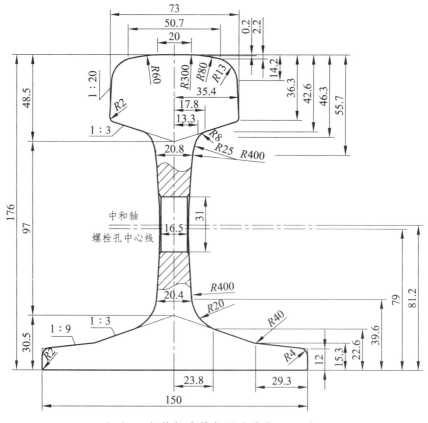

（a）60 钢轨标准横断面（单位：mm）

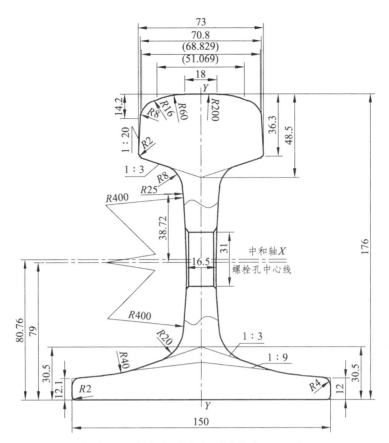

（b）60N 钢轨标准横断面（单位：mm）

图 1-1　60 钢轨和 60N 钢轨断面

表 1-2　不同类型钢轨断面尺寸及几何特性

项目	单位	钢轨类型						
		38 kg/m	43 kg/m	50 kg/m	60 kg/m	60N	75 kg/m	75N
每米质量 M	kg	38.733	44.653	51.514	60.64	60.49	74.414	74.23
断面积 F	cm²	49.5	57.0	65.8	77.45	77.05	95.04	94.56
重心至轨底面距离 y_1	cm	6.67	6.9	7.1	8.1	8.1	8.8	8.8
对水平轴惯性矩 I_x	cm⁴	1 240	1 489	2 037	3 217	3 184	4 489	4 449
对竖直轴惯性矩 I_y	cm⁴	209	260	377	524	521	661	661
下部断面系数 W_1	cm³	181	217	287	396	394	509	507
上部断面系数 W_2	cm³	179	208	251	339	334	432	427
钢轨横向挠曲断面系数 W_y	cm³	37	45	57	70	70	89	88
钢轨高度 H	mm	134	140	152	176	176	192	192
钢轨底宽 B	mm	114	114	132	150	150	150	150
轨头高度 b	mm	39	42	42	48.5	48.5	55.3	55.3
轨头宽度 t	mm	68	70	70	73	70.8	75	72
轨腰厚度	mm	13.0	14.5	15.5	16.5	16.5	20	20

（二）钢轨分类

1. 按质量及定尺长度分类

钢轨的类型，一般以取整后的每米质量（kg/m）数值表示。目前，我国铁路的钢轨类型主要有 75 kg/m、60 kg/m、50 kg/m、43 kg/m、38 kg/m。但 43 kg/m 和 38 kg/m 两种类型钢轨已停止生产，只在一些既有的支线或厂矿专用线上还有个别应用。

我国钢轨标准长度以前只有 12.5 m 和 25 m 两种。《43 kg/m ~ 75 kg/m 钢轨订货技术条件》（TB/T 2344—2012）对不同类型钢轨的定尺长度规定为：43 kg/m 钢轨为 12.5 m 和 25 m 两种；50 kg/m、60 kg/m 钢轨为 12.5 m、25 m、100 m 三种；75 kg/m 钢轨为 25 m、75 m、100 m 三种。为减少铁路线路钢轨焊接接头数量，提高线路平顺性，60 kg/m 钢轨应优先采用 100 m 长定尺轨，75 kg/m 钢轨应优先采用 75 m 和 100 m 长定尺轨。

另外，对于有缝线路，还有用于曲线内股的标准缩短轨，对于 12.5 m 标准轨系列的缩短轨有短 40 mm、80 mm、120 mm 的三种，对于 25 m 标准轨系列的缩短轨有短 40 mm、80 mm、160 mm 的三种。

2. 按断面是否对称分类

线路上的钢轨绝大部分是如图 1-1 所示的对称断面钢轨。但在道岔等设备中用于制造某些部件时要用到非对称断面钢轨，也称之为特种断面钢轨，如图 1-2 所示为 60AT1（矮型特种断面）钢轨断面图。

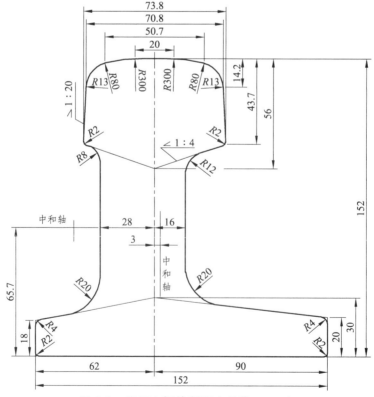

图 1-2　60AT1 钢轨断面（单位：mm）

特种断面钢轨的命名分三部分：

第 1 部分，由 2 位数字或 2 位数字加字母组成，表示与之连接的钢轨轨型。例如：50 表示与 50 kg/m 钢轨连接，60N 表示与新廓形钢轨 60N 连接。

第 2 部分，由 2 位拼音字母组成，表示钢轨断面的特征（针对我国实际情况，对道岔断面按部件进行分类）。例如：AT 表示矮型特种断面钢轨，凡用于制造道岔尖轨或心轨的各种断面钢轨均归为此类；TY 表示特种断面翼轨，凡是用于制造翼轨的各种断面钢轨均归为此类。

第 3 部分，由 1 位数字组成，表示同一轨型系列里不同的钢轨断面，按 1，2，3…顺序编号。例如 60AT1（原 60AT，断面如图 1-2 所示）、60AT2（原 60D40）、60AT3（原 Zu1-60）等。当同一轨型系列里只有 1 种钢轨断面时，编号 1 可省略。例如：50AT1可以与 50AT 通用，60TY1 可以与 60TY 通用。

3. 按材质及强度分类

钢轨根据钢的化学成分及其强度级别（最低抗拉强度），可分为碳素钢轨、微合金钢轨、低合金钢轨等。

我国铁路常用钢种及其屈服强度见表 1-3。

表 1-3　我国铁路常用钢种及其屈服强度

钢种	U71Mn、U71MnG	U75V、U75VG、U77MnCr、U78CrV、U76CrRE
屈服强度 σ_s /MPa	457	472

（三）钢轨类型的选择

高速铁路、城际铁路和客货共线 I 级铁路正线应采用 60 kg/m 钢轨，客货共线 II 级铁路正线可采用 60 kg/m 或 50 kg/m 钢轨，重载铁路正线应采用 60 kg/m 及以上钢轨。正线钢轨及道岔基本轨采用 60 kg/m 及以上钢轨时，推荐使用新廓形钢轨 60N、75N。到发线应采用 60 kg/m 或 50 kg/m 钢轨，其中：无缝线路及有缝线路重载重车到发线应采用 60 kg/m 钢轨，客货共线有缝线路采用 60 kg/m 或 50 kg/m 钢轨，驼峰溜放部分线路及其他站线可采用 50 kg/m 钢轨。III、IV 级铁路应采用 50 kg/m 钢轨。

三、钢轨接头

（一）钢轨接头组成

普通轨道是用夹板和螺栓将标准轨端依次连接而成的，连接的部位称为钢轨接头，如图 1-3 所示。钢轨接头是轨道的薄弱环节之一。由于钢轨接头处轨面不连续，增加了行车阻力和车轮对轨道的动力冲击作

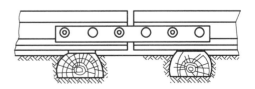

图 1-3　钢轨接头

用，容易造成多种接头病害。

组成钢轨接头的联结零件包括夹板、螺栓、螺母、垫圈等。它的主要作用是将标准长度的钢轨或短轨顺次连接起来，形成连续的轨线，并传递和承受钢轨的挠曲力、横向力。因此，要求夹板及螺栓有足够的强度并便于安装和拆卸。

接头夹板的作用是夹紧钢轨、保持相邻轨端的正确位置，同时承受弯矩、传递纵向力、阻止钢轨伸缩，因此要求夹板有一定的垂直和水平刚度及足够的强度。夹板的形式很多，我国铁路线路采用斜坡支承双头对称型夹板（简称双头式夹板）。此外，还有新中国成立前遗留下来的平板夹板、角式夹板、裙边夹板等，现已被淘汰。

60 kg/m 钢轨双头式夹板断面尺寸如图 1-4 所示，不同钢轨类型对应的夹板长度及孔距不同，见表 1-4。

表 1-4　双头夹板尺寸　　　　　　　　　　　　　　　　单位：mm

适用钢轨类型/（kg/m）	夹板长度 L_0	L_1	L_2	L	d	R	K
75	1 000	130	210	220	26	13	8
60	820	140	140	160	26	13	8
50	820	140	150	140	26	13	8
43/38	790	160	110	120	24	12	8

接头螺栓、螺母是在钢轨接头处用以夹紧夹板和钢轨的配件，其作用是使夹板连接牢固，阻止钢轨部分伸缩。接头螺栓外形如图 1-5 所示。

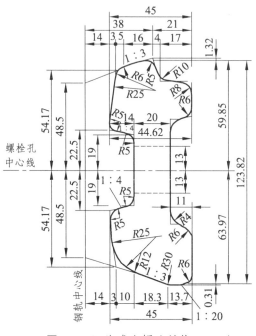

图 1-4　双头式夹板（单位：mm）

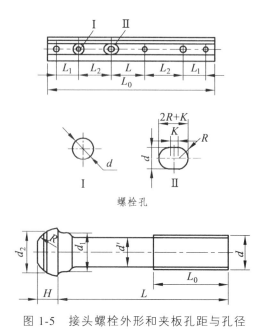

图 1-5　接头螺栓外形和夹板孔距与孔径

（二）钢轨接头类型

钢轨接头按其支承形式分为悬空式（图1-3）和承垫式（图1-6）两种，按两股钢轨接头相互位置分为相对式和相错式两种。我国一般采用相对悬空式，即两股钢轨接头左右对齐，且位于轨枕空中间。

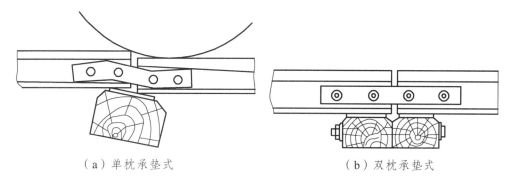

（a）单枕承垫式　　　　　　　　（b）双枕承垫式

图1-6　承垫式接头

承垫式即钢轨接头置于轨枕之上，分为单枕承垫式和双枕承垫式两种。单枕承垫式很少采用，因为当车轮通过时，轨枕左右摇动，不稳定。双枕承垫式可保证稳定性，但有刚度大、不易捣固的不足。一般为了加强木枕地段钢轨接头，只在正线绝缘接头处才采用双枕承垫式。

钢轨接头按其用途及工作性质主要分为以下几种类型：

1. 普通接头（图1-3）

普通接头即同一类型钢轨之间用夹板和螺栓连接的接头，如上述的悬空式接头。

2. 异型接头（图1-7）

异型接头即不同类型钢轨相互连接的接头。为使不同类型钢轨顶面及轨头内侧面吻合，异型接头需使用相应的异型夹板和异型垫板连接。正线出现不同类型钢轨连接时，需使用异型钢轨（图1-8）。

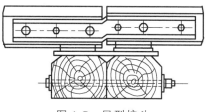

图1-7　异型接头

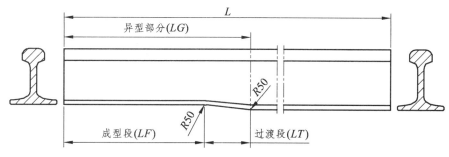

图1-8　异型钢轨（单位：mm）

3. 导电接头（图 1-9）

导电接头是轨道电路传导电流或电气化铁路作为牵引电流回路中一部分的钢轨接头，分为塞钉式[图 1-9（a）]和焊接式[图 1-9（b）]两种。塞钉式是用两根直径为 5 mm 的镀锌铁丝，插于两轨端轨腰的圆孔内组成；焊接式是用一条断面积在 100 mm² 左右的钢丝索焊接于钢轨头部的钢套中组成。

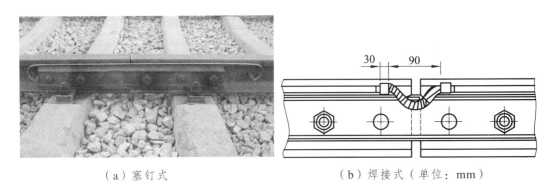

（a）塞钉式　　　　　　　　　　　　（b）焊接式（单位：mm）

图 1-9　导电接头

4. 绝缘接头（图 1-10）

在自动闭塞区段上，绝缘接头是轨道电路的重要组成部分，设于闭塞分区两端的钢轨接头处，其作用是保证轨道电路在闭塞分区之间的互相隔断。绝缘接头分为普通绝缘接头和胶接绝缘接头。

普通绝缘接头是在钢轨与夹板、夹板与螺栓头和螺帽、钢轨螺栓孔四周以及两轨端之间，填以绝缘材料，以阻止电流通过，如图 1-10（a）所示。

胶接绝缘接头，又分为厂制胶接绝缘接头和现场胶接绝缘接头，如图 1-10（b）所示。

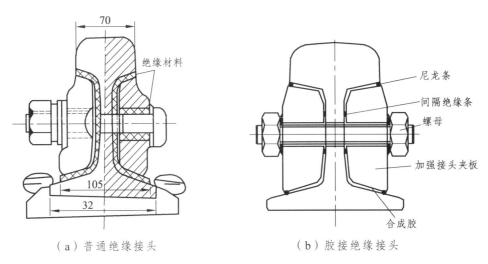

（a）普通绝缘接头　　　　　　　　　（b）胶接绝缘接头

图 1-10　绝缘接头（单位：mm）

厂制胶接绝缘接头，是在工厂内采用加温（或常温）、加压的胶接工艺，将两根钢轨与夹板、绝缘槽板（或绝缘布与胶黏剂）、绝缘端板、绝缘套管、高强度螺栓黏结并紧固而成的绝缘接头，使用时，用铺轨列车运至现场，直接焊接在两根钢轨之间。

现场胶接绝缘接头是在施工现场，用胶黏剂将胶接绝缘夹板与钢轨黏结，并采用高强度螺栓紧固的钢轨接头。

5. 焊接接头（图 1-11）

焊接接头是指用电阻焊、小型气压焊或铝热焊的方法将钢轨焊接而形成的接头，多用于无缝线路。

图 1-11　焊接接头

6. 冻结接头

冻结接头系指采用夹板与高强螺栓联结或胶结钢轨，使轨端密贴或预留小轨缝，将钢轨锁定阻止其伸缩的一种接头形式。

（三）钢轨接头预留轨缝

普通线路上两相邻钢轨间的缝隙称为轨缝。每节钢轨通过夹板和接头螺栓将其连接起来。随着轨温变化，钢轨将发生伸缩，这个伸缩量由钢轨螺栓孔、夹板螺栓孔与螺栓杆之间的间隙来提供，我们将它们之间在构造上能实现的轨端最大缝隙称为构造轨缝。如果轨缝超过构造轨缝，接头螺栓就要承受剪力。在铺轨施工时，如需要预留一定的轨缝（称为预留轨缝），预留轨缝大小也要适当。预留轨缝的原则是：当轨温达到当地最高轨温 T_{max} 时，轨缝大于或等于零，即轨缝不顶严，以避免轨端受顶力和过大的温度力引起线路胀轨跑道；当轨温达到当地最低轨温 T_{min} 时，轨缝不超过构造轨缝，以保证接头螺栓不受剪力，并防止大轨缝造成过大的冲击力。

《普速铁路线路修理规则》（TG/GW102—2019，铁总工电〔2019〕34 号，以下简称《普铁修规》）规定，普通线路预留轨缝值为：

$$a_0 = \alpha L(t_z - t_0) + \frac{1}{2}a_g \tag{1-1}$$

式中　a_0——铺设、更换钢轨或调整轨缝时的预留轨缝值（mm）；

　　　α——钢轨的线膨胀系数，为 $\alpha = 0.011\,8$ mm/（m·℃）；

　　　t_0——铺轨或调整轨缝时的轨温（℃）；

a_g——构造轨缝值（mm），对于 38 kg/m、43 kg/m、50 kg/m、60 kg/m、75 kg/m
钢轨考虑一定的安全系数后，规定统一采用 $a_g = 18$ mm；

L——标准轨长度（m）；

t_z——当地的中间轨温（℃），其值为

$$t_z = \frac{T_{max} + T_{min}}{2}$$

其中 T_{max}、T_{min}——当地历史最高和最低轨温（℃），各地区（或区段）采用的最
高、最低轨温由铁路局集团公司规定。

（四）轨缝容许误差

轨缝应设置均匀，每千米线路轨缝总误差：25 m 钢轨地段不得大于 80 mm；12.5 m
钢轨地段不得大于 160 mm。绝缘接头轨缝不得小于 6 mm。最大轨缝不得大于构造轨
缝。如果超出容许范围，就需要进行轨缝调整。

第三节　有砟轨道轨枕与扣件

本节要求

（1）了解有砟轨道轨枕的功用及分类。

（2）了解木枕的优缺点、种类、长度和木枕扣件种类、组成。

（3）掌握我国有砟轨道钢筋混凝土枕的种类、长度、技术特点、使用要求和失效
标准。

（4）掌握我国有砟轨道钢筋混凝土枕扣件的类型、组成、技术特点、适用范围和
伤损标准。

一、轨枕及其扣件的功用与类型

轨枕置于轨底下面，通过扣件将钢轨固定，起到保持钢轨的位置、方向和轨距，
并将它承受的钢轨力均匀地分布到道床上的作用。轨枕要有一定的坚固性、弹性和耐
久性，并能便于固定钢轨，抵抗轨道框架的纵向和横向位移，且应具有价格低廉、制
造简单、易于铺设养护的特点。

轨枕的类型，从材质上看，有木枕、混凝土枕和钢枕；从用途上看，有普通轨枕、
桥枕和岔枕；从构造和铺设上看，有横向轨枕、纵向轨枕、短枕和框架式轨枕。

扣件，是联结钢轨与轨枕的部件，它应：具有足够的扣压力，将钢轨固定在轨枕
的稳定位置上，保持正确的轨距；具有足够的阻力阻止钢轨的纵、横向位移，这在无
缝线路上尤为重要；具有绝缘性能（在混凝土枕和钢枕线路上）；具有足够的强度、耐
久性；具有一定的弹性，能起到缓冲减振作用，还应具备零件少，便于装卸、维修的
条件；必要时具有调节轨距和轨面高度的能力。

扣件按所使用的轨枕类型分为木枕扣件、钢筋混凝土枕扣件和用于各种类型无砟轨道的扣件等，无砟轨道扣件将在第五章第三节"无砟轨道扣件系统"中介绍。

二、木枕及其扣件

1. 木　枕

木枕即为木制轨枕。木枕富于弹性，便于加工、运输和维修，有较好的电绝缘性能。但是，目前木材缺乏，价格很高，而且木枕易腐朽、磨损，使用寿命短，不同种类木材的木枕弹性也不一致，会造成轨道的动态不平顺。因此，在我国木枕除非特殊需要外已被混凝土枕所代替。

木枕也分普通木枕、道岔木枕及桥梁木枕。其基本断面形状如图 1-12 所示。

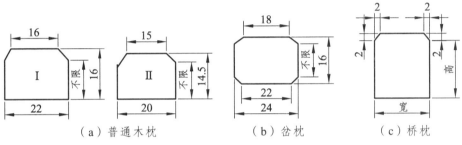

（a）普通木枕　　　　（b）岔枕　　　　（c）桥枕

图 1-12　木枕横断面（单位：cm）

木枕一般要经防腐处理后才能使用。其中以油类防腐为主，适用于大工厂浸注木枕。

2. 木枕扣件

木枕扣件按扣件与钢轨、垫板、轨枕三者之间的关系，分为混合式和分开式。

混合式是木枕线路普遍使用的扣件形式（图 1-13）。该扣件主要由道钉和五孔双肩垫板组成。扣紧方式是用道钉将钢轨轨底、垫板和木枕一起扣紧（内侧 2 个，外侧 1 个），再用 2 个道钉将垫板与木枕单独扣紧（钢轨内外侧各一个）。其优点是减少了垫板在列车作用下的振动，零件少，安装方便；其缺点是道钉扣件的扣压力不足，易松动。

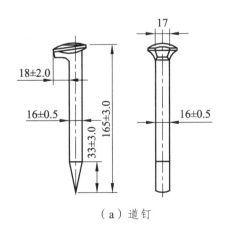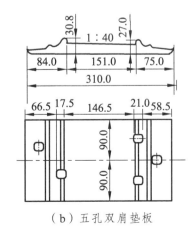

（a）道钉　　　　　　　　（b）五孔双肩垫板

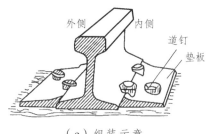

（c）组装示意

图 1-13　木枕混合式扣件（单位：mm）

为了加强扣压力，在桥上、道岔上、无缝线路的伸缩区和缓冲区，采用分开式扣件（图 1-14），它用 4 个螺纹道钉联结垫板与木枕，用两个底脚螺栓扣压钢轨与垫板，其道钉和底脚螺栓构成 K 形。其优点是扣压力大、不易松动，但结构相对复杂、用钢量大。

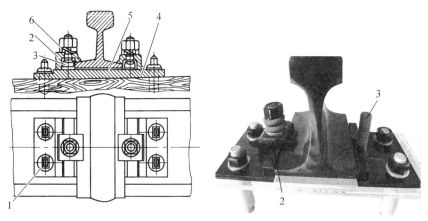

1—螺纹道钉；2—扣轨夹板；3—底脚螺栓；4—垫板；5—木垫片；6—弹簧垫圈。

（a）K 式扣件

（b）弹条分开式扣件

图 1-14　木枕分开式扣件

三、混凝土枕及其扣件

（一）混凝土枕的分类

混凝土枕的全称是预应力混凝土轨枕。

混凝土枕具有重量大、稳定性好、不受气候影响、使用寿命长、材源较广、能保证均匀的几何尺寸、轨道弹性均匀、平顺性好、扣件易于更换、制造相对简单等优点。特别是铺设混凝土枕可以节约大量优质木材，对保护森林资源有直接作用。

但混凝土枕弹性差、绝缘性能低、更换较困难。

我国从 1955 年开始研制预应力混凝土枕，1958 年先后在津浦等线试铺，后来大量推广。目前，我国主要干线上都使用混凝土枕。

按用途分，我国有用于一般线路的普通混凝土轨枕，用于桥梁的混凝土桥枕和用于道岔的混凝土岔枕，还有用于提高轨道电路传输距离、降低轨道电路传输阻抗的电容枕，用于电气绝缘节的专用枕，等等。

（二）正线有砟轨道混凝土枕

1. 混凝土枕类型

我国铁路正线有砟轨道使用的混凝土枕根据设计使用条件分为三级，并与不同轨道类型配套使用。《重载铁路设计规范》（TB 10625—2017）颁布后，规定重载铁路正线轨道采用专用混凝土轨枕（Ⅳ型轨枕），见表 1-5。目前，新Ⅱ型、Ⅲ型轨枕为我国铁路有砟轨道的主型混凝土枕，Ⅰ型和旧Ⅱ型轨枕已被淘汰，只在个别专用线、支线上还有保留。

表 1-5　混凝土枕的名称与适用范围

统一名称		原名称	适用范围
Ⅰ型		J-1、S-1 型：筋（丝）79 型预应力混凝土枕	已被淘汰
Ⅱ型	旧Ⅱ	J-2、S-2 型：筋（丝）81 型预应力混凝土枕	已被淘汰
	新Ⅱ	ⅩⅡ型	客货共线Ⅱ级或货物列车运行速度不超过 80 km/h 的Ⅰ级铁路轨道
Ⅲ型		Ⅲ$_a$、Ⅲ$_b$、Ⅲ$_c$ 型预应力钢筋混凝土枕	高速铁路、城际铁路、客货共线Ⅰ、Ⅱ级铁路轨道、重载铁路站线轨道
重载铁路专用枕（Ⅳ型）		Ⅳ$_a$、Ⅳ$_b$ 型预应力钢筋混凝土枕	重载铁路正线轨道

1）Ⅰ型混凝土枕

Ⅰ型混凝土枕按轴重 21 t、85 km/h、1 840 根/km 设计。Ⅰ型混凝土枕除 79 型外，还包括 1979 年以前研制的弦Ⅱ-61A、弦 61 型、弦 65B 型、弦 69 型、筋 69 型等，也被统称为旧型混凝土枕。由于这些轨枕的实际使用条件与设计使用条件相去甚远，相对不断提高的行车速度和轴重来说，承载能力严重不足。主要表现为钉孔出现纵裂，轨下出现横向裂纹，轨枕破损加剧，目前已被淘汰。

2）Ⅱ型混凝土枕

Ⅱ型混凝土枕的承载能力是按照韶山型机车、轴重 25 t、最高速度 120 km/h、密度 1 840 根/km 设计的，包括 1984 年以后设计鉴定的 J-2、S-2 型、Y-Ⅱ型、TKG-Ⅱ型等，从 1985 年后开始大量铺设于各型轨道下。2002 年，铁道部又发布了新Ⅱ型预应力混凝土枕，并替代旧Ⅱ型枕。新Ⅱ型枕在原Ⅱ型枕基础上在预应力钢筋品种、数量及截面方面作了一些改进和加强。

3）Ⅲ型混凝土枕

Ⅲ型混凝土枕是按车辆最大轴重 25 t，年通过总质量 30 Mt 以上，货车 100 km/h、客车 160 km/h，60 kg/m 或 75 kg/m 钢轨，铺设 1 680～1 720 根/km 设计的。相对于Ⅱ型混凝土枕，Ⅲ型混凝土枕结构合理，强化了轨道结构，其轨下承载能力提高了 43%，枕中断面负弯矩承载能力提高了 65%。

Ⅲ型混凝土枕于 1995 年通过铁道部组织的技术审查，由于和不同类型的扣件配套使用，其适用范围、名称、外形、技术条件略有不同。

有挡肩Ⅲ型枕简称为Ⅲₐ型枕，用预留孔硫磺锚固来安装扣件；无挡肩Ⅲ型枕简称为Ⅲ_b 型枕，用预埋铁件来安装扣件。Ⅲ_c 枕，截面、配筋等和Ⅲₐ型枕相同，也有挡肩，只是预留孔硫磺锚固改为采用塑料套管。Ⅲ_k 型枕与Ⅲ_b 型枕相比，仅预埋件不同，即预埋件的检查尺寸和公差不同。

另外，与之配套的还有Ⅲ型预应力混凝土桥枕、Ⅲ型预应力混凝土小半径枕等。

Ⅲₐ型枕外形与Ⅲ_b 型枕外形除承轨部分不同外，其他尺寸相同。

4）重载铁路专用枕（Ⅳ型）

根据重载铁路运营需求，有关部门组织研发了新型重载有挡肩混凝土轨枕（Ⅳₐ型）、无挡肩混凝土轨枕（Ⅳ_b 型）以及有挡肩混凝土桥枕（Ⅳ_qa 型）。重载轨枕长度与Ⅲₐ型轨枕相同，质量比Ⅲₐ型轨枕增加 25 kg，底面宽度较Ⅲₐ型轨枕略宽，轨下截面正向和枕中截面负向承载能力与Ⅲ型轨枕相比分别提高了 18.5% 和 23.3%。

2. 混凝土枕外形尺寸

混凝土枕断面为梯形，上窄下宽。梯形断面便于脱模。底面宽一些是为了保证有足够的支承面积，以减小对道床的压力。为适应轨底坡要求，承轨槽是 1∶40 的斜面。轨枕底面支承在道床上，在两端承轨槽处，因要直接传递钢轨上的压力，要求轨枕宽一些，以增加支承面积，减小道床压力，增加道床阻力。中间部分则可窄一些。为了增加轨枕与道床之间的相互接触，提高轨枕下的道床阻力，在轨枕底面制有凹型花纹。如图 1-15 所示是新Ⅱ型轨枕外形尺寸图，如图 1-16 所示是Ⅲ型混凝土枕的外形尺寸图。

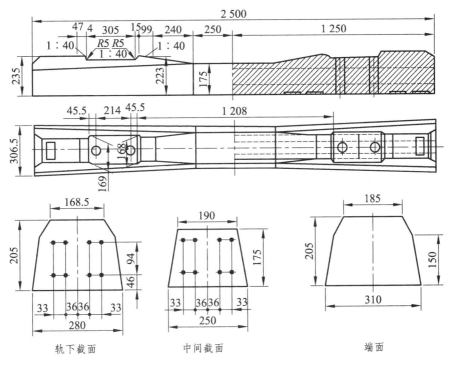

图 1-15　新 II 型混凝土枕（单位：mm）

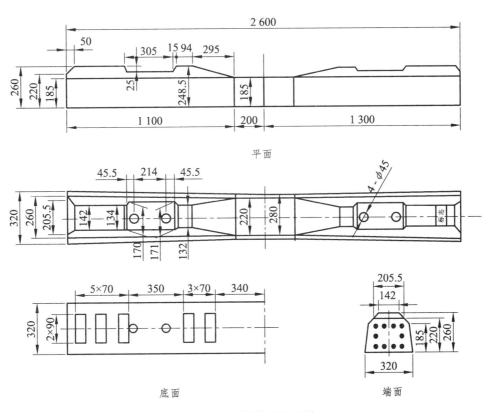

（a）III 型有挡肩混凝土枕

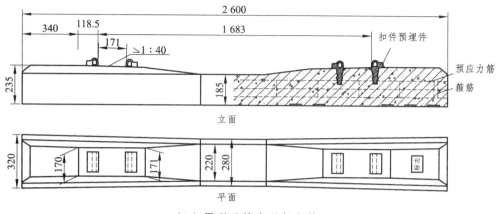

（b）Ⅲ型无挡肩混凝土枕

图 1-16　Ⅲ型混凝土枕（单位：mm）

我国Ⅰ、Ⅱ型轨枕长度均为 2.5 m，Ⅲ型枕的长度为 2.6 m。轨枕长度增加可以提高线路的稳定性和整体刚度，增加线路的纵横向阻力，有利于无缝线路，还可适当减少轨枕配置根数。

混凝土枕的高度在其全长范围内是不一致的，轨下部分高些，中间部分矮些，这有利于混凝土枕的受力状态。

（三）混凝土岔枕、桥枕和混凝土宽枕

1. 混凝土岔枕

为适应岔区轨道高速、重载要求，我国还开发了预应力混凝土岔枕（图 1-17），具有稳定性高、易于保持轨道几何形位的特点，强化了轨道结构，特别是对无缝道岔的使用更具有积极的意义。

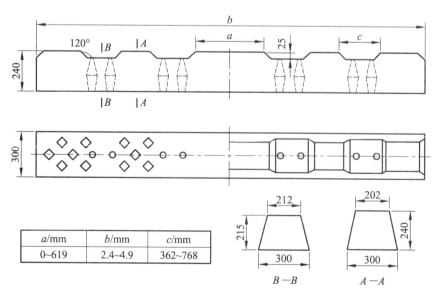

a/mm	b/mm	c/mm
0~619	2.4~4.9	362~768

图 1-17　混凝土岔枕（单位：mm）

2. 混凝土桥枕

有砟桥由于需要设置护轮轨，所以不能用普通混凝土枕，必须使用桥枕（因其上设置有基本轨和护轮轨的承轨槽），因为护轨两端在桥梁外要弯折在一起（弯折部分长度不小于 5 m），并且要交于轨道中心（将轨端斜切，结成梭头），所以在弯折部分轨枕的护轨承轨槽与基本轨承轨槽距离都不一样，在此需布置 10 根螺栓孔位置不同的桥枕。在桥上平直段部分，两承轨槽之间距离则不一样，其外形尺寸如图 1-18 所示。

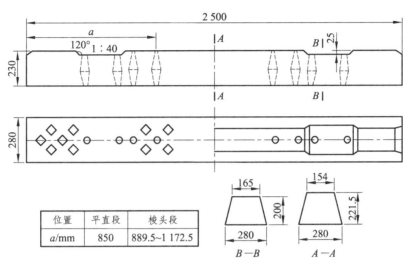

位置	平直段	梭头段
a/mm	850	889.5~1 172.5

图 1-18　混凝土桥枕（单位：mm）

3. 混凝土宽枕

我国铁路自 1966 年开始，在一些长大隧道、大的客运车站、某些运输繁忙区段开始铺设预应力混凝土宽轨枕。

在有砟轨道地段铺设宽轨枕，相对于铺设普通轨枕，由于宽轨枕自重大，道床阻力大，轨道稳定性好，易于保持轨道几何形位，日常维修工作量小；但同时也带来了负面影响，即一旦出现病害，也难于整治。所以正线一般不再铺设宽枕，而是用在大的客运站的有砟轨道段，使车站线路外观美观，清洁方便。混凝土宽枕的外形尺寸如图 1-19 所示。

（四）轨道电路专用枕

轨道电路专用枕是指用于安装轨道电路补偿电容的专用轨枕（电容枕，图 1-20）和安装电气绝缘节元器件（调谐单元 BU、补偿单元 DB、空心线圈 SVAC）的专用轨枕（电绝缘枕，图 1-21）。

ZPW2000 无绝缘轨道电路是铁道部门确定的统一我国自动闭塞的基本制式。该轨道电路具有传输特性好、抗干扰能力强、全程电气断轨检查的性能。但这种轨道电路需要每隔一定距离在两钢轨之间加装补偿电容，因而给工务大型养路机械作业带来了一定影响，成为工电结合部维护工作的难点之一。为解决这一问题，经原铁道部科技司立项、铁道科学院研究，开发了轨道电路专用枕。该专用枕不但可以满足大型养路机械作业的要求，还可增强补偿电容的防盗性能。

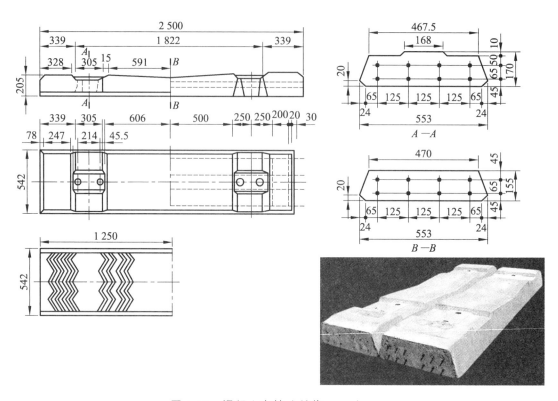

图 1-19　混凝土宽枕（单位：cm）

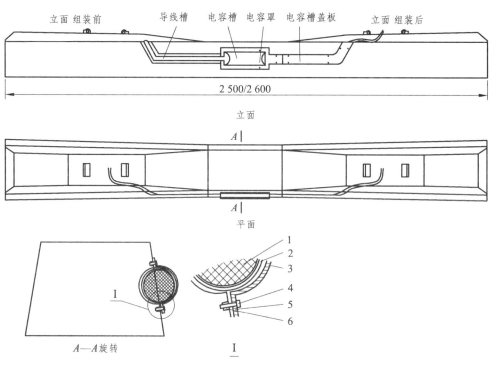

1、3—电容器；2—减振填充层；4—防锈螺栓；5—垫圈；6—连接螺母。

图 1-20　电容枕组装图（单位：mm）

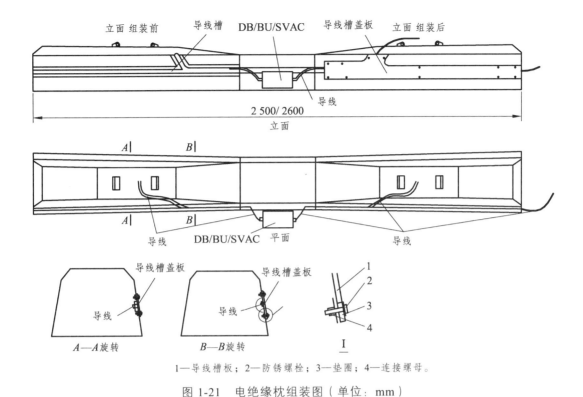

1—导线槽板；2—防锈螺栓；3—垫圈；4—连接螺母。

图 1-21　电绝缘枕组装图（单位：mm）

轨道电路专用枕有 5 种型号，包括新 Ⅱ 型电容枕（代码 XⅡD）、Ⅲ$_a$ 型电容枕（代码 Ⅲ$_a$D）、Ⅲ$_b$ 型电容枕（代码 Ⅲ$_b$D）、Ⅲ$_a$ 型电气绝缘节专用枕（代码 Ⅲ$_a$Z）、Ⅲ$_b$ 型电气绝缘节专用枕（代码 Ⅲ$_b$Z），分别对应现场补偿电容和电气绝缘节处既有型号混凝土枕的更换。原则上要求选用的轨道电路专用枕应与现场混凝土枕型号匹配，并根据补偿电容节距和电气绝缘节地点进行更换。每一补偿电容处采用 1 根，每一电气绝缘节处采用 3 根（秦沈线为 5 根）。

（五）混凝土枕扣件

1. 混凝土枕扣件的类型及适用范围

1）混凝土枕扣件的类型

混凝土枕扣件，按钢轨与轨枕联结形式可分为不分开式、半分开式和分开式三种，按轨枕上有无挡肩可分为有挡肩（挡肩承受并传递水平力）和无挡肩（靠扣件承受和传递水平力）扣件，按扣件的弹性性能可分为全弹性扣件（垂直和水平方向都有一定的弹性）、半弹性（仅垂直方向有弹性）和刚性扣件。

随着混凝土轨枕的发展与应用，我国从 1957 年就开始了混凝土枕用扣件的研究，开发了多种扣件形式，如螺栓扣板式扣件、63 型扣板式扣件、67 型拱形弹片式扣件、70 型扣板式扣件、Ⅰ 型弹条扣件、Ⅰ 型弹条调高扣件、Ⅰ 型弹片调高扣件、Ⅱ 型弹条扣件、Ⅲ 型弹条扣件等。

为适应有砟轨道客运专线的需要，在Ⅱ型弹条、Ⅲ型弹条扣件基础上又研发了Ⅳ型弹条扣件和Ⅴ型弹条扣件。

为适应 30 t 轴重重载铁路运营需要，有关部门组织研制了适用于重载有砟轨道的弹条Ⅵ型扣件（有挡肩，与Ⅳ$_a$型轨枕配套使用）和弹条Ⅶ型扣件（无挡肩，与Ⅳ$_b$型轨枕配套使用）。

2）混凝土枕扣件的适用范围

目前，扣板式、弹片式扣件因弹性差、扣压力低等原因早已被淘汰，弹条Ⅰ型扣件也逐渐被弹条Ⅱ型扣件所取代。

常用混凝土枕弹条扣件的适用范围见表 1-6。

表 1-6 有砟轨道扣件适用范围

扣件类型	运营条件
Ⅰ型弹条	客车速度≤120 km/h，货车速度≤80 km/h，轴重≤25 t
Ⅱ型弹条	客车速度≤200 km/h，货车速度≤120 km/h，轴重≤25 t
Ⅲ型弹条	客车速度≤200 km/h，货车速度≤120 km/h，轴重≤25 t
Ⅳ型弹条	适用于客运专线铁路； 客运专线：最高速度 350 km/h，轴重 17 t； 客运专线（兼顾货运）：客车速度 250 km/h、最大轴重 23 t（客运机车），货车速度 120 km/h、最大轴重 25 t
Ⅴ型弹条	适用于客运专线铁路； 客运专线：最高速度 350 km/h，轴重 17 t； 客运专线（兼顾货运）：客车速度 250 km/h、最大轴重 23 t（客运机车），货车速度 120 km/h、最大轴重 25 t
Ⅵ型弹条	适用于重载铁路；货车速度≤100 km/h，轴重≤30 t
Ⅶ型弹条	适用于 30 t 重载铁路有砟轨道或弹性支承块式无砟轨道

2. Ⅰ型弹条扣件

Ⅰ型弹条扣件主要由ω形弹条、螺纹道钉、轨距挡板、挡板座及弹性橡胶垫板组成。因为弹条形状像ω，所以又称ω扣件，如图 1-22 所示为Ⅰ型弹条扣件。

轨距挡板的作用是调整轨距并传递钢轨的横向水平力。轨距挡板中间有长圆孔，其大小是一定的，但孔中心位置有两种，相应就有两个号码。50 kg/m、60 kg/m 钢轨各有两个号码，分别为 6、10 和 14、20 四种号码；挡板座用来支撑轨距挡板，传递横向水平力，起电绝缘作用。挡板座两斜面的厚度不同，可调换使用，也可起到调整轨距的作用。50 kg/m 钢轨有 2-4 和 0-6 两个号码，而 60 kg/m 钢轨只有 2-4 一种号码。

Ⅰ型弹条扣件性能虽优于扣板和拱形弹片式扣件，但对于铺设 60 kg/m 钢轨的重型、特重型轨道，Ⅰ型弹条扣件的强度储备小，弹条易断裂，扣压力不足，疲劳强度低，在某些曲线地段需要增加轨撑或轨距拉杆等轨道加强设备。

Ⅰ型弹条扣件分 A、B 两种型号，其中 A 型弹条较长。50 kg/m 钢轨中间扣件采用 A 型弹条，接头扣件在安装 20 号轨距挡板处用 A 型弹条，安装 14 号轨距挡板处用 B 型弹条。60 kg/m 钢轨一律采用 B 型弹条。

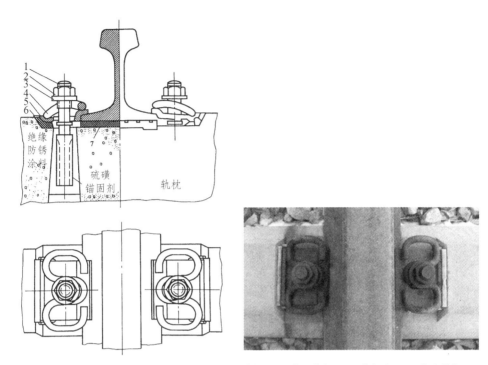

1—螺纹道钉；2—螺母；3—平垫圈；4—弹条；5—轨距挡板；6—挡板座；7—橡胶垫板。

图 1-22　混凝土枕 I 型弹条扣件

3. II 型弹条扣件

针对 I 型弹条扣件的不足，我国又开发了 II 型弹条扣件，除弹条采用新材料（优质弹簧钢 60Si2CrVA）重新设计外，其余部件与 I 型弹条扣件通用。扣件仍为有挡肩、有螺栓的扣件，扣压力大于等于 10 kN。II 型弹条扣件具有扣压力大、强度安全储备大、残余变形小等优点，适用于 II 型和 III 型混凝土枕的 60 kg/m 钢轨线路。

II 型弹条扣件挡板座和轨距挡板同 I 型弹条扣件，接头和中间扣件通用，分为 6 号、10 号两个号码，挡板座分为 2-4、0-6 号两种。

4. III 型弹条扣件

III 型弹条扣件（图 1-23）是无螺栓、无挡肩的弹性扣件，由弹条、预埋铁座、绝缘轨距块和橡胶垫板组成。

III 型弹条扣件一端套入预埋在轨枕中的铁座上（铸铁挡肩），另一端通过绝缘轨距块扣压在钢轨轨底顶面。目前我国的秦沈客运专线、提速线路的一些区段、道岔以及一些轻轨线路都在大量使用 III 型弹条扣件。

III 型弹条扣件的扣压力大（不小于 11 kN）、弹性好、保持轨距能力强，由于取消了螺栓联结而易于更换、养护维修工作量小，特别适用于高速、重载和高密度的运输条件。

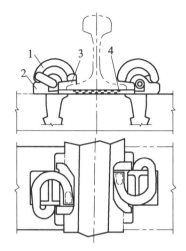

1—弹条；2—预埋铁座；3—绝缘轨距块；4—橡胶垫板。

图 1-23 混凝土Ⅲ型弹条扣件

5. Ⅳ型弹条扣件

Ⅳ型弹条扣件系统是为满足客运专线运营条件，针对铺设预应力混凝土无挡肩枕的有砟轨道线路条件而设计的一种无挡肩无螺栓扣件系统，是在原Ⅲ型弹条扣件系统的基础上优化改进而成的。

扣件系统由 C4 型弹条、绝缘轨距块、橡胶垫板和定位于预应力混凝土无挡肩枕上的预埋铁座组成。钢轨接头处采用 JA、JB 型弹条和接头绝缘轨距块，如图 1-24 所示。

绝缘轨距块分一般地段使用的 G4 型和钢轨接头处使用的 G4J 型两种，每种轨距块各有 7 个规格。JA 弹条与 G4J 轨距块的 7、8、9 号配套，JB 弹条与 G4J 轨距块的 10、11、12、13 号配套。一般地段与 G4 轨距块的 7、8、9、10、11、12、13 号配套，标准轨距时采用 9 号和 11 号。

弹条Ⅳ型扣件系统具有零部件少、结构紧凑、扣压力大、保持轨距能力强、维修工作量小等优点，尤其适用于采用大型机械作业的线路。其主要结构特征如下：

（1）在制作混凝土轨枕时预先埋设预埋铁座，弹条通过插入预埋铁座扣压钢轨，无须螺栓紧固。

（2）预埋铁座挡肩与钢轨间设置绝缘轨距块用以调整轨距并起绝缘作用，通过更换不同号码的绝缘轨距块可实现钢轨左右位置调整。

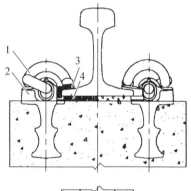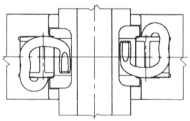

1—弹条；2—预埋铁座；3—绝缘轨距块；
4—橡胶垫板。

图 1-24 Ⅳ型弹条扣件组装图

（3）钢轨与混凝土轨枕承轨面间设橡胶垫板起绝缘缓冲和减振作用。

（4）扣件系统与预应力混凝土无挡肩轨枕配套使用。弹条Ⅳ型扣件结构可以安装在原Ⅲ_b型预应力混凝土枕上。

6. Ⅴ型弹条扣件

Ⅴ型弹条扣件系统是为满足客运专线运营条件，针对铺设预应力混凝土有挡肩枕的有砟轨道线路条件而设计的一种有挡肩有螺栓扣件系统。该扣件系统是在原弹条Ⅰ、Ⅱ型扣件、弹条Ⅰ型调高扣件以及石龙桥小阻力扣件的基础上，保持现有轨枕承轨槽尺寸和位置不变的条件下改进而成的。

扣件系统由弹条、螺纹道钉、平垫圈、轨距挡板、轨下垫板和定位于预应力混凝土有挡肩枕上的预埋套管组成。钢轨高低调整时采用调高垫板，如图1-25所示。

弹条分 W2 型和 X3 型两种，一般地段采用 W2 型，小阻力地段采用 X3 型，根据具体线路条件及无缝线路设计对钢轨纵向阻力的要求选用其中一种。

轨下垫板分橡胶和复合垫板两种，一般地段采用橡胶垫板，小阻力地段采用复合垫板。

轨距块分 7 种型号，即 2、3、4、5、6、7、8 号。标准轨距时采用 4 号和 6 号。

调高垫板按厚度分为 1 mm、2 mm、5 mm 和 8 mm 四种，放置于轨下垫板与轨枕承轨面之间。

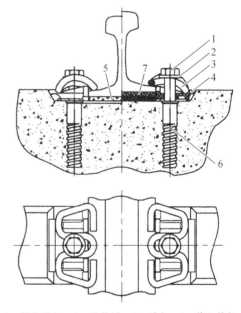

1—螺纹道钉；2—平垫圈；3—弹条；4—轨距挡板；
5—垫板；6—预埋套管；7—调高垫板。

图 1-25　Ⅴ型弹条扣件组装图

Ⅴ型弹条扣件系统具有以下结构特征：

（1）采用螺纹道钉与套管配合紧固弹条，提高了扣件系统的绝缘性能。

（2）可安装多种弹条，既可安装大扣压力弹条，也可安装小扣压力弹条。配合不同摩擦系数的轨下垫板（橡胶垫板或复合垫板），满足不同线路阻力的要求。

（3）利用工程塑料制造的轨距挡板调整轨距并起绝缘作用，减少扣件部件数量，避免调整轨距时影响螺纹道钉的受力状态。

（4）通过在轨下垫板与混凝土轨枕承轨面间垫入调高垫板实现钢轨高低调整。

7. Ⅵ型、Ⅶ型弹条扣件

为适应30 t轴重重载铁路运营需要，有关部门组织研制了适用于重载有砟轨道的弹条Ⅵ型扣件（有挡肩，与Ⅳₐ型轨枕配套使用）和弹条Ⅶ型扣件（无挡肩，与Ⅳᵦ型轨枕配套使用）。

1）Ⅵ型弹条扣件

Ⅵ弹条型扣件零部件包括螺母、平垫圈、W4 型弹条、Ⅱ型轨距挡板、Ⅱ型挡板座、螺纹道钉和轨下垫板。此外，扣件的组装还包括轨下调高垫板（调高 10 mm 时）。扣件的联结组装如图 1-26 所示。

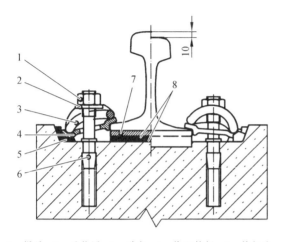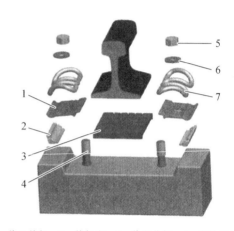

1—螺母；2—平垫圈；3—弹条；4—轨距挡板；5—挡板座；　1—轨距挡板；2—挡板座；3—轨下垫板；4—螺纹道钉；
6—螺纹道钉；7—轨下垫板；8—轨下调高垫板。　　　　　　5—螺母；6—平垫圈；7—弹条。

图 1-26　Ⅵ型弹条扣件联结组装图（单位：mm）

Ⅱ型轨距挡板分四种型号，即 12 号、16 号、20 号和 24 号，其中 12 号分一般地段用和钢轨接头处用两种。标准轨距时外侧采用 16 号，内侧采用 20 号。在钢轨接头处采用 12 号轨距挡板时，应选用接头用轨距挡板，同时配用弹条Ⅰ型扣件 A 型弹条。

Ⅱ型挡板座两侧厚度不一致，一侧为 6 号，另一侧为 8 号。安装时 8 号标记一侧朝上时为 8 号，6 号标记朝上时为 6 号。标准轨距时外侧采用 8 号，内侧采用 6 号。

扣件允许单股钢轨左右位置调整量为 – 8 ~ + 6 mm；轨距调整量为 – 16 ~ + 12 mm。调整级差为 2 mm。

扣件允许最大调高量为 0 ~ + 10 mm。

检查钢轨高低位置，如不符合要求，则增加轨下调高垫板。调高垫板的总厚度不宜大于 10 mm，数量不宜超过 2 块。

2）Ⅶ型弹条扣件

Ⅶ型弹条扣件与Ⅳᵦ型轨枕配套使用，适用于重载铁路有砟轨道；与弹性双块式轨枕配套使用，则适用于隧道内无砟轨道。相关内容见第五章第三节"无砟轨道扣件系统"。

8. 70 型扣板扣件

扣板扣件（图 1-27）目前在一些次要线路上还在使用。它由螺纹道钉、螺母、平垫圈、弹簧垫圈、扣板、铁座、橡胶垫板、垫片和衬垫等零件组成。扣板扣件是通过扣板扣住钢轨的，属于刚性扣件，弹性差。扣板可以调整钢轨的位置，即一个扣板翻边使用，就可以调整 2 个数值的轨距。扣板分中间扣板和接头扣板，接头扣板用于接头处轨枕。中间扣板和接头扣板各有 5 种号码，可根据相关规定选择使用。

铁座的作用是支承扣板并传递横向水平力，分普通铁座和加宽铁座。

9. 弹条 I 型调高扣件

弹条 I 型调高扣件一般用于 60 kg/m 钢轨混凝土枕、混凝土宽枕、整体道床，允许调高量为 20 mm。

扣件由螺纹道钉、螺母、弹条、轨距挡板、平垫圈、橡胶垫板、调高垫板等部件组成，如图 1-28 所示。弹条使用 A 型弹条。

挡板分为 6 号和 10 号两种，挡板座分为 0 号、2 号、4 号、6 号四种，调高垫板厚度分为 2 mm、3 mm、4 mm、6 mm、10 mm、15 mm 六种。

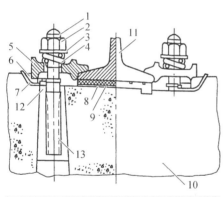

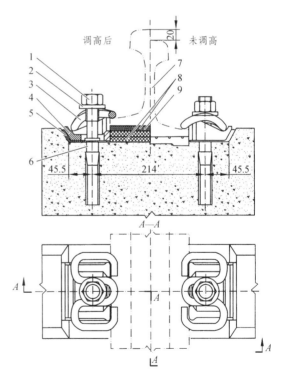

1—螺纹道钉；2—螺母；3—平垫圈；4—弹簧垫圈；
5—扣板；6—铁座；7—绝缘缓冲垫片；
8—绝缘缓冲垫板；9—衬垫；10—轨枕；
11—钢轨；12—绝缘防锈涂料；
13—硫磺锚固剂。

图 1-27 扣板扣件

1—螺母；2—平垫圈；3—弹条；4—轨距挡板；
5—挡板座；6—螺纹道钉；7—钢轨；
8—调高垫板；9—橡胶垫板。

图 1-28 弹条 I 型调高扣件（单位：mm）

第四节 道砟与有砟道床

（1）了解道床的功用及横断面各部尺寸。

（2）能解释说明道砟材料的各项技术指标。

（3）能熟练绘制单线碎石道床横断面示意图，并说明各部尺寸。

一、道床的功用

道床是轨道框架的基础，它的功用是：

（1）传递由钢轨、轨枕传来的机车车辆动荷载，使之均匀地分布在路基基床面上，且不超过路基基床面的允许应力。

（2）提供抵抗轨道框架纵、横向位移的阻力，保护轨道稳定和正确的几何形位，保证行车安全。

（3）提供排水能力，使基床面干燥，有足够的强度，防止翻浆冒泥及轨道下沉。

（4）提供轨道弹性，起到缓冲、减振降噪的作用。

（5）调节轨道框架的水平和方向，保持良好的线路平纵断面，为轨道几何尺寸超限的维修保养提供便利条件。

二、道床材料

由于道床应具有上述功能，因此用于道床的道砟应具有质地坚硬、有弹性、不易压碎和捣碎、排水性能好、吸水性能差、不易风化和被风吹动或被水冲走等特点。

道砟材料有碎石（花岗岩、大理石、石矿岩）、筛选级配卵石、天然级配卵石、中砂和粗砂以及熔炉矿渣等。

碎石道床材料应按现行《铁路碎石道砟》（TB/T 2140）和《铁路碎石道床底砟》（TB/T 2897）的规定选取。

碎石道床材料的技术条件包括三个方面：

1. 道砟的性能及选用

道砟材质以抗磨耗、抗冲击性能，抗压碎性能，渗水性能、抗大气腐蚀性能、稳定性能以及软弱颗粒比例等来衡量其质量，将道砟分为特级、一级两个等级，见表1-7。

新建时速250 km及以上的高速铁路、年通过总质量大于250 Mt且设计轴重大于25 t的重载铁路应采用特级道砟；新建时速200 km的城际铁路和客货共线铁路、年通过总质量为101~250 Mt且设计轴重大于25 t的重载铁路可采用特级道砟或一级道砟；其余铁路应采用一级道砟，具体选用要求见表1-1。

表 1-7 道砟材质性能

性能	项目号	参数	特级道砟	一级道砟	评定方法	
					单项评定	综合评定
抗磨耗、抗冲击性能	1	洛杉矶磨耗率（LLA）/%	LLA≤18	18<LLA<27	—	道砟的最终等级以项目号1、2、3、4中的最低等级为准。特级、一级道砟均应满足5、6、7、8项目号的要求
	2	标准集料冲击韧度（IP）	IP≥110	95<IP<110	若两项指标不在同一等级，以高等级为准	
		石料耐磨硬度系数（$K_{干磨}$）	$K_{干磨}>18.3$	$18<K_{干磨}≤18.3$		
抗压碎性能	3	标准集料压碎率（CA）/%	CA<8	8≤CA<9	—	
	4	道砟集料压碎率（CB）/%	CB<19	19≤CB<22	—	
渗水性能	5	渗透系数（P_m）/（10^{-6}cm/s）	>4.5		至少有两项满足要求	
		石粉试模件抗压强度（σ）/MPa	<0.4			
		石粉液限（LL）/%	>20			
		石粉塑限（PL）/%	>11			
抗大气腐蚀性能	6	硫酸钠溶液浸泡损失率（L）/%	<10			
稳定性能	7	密度（ρ）/（g/cm^3）	>2.55			
	8	容重（R）/（g/cm^3）	>2.50			

2. 道砟材料的级配

碎石道砟的级配是指道砟中颗粒粒径大小的分布。道砟粒径的级配对道床的物理力学性能、养护维修工作量有重要的影响。道砟粒径用方孔筛来筛选，特级碎石道砟粒径级配应符合表 1-8 的规定。

表 1-8 特级碎石道砟粒径级配

方孔筛孔边长/mm		22.5	31.5	40	50	63
过筛质量百分率/%		0~3	1~25	30~65	70~99	100
颗粒分布	方孔筛孔边长/mm	31.5~53				
	颗粒质量百分率/%	≥50				

注：检验用方孔筛系指金属丝编制的标准方孔筛。

新建铁路用一级碎石道砟和重载铁路用特级碎石道砟的粒径级配应符合表 1-9 的规定。

表 1-9 新建铁路用一级碎石道砟和重载铁路用特级碎石道砟的粒径级配

方孔筛孔边长/mm	16	25	35.5	45	56	63
过筛质量百分率/%	0~5	5~15	25~40	55~75	92~97	100

注：检验用方孔筛系指金属丝编制的标准方孔筛。

既有线大修、维修用一级碎石道砟的粒径级配应符合表 1-10 的规定。

表 1-10　既有线一级碎石道砟的粒径级配

方孔筛孔边长/mm	25	35.5	45	56	63
过筛质量百分率/%	0～5	25～40	55～75	92～97	100

注：检验用方孔筛系指金属丝编制的标准方孔筛。

3. 颗粒形状及清洁度

道砟的形状和表面状态对道床的性能有重要影响。一般棱角分明、表面粗糙的颗粒，对集料具有较高的强度和稳定性。近于立方体的颗粒比扁平、长条形颗粒有较高的抗破碎、抗变形、抗粉化能力。针状、片状颗粒容易破碎，使道床强度和稳定性下降。颗粒长度大于该颗粒所属平均粒径的 1.8 倍的，称为针状颗粒；厚度小于平均粒径 0.6 倍的，称为片状颗粒。它们分别所占总数的比例称为针状指数和片状指数，用来控制长条形和扁平颗粒的含量。我国道砟标准规定，道砟的针状指数和片状指数均不得大于 20%，特级道砟中风化颗粒和其他杂石含量不应大于 2%，一级道砟中风化颗粒和其他杂石含量不应大于 5%。

道砟中的黏土团或其他杂质、粉末都直接影响道砟排水、加速板结等，因此要求道砟产品须水洗，其颗粒表面洁净度不应大于 0.17%，未经水洗的一级道砟中粒径 0.1 mm 以下粉末的含量不应大于 1%。

三、碎石道床横断面

（一）普速铁路轨道道床横断面

道床横断面包括顶面宽度、道床厚度和道床边坡坡度三个主要特征。如图 1-29 所示为单线非渗水路基直线地段道床断面。

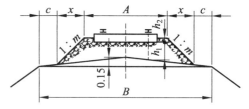

图 1-29　单线非渗水路基直线地段
道床断面（单位：m）

1. 道床顶面宽度

道床顶面宽度是指轨枕长度加上两侧道床肩宽的总和。道床顶面宽度取决于轨枕长度和轨道类型。其伸出轨枕端的部分称为道床肩宽，它对无缝线路轨道框架横向稳定起着重要的作用。

我国对于正线按不同线路和不同曲线半径规定了道床顶面宽度和曲线外侧道床的加宽量，以增强道床的横向阻力，见表 1-11。

2. 道床边坡坡度

道床边坡坡度是指道床两侧坡面与路基面之间形成的坡度。从横断面图上看，道床边坡是指道床顶面引向路基顶面的斜边斜率，其坡度大小是保证碎石道床坚固稳定的重要因素。根据多年的实践经验，正线上的道床边坡均规定为 1∶1.75，以保持道床的稳定状态，见表 1-11。

表 1-11　道床顶面宽度及边坡坡度

线路类别			路段列车设计行车速度/（km/h）	顶面宽度/m	曲线外侧道床加宽		砟肩堆高/m	边坡坡度
					半径/m	加宽/m		
高速铁路		无缝	$250 \leqslant v \leqslant 350$	3.60	—	—	0.15	1：1.75
重载铁路			$v \leqslant 100$	3.50	$\leqslant 800$	0.10	0.15	
城际铁路			$160 < v \leqslant 200$	3.50	$\leqslant 800$	0.10	0.15	1：1.75
			$120 \leqslant v \leqslant 160$	3.40				
客货共线	Ⅰ、Ⅱ级正线	无缝	$160 < v \leqslant 200$	3.50	—	—	—	—
			$v \leqslant 160$	3.40	$\leqslant 800$	0.10	0.15	1：1.75
			$100 < v \leqslant 120$					
		有缝	$100 < v \leqslant 120$	3.10	$\leqslant 600$	0.10	—	1：1.75
			$v \leqslant 100$	3.00				
	站线	无缝	Ⅲ型混凝土枕	3.40	$\leqslant 600$	0.10	0.15	1：1.75
			其他轨枕	3.30				
		有缝	Ⅲ型混凝土枕	3.00	—	—	—	1：1.50
			其他轨枕	2.90				
客货共线	Ⅲ级	有缝	混凝土轨枕或木枕	3.00	$\leqslant 400$	0.10	—	1：1.75
	Ⅳ级			2.90	$\leqslant 400$	0.10	—	1：1.50
	站线			2.90				1：1.50

3. 道床厚度

直线线路道床厚度是指钢轨断面处轨枕底面至基床顶面的距离，曲线地段是指曲线里股钢轨下轨枕底面的道床厚度。

为使由钢轨、轨枕传来的荷载通过道床均匀地传布在路基面上，防止路基面产生不均匀的残余变形，道床应有足够的厚度，依据表 1-1 选择。

为保持轨道结构的稳定性，提高道床纵、横向阻力，轨枕盒内和枕端均应有饱满的道砟。但为了防止道床表面水分锈蚀钢轨和扣件，避免影响轨道电路正常工作和出现道砟飞溅现象，轨底处道床顶面应低于轨枕承轨面。高速铁路为避免列车风力引起飞砟，规定道床顶面应低于轨枕承轨面 4 cm，且不应高于轨枕中部顶面。Ⅲ型枕及新Ⅱ型枕沿长度方向为变截面，轨枕顶面中间部分低、两端承轨部分高，道床顶面与轨枕中部顶面可以平齐。Ⅲ型轨枕的枕端埋深为 18.5 cm，新Ⅱ型轨枕为 16.5 cm。由于混凝土枕的承轨槽高于轨枕中部的枕顶面，其高度差值新Ⅱ型轨枕为 3.625 cm，Ⅲ型轨枕为 4.475 cm，可满足绝缘电阻要求。时速小于等于 200 km 铁路铺设混凝土岔枕、混凝土桥枕等的地段，由于轨枕全长范围内轨枕顶面等高，为保证轨道电路绝缘电阻的需要，岔枕、桥枕等地段道床顶面应低于轨枕承轨面 3 cm。

在进行线路大、中修时，必须清筛道床，补充道砟，并对基床翻浆冒泥地段进行整治，枕下道床厚度应符合表 1-12 的规定。但在运量小、行车速度较低的线路上和在隧道内、桥梁上及车站内，受建筑物限制时，可以酌情降低道床厚度。在正线上，木枕地段碎石道床厚度不得小于 200 mm，混凝土枕地段不得小于 250 mm；站线上不得小于 200 mm。

表 1-12 道床厚度标准   单位：mm

五年内每年计划通过总质量/Mt		$W_年 \geq 50$	$50 > W_年 \geq 25$	$25 > W_年 \geq 15$	$W_年 < 15$
无垫层的碎石道床	一般路基	450	450	400	350
	不易风化的岩石、碎石路基	350	350	300	300
有垫层的碎石道床（碎石/垫层）		300/200	300/200	250/200	250/200
有砟桥面上的碎石道床	$v_{max} \leq 120$ km/h	250			
	$v_{max} > 120$ km/h	300			

注：允许速度大于 120 km/h 的线路，无垫层时碎石道床厚度不得小于 450 mm，有垫层时碎石道床厚度不得小于 300 mm；垫层厚度不得小于 200 mm。

为保持轨道的稳定性，应保证轨枕盒内和两端道砟饱满。为防止道床表面水分锈蚀钢轨及扣件，以及影响轨道电路正常工作，道床顶面应低于轨枕顶面（轨底中线处的轨枕面）20 ~ 30 mm。

Ⅰ型混凝土枕中部截面由于承受负弯矩的能力弱，应将中部道砟掏空，道砟顶面低于枕底不得小于 20 mm，掏空长度应保持在 200 ~ 400 mm；Ⅱ型和Ⅲ型混凝土枕由于设计时提高了中部抵抗负弯矩的能力，所以可以将混凝土枕中部道床填平，但不高于轨枕顶面。

无缝线路轨道半径小于 800 m、有缝线路轨道半径小于 600 m 的曲线地段，曲线外侧道床顶面宽度应增加 10 cm。无缝线路轨道道砟肩应使用碎石堆高 15 cm，堆高道砟的边坡坡度应采用 1：1.75。

铺设混凝土宽枕线路的道床，由面砟带和底层组成，均应采用一级道砟。有垫层时道床厚度不得小于 250 mm，无垫层时不得小于 350 mm；在岩石、渗水土路基上，隧道内及有砟桥面上，不得小于 200 mm。面砟带道砟粒径级配应符合要求，厚度为 50 mm，每股轨下两侧宽度应各为 450 ~ 500 mm，底层为普通碎石道砟。道床顶面宽度不得小于 2.9 m，允许速度大于 120 km/h 的线路，道床顶面应与宽枕顶面平齐，其他线路枕端埋入道床深度不得小于 80 mm。

（二）高速铁路轨道横断面

目前，我国选用的高速铁路道床断面与普通道床断面有所不同。如图 1-30 所示为我国高速铁路有砟轨道设计的道床断面。

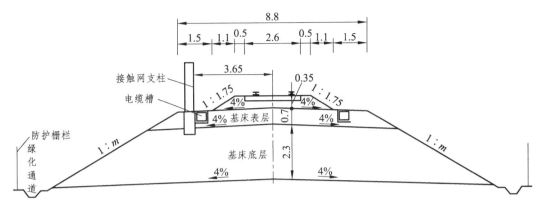

图 1-30　高速铁路单线有砟轨道道床断面（单位：m）

基床是铁路路基最重要的部件，是指路基上部受列车动荷载作用和水文气候变化影响较大的土层，其状态直接影响列车的平稳和速度的提高。基床分为表层及底层，其作用是：

（1）提供足够的强度，能抵抗列车荷载产生的动应力而不使基床破坏，防止道砟陷槽等病害形成。

（2）提供足够的刚度，在列车荷载的重复作用下，塑性累积变形小，避免形成过大的不均匀下沉，基床的弹性变形能满足高速列车走行的安全性和舒适性，保证道床稳固。

（3）提供良好的排水条件，并起到防冻作用。

基床表层厚度为 0.6 m，底层厚度为 1.9 m。基床表层使用的材料大致有以下几类：级配砂砾石、级配碎石、级配矿物颗粒材料和各种结合料的稳定土。

第五节　轨道几何形位

本节要求

（1）了解轮对、车轮踏面、轮缘的概念。

（2）了解全轴距、固定轴距及车辆定距的概念及相互关系。

（3）掌握轨距、水平（水平差、三角坑）、前后高低（吊板、空板或暗坑）、方向、轨底坡的概念及用道尺、弦线检查直线轨距、水平、前后高低、方向的方法。能根据数据进行水平差和三角坑的简单分析。

（4）理解并能说明线路轨道静态几何尺寸容许偏差管理值的含义，并对轨道几何尺寸数据进行正确分析。

一、轨道几何形位的概念

轨道几何形位是指轨道各部分的几何形状、相对位置和基本尺寸。

从轨道平面位置来看，轨道由直线和曲线所组成，一般在直线与圆曲线之间设有一条曲率渐变的缓和曲线相连接。轨道的方向必须正确，直线部分应保持笔直，曲线部分应具有与曲率相适应的圆顺度。

从轨道横断面上来看，轨道的几何形位包括轨距、水平、外轨超高和轨底坡。直线地段轨道的两股钢轨之间应保持一定的距离；为保证机车车辆通过小半径曲线，曲线轨距应考虑加宽。直线地段轨道两股的顶面应位于同一水平面上；曲线上外轨顶面应高于内轨顶面，形成一定超高，以使车体重力的向心分力得以抵消其曲线运行的离心力。轨道两股钢轨底面应设置一定的轨底坡，使钢轨向内倾斜，以保证锥形踏面车轮荷载作用于钢轨断面的对称轴。

从轨道的纵断面上看，轨道的几何形位包括轨道的前后高低。钢轨顶面在纵向上应保持一定的平顺度，为平稳行车创造条件。

轨道的几何形位按照静态与动态两种状况进行管理。静态几何形位是轨道不行车时的状态，采用道尺等工具测量，目前轨检仪等数字化、自动化静态几何形位采集设备已普及使用。动态几何形位是行车条件下的轨道状态，采用轨道检查车测量。

二、机车车辆走行部位

机车车辆走行部位是与轨道直接接触、作用的部分，其尺寸、形状是确定轨距、轨底坡等轨道几何尺寸的依据。

机车的走行部分由车架、轮对、轴箱、弹簧装置、转向架及其他部件组成。车辆的走行部分是转向架，由侧架、轴箱、弹性悬挂装置、制动装置、轮对以及其他部件组成。

1. 轮　对

轮对是机车车辆走行部分的基本部件，由一根车轴和两个相同的车轮组成，如图1-31 所示。

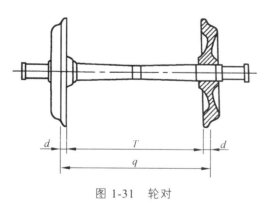

图 1-31　轮对

车轮和钢轨接触的面称为踏面。车轮踏面有锥形踏面和磨耗型踏面两种形式。锥形踏面如图 1-32（a）所示。锥形踏面的母线是直线，由 1∶20 和 1∶10 两段斜坡组成。其中：1∶20 的一段经常与钢轨顶面相接触，1∶10 的一段仅在小半径段经常与钢轨顶面相接触。车轮踏面采用圆锥面，可以减小横向力的影响，增加行车的平稳性，保证踏面磨耗沿宽度方向比较均匀。磨耗型车轮踏面是曲线型踏面，将踏面制成与钢轨顶面基本吻合的曲线形状，增大了轮轨接触面积，可以减轻轮轨磨耗、降低轮轨接触应力并可改善通过曲线的转向性能，如图 1-32（b）所示。

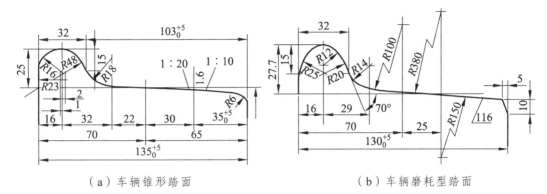

（a）车辆锥形踏面　　　　　　　（b）车辆磨耗型踏面

图 1-32　车轮踏面（单位：mm）

车轮踏面内侧制成凸缘，称为轮缘，轮缘可保证车轮沿钢轨滚动时不致脱轨。

车轮内侧的竖直面称为车轮内侧面，车轮外侧的竖直面称为车轮外侧面，车轮内侧面与外侧面之间的距离称为车轮宽度。

通过踏面上距车轮内侧面一定距离的一点，画一水平线，称为踏面的测量线。由测量线至轮缘顶点的距离称为轮缘高度。由测量线向下 10 mm 处量得的轮缘厚度，称为车轮的轮缘厚度。

取踏面上距车轮内侧面一定距离的一点为基点，规定在基点上测量车轮直径及轮箍厚度。

轮对上左右两车轮内侧面之间的距离，称为轮对的轮背内侧距离，这个距离再加上 2 个轮缘厚度称为轮对宽度，如图 1-31 所示。

$$q = T + 2d \tag{1-2}$$

式中　T——轮对的轮背内侧距离（mm）；

　　　d——轮缘厚度（mm）；

　　　q——轮对宽度（mm）。

根据《铁路技术管理规程》（以下简称《技规》），我国机车车辆轮对的主要尺寸见表 1-13。

表 1-13　轮对几何尺寸　　　　　　　　　　单位：mm

车轮	轮缘高度	轮缘厚度 d		轮背内侧距离 T			轮对宽度 q		
		最大（正常）	最小	最大	正常	最小	最大	正常	最小
车辆轮	25	34	22	1 356	1 353	1 350	1 424	1 421	1 394
机车轮	28	33	23	1 356	1 353	1 350	1 422	1 419	1 396

注：表中数据未计车轴承载后挠曲对轮对宽度的影响。

内燃机车、电力机车和车辆的轴箱，装在车辆外侧轴颈上，车轴受荷后向上挠曲，轮对宽度因此略有减小；蒸汽机车的轴箱装在车轮内侧的轴颈上，车轴承载后向下挠曲，轮对宽度略有增加。一般轮对承载挠曲后其宽度的改变值 ε 可取为 ±2 mm。

2. 转向架

为使车体能顺利通过半径较小的曲线，可把全部车轴分别安装在几个车架上。为防止车轮由于轮对歪斜而陷落于轨道中间，通常将两个或三个轮对用一刚性构架安装在一起，称为转向架，如图 1-33 所示。

图 1-33　转向架示意图

车体放在转向架的心盘上，转向架可相对车体转动。一个转向架上的各个轮对则始终保持平行，不能相对转动。客车与货车的转向架下一般安装两个轮对，称为二轴转向架；内燃、电力机车的转向架下多装有三个轮对，称为三轴转向架；已被淘汰的蒸汽机车是将多个动轮固定在一个车架上。

3. 机车车辆轴距

如图 1-34 所示，同一车体最前位和最后位的车轴中心间的水平距离，称为机车的全轴距（$L_全$）。为使全轴距较长的机车、车辆顺利通过曲线，将车轴分别安装在几个车架或转向架上。同一车架或转向架上始终保持平行的最前位和最后位车轴中心的水平距离，称为固定轴距（$L_固$）。车辆前后两走行部分上车体支承间的距离称为车辆定距（$L_定$）。应当注意，固定轴距和车辆定距是两个不同的概念：固定轴距是机车车辆能否顺利通过小半径曲线的控制因素；车辆定距是前后两个转向架的中心间距，除长大车外，多在 18 m 之内。

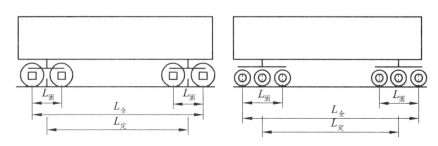

图 1-34　全轴距、固定轴距及车辆定距

三、轨　距

1. 轨距的定义与标准轨距

轨距是钢轨顶面下 16 mm 范围内两股钢轨作用边之间的最小距离。

钢轨头部外形由不同半径的复曲线所组成，钢轨底面设有轨底坡，钢轨向内倾斜，车辆轮缘与钢轨侧面接触点发生在钢轨顶面下 10～16 mm 处。我国《技规》规定轨距测量部位在钢轨顶面下 16 mm 处，如图 1-35 所示。在此处，轨距一般不受钢轨磨耗和肥边的影响，便于轨道维修工作的实施。

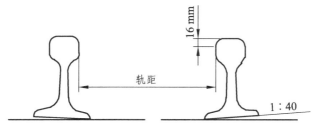

图 1-35　轨距、轨底坡

目前世界上的铁路轨距，分为标准轨距、宽轨距和窄轨距三种。标准轨距为 1 435 mm。大于标准轨距的称为宽轨距，如 1 524 mm、1 600 mm、1 670 mm 等，俄罗斯、印度及澳大利亚、蒙古等国采用宽轨距。小于标准轨距的称为窄轨距，如 1 000 mm、1 067 mm、762 mm、610 mm 等，日本既有线（非高速铁路）采用 1 067 mm 轨距，越南采用 1 000 mm 轨距。

我国大多数为标准轨距，仅在云南省境内尚保留有 1 000 mm 轨距，台湾地区铁路采用 1 067 mm 轨距。

2. 轨距尺与轨距测量

轨距用轨距尺（道尺）测量。轨距尺分为标尺类、数显类两种，主要用于测量线路的轨距和水平（超高）。其准确度分为 0 级、1 级、2 级三个等级：0 级轨距尺用于测量允许速度不大于 350 km/h 的线路，1 级轨距尺用于测量允许速度不大于 250 km/h 的线路，2 级轨距尺用于测量允许速度不大于 160 km/h 的线路。

我国铁路规定轨距容许误差与铁路等级、线路设计行车速度和维修作业性质有关，例如行车速度不超过 120 km/h 的客货共线铁路，有砟轨道轨距铺设精度和维修作业验收标准均为 + 6 mm、- 2 mm，见表 1-16 和表 1-18。

3. 轨距变化率

轨距变化应缓和平顺，其变化率（不含规定的递减率）：允许速度大于 120 km/h 的正线不得大于 1‰，允许速度不大于 120 km/h 的正线及到发线不得大于 2‰，其他站线不得大于 3‰。即在 1 m 长度内的轨距变化值：允许速度大于 120 km/h 的正线不得大于 1 mm，允许速度不大于 120 km/h 的正线及到发线不得大于 2 mm，其他站线不得超过 3 mm。因为在短距离内，如轨距有显著变化，即使不超过轨距容许误差，也会使机车车辆发生剧烈摇摆。限制轨距变化率对保证行车平稳是非常重要的。

4. 轮轨游间

为使机车车辆能在线路上两股钢轨间顺利通过，机车车辆的轮对宽度应小于轨距。当轮对的一个车轮轮缘紧贴一股钢轨的作用边时，另一个车轮轮缘与另一股钢轨作用边之间形成一定的间隙，这个间隙称为游间，如图 1-36 所示。

轮轨游间 δ 的大小，对列车运行的平稳性和轨道的稳定性有重要的影响。如 δ 太大，则列车运行的蛇行幅度增大，作用于钢轨上的横向力大，动能损失大，会加剧轮轨磨耗和轨道变形，严重时将引起列车脱轨，危及行车安全；如 δ 太小，则增加行车阻力和轮轨磨耗，严重时还可能楔住轮对、挤翻钢轨或导致爬轨事故，危及行车安全。因此，必须对游间值进行限制。我国机车车辆轮轨游间 δ 最大值、正常值及最小值见表 1-14。

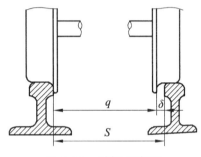

图 1-36　游间示意图

表 1-14　轮轨游间

车轮名称	轮轨游间 δ/mm		
	最　大	正　常	最　小
机车轮	45	16	11
车辆轮	47	14	9

四、水　平

1. 水平与三角坑

水平是指线路左右两股钢轨顶面的相对高差。为保持列车平稳运行，并使两股钢轨均匀受力，直线地段上两股钢轨顶面应保持同一水平。

水平用道尺或其他工具测量。线路维修时，两股钢轨顶面水平误差不得超过规定值。

两股钢轨顶面的水平偏差值，沿线路方向的变化率不可太大。在 1 m 距离内变化不可超过 1 mm，否则即使两股钢轨的水平偏差不超过允许范围，也可能引起机车车辆的剧烈摇晃。

实践中有两种性质不同的钢轨水平偏差，对行车的危害程度也不相同。一种偏差称为水平差，另一种称为三角坑。水平差是指在一段规定的距离内，一股钢轨的顶面始终比另一股高，高差值超过容许偏差值。三角坑是指在一段规定的距离内，先是左股钢轨高于右股，后是右股高于左股，高差值超过容许偏差值，而且两个最大水平误差点之间的距离不足 18 m，如图 1-37 所示。

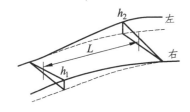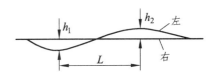

图 1-37　三角坑

在一般情况下，超过允许限值的水平差，只是引起车辆摇晃和两股钢轨的不均匀受力，并导致钢轨不均匀磨耗。但如果在延长不足 18 m 的距离内（大部分机车车辆固定轴距在此范围）出现水平差超过容许偏差值的三角坑，将使同一转向架的四个车轮中，只有三个正常压紧钢轨，另一个形成减载或悬空。如果恰好在这个车轮上出现较大的横向力，就可能使悬浮的车轮只能以它的轮缘贴紧钢轨，在最不利条件下甚至可能爬上钢轨，引起脱轨事故。因此，一旦发现三角坑，必须立即消除。

2. 水平的测量

水平用道尺或其他工具测量。线路维修时，两股钢轨顶面水平误差不得超过容许值，例如：行车速度不超过 120 km/h 的客货共线铁路，有砟轨道铺设精度水平误差容许值为 4 mm，见表 1-16；线路维修作业验收水平偏差管理值为正线为 4 mm，其他站线为 5 mm，见表 1-18。

五、前后高低

1. 高低与吊板、空板

轨道沿线路方向的竖向平顺性称为前后高低。就一股钢轨来说，前后高低是指钢轨顶面沿钢轨方向在竖向的凹凸不平。新铺或经过大修后的线路，即使其轨面是平顺的，但是经过一段时间列车运行后，由于路基沉陷、道床捣固密实程度、扣件松紧、轨枕腐朽和钢轨磨耗的不一致性，也会产生不均匀下沉，造成轨面前后高低不平。这种不平顺，称为静态不平顺。有些地段，从表面上看，轨面是平顺的，但实际上轨底与铁垫板或轨枕之间存在间隙（间隙超过 2 mm 时称为吊板），或轨枕底与道砟之间存在空隙（间隙超过 2 mm 时称为空板或暗坑），或轨道基础的弹性不均匀（路基填筑的不均匀、道床弹性的不均匀等），当列车通过时，这些地段的轨道下沉不一致，也会产生不平顺。这种不平顺称为动态不平顺。随着高速铁路的发展，动态不平顺已受到广泛关注。

轨道前后高低不平顺，危害甚大。列车通过这些地方时，会引起轮轨间的振动和冲击，产生动力增载，即附加动力。这种动力作用加速了道床变形，进而扩大了不平顺，加剧了轮轨的动力作用，形成恶性循环。

一般地说，前后高低不平顺造成的轮轨附加动力，与不平顺的长度成反比，而与其深度成正比。根据试验，连续三个空吊板可以使钢轨受力增加一倍以上。一般来说，长度在 4 m 以下的不平顺，将引起机车车辆对轨道产生较大的破坏作用，从而加速道床变形。因此，养路工区决不能允许这种不平顺存在，一旦发现，应在紧急补修中加以消除。

长度在 100～300 mm 范围内的轨面不平顺，主要起因于钢轨波浪形磨耗、焊接接头低塌或轨面擦伤等。通过该处的车轮，形成对轨道的冲击作用，行车速度愈高，冲击愈大。例如，根据沪宁线混凝土轨枕道床板结地段的一个试验，将钢轨人为地打磨成如图 1-38 所示的不平顺（模拟焊接接头打塌后的形状），当列车以 90 km/h 的速度通过时，一个动轮产生的冲击力在 300 kN 左右，接近于 3 倍静轮重。但是，对这种不平顺，往往容易被忽视，轨道检查车也不能完全反映出来。

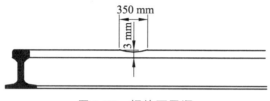

图 1-38　钢轨不平顺

2. 高低的测量

高低用 10 m 弦线测量，最大矢度不超过容许值。例如：行车速度不超过 120 km/h 的客货共线铁路，有砟轨道铺设精度水平误差容许值为 4 mm，见表 1-16；线路维修作业验收水平偏差管理值为正线为 4 mm，其他站线为 5 mm，见表 1-18。

六、轨道方向

1. 轨道方向的概念

轨道方向是指轨道中心线在水平面上的平顺性。就一股钢轨来说，轨向是指钢轨头部内侧面沿钢轨方向的横向凹凸不平顺。按照行车的平稳与安全要求，直线应当笔直，曲线应当圆顺。严格地说，经过运营的直线轨道并非直线，而是由许多波长为 10～20 m 的曲线所组成的，因其很小，偏离中心线距离不大，故通常不易察觉。若直线不直则必然引起列车的蛇行运动。在行驶快速列车的线路上，线路方向对行车的平稳性具有特别重要的影响。相对轨距来说，轨道方向往往是行车平稳性的控制因素。只要方向偏差保持在容许范围以内，轨距变化对车辆振动的影响就处于从属地位。

在无缝线路地段，若轨道方向不良，还可能在高温季节引发胀轨跑道事故（轨道发生非常明显的不规则横向位移），严重威胁行车安全。

2. 轨道方向的测量

轨道方向用 10 m 弦线测量，如图 1-39 所示，其最大矢度值不超过容许值。例如：行车速度不超过 120 km/h 的客货共线铁路，有砟轨道铺设精度方向容许值为 4 mm，见表 1-16；线路维修作业验收方向管理值为正线为 4 mm，其他站线为 5 mm，见表 1-18。

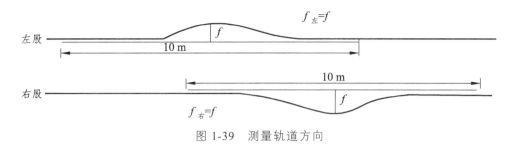

图 1-39　测量轨道方向

七、轨底坡

由于车轮踏面与钢轨顶面主要接触部分是 1:20 的斜坡，为了使钢轨轴心受力，钢轨不应竖直布设，而应适当向轨道内侧倾斜，因此轨底与轨道平面之间形成一个横向坡度，称为轨底轨，如图 1-35 所示。

钢轨设置轨底坡，可使其轮轨接触集中于轨顶中部，提高钢轨的横向稳定性，避免或减小钢轨偏载，减小轨腰的弯曲应力，减轻轨头不均匀磨耗，延长钢轨使用寿命。

从理论上讲，轨底坡的大小应与车轮踏面的斜度相同，即 1:20。我国铁路在 1965 年以前，轨底坡定为 1:20。但在机车车辆的动力作用下，轨道发生弹性挤开，轨枕产生挠曲和弹性压缩，加上垫板与轨枕不密贴、道钉的扣压力不足等因素，实际轨底坡与原设计轨底坡有较大的出入。另外车轮踏面经过一段时间的磨耗后，原来 1:20 的斜面也接近 1:40 坡度。所以 1965 年以后，我国铁路的轨底坡统一改为 1:40。

曲线地段的外轨设有超高，轨枕处于倾斜状态。当其倾斜到一定程度时，内股钢轨中心线将偏离垂直线而外倾，在车轮荷载作用下，有可能推翻钢轨。因此，在曲线地段应视其外轨超高值而加大内轨的轨底坡。调整的范围见表 1-15。

表 1-15　内股钢轨轨底坡的调整值

外轨超高/mm	轨枕面最大斜度	铁垫板或承轨槽面倾斜度		
		0	1:20	1:40
0~75	1:20	1:20	0	1:40
80~125	1:12	1:12	1:30	1:17

应当说明，以上所述轨底坡的大小是钢轨在不受列车荷载作用情况下的理论值。在复杂的列车动荷载作用下，轨道各部件将产生不同程度的弹性和塑性变形，静态条件下设置的 1:40 轨底坡在列车动荷载作用下不一定保持 1:40。

轨底坡设置是否正确，可根据钢轨顶面上由车轮碾磨形成的光带位置来判定。如光带偏离轨顶中心向内，说明轨底坡不足；如光带偏离轨顶中心向外，说明轨底坡过大；如光带居中，说明轨底坡合适。线路养护工作中，可根据光带位置调整轨底坡的大小。

八、轨道铺设精度与维修偏差管理值

铁路轨道静态铺设精度和轨道静态几何不平顺容许偏差管理值是根据线路等级及轨道类型、路段设计行车速度和维修作业类别确定的。铺设精度按轨道类别分为正线轨道、正线道岔、站线轨道和站线道岔四部分，容许偏差管理值按轨道类别分为线路轨道、调节器轨道及道岔三部分。

（一）轨道铺设精度

现以客货共线铁路、重载铁路正线轨道为例，其轨道静态平顺度见表 1-16。高速铁路、城际铁路轨道和站线轨道静态平顺度可查《铁路轨道设计规范》。

表 1-16　客货共线铁路、重载铁路正线轨道线路静态平顺度

序号	项目			容许偏差		
				160 km/h< $v\leqslant 200$ km/h	120 km/h< $v\leqslant 160$ km/h	$v\leqslant$ 120 km/h
1	轨距	相对于标准轨距	有砟	±2 mm	+4 mm −2 mm	+6 mm −2 mm
			无砟	±2 mm	±2 mm	+3 mm −2 mm
		变化率 （200 km/h）	有砟	1/1 500	—	—
			无砟			
2	轨向	弦长 10 m	有砟	3 mm	4 mm	4 mm
			无砟	2 mm	2 mm	4 mm
3	高低	弦长 10 m	有砟	3 mm	4 mm	4 mm
			无砟	2 mm	2 mm	4 mm
4	水平		有砟	3 mm	4 mm	4 mm
			无砟	2 mm	2 mm	4 mm
5	扭曲	基线长 6.25 m	有砟	3 mm	4 mm	4 mm
			无砟	3 mm	4 mm	4 mm

注：① 轨距偏差不含曲线上按规定设置的轨距加宽值。
　　② 轨向偏差不含曲线。
　　③ 水平偏差不含曲线、缓和曲线上的超高量。
　　④ 扭曲偏差不含缓和曲线上由于超高顺坡造成的扭曲量。

（二）轨道静态维修偏差管理值

1. 高速铁路维修偏差管理值

250（不含）～350 km/h 线路轨道静态几何尺寸容许偏差管理值见表 1-17。200～250 km/h 线路轨道静态几何尺寸容许偏差管理值和高速铁路长弦作业验收容许偏差管理值可查《高速铁路有砟（无砟）线路轨道维修规则》。

表 1-17　250（不含）~ 350 km/h 线路轨道静态几何尺寸容许偏差管理值

序号	项目		容许偏差			
			作业验收	经常保养	临时补修	限速（160 km/h）
1	轨距	有砟	±2 mm	+4 mm -2 mm	+5 mm -3 mm	+6 mm -4 mm
		无砟	±1 mm			
	轨距变化率	有砟	1/1 500	1/1 000	—	—
		无砟				
2	轨向	有砟	2 mm	4 mm	5 mm	6 mm
		无砟				
3	高低	有砟	2 mm	4 mm	7 mm	8 mm
		无砟				
4	水平	有砟	2 mm	4 mm	6 mm	7 mm
		无砟				
5	扭曲	有砟	2 mm	3 mm	5 mm	6 mm
		无砟				

注：① 高低和轨向偏差为 10 m 及以下弦测量的最大矢度值。
　　② 扭曲偏差不含曲线超高顺坡造成的扭曲量。

2. 客货共线铁路维修偏差管理值

客货共线铁路线路轨道静态几何不平顺容许偏差管理值，按线路最高运行速度和维修作业类别分别规定其限值，见表 1-18。

轨道静态几何不平顺容许偏差管理值中，作业验收管理值为线路设备大修、计划维修和临时补修作业的质量检查标准；计划维修管理值为安排轨道维修计划的质量管理标准；临时补修管理值为应及时进行轨道整修的质量控制标准；限速管理值为保证列车运行平稳性和舒适性，需立即限速并进行整修的质量控制标准；封锁管理值为保证列车运行平稳性，需立即封锁并进行整修的质量控制标准。

（三）轨道动态几何不平顺容许偏差管理值

轨道动态几何不平顺容许偏差是指动态条件下轨道几何不平顺值与标准值的偏差，主要通过轨道检查车或综合检测列车进行检测，按线路允许速度进行评价。动态几何不平顺容许偏差管理分为局部峰值管理和区段均值管理。

轨道几何不平顺动态检测项目包括高低、轨向、轨距、水平、三角坑、复合不平顺、轨距变化率、车体垂向振动加速度、车体横向振动加速度等。

1. 局部峰值管理

局部峰值动态评价采用四级管理（括号内为高速铁路，引自原普速铁路分级标准）：Ⅰ级为日常保持标准（经常保养标准），Ⅱ级为计划维修标准（舒适度标准），Ⅲ级为临时补修标准，Ⅳ级为限速标准。

1）各级容许偏差管理值

200 km/h 以下铁路各级动态几何不平顺容许偏差管理值见表 1-19；高速铁路线路轨道动态质量容许偏差管理值以 250（不含）~ 350 km/h 为例，见表 1-20。

表 1-18 线路轨道静态几何尺寸不平顺容许偏差管理值（混凝土枕线路）

单位：mm

项目		160 km/h < v_max 正线				120 km/h < v_max ≤160 km/h 正线				80 km/h < v_max ≤120 km/h 正线				v_max ≤80 km/h 正线及到发线				其他站线			
		作业验收	计划维修	临时补修	限速 160 km/h	作业验收	计划维修	临时补修	限速 120 km/h	作业验收	计划维修	临时补修	限速 80 km/h	作业验收	计划维修	临时补修	限速 45 km/h	作业验收	计划维修	临时补修	封锁
轨距		+2 / -2	+4 / -3	+4 / -6	+8 / -6	+4 / -2	+6 / -4	+8 / -6	+14 / -7	+6 / -2	+7 / -4	+14 / -7	+16 / -8	+6 / -2	+7 / -4	+16 / -8	+19 / -9	+6 / -2	+9 / -4	+19 / -9	+21 / -10
水平		3	5	8	10	4	6	10	14	4	6	14	17	4	6	17	20	5	8	20	22
高低		3	5	8	11	4	6	11	15	4	6	15	19	4	6	19	22	5	8	22	24
轨向（直线）		3	4	7	9	4	6	9	12	4	6	12	15	4	6	15	18	5	8	18	20
三角坑	缓和曲线	3	4	5	6	4	5	6	7	4	5	7	8	4	6	8	9	5	7	9	10
	直线和圆曲线	3	4	6	8	4	6	8	11	4	6	11	13	4	6	13	15	5	8	15	16

注：① 轨距偏差不含曲线上按规定设置的轨距加宽值，但最大轨距（含加宽值和偏差）不得超过 1 456 mm。
② 轨向偏差和高低偏差为 10 m 弦测量的最大矢度值。
③ 三角坑不含曲线超高顺坡造成的扭曲，检查三角坑时基长，采用轨道检查仪时为 3 m，采用轨距尺检查时基长为 6.25 m，但在延长 18 m 的距离内无超过表列的三角坑。
④ 段管线、岔线按其他站线办理。

表 1-19　轨道动态几何不平顺容许偏差管理值

项目		160 km/h < v_{max}				120 km/h < v_{max} ≤ 160 km/h 正线				80 km/h < v_{max} ≤ 120 km/h 正线				v_{max} ≤ 80 km/h 正线			
		I 级	II 级	III 级	IV 级限速 160 km/h	I 级	II 级	III 级	IV 级限速 120 km/h	I 级	II 级	III 级	IV 级限速 80 km/h	I 级	II 级	III 级	IV 级限速 45 km/h
高低/mm	1.5~42 m	5	8	12	15	6	10	15	20	8	12	20	24	12	16	24	26
	1.5~70 m	6	10	15	—	—	—	—	—	—	—	—	—	—	—	—	—
轨向/mm	1.5~42 m	5	7	10	12	5	8	12	16	8	10	16	20	10	14	20	23
	1.5~70 m	6	8	12	—	—	—	—	—	—	—	—	—	—	—	—	—
轨距/mm		+4 / −3	+8 / −4	+12 / −6	+15 / −8	+6 / −4	+10 / −7	+15 / −8	+20 / −10	+8 / −6	+12 / −8	+20 / −10	+23 / −11	+12 / −6	+16 / −8	+23 / −11	+25 / −12
轨距变化率（基长 3 m）/‰		1.2	1.5	—	—	1.5	2.0	—	—	2.0	2.5	—	—	2.0	2.5	—	—
水平/mm		5	8	12	14	6	10	14	18	8	12	18	22	12	16	22	25
三角坑（基长 3 m）/mm		4	6	9	12	5	8	12	14	8	10	14	16	10	12	16	18
复合不平顺/mm		7	9	—	—	8	10	—	—	—	—	—	—	—	—	—	—
车体垂向振动加速度/(m/s²)		1.0	1.5	2.0	2.5	1.0	1.5	2.0	2.5	1.0	1.5	2.0	2.5	1.0	1.5	2.0	2.5
车体横向振动加速度/(m/s²)		0.6	0.9	1.5	2.0	0.6	0.9	1.5	2.0	0.6	0.9	1.5	2.0	0.6	0.9	1.5	2.0

注：① 表中各种偏差限值为合格值的实际幅值的半峰值。
② 水平限值不包含曲线的超高值及超高顺坡量。
③ 高低和轨向采用的波长对应的空间曲线。
④ 复合不平顺指轨向和水平复合不平顺。
⑤ 三角坑限值包含曲线和缓和曲线超高顺坡造成的扭曲量。
⑥ 固定型辙叉的有害空间检查不含轨距、轨向，其他检查项目及检查标准与线路相同。
⑦ 车体垂向振动加速度采用 20 Hz 低通滤波，车体横向振动加速度采用 0.5~10 Hz 带通滤波和 10 Hz 低通滤波。

表 1-20　250（不含）～ 350 km/h 线路轨道动态质量容许偏差管理值

项目		经常保养	舒适度	临时补修	限速（200 km/h）
偏差等级		Ⅰ 级	Ⅱ 级	Ⅲ 级	Ⅳ 级
轨距/mm		+4、−3	+6、−4	+7、−5	+8、−6
水平/mm		5	6	7	8
扭曲（基长 3 m）/mm		4	6	7	8
高低/mm	波长 1.5～42 m	4	6	8	10
轨向/mm		4	5	6	7
高低/mm	波长 1.5～120 m	7	9	12	15
轨向/mm		6	8	10	12
复合不平顺/mm		6	8	—	—
车体垂向加速度/（m/s²）		1.0	1.5	2.0	2.5
车体横向加速度/（m/s²）		0.6	0.9	1.5	2.0
轨距变化率（基长 3 m）/‰		1.0	1.2	—	—

注：① 表中管理值为轨道不平顺实际幅值的半峰值。
　　② 水平限值不包含曲线按规定设置的超高值及超高顺坡量。
　　③ 扭曲限值包含缓和曲线超高顺坡造成的扭曲量。
　　④ 车体垂向加速度采用 20 Hz 低通滤波处理的值进行评判；车体横向加速度Ⅰ、Ⅱ级标准采用
　　　　0.5～10 Hz 带通滤波处理的值进行评判，Ⅲ、Ⅳ级标准采用 10 Hz 低通滤波处理的值进行评判。
　　⑤ 复合不平顺指水平和轨向逆向复合不平顺，按水平和 1.5～42 m 轨向代数差计算。避免出现
　　　　连续多波不平顺。

2）局部峰值评价方法

局部峰值评价采用扣分法。

各项目偏差扣分标准：Ⅰ级每处扣 1 分，Ⅱ级每处扣 5 分，Ⅲ级每处扣 100 分，Ⅳ级每处扣 301 分。

局部峰值评价以整千米为单位，每千米扣分总数为各级、各项偏差扣分总和，计算公式如下：

$$S = \sum_{i=1}^{4} \sum_{j=1}^{M} K_i C_{ij} \tag{1-3}$$

式中　S——整千米扣分总数；

　　　K_i——各级偏差的扣分数；

　　　C_{ij}——各项目的各级偏差个数；

　　　M——参与评分的项目个数。

每千米线路局部峰值动态评定标准：优良——总扣分在 50 分及以内；合格——总扣分在 51～300 分；失格——总扣分在 300 分以上。

2. 区段均值管理

1）轨道质量指数

轨道不平顺均值管理以轨道质量指数 TQI 表示。我国铁路从 20 世纪 80 年代开始探索根据轨道的实际状态进行预防性的计划维修，即"状态修"，经过多年的研究，提出采用标准偏差法即轨道质量指数 TQI 评定轨道几何状态。

以 200 m 的轨道区段作为单元区段，分别计算单元区段上左右高低、左右轨向、轨距、水平、扭曲等 7 项几何不平顺幅值的标准差。各单项几何不平顺幅值的标准差称为单项指数。将 7 个单项指数之和作为评价该区段轨道平顺性综合质量状态的轨道质量指数。TQI 值的计算公式为：

$$TQI = \sum_{i=1}^{7} \sigma_i \tag{1-4}$$

$$\sigma_i = \sqrt{\frac{1}{n} \sum_{j=1}^{N} (x_{ij} - \bar{x}_i)^2} \tag{1-5}$$

式中　TQI ——单元区段轨道质量指数；

　　　σ_i ——单项轨道不平顺的标准偏差；

　　　$\bar{x}_i$ ——单元区段中连续采样值的平均值；

　　　x_{ij} ——单项不平顺幅值；

　　　n ——采样数。

2）区段均值评价方法

区段均值评价采用扣分法。单个 TQI 计算单元的扣分标准可由铁路局集团公司规定。

区段均值评价以整千米为单位，每千米扣分总数为 5 个计算区段的 TQI 扣分值之和，计算公式如下：

$$T = \sum_{1}^{5} T_{200} \tag{1-6}$$

式中　T ——每千米扣分总数；

　　　T_{200} ——单个 TQI 计算单元的扣分数。

每千米线路区段均值评定标准划分为：均衡——代表线路质量均衡，不需要维修；计划——代表应列入维修计划，适时进行修理；优先——代表应优先列入维修计划，尽快安排修理。

第六节　轨道加强设备

本节要求

（1）了解线路爬行的概念及影响线路爬行的原因和危害。

（2）了解防爬设备的组成及部件名称、作用，并能说明其组装方法。

（3）了解曲线轨道加强设备的作用及配置要求。

一、轨道爬行及其危害

列车运行时，车轮作用于钢轨上，产生纵向水平力，这一纵向水平力能引起钢轨的纵向移动，有时甚至带动轨枕移动。钢轨的纵向移动称为线路爬行。

钢轨在行驶车轮下发生的波浪形挠曲，以及列车运行的阻力、列车制动、车轮在钢轨接头处的撞击和钢轨的温度变化等是引起线路爬行的主要原因。

线路爬行可破坏线路的稳定，它是线路发生病害的基本原因之一。

线路爬行的主要危害为：

（1）连续多处挤成瞎缝会发生胀轨跑道，拉大轨缝会造成钢轨、夹板、螺栓伤损或拉断螺栓，爬行易产生和加剧钢轨接头病害。

（2）拉斜轨枕，造成轨距、轨向不良，扣件（道钉）和轨枕损坏。

（3）捣固质量不能保持，轨枕吊板增多，产生和加大轨面坑洼。

（4）在道岔上会影响尖轨与基本轨的靠贴或尖轨的扳动，甚至涉及联锁装置。

（5）在桥上会带动桥枕，扩大桥枕间距，甚至会影响钢梁并涉及支座和墩台。

线路爬行的一般规律是：

（1）双线地段，爬行方向与列车运行方向基本相同，列车运行方向的下坡道爬行量较大。

（2）两方向运量接近的单线地段，两方向都会产生爬行，且易向下坡道方向爬行。

（3）两方向运量显著不同的单线地段，运量大的方向爬行较大，在运量大的下坡道方向爬行量会更大一些。

（4）双线或单线的制动地段，均易向制动方向爬行。

要防止线路爬行，应采用强有力的中间联结零件，以增强钢轨与夹板间的摩擦以及钢轨与垫板间的摩擦，使钢轨不能在垫板上移动。同时应相应地加强道床阻力，使线路处于稳定状态。但在爬行力较大的地段，单靠加强钢轨与轨枕之间的联结是不够的，必须加设特制的防爬设备，以锁定线路。

二、防爬设备

防爬设备包括防爬器和防爬支撑。

1. 防爬器

防爬器有穿销式及弹簧式两种。我国广泛使用的是穿销式防爬器，如图1-40所示。它由带挡板的轨卡及穿销组成。轨卡的一边紧密地卡住轨底，另一边用楔形穿销将相应轨底间的空隙楔紧，使之牢固地卡住轨底；而挡板与轨枕之间须设置木制承力板，才能起到抗爬的作用。

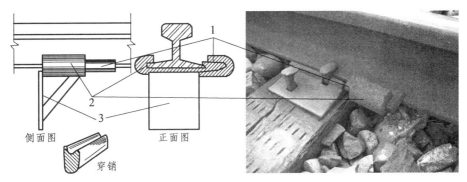

1—穿销；2—轨卡；3—挡板。

图 1-40 穿销式防爬器

承力板的面积应不小于防爬器挡板的面积，厚度为 50 mm，允许误差为 ± 10 mm；混凝土枕地段承力板呈楔形，窄面厚度为 50 mm，允许误差为 ± 10 mm。防爬器可以和防爬撑同时使用。

2. 防爬撑

为了充分发挥道床的防爬阻力作用，往往在轨枕之间设置若干个支撑块与防爬器一起共同抵抗轨道的爬行，这些支撑块就是防爬撑，如图 1-41 所示。防爬撑应有足够的断面尺寸，一般可采用 12 cm × 12 cm；较小者断面积也不应小于 120 cm^2，因断面积过小，不易保持稳定，不能充分发挥支撑作用。防爬支撑可用木制，亦可用石料、混凝土制造。

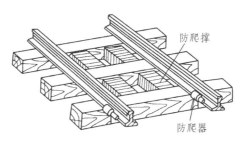

图 1-41 防爬撑

3. 防爬器和防爬撑的配置

为使两股钢轨上的防爬阻力相等，防爬器要成对安装。如在一根轨枕上产生的爬行力大于枕下道床纵向阻力，则钢轨将带着防爬器和轨枕一起爬行。因此，为充分发挥防爬器和道床防爬阻力的作用，在碎石道床地段，利用一对防爬器和两对支撑组成一个防爬组，将四根轨枕连成一个防爬整体，这种形式称为单方向锁定组。如在反方向也安装一对防爬器，则这种形式可称为双方向锁定组，如图 1-42 所示。

如图 1-42 所示，中间部分两组为双方向锁定组，两端部分各有一组为单方向锁定组，其安装数量和方式，可简单地以 ×3 ~ 6、×8 ~ 11 ×、×13 ~ 16 ×、×18 ~ 21 来表示，数字是轨枕编号。

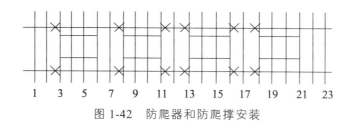

图 1-42　防爬器和防爬撑安装

在砂道床或卵石道床地段，因其纵向阻力较低，每组防爬设备可比碎石道床地段增加一对支撑。

无论是单方向锁定组还是双方向锁定组，相邻两组均不宜连接在一起，以免相互影响。防爬设备应安装在钢轨中部，在防爬锁定组较多时，亦应距钢轨接头远一些，尽量减少对钢轨两端伸缩的影响。

防爬支撑一般安装在钢轨底下，在不使用大型养路机械的木枕地段，为了在捣固作业时不取下支撑作业，则需保持距钢轨中心有 400 mm 的捣固范围，故规定亦可将支撑安装在与轨底边净距为 350 mm 的道心内。

混凝土枕地段安装防爬撑时，如用混凝土或石料支撑，应在两端加楔形垫木，垫木斜面与混凝土坡面一致；如用木料支撑，应按轨枕间距与其斜坡面锯制。

为准确及时掌握轨道爬行数据，普通线路正线（不含站内）应设置位移观测桩。有防爬设备地段每 0.5 km 应设置 1 对；无防爬设备地段每 1 km 应设置 1 对。位移观测桩应埋设牢固，标记清楚，确保能准确地检查与掌握线路爬行情况。观测桩缺损时应及时补充和修理，并应按既有爬行记录重新划好标记，保持可靠的观测基准。有固定建筑物时，可在建筑物上设置观测标记。当线路爬行量大于 20 mm 时应分析原因，并及时整正。

三、曲线轨道加强

在线路曲线地段，尤其是小半径曲线地段，列车通过时，横向水平力比直线段大，可导致轨距扩大，轨道框架横移，平面位置歪曲，轨枕挡肩损坏，养护维修工作量增加。因此，必须对小半径曲线段予以加强，加强办法有：

（1）增加轨枕配置，提高轨道框架横向稳定性。对于混凝土枕轨道 $R \leqslant 800$ m 的曲线（包括缓和曲线），每千米增加轨枕根数见表 6-8。

（2）安装轨撑或轨距杆，如图 1-43 所示，提高钢轨水平方向的稳定性，防止轨距扩大。

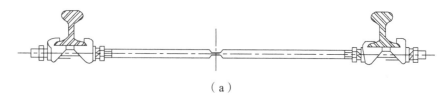

（a）

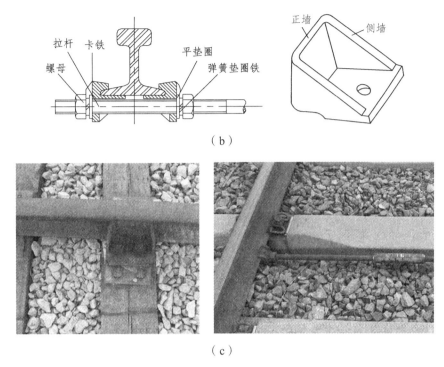

（b）

（c）

图 1-43　轨距杆、轨撑

轨撑安装在钢轨外侧以顶住轨下颚和轨腰，防止钢轨外倾。轨距杆是一端扣住外轨轨底，另一端扣住里轨轨底的拉杆，防止钢轨位移，保持轨距。实践证明，轨撑、轨距拉杆都是比较有效地防止轨距扩大、车轮脱轨的重要手段。表 1-21 为木枕线路正线半径 $R \leqslant 800$ m 和站线半径 $R \leqslant 350$ m 的曲线轨道需要安装的轨距杆或轨撑的数量。

表 1-21　轨距杆或轨撑安装数量

曲线半径/m	轨距杆/根		轨撑/对	
	25 m 钢轨	12.5 m 钢轨	25 m 钢轨	12.5 m 钢轨
$R \leqslant 350$	10	5	14	7
$350 < R \leqslant 450$	10	5	10	5
$450 < R \leqslant 600$	6～10	3～5	6～10	3～5
$600 < R \leqslant 800$	根据需要安装			

对于半径 $R \leqslant 350$ m 的曲线和道岔导曲线，可根据需要安装轨距杆和轨撑两种加强设备。

铺混凝土枕的线路，在行驶电力机车的区段，且在半径 $R \leqslant 600$ m 的曲线上，其他区段 $R \leqslant 350$ m 的曲线，可根据需要比照表 1-21 安装轨距杆或轨撑，或采用保持轨距能力较强的弹性扣件。

轨距杆有普通轨距杆和绝缘轨距杆两种，在有轨道电路的线路上，应当采用绝缘轨距杆。

（3）堆高曲线外侧砟肩石砟，以增加曲线道床横向阻力，这也是曲线加强的一项有效措施。

思考与练习

1. 我国铁路等级如何划分？

2. 有砟轨道都由哪些主要部件组成？

3. 铁路轨道类型是如何划分的？

4. "60 钢轨"和"60N 钢轨"有何区别？

5. 我国标准钢轨定尺长度是怎样规定的？

6. 标准缩短轨有几种？

7. 预留轨缝的原则是什么？

8. 什么是构造轨缝？其数值是多少？

9. 木枕扣件分为哪几种？各自的特点是什么？

10. 目前我国使用的混凝土枕分为几种类型？各自的特点是什么？

11. 不同类型混凝土枕长度和质量分别都是多少？

12. 混凝土枕扣件分为哪几种？适用范围分别是什么？

13. 道砟分为哪几类？什么是道砟的级配？

14. 碎石道床断面的三个特征是什么？

15. 决定道床顶面宽度、边坡坡度、道床厚度的因素是什么？

16. 道床顶面为什么要低于轨枕承轨面？是如何规定的？

17. 什么是机车车辆的固定轴距？

18. 什么是轨距？我国铁路标准轨距是多少？对轨距变化率有什么要求？

19. 不同速度条件轨距的容许误差是怎样规定的？

20. 什么是水平？设计速度不超过 80 km/h 的线路轨道，水平容许偏差是怎样规定的？

21. 什么是三角坑？三角坑有何危害？

22. 什么是高低？设计速度为 120 km/h 的线路轨道，高低容许偏差是怎样规定的？

23. 什么是吊板？什么是空板？

24. 什么是方向？设计速度为 250 km/h 的线路轨道，方向容许偏差是怎样规定的？

25. 什么是轨底坡？我国对轨底坡设置有什么规定？怎样判断轨底坡的设置是否合适？

26. 北京地区，某专用线路进行换轨作业。新轨为 50 kg/m 钢轨，轨长 25 m，铺轨轨温 25 ℃。请计算预留轨缝。

第二章 曲线轨道

本章导读

　　铁路曲线由平面曲线和竖曲线组成。平面曲线一般包括圆曲线和缓和曲线两部分。圆曲线轨道往往设有外轨超高，缓和曲线则要满足外轨超高顺坡的要求。特殊小半径曲线则要进行轨距加宽。另外有缝线路曲线地段内股还要设置缩短轨。这些都是直线轨道所没有的结构特点。因此，与直线轨道相比，曲线轨道给设计、施工，特别是后期运营维护带来了很多技术难题，如养护维修难度较大，维修费用占比较多，对列车舒适性、行车速度和行车安全影响也较严重，是轨道薄弱环节之一。

　　本章主要介绍小半径曲线轨距加宽、外轨超高计算、竖曲线、缓和曲线设置、曲线轨道方向整正、缩短轨配置及曲线轨道的主要技术标准。

本章目标

　　掌握小半径曲线轨距加宽、外轨超高及顺坡、缓和曲线长度、曲线内股缩短轨配置、曲线方向整正的主要技术要求和方法。

本章重点

　　既有线外轨超高检算及超高顺坡。

第一节　铁路曲线的主要技术条件

本节要求

　　了解曲线轨道的特点和主要技术要求。

一、曲线轨道的特点

　　铁路曲线由平面曲线和竖曲线组成。铁路线路改变方向用平面曲线，一般包括圆曲线和缓和曲线两部分。铁路线路上、下坡经过变坡位置时往往需设置竖曲线。竖曲线采用圆曲线或抛物线线型。

　　曲线轨道与直线轨道相比，有以下特点：

（1）在小半径的曲线上，轨距需要适当加宽，使具有较大固定轴距的机车车辆能顺利地通过。

（2）在曲线外轨设置超高，以平衡列车行驶于曲线上所产生的离心力，使内外轨受力均衡并保证旅客舒适。

（3）在直线与圆曲线间设置缓和曲线，使列车进入或驶出曲线时能以平稳状态运行，不致发生突然出现的横向冲击力。

（4）在曲线内轨上铺设缩短轨，使曲线内外轨接头保持对接的形式。

（5）在曲线上的建筑接近限界，须进行适当加宽，以使列车安全运行。

（6）曲线轨道在列车动力作用下，其平面位置容易发生变化，为了保证列车安全、平稳地运行，需要进行曲线加强及方向整正等工作，使曲线经常保持圆顺的良好状态。

二、曲线的技术条件

（一）平面曲线

1. 曲线半径

曲线半径不仅影响行车安全、旅客乘坐舒适度等行车质量指标，而且影响行车速度、运行时间等技术指标和工程费、运营费等经济指标。故各级铁路的曲线半径的选用应结合铁路运输模式、速度目标值、旅客乘坐舒适度等有关因素，因地制宜、合理选用。

根据铁路工程实践和设计选用的习惯，曲线半径宜采用以下序列值（m）：12 000、10 000、8 000、7 000、6 000、5 000、4 500、4 000、3 500、3 000、2 800、2 500、2 000、1 800、1 600、1 400、1 200、1 000、800、700、600、550、500（Ⅲ、Ⅳ级铁路含 450、400、350、300）；特殊困难条件下，可采用上列半径间 10 m 整倍数的曲线半径。

1）圆曲线的最大半径 $R_{\max}$

最大曲线半径通常是在小偏角情况下为保证最小圆曲线长度而采用的。最大曲线半径标准主要受线路的铺设、养护、维修精度控制。当曲线半径大到一定程度后，正矢值将很小，测设和检测精度均难以保证极小的正矢值的准确性，可能反而成为轨道不平顺的因素。因此，对圆曲线最大半径一般都加以限制。我国铁路线路规定最大圆曲线半径为 12 000 m。

2）圆曲线的最小半径 $R_{\min}$

圆曲线的最小半径取决于行车速度（最高速度和最低速度）和超高（实设超高、允许最大超高、允许欠超高和允许过超高）。

高速铁路和城际铁路最小曲线半径主要取决于线路设计速度和旅客乘车舒适度。高速铁路区间最小曲线半径见表 2-1，城际铁路最小曲线半径见表 2-2。

表 2-1　高速铁路平面最小曲线半径　　　　　　　　　单位：m

设计速度/（km/h）		350	300	250
工程条件	有砟轨道 一般	7 000	5 000	3 500
	有砟轨道 困难	6 000	4 500	3 000
	无砟轨道 一般	7 000	5 000	3 200
	无砟轨道 困难	5 500	4 000	2 800

注：① 困难最小值应进行技术经济比选后采用。
　　② 车站两端减、加速地段的最小曲线半径应结合行车速度曲线合理选用。

表 2-2　城际铁路平面最小曲线半径　　　　　　　　　单位：m

设计速度/（km/h）		200	160	120
工程条件	一般	2 200	1 500	900
	困难	2 000	1 300	800

注：车站两端减、加速地段的最小曲线半径应根据公式计算确定。

客货共线铁路最小曲线半径主要考虑线路设计速度、地形条件、旅客乘车舒适度、钢轨磨耗、曲线行车安全等因素，见表 2-3。

表 2-3　区间线路最小曲线半径　　　　　　　　　单位：m

路段设计行车速度/（km/h）		200	160	120	100	80	60、40
工程条件	一般	3 500	2 000	1 200	800	600	500
	困难	2 800	1 600	800	600	500	300

注：车站两端减、加速地段，最小曲线半径应结合客车开行方案和工程条件，根据客、货列车行车速差计算确定。

重载铁路最小曲线半径主要考虑限制钢轨磨耗、延长换轨周期等经济因素，最小曲线半径不应小于 800 m，困难条件下不应小于 600 m；特殊困难条件下，经技术经济比较后确定。

2. 圆曲线和夹直线

圆曲线和夹直线最小长度应保证车辆通过圆曲线或夹直线两端缓和曲线时，车辆后轴在缓和曲线终点（指缓圆点或缓直点）产生的振动，与车辆前轴在另一缓和曲线起点（指圆缓点或直缓点）产生的振动不叠加，以保证列车运行的平稳性和旅客舒适度，见表 2-4。

在极端困难条件下，无法满足表 2-4 要求时，也要保证车辆通过圆曲线和夹直线时，至少在一瞬间，能使车辆处于水平位置（即不使车辆的两转向架同时位于两缓和曲线上），故圆曲线和夹直线最小长度不应小于车辆全轴距 18 m，考虑一定余量，取为 25 m。另外，从维修养护方面考虑，为保持曲线圆顺，也希望圆曲线上至少有两个正矢点，以便整正曲线，故也不应短于 25 m。

表 2-4　圆曲线或夹直线最小长度　　　　　　　　　单位：m

铁路等级	高速铁路			客货共线铁路、重载铁路（城际铁路）					
最大行车速度 /（km/h）	350	300	250	200	160	140	120	100	80
一般	280	240	200	160（120）	130（100）	110	80（80）	60	50
困难	210	180	150	120（80）	80（70）	70	50（50）	40	30

注：括号中为城际铁路数据。

在线路维修中，对允许速度不大于 120 km/h 的线路，反向曲线夹直线长度在极个别情况下不足 25 m 时，正线不应短于 20 m，站线不应短于 10 m。

（二）竖曲线

在线路纵断面的变坡点处设置竖曲线，是为了保证列车通过时，不致发生脱钩和脱轨事故，并保证旅客的舒适度。在普通铁路上，对前二者考虑得多些；而在高速铁路上，则主要是考虑后者。

新建铁路竖曲线采用圆曲线，半径不大于 30 000 m。

高速铁路、城际铁路的竖曲线长度不应小于 25 m；高速铁路、城际铁路的竖曲线起终点（或变坡点）与平面曲线起终点间的最小距离不宜小于 20 m。

竖曲线不应设置在缓和曲线、正线道岔、钢轨伸缩调节器以及明桥面桥范围内。当路段设计速度大于 120 km/h 时，以上地段范围内不得设置变坡点。

1. 高速铁路竖曲线

高速铁路竖曲线半径由旅客舒适性要求控制，按表 2-5 选用。

表 2-5　高速铁路竖曲线半径

设计速度 /（km/h）	一般区段			限速区段			
	350	300	250	200	160	120	80
最小竖曲线半径 /m	25 000	25 000	20 000	15 000	15 000	10 000	5 000

高速铁路竖曲线与平面圆曲线不宜重叠设置；困难条件下重叠设置时，最小曲线半径应符合规范要求。

动车组走行线竖曲线不得重叠设置。相邻坡段坡度差大于 3‰时宜设置圆曲线型竖曲线，竖曲线半径不宜小于 5 000 m，困难条件下不应小于 3 000 m。

2. 城际铁路竖曲线

设计速度为 160 km/h 及以上的城际铁路线路当相邻坡段的坡度差大于或等于 1‰时，设计速度为 160 km/h 以下的城际铁路线路当相邻坡段的坡度差大于或等于 3‰时，采用圆曲线型竖曲线连接。竖曲线半径按表 2-6 选用。

表 2-6　城际铁路竖曲线半径　　　　　　　　单位：m

设计速度/（km/h）		200	160	120	120 以下
工程条件	一般	15 000	15 000	10 000	5 000
	困难	10 000	8 000	5 000	3 000

3．客货共线铁路、重载铁路竖曲线

路段设计速度为 160 km/h 及以上的客货共线铁路、重载铁路线路，当相邻坡段的坡度差大于 1‰，路段设计速度为 160 km/h 以下的客货共线铁路、重载铁路线路，当相邻坡段的坡度差大于 3‰，采用圆曲线型竖曲线连接，竖曲线半径分别不得小于 15 000 m 和 10 000 m。

改建既有线时，当既有线采用的是抛物线型竖曲线，且折算竖曲线半径不小于上述规定时，可保留既有线的坡段连接标准。特别困难条件下，竖曲线的位置可不受缓和曲线位置的限制。

4．线路大中修竖曲线设置

线路大中修时，允许速度不大于 160 km/h 的线路，采用抛物线型竖曲线时，若相邻坡段的坡度代数差大于 2‰，应设置竖曲线。20 m 范围内竖曲线的变坡率，凸形不应大于 1‰，凹形不应大于 0.5‰。采用圆曲线型竖曲线时，若相邻坡段的坡度代数差大于 3‰，应设置竖曲线，竖曲线半径不应小于 10 000 m。

允许速度大于 160 km/h 的线路，坡段代数差不小于 1‰时，应设置圆曲线型竖曲线，竖曲线半径不应小于 15 000 m，且长度不应小于 25 m。

竖曲线不得与竖曲线、缓和曲线重叠，不得侵入道岔、调节器及明桥面。

第二节　曲线轨距与限界加宽计算

本节要求

（1）了解曲线轨距加宽的目的及设置方法，掌握轨距加宽标准。
（2）能绘图说明不同情况下轨距加宽递减的方法。
（3）能够正确计算曲线限界加宽。

一、轨距加宽计算原理和方法

机车车辆进入曲线轨道时，仍然存在保持其原有行驶方向的惯性，只是受到外轨的引导作用方才沿着曲线轨道行驶。在小半径曲线上，为使机车车辆顺利通过而不致被楔住或挤开钢轨，减小轮轨间的横向作用力，以减少轮轨磨耗，轨距要适当加宽。加宽轨距，系将曲线轨道内股钢轨向曲线中心方向移动，而外股钢轨的位置则保持距离轨道中心半个轨距不变。曲线轨距的加宽值与机车车辆转向架在曲线上的几何位置，即内接形式有关。

1. 转向架的内接形式

由于轮轨之间存在一定间隙（简称游间），机车车辆的车架或转向架通过曲线轨道时，可以占有不同的几何位置，即可以有不同的内接形式。随着轨距大小的不同，机车车辆在曲线上可呈现以下四种内接形式：

（1）斜接。机车车辆车架或转向架的外侧最前位车轮轮缘与外轨作用边接触，内侧最后位车轮轮缘与内轨作用边接触，如图 2-1（a）所示。

（2）自由内接。机车车辆车架的外侧最前位车轮轮缘与外轨作用边接触，其他各车轮轮缘无接触地在轨道上自由行驶，如图 2-1（b）所示。

（3）楔形内接。机车车辆车架或转向架的最前位和最后位外侧车轮轮缘同时与外轨作用边接触，内侧中间车轮的轮缘与内轨作用边接触，如图 2-1（c）所示。

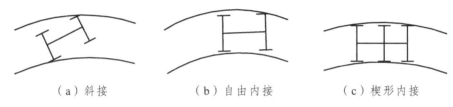

（a）斜接　　　　　　（b）自由内接　　　　　　（c）楔形内接

图 2-1　机车车辆通过曲线的内接形式

（4）正常强制内接。为避免机车车辆以楔形内接形式通过曲线，对楔形内接所需轨距增加一半的游间，此时转向架在曲线上所处位置称为正常强制内接。

2. 曲线轨距加宽的确定原则和方法

曲线轨距加宽的原则为：

（1）保证占列车大多数的车辆能以自由内接的形式通过曲线。

（2）保证固定轴距较长的机车通过曲线时，不出现楔形内接，但允许以正常强制内接形式通过。

（3）保证车轮轮缘不掉道，即最大轨距不超过容许限度。

因此，确定轨距加宽的方法是首先根据车辆条件确定轨距加宽，再根据机车条件检算轨距加宽。通过计算得知：对于半径为 295 m 及以上的曲线轨道，轨距无须加宽机车车辆就可以顺利通过曲线；但通过 295 m 以下半径的曲线时，轨距需要加宽，具体加宽标准见表 2-7。

表 2-7　曲线地段轨距加宽值

曲线半径/m	轨距加宽值/mm	轨距/mm
$R \geqslant 295$	0	1 435
$295 > R \geqslant 245$	5	1 440
$245 > R \geqslant 195$	10	1 445
$R < 195$	15	1 450

3. 曲线轨道的最大允许轨距

曲线轨道的最大轨距，应切实保障行车安全，不使其掉道。在最不利情况下，当轮对的一个车辆轮缘紧贴一股钢轨时，另一个车轮踏面与钢轨的接触点即为车轮踏面的变坡点。

考虑到轨距的容许偏差不得超过 6 mm，所以曲线轨道的最大容许轨距应为 1 450 mm，即最大允许加宽 15 mm。

二、曲线轨距加宽递减

有加宽的曲线轨距与直线轨距间，应使轨距均匀递减。由加宽了的曲线轨距向直线轨距的过渡，按下列规定办理：

（1）曲线轨距加宽应在整个缓和曲线内递减，使其与超高顺坡和正矢递减三者同步。如无缓和曲线，则在直线上递减，递减率一般不得大于 1‰，如图 2-2 和图 2-3 所示。

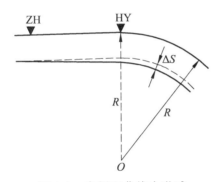
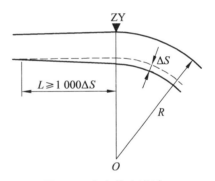

图 2-2　在缓和曲线内递减　　　　　图 2-3　在直线上递减

有加宽的曲线轨距与直线轨距之间，需要有一定的过渡段，使轨距均匀递减，以较好地保持轨向。即使缓和曲线较长，轨距递减率很小，亦不宜在缓和曲线内缩短递减范围。无缓和曲线时，则由圆曲线的始终点向直线递减，在一般条件下，递减率不得大于 1‰。

（2）复曲线应在正矢递减范围内，从较大轨距加宽向较小轨距加宽均匀递减。

"正矢递减范围"即半径变化点前后各 10 m 范围内，如复曲线的两曲线轨距加宽不相等，则应在半径变化点前后各 10 m 范围内，从较大轨距加宽向较小轨距加宽均匀递减，其递减率为 0.25‰ ~ 0.75‰，如图 2-4 所示。

（3）两曲线轨距加宽按 1‰ 递减，其终点间的直线长度应不短于 10 m。不足 10 m 时，如直

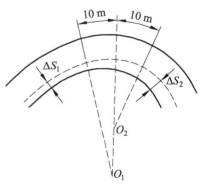

图 2-4　复曲线轨距加宽递减

线部分的两轨距加宽相等，则直线部分保留相等的加宽；如不相等，则直线部分从较大轨距加宽向较小轨距加宽均匀递减，如图 2-5 所示。

在困难条件下，站线上的轨距加宽允许按 2‰递减。

规定两曲线轨距加宽递减的终点间直线长度不短于 10 m，是为了避免直接连接形成折线，应有至少 10 m 的直线段过渡。这种情况多发生在无缓和曲线的站线上。

图 2-5（a）所示为同向曲线情况。两曲线轨距加宽递减终点的直线段不足 10 m 时，如直线部分两轨距加宽相等，则直线部分保留相等的加宽；如不相等，则直线部分从较大轨距加宽向较小轨距加宽均匀递减。

图 2-5（b）所示为反向曲线情况，$\Delta \delta_1$ 和 $\Delta \delta_2$ 为两曲线轨距加宽值。虚线为两递减终点间的直线段，不足 10 m 时，整个直线的实线部分按 $\Delta \delta_1$ 和 $\Delta \delta_2$ 是否相等设置相等加宽或均匀递减。

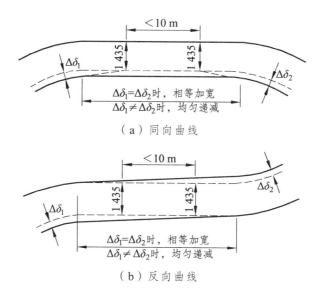

图 2-5　相邻曲线轨距加宽递减

在站线上，一些曲线半径较小，轨距有的加宽，有的没有缓和曲线，有的夹直线较短，但行车速度不高，故规定在困难条件下，站线上的曲线轨距加宽允许按不大于 2‰递减。例如，一反向曲线的夹直线长 10 m，两曲线轨距加宽皆为 15 mm，因无缓和曲线，需在直线上递减，如按 1‰递减，则皆需递减至对方曲线内，并在对方曲线外股形成加宽。这种条件下，可在整条直线上各按 1.5‰递减，即整条直线上轨距为 1 450 mm。

（4）特殊条件下的轨距加宽递减，铁路局可根据具体情况规定，但不得大于 2‰。

"特殊条件下的轨距加宽递减"是指既有设备条件特殊。例如，反向曲线的夹直线很短或无夹直线，以及其他特殊条件下的轨距加宽递减。在未经改造前，不能按前三项的规定做轨距加宽递减，但也不得大于 2‰。

三、曲线限界加宽计算

列车在曲线上行驶时，转向架随线路的曲度可以转动，但车身是一个整体，不能随之弯曲，所以车体两端突出于曲线外侧，而中部向曲线内侧偏移，因而相邻两曲线上的两车辆之间净空减少。当相邻两曲线的外轨超高不同时，车体倾斜度不同，也影响净空。为保持相邻曲线上车体有一定净空以及线路上的车辆与邻近的建筑物保持一定净空，曲线地段的中心线间的水平距离和线间设施（含站台边缘）至线路中心线的最小距离需要加宽。

曲线上建筑限界需加宽多少，与车体长度（L）、转向架中心销间距离（l）及曲线半径（R）有关。如果 L 大、R 小，则车体偏入曲线内侧的距离 f 也大。偏入多少，可根据几何图形计算。

如图 2-6 所示，$\triangle AOD$ 与 $\triangle BOD$ 是相似三角形，设：$AO = f$（曲线内偏移量）

因为
$$f : \frac{l}{2} = \frac{l}{2} : (2R - f)$$

化简得
$$f(2R - f) = \frac{l^2}{4}$$

$$2Rf = \frac{l^2}{4} + f^2$$

f^2 与 $\dfrac{l^2}{4}$ 数值相比小得多，f^2 可以省去不计。

所以
$$2Rf = \frac{l^2}{4}$$

即：
$$f = \frac{l^2}{8R} \tag{2-1}$$

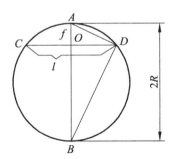

图 2-6　圆曲线上弦长与正矢关系图

在计算需要最大的加宽量时，车体长度采用 $L = 26\ \text{m}$，转向架中心销间距离采用 $l = 18\ \text{m}$。将 $l = 18\ \text{m}$ 代入上式，即可求得车体向曲线内侧的偏移量。

$$f = \frac{18^2}{8R} \times 1\,000 = \frac{40\,500}{R} \quad (\text{mm})$$

因曲线外轨超高 h 而引起的车体内倾所需线路加宽量 x，也可以由图 2-7 所示的图形来计算，并近似地取两钢轨踏面中心线间距离为 1 500 mm，则：

$$\frac{x}{H} = \frac{h}{1\,500}$$

$$x = \frac{H}{1\,500}h$$

所以曲线内侧需要的加宽量 W_1 为：

$$W_1 = \frac{40\,500}{R} + \frac{H}{1\,500} \times h \quad (\text{mm}) \tag{2-2}$$

曲线外侧需要的加宽量 W_2，可按图 2-8 计算：

$$W_2 = NE = NM - EM$$

$$= \frac{26^2}{8R} \times 1\,000 - \frac{18^2}{8R} \times 1\,000 = \frac{44\,000}{R} \quad (\text{mm}) \tag{2-3}$$

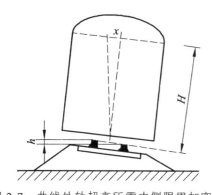

图 2-7　曲线外轨超高所需内侧限界加宽示意图

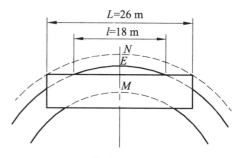

图 2-8　曲线外侧加宽示意图

曲线线路中心线与建筑限界的水平距离，依建筑物在曲线的内侧或外侧，按上式 W_1 和 W_2 分别计算。在两个相邻曲线线路间应加宽的距离 W 为：

$$W = W_1 + W_2 = \frac{84\,500}{R} + \frac{H}{1\,500}h \quad (\text{mm}) \tag{2-4}$$

式中　W——相邻曲线线路间加宽值（mm）；
　　　W_1——曲线内侧加宽值（mm）；
　　　W_2——曲线外侧加宽值（mm）；
　　　R——曲线半径（m）；
　　　H——轨顶面至计算点的高度（mm）；
　　　h——外轨超高值（mm）。

第三节 曲线外轨超高

本节要求

（1）了解曲线外轨设置超高的目的及设置方法。

（2）能够正确应用外轨超高计算公式计算曲线外轨超高值并根据容许未被平衡超高值进行超高检算。

（3）能绘图说明不同情况下超高递减方法。

（4）能正确计算曲线轨道超高限速。

一、设置曲线外轨超高的目的和原则

1. 设置曲线外轨超高的目的和方法

机车车辆在曲线上行驶时，由于惯性离心力作用，将机车车辆推向外股钢轨，加大了外股钢轨的压力，使旅客产生不适感、货物移位等。因此需要把曲线外轨适当抬高，使机车车辆的自身重力产生一个向心的水平分力，以抵消惯性离心力，达到内外两股钢轨受力均衡和垂直磨耗均匀等，满足旅客舒适感，提高线路的稳定性和安全性。

外轨超高是指曲线外轨顶面与内轨顶面水平高度之差。在设置外轨超高时，主要有外轨提高法和线路中心高度不变法两种方法。外轨提高法是保持内轨标高不变而只抬高外轨的方法。线路中心高度不变法是内外轨分别各降低和抬高超高值的一半而保证线路中心标高不变的方法。前者使用较普遍，后者仅在建筑限界受到限制时才采用。

2. 设置曲线外轨超高的原则

列车速度是影响曲线超高设置的关键因素，曲线超高设置要同时兼顾不同速度列车的舒适性要求，还要考虑曲线左右股钢轨偏载造成的钢轨不均匀磨耗。

（1）新建高速铁路、城际铁路曲线超高设置应根据通过曲线的最高、最低列车速度，优先考虑本线直通列车的旅客舒适度要求，兼顾低于本线运行速度的跨线列车和中间站进出站列车的旅客舒适度要求。

（2）新建客货共线铁路曲线超高设置应根据通过曲线的客、货列车运行速度，综合考虑旅客舒适性和货物列车对钢轨磨耗的影响。

（3）新建重载铁路曲线超高设置应根据通过曲线的客、货列车运行速度，优先考虑货物列车对钢轨磨耗的影响，兼顾旅客舒适度要求。

（4）改建铁路曲线超高可根据每昼夜各类列车次数、列车质量和实测列车速度，计算确定均方根速度，曲线超高应按均方根速度进行计算并设置。

（5）车站两端曲线超高应根据实际运营车型的特性曲线，模拟计算通过列车和进出站列车的运行速度进行设置。

（6）无砟轨道地段初期开通速度与设计预留速度不一致时，曲线超高应按设计预留速度进行设置。

二、曲线外轨超高计算

（一）外轨超高计算

外轨超高计算公式一般均按两轨钢轨受力均衡的条件导出，再根据线路运输组织模式（客运专线或客货共线）和速度匹配（高速专线、高中速共线或高低速共线）情况进行超高设置计算和相关检算。

如图 2-9 所示，列车在曲线上运行时，产生离心力 F，其值可由下式计算：

$$F = m\frac{v^2}{R} = \frac{G}{g}\frac{v^2}{R} \tag{2-5}$$

式中　m——车体的质量（kg）；

　　　R——曲线半径（m）；

　　　G——车体的重力（N）；

　　　g——重力加速度（m/s^2）。

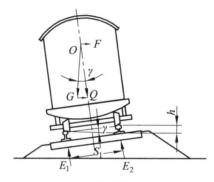

图 2-9　曲线外轨超高

若将曲线轨道设置外轨超高 h 后，如图 2-9 所示，使车体的重力 G 与离心力 F 的合力 Q 恰好通过轨道中心，此时里外两股钢轨所受的垂直压力相等，钢轨的支承反力 $E_1 = E_2$。由图可以看出：$\tan\gamma = \dfrac{F}{G} \approx \dfrac{h}{S_1}$，则平衡离心力所需的外轨超高为：

$$h = \frac{S_1 F}{G} = \frac{S_1}{G}\frac{G}{g}\frac{v^2}{R} = \frac{S_1}{g}\frac{v^2}{R} \tag{2-6}$$

当速度 v 以 km/h 计、半径 R 以 m 计、超高 h 以 mm 计时，将两股钢轨中心间的距离 $S_1 = 1\,500$ mm 代入上式得：

$$h = \frac{1\,500 \times \left(\dfrac{1}{3.6}\right)^2}{9.81}\frac{v^2}{R} = 11.8\frac{v^2}{R} \quad (\text{mm}) \tag{2-7}$$

在式（2-7）中，列车运行速度 V 是将列车作为一个质点的运动速度，实际计算超高时，必须综合各种因素，采用各种列车的均衡速度。在一般条件下，客车速度较高，列车重量较小；货车速度较低，列车重量较大。考虑列车重量计算出的超高，往往比不考虑列车重量计算出的超高要小，能使两股钢轨的垂直磨耗比较均匀。根据现场实践经验，在曲线上适当减小超高，外股钢轨的侧面磨耗能有不同程度的减轻，里股钢轨的肥边也能有所减小。故客货共线铁路应按重量加权平均的方法计算平均速度，并依此计算设置超高，即：

$$v_{\mathrm{j}} = \sqrt{\frac{\sum N_i G_i v_i^2}{\sum N_i G_i}} \tag{2-8}$$

式中　N_i——每昼夜通过的各类速度和牵引重量均相同的列车次数（列）；

　　　G_i——各类列车重量（kN）；

　　　v_i——实测各类列车速度（km/h）。

我国高速铁路、城际铁路为客运专线，只走行旅客列车，列车质量相差不多，可以不考虑列车质量对超高的影响，则上式则变为

$$v_{\mathrm{j}} = \sqrt{\frac{\sum N_i v_i^2}{\sum N_i}} \tag{2-9}$$

还应指出：按式（2-8）或式（2-9）计算出的超高与实际列车受力状况存在差异。在现场使用时，按计算值设置超高以后，对有砟轨道还应视轨道稳定以及钢轨磨耗等状况适当调整。

为便于超高管理，最后计算出的超高值应取整为 5 mm 的整倍数。

（二）未被平衡超高和旅客乘车舒适度

1. 未被平衡超高

所有列车是以各种不同的速度通过曲线的，所设置的超高不可能适应每一列列车，使所产生的离心力完全得到平衡，因而对每一列列车而言，普遍存在着过超高（超高实际设置值比需要值大）或欠超高（超高实际设置值比需要值小）的现象。过超高时产生未被平衡向心加速度，欠超高时产生未被平衡离心加速度。

2. 旅客舒适度

"旅客舒适度"广义是指车厢里的旅客在生理上和心理上感知的舒适程度，它与车辆运动状态、车厢内外环境、座位条件和旅客的身体素质等有关。而未被平衡超高的影响，是与车辆运动状态有关的主要一项。根据一些试验，感觉舒适程度因人而异。

3. 未被平衡超高和未被平衡离心加速度与舒适度的关系

根据统计分析，未被平衡超高和未被平衡离心加速度与舒适度的关系大致见表2-8。

表 2-8　未被平衡超高与舒适度的关系

未被平衡超高 /mm	未被平衡离心加速度 /（m/s²）	多数旅客的舒适程度
60	0.40	基本感觉不出，意识不到列车在曲线上运行
75	0.50	有感觉，能适应
90	0.60	感觉有横向力，比较容易克服
110	0.73	明显感觉有横向力，但尚能够克服
130	0.87	感觉有较大横向力，需有意识保持平衡，行走有困难
150	1.00	感觉有很大横向力，站立不稳，不能行走

当 $v = v_j$（计算超高的平均速度）时，离心力刚好与设置超高后所提供的向心力相等。此时两股钢轨承受相同荷载，旅客也没有不舒适感觉。

当 $v > v_j$ 时，离心力大于设置超高后所提供的向心力，说明超高不足（此差值称为欠超高），从而导致外轨承受偏载，同时也使旅客感觉不舒适。

当 $v < v_j$ 时，离心力小于设置超高后所提供的向心力，说明超高过大（此超高值称为过超高），从而导致内轨承受偏载和旅客不适。

欠超高和过超高统称为未被平衡超高。未被平衡超高使内外轨产生偏载，引起内外轨不均匀磨耗，并影响旅客的舒适度。此外，过大的未被平衡超高还可能导致列车倾覆，因此必须对未被平衡的超高加以限制。

（三）欠超高、过超高及检算

1. 欠超高的确定原则

（1）修建新线时，若为客运专线，为更好地满足旅客旅行的舒适要求，未被平衡横向加速度可采用较高标准，即较小的值。若为客货混运线路，可用较大的值。

（2）既有线提速改造时，为充分发挥既有设备的效能，减少改建工程，可采用较大的值，即标准可以低些。

（3）因未被平衡横向加速度与车辆重心高度有关，故重心较低的车辆可采用较大的值。

（4）客运专线铁路由于采用同一类型车辆又固定编组的运输模式，故可采用较小值，以提高列车运行的平稳性和旅客的舒适性。

2. 过超高的确定原则

（1）客货共线轨道过超高允许值一般规定要远小于欠超高允许值。这是考虑货物列车比客运列车轴重大、轴数多，会加剧对钢轨的损伤和轨道的破坏，故需严格限值过超高值。

（2）高中速共线的客运专线轨道，动车组车辆性能远优于货车性能，并且速度相差不大，故可以放宽对过超高的规定。

（3）对全高速客运专线而言，可认为过超高与欠超高对旅客乘坐舒适度的影响是等同的。

3. 欠超高与过超高容许值

高速铁路、城际铁路为客运专线铁路，未被平衡超高考虑旅客乘坐舒适度要求分为优秀、良好、一般三个等级。客货共线铁路、重载铁路未被平衡超高需要考虑旅客乘坐舒适度和钢轨磨耗的影响，分为一般、困难两个等级。我国《铁路轨道设计规范》（TB 10082—2017）规定高速铁路和城际铁路曲线欠超高、过超高允许值应符合表 2-9 的要求，客货共线铁路和重载铁路曲线欠超高、过超高允许值应符合表 2-10 的要求。

表 2-9　高速铁路和城际铁路曲线欠超高、过超高允许值　　　单位：mm

铁路等级	欠超高			过超高		
	优秀	良好	一般	优秀	良好	一般
高速铁路	40	60	90	40	60	90
城际铁路	40	80	110	40	80	110

表 2-10　客货共线铁路和重载铁路曲线欠超高、过超高允许值　　　单位：mm

铁路等级	欠超高		过超高	
	一般	困难	一般	困难
客货共线铁路	70	90	30	50
重载铁路（不开行客运列车）	30	50	30	50

既有线修理未被平衡超高允许值，按《普速铁路线路修理规则》执行：未被平衡欠超高不应大于 75 mm，困难情况下不应大于 90 mm，但允许速度大于 120 km/h 线路的个别特殊情况下已设置的 90（不含）~ 110 mm 的欠超高可暂时保留，但应逐步改造；未被平衡过超高不应大于 30 mm，困难情况下不应大于 50 mm，允许速度大于 160 km/h 线路的个别特殊情况下不应大于 70 mm。

计算出曲线超高以后，对未被平衡欠超高和未被平衡过超高分别按下列公式检算：

$$h_{q} = 11.8\frac{v_{max}^2}{R} - h \leqslant [\Delta h_{q}] \tag{2-10}$$

$$h_{g} = h - 11.8\frac{v_{d}^2}{R} \leqslant [\Delta h_{g}] \tag{2-11}$$

式中　h——实设超高（mm）；

　　　h_{q}——未被平衡欠超高（mm）；

　　　h_{g}——未被平衡过超高（mm）；

　　　v_{max}——客车最高速度（km/h）；

　　　v_{d}——低速客车平均行车速度（km/h）；

$[h_q]$——允许欠超高（mm）；

$[h_g]$——允许过超高（mm）。

高速铁路、城际铁路，一般为高低速列车共线运行，除对欠、过超高进行检算外，对高速运行列车还需检算实设超高与欠超高之和不超过允许值[表2-11、式（2-12）]，对低速运行列车还需检算欠、过超高之和不超过其允许值[表2-12、式（2-13）]。

表 2-11　实设超高与欠超高之和允许值　　　　　　　　　　单位：mm

铁路等级	舒适度条件		优秀	良好	一般
高速铁路	设计超高与欠超高之和允许值$[h+h_q]$	有砟轨道	200	220	250
		无砟轨道	210	235	265
城际铁路		—	180	210	240

表 2-12　欠、过超高之和允许值　　　　　　　　　　　　单位：mm

铁路等级	舒适度条件	优秀	良好	一般
高速铁路、城际铁路	欠、过超高之和允许值$[h_q+h_g]$	100	140	180

实设超高与欠超高之和的检算：

$$h+h_q \leqslant [h+h_q] \tag{2-12}$$

欠、过超高之和检算：

$$h_q+h_g \leqslant [h_q+h_g] \tag{2-13}$$

（四）超高计算算例

【例2-1】 新建高速铁路、城际铁路曲线超高设置计算算例

（1）已知：某高速铁路曲线半径 $R=10\,000$ m，设计通过高速列车 $v_{G1}=300$ km/h、$v_{G2}=320$ km/h、$v_{G3}=350$ km/h。试确定该曲线实设超高并检算欠、过超高。

① 实设超高计算。

$$均衡速度\ v_m = \sqrt{\frac{300^2+320^2+350^2}{3}} = 324\ km/h$$

$$设计超高\ h_{sj} = 11.8 \times \frac{324^2}{10\,000} = 124\ mm$$

实设超高取整为 5 mm 的倍数，则 $h_s=125$ mm。

② 欠、过超高检算。

$$h_g = 125 - 11.8 \times \frac{300^2}{10\,000} = 19\ mm \leqslant [h_g] = 40\ mm\ （优秀）$$

$$h_g = 125 - 11.8 \times \frac{320^2}{10\,000} = 4 \text{ mm} \leqslant [h_g] = 40 \text{ mm} \text{（优秀）}$$

$$h_q = 11.8 \times \frac{350^2}{10\,000} - 125 = 20 \text{ mm} \leqslant [h_q] = 40 \text{ mm} \text{（优秀）}$$

（2）高低速共线运行的高速铁路或城际铁路，一般需要根据最高速度或高低速差选配曲线半径，然后再进行未被平衡超高检算。

已知：某高速铁路无砟轨道，高低速共线运行，设计通过列车速度如下：

$v_{G1} = 200$ km/h、$v_{G2} = 250$ km/h、$v_{G3} = 300$ km/h、$v_{G4} = 350$ km/h。试确定该曲线实设超高并检算。

① 选配曲线半径。

按列车最高运行速度选配曲线半径：

$$R_{\min} = 11.8 \frac{v_{\max}^2}{[h + h_q]} \text{（m）} \tag{2-14}$$

$$R_{\min} = 11.8 \times \frac{350^2}{210} = 6\,883 \text{ m，取 } 7\,000 \text{ m}。$$

按高低速度差选配曲线半径，计算公式如下：

$$R_{\min} = 11.8 \frac{v_{\max}^2 - v_{\min}^2}{[h_q + h_g]} \tag{2-15}$$

$$R_{\min} = 11.8 \times \frac{350^2 - 200^2}{100} = 9\,735 \text{ m，取 } 10\,000 \text{ m}。$$

显然，此例曲线半径由最大速差控制。

② 实设超高计算。

均衡速度

$$v_j = \sqrt{\frac{v_{G1}^2 + v_{G2}^2 + v_{G3}^2 + v_{G4}^2}{4}} = \sqrt{\frac{200^2 + 250^2 + 300^2 + 350^2}{4}} = 281 \text{ km/h}$$

设计超高 $h_{sj} = 11.8 \times \frac{281^2}{10\,000} = 93$ mm

实设超高取整为 5 mm 的倍数，则 $h_s = 95$ mm。

③ 欠、过超高检算。

$$h_g = 95 - 11.8 \times \frac{200^2}{10\,000} = 48 \text{ mm} \leqslant [h_g] = 60 \text{ mm} \text{（良好）}$$

$$h_q = 11.8 \times \frac{350^2}{10\,000} - 95 = 50 \text{ mm} \leqslant [h_q] = 60 \text{ mm} \text{（良好）}$$

④ 设计超高与欠超高之和。

$$h + h_q = 95 + 50 = 145 \text{ mm} < [h_q + h_g] = 210 \text{ mm} \text{ （优秀）}$$

⑤ 欠、过超高之和。

$$h_q + h_g = 98 \text{ mm} \leqslant [h + h_q] = 100 \text{ mm} \text{ （优秀）}$$

若要获得更好的舒适度条件，在条件允许的情况下需要选配更大的曲线半径或减小最高最低速度差。

【例 2-2】 新建客货共线铁路曲线超高设置计算算例

新建客货共线铁路曲线超高设置一般要根据最高设计速度、旅客舒适度与内外轨均磨条件和列车在曲线上运行的安全性选配曲线半径，一般由旅客舒适度和均磨条件控制。

已知某客货共线铁路一曲线，旅客列车设计速度为 200 km/h，货物列车设计速度为 100 km/h。试设置曲线超高并检算。

（1）选配曲线半径。

由最高行车速度要求的曲线半径为：

$$R_k \geqslant 11.8 \frac{v_{max}^2}{h_{max} + h_{qy}} \text{ （m）} \tag{2-16}$$

式中　R_k——列车最高行车速度要求的曲线半径（m）；

　　　v_{max}——列车最高行车速度（km/h），采用路段设计速度，对于客货共线铁路指旅客列车设计速度分别取 200 km/h、160 km/h、120 km/h、100 km/h、80 km/h，对于重载铁路指货物列车设计速度分别取 100 km/h、80 km/h；

　　　h_{max}——最大超高（mm），取 150 mm；

　　　h_{qy}——允许欠超高（mm），一般取 70 mm，困难取 90 mm。

$$R_k \geqslant 11.8 \times \frac{200^2}{150 + 70} = 2\,145 \text{ m}，取 2\,500 \text{ m}。$$

由旅客舒适度与内外轨均磨条件要求选配曲线半径：

$$R_{sj} \geqslant 11.8 \frac{v_{max}^2 - v_h^2}{h_{qy} + h_{gy}} \tag{2-17}$$

式中　R_{sj}——舒适与均磨半径（m）；

　　　v_{max}——列车最高行车速度（km/h），采用路段设计速度，对于客货共线铁路指旅客列车设计速度分别取 200 km/h、160 km/h、120 km/h、100 km/h、80 km/h，对于重载铁路指货物列车设计速度分别取 100 km/h、80 km/h。

　　　v_h——货物列车设计速度（km/h），与路段设计速度相对应，分别取 100 km/h、90 km/h、70 km/h、60 km/h、50 km/h；

　　　h_{gy}——允许过超高值（mm），一般取 30 mm，困难取 50 mm。

$$R_{sj} \geqslant 11.8 \times \frac{200^2 - 100^2}{70 + 30} = 3\ 540\ , \ 取\ R = 4\ 000\ m。$$

显然，最小曲线半径为 $R = 4\ 000$ m。

（2）按均方根速度计算外轨超高。

$$v_j = \sqrt{\frac{\sum v^2}{\sum N}} = \sqrt{\frac{200^2 + 100^2}{2}} = 158\ \text{km/h}$$

$$h_{sj} = 11.8 \frac{v_j^2}{R_{sj}}\ (\text{mm}) = 11.8 \times \frac{158^2}{4\ 000} = 74\ \text{mm}, \ 取\ 75\ \text{mm}。$$

（3）未被平衡超高检算。

最高速度客车欠超高检算：

$$h_q = 11.8 \times \frac{200^2}{4\ 000} - 75 = 43\ \text{mm} < [h_q] = 70\ \text{mm}\ （一般）$$

货车过超高检算：

$$h_g = h_{sj} - 11.8 \frac{v_h^2}{R} = 75 - 11.8 \times \frac{100^2}{4\ 000} = 45\ \text{mm} > [h_g] = 30\ \text{mm}, \ 但小于困难标准\ 50\ \text{mm}。$$

若将设计超高减小 20 mm 到 55 mm，则 $h_q = 63$ mm，$h_g = 25$ mm，均达到一般标准，故设计超高可为 55 mm。

【例 2-3】 新建重载铁路曲线超高设置计算算例

新建重载铁路曲线超高设置一般要根据最高设计速度、内外轨均磨条件和列车在曲线上运行的安全性选配曲线半径，一般由均磨条件控制。

已知重载铁路某曲线地段，最高设计速度为 80 km/h，最低行车速度为 50 km/h。试设置曲线超高并检算。

（1）选配曲线半径。

由线路最高运行速度要求的曲线半径：

$$R_h \geqslant 11.8 \frac{v_{max}^2}{h_{max} + h_{qy}}\ (\text{m}) \tag{2-18}$$

式中　R_h——列车最高行车速度要求的曲线半径（m）；

　　　　v_{max}——列车最高行车速度（km/h），分别取 100 km/h、80 km/h；

　　　　h_{max}——最大超高（mm），取 150 mm；

　　　　h_{qy}——允许欠超高（mm），一般取 30 mm，困难取 50 mm。

$$R_h \geqslant 11.8 \times \frac{80^2}{150 + 30} = 420\ \text{m}, \ 取\ 500\ \text{m}。$$

按内外轨均衡磨耗条件要求选配曲线半径：

$$R_j \geq 11.8 \frac{v_{max}^2 - v_{min}^2}{[h_{qy} + h_{gy}]} \qquad (2\text{-}19)$$

式中　R_j——均磨半径（m）。

v_{max}——最高设计速度 100 km/h、80 km/h。

v_{min}——列车通过曲线时的最低速度（km/h），客货共线铁路客货列车速度分别
按（客）100 km/h、（货）60 km/h 和（客）80 km/h、（货）50 km/h 匹
配。重载铁路均运行货物列车，品种相对单一，因此列车速差相对较小。
对应设计速度 100 km/h、80 km/h 的低速度分别按 70 km/h、50 km/h 匹配。

$[h_{qy} + h_{gy}]$——欠、过超高之和允许值，一般取 80 mm，困难取 100 mm。

$$R_j \geq 11.8 \frac{v_{max}^2 - v_{min}^2}{h_{qy} + h_{gy}} = 11.8 \times \frac{80^2 - 50^2}{80} = 575，取 R = 600 \text{ m}。$$

半径由均磨条件控制。

（2）计算外轨超高。

$$v_j = \sqrt{\frac{\sum v^2}{\sum N}} = \sqrt{\frac{80^2 + 50^2}{2}} = 66.7 \text{ km/h}$$

$$h_{sj} = 11.8 \frac{v_j^2}{R_{sj}} \text{（mm）} = 11.8 \times \frac{66.7^2}{600} = 87 \text{ mm，取 90 mm。}$$

（3）未被平衡超高检算。

欠超高：$h_q = 11.8 \times \frac{80^2}{600} - 90 = 36 \text{ mm} > [h_q] = 30 \text{ mm}$ 但小于 50 mm。

过超高：$h_g = 90 - 11.8 \times \frac{50^2}{600} = 41 \text{ mm} > [h_g] = 30 \text{ mm}$ 但小于 50 mm。

若要满足更好的钢轨磨耗条件，在条件允许的情况下应增大曲线半径。

【例 2-4】 改建、大中修铁路外轨超高计算算例

由于通过一条曲线的列车种类、列数、质量和速度各不相同，为了合理地设置超
高，在实际计算时，必须综合各种因素，采用平均速度。在一般条件下，客车速度较
高，列车质量较小；货车速度较低，列车质量较大。考虑列车质量计算出的超高，往
往比不考虑列车质量计算出的超高要小，能使两股钢轨的垂直磨耗比较均匀。根据现
场实践经验，在曲线上适当减小超高，外股钢轨的侧面磨耗能有不同程度的减轻，里
股钢轨的肥边也能有所减小。故应用式（2-8）按质量加权平均的方法计算平均速度，
并依此计算设置超高。

已知：某单线区间线路半径为 800 m，线路容许速度为 100 km/h。试计算超高并
检算。

（1）行车速度测定。

实测各类列车速度，宜在列车运行图比较正常的条件下进行。为使测得的列车速
度具有普遍性，如一昼夜的列车很少，可实测几个昼夜的车速。每类列车重量为牵引

重量加上机车质量，可由各区段的统计资料中查得，或按列车运行图牵引重量及机车重量计算确定。

各类列车的实测行车速度可用"列车测速仪"测得。

某线路曲线一昼夜各类列车次数、列车重量及实测行车速度资料如下：

① 特快旅客列车 2 对 4 列，每列重量（含牵引重量与机车重量，以下同）8 000 kN，速度（km/h）分别为 95、94、88、85。

② 直快旅客列车 2 对 4 列，每列重量 9 000 kN，速度（km/h）分别为 90、89、86、83。

③ 普通旅客列车 1 对 2 列，每列重量 7 000 kN，速度（km/h）分别为 73、69。

④ 直达货物列车 13 列，每列重量 33 000 kN，速度（km/h）分别为 69、68、64、63、70、67、65、65、61、60、58、57、63。

⑤ 区段货物列车 5 列，每列重量 22 000 kN，速度（km/h）分别为 72、67、69、56。

⑥ 排空货物列车 6 列，每列重量 11 000 kN，速度（km/h）分别为 73、67、71、66、68、69。

（2）计算均方根速度 v_j。

为计算方便，先按种类列车的列数、重量及速度项计算如下：

① 特快旅客列车：

$$N_1 G_1 v_1^2 = （95^2 + 94^2 + 88^2 + 85^2）\times 8\ 000 = 26\ 264\ 000\ \mathrm{kN \cdot km^2/h^2}$$

$$N_1 G_1 = 4 \times 8\ 000 = 32\ 000\ \mathrm{kN}$$

② 直快旅客列车：

$$N_2 G_2 v_2^2 = （90^2 + 89^2 + 86^2 + 83^2）\times 9\ 000 = 272\ 754\ 000\ \mathrm{kN \cdot km^2/h^2}$$

$$N_2 G_2 = 4 \times 900 = 36\ 000\ \mathrm{kN}$$

③ 普通旅客列车：

$$N_3 G_3 v_3^2 = （73^2 + 69^2）\times 7\ 000 = 70\ 630\ 000\ \mathrm{kN \cdot km^2/h^2}$$

$$N_3 G_3 = 2 \times 700 = 14\ 000\ \mathrm{kN}$$

④ 直达货物列车：

$$N_4 G_4 v_4^2 = （69^2 + 68^2 + 64^2 + 63^2 + 70^2 + 67^2 + 65^2 + 65^2 + 63^2 + 61^2 + 60^2 + 58^2 + 57^2）\times 33\ 000 = 1\ 755\ 336\ 000\ \mathrm{kN \cdot km^2/h^2}$$

$$N_4 G_4 = 13 \times 33\ 000 = 429\ 000\ \mathrm{kN}$$

⑤ 区段货物列车：

$$N_5 G_5 v_5^2 = （72^2 + 67^2 + 70^2 + 69^2 + 56^2）\times 22\ 000 = 494\ 340\ 000\ \mathrm{kN \cdot km^2/h^2}$$

$$N_5 G_5 = 5 \times 2\ 200 = 110\ 000\ \mathrm{kN}$$

⑥ 排空货物列车：

$$N_6 G_6 v_6^2 = (73^2 + 67^2 + 71^2 + 66^2 + 68^2 + 69^2) \times 110\,000 = 314\,600\,000 \text{ kN} \cdot \text{km}^2/\text{h}^2$$

$$N_6 G_6 = 6 \times 1\,100 = 66\,000 \text{ kN}$$

将各有关值代入式（2-8），则

$$v_j = \sqrt{\frac{262\,640\,000 + 272\,754\,000 + 70\,630\,000 + 1\,755\,336\,000 + 494\,340\,000 + 314\,600\,000}{32\,000 + 36\,000 + 14\,000 + 429\,000 + 110\,000 + 66\,000}}$$

$$= \sqrt{\frac{3\,170\,300\,000}{687\,000}} = 67.9 \text{ km/h}$$

故平均速度为 67.9 km/h。

（3）计算超高。

$$h = 11.8 \frac{v_j^2}{R} = 11.8 \times \frac{67.9^2}{800} = 68 \text{ mm}，\text{取 } h = 70 \text{ mm}。$$

（4）检算未被平衡超高。

货物列车平均行车速度为

$$v_h = \sqrt{\frac{1\,755\,336\,000 + 494\,340\,000 + 314\,600\,000}{429\,000 + 110\,000 + 66\,000}} = 65 \text{ km/h}$$

未被平衡欠超高 $h_q = 11.8 \frac{v_{max}^2}{R} - h = 11.8 \times \frac{100^2}{800} - 70 = 77.5 \text{ mm}$

未被平衡过超高 $h_g = h - 11.8 \frac{v_h^2}{R} = 70 - 11.8 \times \frac{65^2}{800} = 7.7 \text{ mm}$

检算结果： $\Delta h_q = 77.5 \text{ mm} > 75 \text{ mm}$

$$\Delta h_g = 7.7 \text{ mm} < 30 \text{ mm}$$

因欠超高 $\Delta h_q = 77.5 \text{ mm} > 70 \text{ mm}$，可将拟设置的超高调为 80 mm，重新检算欠超高、过超高如下：

未被平衡欠超高 $h_q = 11.8 \frac{v_{max}^2}{R} - h = 11.8 \times \frac{100^2}{800} - 80 = 67.5 \text{ mm}$

未被平衡过超高 $h_g = h - 11.8 \frac{v_h^2}{R} = 80 - 11.8 \times \frac{65^2}{800} = 17.7 \text{ mm}$

检算结果： $h_q = 67.5 \text{ mm} < 70 \text{ mm}$

$$h_g = 17.7 \text{ mm} < 30 \text{ mm}$$

符合规定要求。

欠超高和过超高均符合一般要求，故该曲线可设置 80 mm 的超高值。实际设置数值，可根据钢轨磨耗情况在满足旅客列车舒适度的条件下进行调整。

实设超高在满足上述条件下，货物列车较多时应尽量减小未被平衡过超高，快速旅客列车较多时应尽量减小未被平衡欠超高。

行车条件有较大变化，如提高或降低线路容许速度，因改变机车类型而改变行车速度，大量增减各类列车次数，列车重量有较大变化等，致使原设置的超高与行车条件已不相适应时，需要在有关区段内，通过实测行车速度，重新计算和调整超高。行车条件发生少量变化，例如部分调整车次或少量增减编组辆数等时，则不需要调整超高。此外，在个别曲线上发生的与超高有关的不正常情况，如木枕压切、混凝土枕挡肩破损、钢轨不正常磨耗等，则应个别调整超高。

三、外轨最大超高与曲线限速

1. 外轨最大超高

在曲线上设置的最大超高必须有所限制。如设置的超高过大，当列车以低速运行时，会产生过大的未被平衡向心加速度，列车的重量偏压在里股钢轨上，会加剧里股钢轨的磨耗和压溃。如在曲线上停车，车体向内倾斜量也大，易滚易滑的货物可能产生位移，以致造成偏载，对行车安全不利。此外，双线和单线的行车条件不同，最大超高的限制亦应有所不同。双线按上、下行分开行车，同一曲线上的行车速度相差较小，因而最大超高可大一些；单线存在两方向运量不同，轻、重车方向不同，以及线路坡道的影响等因素，上、下行的行车速度往往相差较大，因而最大超高应小一些。

根据超高计算公式，最大超高限值与列车的重心高度有关，重心越高，超高值越小。在客货共线的铁路上，应主要考虑满足货车的最大超高值。由于还存在其他因素，如风力、车辆不良等，为保证列车运营安全，最大超高限值还应保留一定的安全裕量。

高速铁路各种超高参数标准依据舒适度条件确定，并考虑轨道结构特点合理选用，最大设计超高允许值主要取决于列车在曲线上停车时的安全、稳定和旅客乘坐舒适度要求。

综合以上各种因素，我国《铁路轨道设计规范》规定：客货共线铁路上的允许最大超高双线地段为 150 mm，单线地段为 125 mm；高速铁路有砟轨道曲线超高最大值一般不得超过 150 mm（困难条件下不得超过 170 mm），无砟轨道曲线超高最大值不得超过 175 mm，最小超高值不得小于 15 mm，见表 2-13。

表 2-13　最大、最小超高值

项　　目		最大值/mm	最小值/mm
无砟轨道		175	15
有砟轨道	一般情况	150（170*）	
	客货共线铁路单线地段	125	

注：*高速铁路有砟轨道困难条件下最大超高值为 170 mm。

2. 铁路曲线超高允许设置范围

当客、货列车速度及曲线半径一定时，从行车安全、旅客舒适和钢轨磨耗均匀考虑，客货列车共线运行铁路的曲线超高设置应满足下列条件：

（1）应不大于最大超高且不小于最小超高，即：

$$h_{min} \leqslant h \leqslant h_{max} \tag{2-20}$$

（2）不大于客车产生的超高且不小于货车产生的超高，即：

$$11.8\frac{v_h^2}{R} \leqslant h \leqslant 11.8\frac{v_k^2}{R} \tag{2-21}$$

（3）使客车产生的欠超高和货车产生的过超高不超过其相应的允许值，即

$$11.8\frac{v_k^2}{R} - h_{qy} \leqslant h \leqslant 11.8\frac{v_h^2}{R} + h_{gy} \tag{2-22}$$

式中　　h——曲线实设超高（mm）；

R——曲线半径（m）；

v_k——旅客列车行车速度（km/h）；

v_h——货物列车行车速度（km/h）；

h_{qy}——允许欠超高（mm）；

h_{gy}——允许过超高（mm）；

h_{max}——允许的最大超高（mm）；

h_{min}——允许的最小超高（mm）。

以新建客货共线铁路单线曲线超高设置范围为例：

按式（2-20），15 mm $\leqslant h \leqslant$ 125 mm；

按式（2-21），30 mm $\leqslant h \leqslant$ 118 mm；

按式（2-22），一般条件下，118 mm – 70 mm = 48 mm $\leqslant h \leqslant$ 60 mm = 30 mm + 30 mm，即 48 mm $\leqslant h \leqslant$ 60 mm，其中间值为 54 mm，靠近取 5 mm 倍数为 55 mm。

3. 曲线轨道超高限速

任何一条曲线轨道，均按一定的平均速度设置超高。在既定的超高条件下，通过该曲线的列车最高速度必定受到未被平衡的容许超高的限制。

（1）如为欠超高，则列车通过曲线时的最高速度 v_{max} 由式（2-10）求得，即：

$$11.8\frac{v_{max}^2}{R} - h = h_q$$

由此导出

$$v_{max} = \sqrt{\frac{h+h_q}{11.8}}\sqrt{R} \tag{2-23}$$

若 $h = 150$ mm：

$$h_q = 70 \text{ mm 时，} v_{max} = 4.32\sqrt{R} ;$$

$$h_q = 90 \text{ mm 时，} v_{max} = 4.51\sqrt{R} 。$$

若 $h = 125$ mm：

$$h_q = 70 \text{ mm 时，} v_{max} = 4.07\sqrt{R} ;$$

$$h_q = 90 \text{ mm 时，} v_{max} = 4.27\sqrt{R} 。$$

（2）如为过超高，则列车通过曲线时的最低速度 v_{min} 由式（2-11）求得，即

$$h - 11.8\frac{v_{min}^2}{R} = h_g$$

由此导出

$$v_{min} = \sqrt{\frac{h - h_g}{11.8}}\sqrt{R} \tag{2-24}$$

若 $h = 150$ mm：

$$h_g = 50 \text{ mm 时，} v_{min} = 2.91\sqrt{R} 。$$

若 $h = 125$ mm：

$$h_g = 50 \text{ mm 时，} v_{min} = 2.52\sqrt{R} 。$$

四、曲线超高顺坡

1. 曲线超高顺坡的一般规定

外轨超高顺坡、正矢递减和轨距加宽递减都是轨道不平顺的一种形式，给行车的舒适性和安全性造成影响，所以应尽可能使上述三者或两者同步。

一般要求超高顺坡在整个缓和曲线内完成。由于既有线路修建的年代不同，采用的标准不一，有的缓和曲线较短，为适应行车速度需要，需控制超高顺坡率，允许将一部分超高顺坡延伸至直线上；但允许速度大于 160 km/h 的线路，超高必须在整个缓和曲线内顺完。对允许速度不大于 160 km/h 的线路，考虑直线上应有的平顺性，也要给予必要的限制，故规定：允许速度不大于 120 km/h 的线路，缓和曲线长度不足时，在直线上顺坡的超高不应大于 15 mm，无缓和曲线时，在直线上顺坡的超高不应大于 25 mm，在直线上顺坡坡度不应大于 1/（$9v_{max}$）；允许速度为 120（不含）~ 160 km/h 的线路，在直线上顺坡的超高不应大于 8 mm，在直线上顺坡坡度不应大于 1/（$10v_{max}$）。

在困难条件下，可适当加大顺坡坡度，但允许速度大于 120 km/h 的线路不应大于 1/（$8v_{max}$）；其他线路不应大于 1/（$7v_{max}$），且不得大于 2‰。

2. 同向曲线之间的超高顺坡

当列车通过同向曲线时，在前一个超高顺坡地段上车体向一侧扭转，过渡到夹直线上时暂时停止扭转，进入后一个顺坡地段上车体又向该侧扭转。如两超高顺坡终点间的直线段过短，会影响过渡时的行车平稳性。所以，同向曲线两超高顺坡终点间的夹直线长度应满足表 2-4 的规定，如不能满足，则要求允许速度不大于 160 km/h 的特殊困难地段不应短于 25 m。允许速度不大于 120 m/h 的线路在极个别情况下，如因缓和曲线长度不足，超高顺坡向夹直线的一端或两端上延伸，使两顺坡终点间的直线长度不足 25 m 时，可在直线部分设置不短于 25 m 的相等超高段。但其必要条件是夹直线不短于 25 m，因为 25 m 相等超高段只限于设在直线部分，不宜向缓和曲线内延伸，以避免加大超高顺坡与正矢递减的不同步程度。

在设置相等超高段时，可根据夹直线的长度，在一端或两端将顺坡延伸至夹直线，以及根据延伸顺坡量的大小，确定在夹直线的一部分或全长范围内设置相等超高段。

若夹直线长度（指两相邻曲线始终点间的直线段长度，非超高顺坡终点间的直线段长度）超过 25 m，但超高顺坡后顺坡终点间的直线段长度不足 25 m，则在夹直线范围内保留相等超高段，有三种情况：

（1）夹直线的一端缓直（或直缓）点为顺坡终点（不需要向直线上延伸），另一端顺坡需向直线上延伸时，可将缓直（或直缓）点适当抬高，减缓原顺坡度，使其满足设置不短于 25 m 相等超高的需要，如图 2-10 所示。

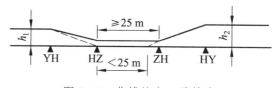

图 2-10　曲线终点一端抬高

（2）夹直线两端顺坡需向直线上延伸时，可在夹直线的一部分上设置不短于 25 m 的相等超高段，如图 2-11 所示。

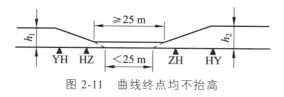

图 2-11　曲线终点均不抬高

（3）夹直线长度等于或稍长于 25 m 时，可在直线的全长范围内设置相等超高段，如图 2-12 所示。

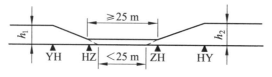

图 2-12　按夹直线长度顺坡

在困难条件下（夹直线短于 25 m 或设备条件限制），可在直线部分从较大超高向较小超高均匀顺坡，如图 2-13 所示。若夹直线两端无超高，则保持无超高状态；若夹直线两端超高相等时，则保持相等超高（这是特殊条件下的短于 25 m 的相等超高段）。

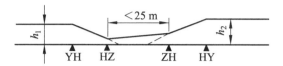

图 2-13　同向曲线超高顺坡终点不等高

3. 反向曲线之间的超高顺坡

反向曲线两超高顺坡终点间的夹直线长度应满足表 2-4 的规定，允许速度不大于 160 km/h 的线路特殊困难地段不应短于 25 m，如图 2-14 所示。容许速度不大于 120 km/h 的线路在极个别情况下，不足 25 m 时，正线上可不短于 20 m，站线上可不短于 10 m；特殊困难条件下，可按不大于 $1/(7\,v_{max})$ 顺坡，必要时，超高顺坡可延伸至圆曲线上，但圆曲线始终点的未被平衡欠超高，不得超过规定，如图 2-15 所示。

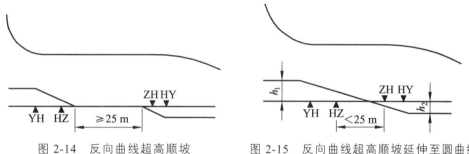

图 2-14　反向曲线超高顺坡　　　　图 2-15　反向曲线超高顺坡延伸至圆曲线

对反向曲线的夹直线长度要求与同向曲线基本相同。反向曲线与同向曲线相比，所承受外力的情况比较复杂，如未被平衡横向加速度先作用于一侧转而作用于另一侧。再如车辆在曲线上的内接状态，前轮靠贴一侧钢轨转而靠贴另一侧钢轨。此外，还有车辆振动的叠加，这些都是在通过夹直线的一瞬间完成的。根据多年的实践经验，反向曲线的轨道几何尺寸比同向曲线难于保持，如夹直线过短，不仅行车平稳性差，而且保证行车安全也有困难。

4. 复曲线超高顺坡

复曲线上因半径变化而曲线阻力不同，在短距离内变更阻力即短时间内改变列车受力情况，降低了列车运行的平稳性，且外轨超高不一致，作用在列车上的横向力改变，降低了旅客舒适条件，尤其在不设中间缓和曲线时更为显著，也给养护维修带来了较大困难，因此规定允许速度大于 120 km/h 的线路不得采用复曲线。既有复曲线两圆曲线的曲率差大于表 2-14 的规定时，应设置中间缓和曲线，以利超高顺坡和轨距加宽递减，并减缓离心加速度的变化率。

表 2-14　复曲线可不设中间缓和曲线的两圆曲线的最大曲率差

线路允许速度/（km/h）	140	120	100	80
可不设中间缓和曲线的两圆曲线的 最大曲率差	1/6 000	1/4 000	1/2 000	1/1 000

曲线正矢测量按规定用 20 m 弦量取，复曲线半径变化点前后各 10 m 点的正矢，各等于所在圆曲线的正矢，在这两点之间的正矢是递减的。因此"正矢递减范围"即半径变化点前后各 10 m 范围。在这个范围内如两超高不相等，则应从较大超高向较小超高均匀顺坡，如图 2-16 所示。

5. 特殊条件下的超高顺坡

容许速度不大于 120 km/h 的线路在特殊条件下的超高顺坡，铁路局集团公司可根据具体情况规定，但不得大于 2‰。

"特殊条件下的超高顺坡"是指线路设备条件差，在未经改造前，不能按前四项的规定顺坡，例如反向曲线的夹直线过短，复曲线正矢递减范围不能满足超高顺坡率的需要，以及其他特殊条件下的超高顺坡。

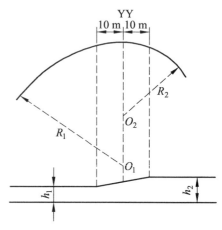

图 2-16　复曲线超高顺坡

第四节　缓和曲线

本节要求

（1）理解并掌握缓和曲线的平面和立面形状三次抛物线线型方程式。

（2）了解缓和曲线长度的主要技术要求和确定方法。

（3）能通过计算或查表确定缓和曲线长度。

一、缓和曲线的作用及其几何特征

（一）设置缓和曲线的目的

机车车辆在曲线上运行时，出现了在直线上运行时所没有的力，如转向力、离心力及各种惯性力。当车辆由直线运行至曲线时，这些力，尤其是离心力的突然产生，使列车振动、行车不稳、旅客不舒适。为了避免离心力突然产生及突然消失，使离心力逐渐地增加或减少，就需要一段半径逐渐变化的曲线，把直线和圆曲线连接起来，我们称这段曲线为缓和曲线。

另外，圆曲线上的轨道，外轨有超高，而直线上的轨道无超高，外轨超高需要相当长的一段距离来进行顺坡，由于外轨超高必须与曲线半径相适应，否则会使钢轨磨耗不均，旅客不适。所以，在超高顺坡范围内，亦即直线与圆曲线间设置缓和曲线，以使外轨超高能随缓和曲线曲率半径的减小而增大。

此外，小半径曲线的轨距加宽递减，也需要在缓和曲线上完成。

（二）常用缓和曲线

1. 对缓和曲线的线型要求

根据设置缓和曲线的目的，缓和曲线的线型应符合如下要求。

（1）平面形状。

列车经过缓和曲线时，车体受到离心力 $F = m\dfrac{v^2}{\rho}$ 的作用，为了不使离心力突然产生和消失，应使缓和曲线始点处的离心力为零，亦即使缓和曲线始点处的曲率半径 $\rho \to \infty$；为使离心力不产生突变，应使缓和曲线终点处车体所受的离心力与圆曲线上的相同，亦即使缓和曲线终点处的曲率半径 $\rho = R$。

从缓和曲线始点至缓和曲线终点，其曲率半径 ρ 是连续渐变的。因此，缓和曲线在平面上应是一条曲率半径 ρ 由无穷大 ∞ 逐渐减小至半径 R 的一条变径曲线。

（2）立面形状。

列车在缓和曲线上运行时，由于外轨设置超高，车体重力的水平分力构成向心力 $F_n = \dfrac{Gh}{S_1}$，为使向心力 F_n 不突然产生或突然消失，则外轨超高在缓和曲线始终点处的变化率皆应为零，而且在始终点间连续渐变。所以，缓和曲线在立面上的形状应是一条 S 曲线，此 S 曲线在始点处与直线部分的外轨顶面相切，在终点处与圆曲线部分的外轨顶面相切。

由于既满足平面形状要求，又满足立面形状要求的缓和曲线，是一条高次空间曲线，在目前的轨道结构及养护条件下，很难保持曲线的正确位置。故在行车速度不高的线路上，着重考虑缓和曲线的平面形状，而放宽对其立面形状的要求，在立面上采用直线型外轨超高顺坡，如图 2-17 所示。

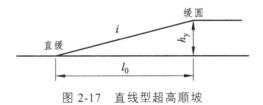

图 2-17　直线型超高顺坡

2. 常用缓和曲线的线型

满足直线型超高顺坡的缓和曲线线型是欧拉螺旋线，为计算简便，常采用近似的三次抛物线，如图 2-18 所示。

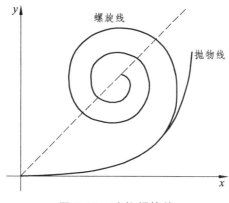

图 2-18 欧拉螺旋线

三次抛物线的线型方程式为

$$y = \frac{x^3}{6c} \qquad\qquad （2-25）$$

式中 $c = \rho l = R l_0$ ，称为缓和曲线常数。

当列车以较高速度通过这种直线型超高顺坡的缓和曲线时，在缓和曲线始终点就会产生较强烈的摇晃和振动，不但影响列车运行的平稳性，也会大大降低旅客乘车的舒适度。因此，高速铁路一般需要采用曲线型超高顺坡的缓和曲线，即高次缓和曲线，有五次式、七次式、全波正弦形、半波正弦形等。

缓和曲线的线型，一般根据路段行车速度选择。由于三次抛物线具有线型简单、长度短而实用、便于测设和养护维修的优点，所以我国各等级铁路均采用超高为直线型顺坡、平面为三次抛物线的缓和曲线线型。

二、缓和曲线长度

（一）对缓和曲线长度的要求

缓和曲线的长度应满足以下各项要求：

（1）缓和曲线上的外轨超高顺坡不致使车轮轮缘爬越内轨。

（2）车辆外轮的升高速度（或降低速度）不能太快，不应使旅客感到不舒适。

（3）未被平衡的离心加速度的变化率不应影响旅客的舒适度。

（4）车轮由直线进入曲线，因车轮撞击钢轨所产生的动能损失，不应超过一定数值。

（5）便于测设和养护维修。

（二）缓和曲线的长度计算

根据我国铁路列车的最高行驶速度、机车车辆的构造特点以及轨道的养护维修条件等情况，缓和曲线的长度主要受"客车外轮升高速度不应使旅客感到不适"这一条件的制约。只要满足这一条件，其余各项要求一般都能满足。因此，在设计缓和曲线长度时，首先按旅客舒适度计算出缓和曲线长，然后用外轨超高顺坡不致使车轮轮缘爬越内轨这一条件进行检算。

1. 满足旅客舒适度的缓和曲线长

舒适条件是指外轨车轮因超高而产生的升高（或降低）的速度（称为超高时变率）和未被平衡的横向加速度的变化率（欠超高时变率）对旅客乘坐舒适度的影响。因超高时变率往往是控制因素，所以这里只说明超高时变率对缓和曲线长度的影响。

列车在缓和曲线上运行时，沿外轨滚动的车轮逐渐升高（或逐渐降低），为满足旅客舒适条件，这个升高的速度不能超过一定数值，即应满足下式：

$$f \geqslant \frac{h}{t} \tag{2-26}$$

式中 f——为保证旅客舒适条件所允许的外轮升高速度（mm/s）；

   h——圆曲线外轨超高（mm）；

   t——车轮通过缓和曲线时所需要的时间，$t = l_0 / v_{max}$。

将 $t = l_0 / v_{max}$ 代入式（2-26）得：

$$l_0 \geqslant \frac{h v_{max}}{f} \tag{2-27}$$

如果 l_0 用 m 作单位，v_{max} 用 km/h 作单位，则

$$l_0 \geqslant \frac{h v_{max}}{3.6 f} \tag{2-28}$$

2. 满足车轮轮缘不爬越内轨条件的缓和曲线长

当列车进入或驶出缓和曲线时，转向架上前后两轴，只有三个车轮支承在钢轨上，另一个车轮悬浮在内轨顶面上，在诸如列车振动等不利条件下，有可能导致脱轨。因此，要求车轮悬空的高度不得大于车轮轮缘的高度。

根据我国铁路多年的运营和养护经验，要保证车轮轮缘不爬越内轨，直线型外轨超高顺坡坡度不宜大于 2‰。当外轨超高递减范围为缓和曲线长时，缓和曲线最短长度应为：

$$l_0 \geqslant \frac{h}{i_{max}} \tag{2-29}$$

式中 l_0——缓和曲线长；

   h——圆曲线外轨超高；

   i_{max}——超高顺坡度最大值，$i_{max} = 2‰$。

最后，取按两个条件计算的最大值作为缓和曲线长。缓和曲线长度一般取为 10 m 的整倍数。

3. 各等级铁路缓和曲线长

（1）高速铁路。

高速铁路缓和曲线长按舒适度分为优秀、一般、困难三类，对应超高时变率 f 值

分别为 25 mm/s、28 mm/s、31 mm/s，将其分别代入式（2-28）即可计算出三类缓和曲线长，见表 2-15；限速地段分为一般和困难两类，对应超高时变率 f 值分别为 28 mm/s、31 mm/s，同样可计算出两类缓和曲线长。

表 2-15　高速铁路缓和曲线长度　　　　　　单位：m

曲线半径/m	设计速度/（km/h）								
	350			300			250		
	（1）	（2）	（3）	（1）	（2）	（3）	（1）	（2）	（3）
12 000	370	330	300	220	200	180	140	130	120
11 000	410	370	330	240	210	190	160	140	130
10 000	470	420	380	270	240	220	170	150	140
9 000	530	470	430	300	270	250	190	170	150
8 000	590	530	470	340	300	270	210	190	170
7 000	670	590	540	390	350	310	240	220	190
	680*	610*	550*						
6 000	670	590	540	450	410	370	280	250	230
	680*	610*	550*						
5 500	670	590	540	490	440	390	310	280	250
	680*	610*	550*						
5 000	—	—	—	540	480	430	340	300	270
4 500	—	—	—	570	510	460	380	340	310
				585*	520*	470*			
4 000	—	—	—	570	510	460	420	380	340
				585*	520*	470*			
3 500	—	—	—	—	—	—	480	430	380
3 200	—	—	—	—	—	—	480	430	380
3 000	—	—	—	—	—	—	480	430	380
							490*	440*	400*
2 800	—	—	—	—	—	—	480	430	380
							490*	440*	400*

注：① （1）、（2）、（3）分别对应超高时变率 $f = 25$ mm/s、$f = 28$ mm/s、$f = 31$ mm/s。
　　② *表示曲线设计超高为 175 mm 时的取值。

（2）城际铁路。

城际铁路缓和曲线长分两类，对应超高时变率 f 值分别为 28 mm/s、35 mm/s，《地铁设计规范》(GB 50157—2013)取 40 mm/s。将 f 值代入式(2-28)即可计算出缓出曲线长度，但其最小缓和曲线长度不小于一节动车长度 25 m，困难条件下不小于 20 m。

(3)客货共线铁路。

客货共线铁路各路段设计速度最短缓和曲线长分为优先值、一般和困难三级。计算优先值，各路段设计速度其 f 值取 25 mm/s，超高值取超高允许设置范围的中间值，并根据《普速铁路线路修理规则》的舒适度和顺坡率要求进行检算；计算一般值和困难值，f 值均取 32 mm/s，超高值分别取超高允许设置范围的上限和下限，但检算时，路段设计速度不小于 100 km/h 地段，一般条件 f 值取 28 mm/s，困难条件 f 值取 32 mm/s，路段设计速度 80 km/h 地段，一般条件 f 值取 32 mm/s，困难条件 f 值取 36 mm/s。按要求将对应 f 值代入式(2-28)并按条件检算，即可得到相应缓和曲线长度，优先值见表 2-16，一般和困难值见表 2-17。

表 2-16　客货共线铁路缓和曲线长度优先值　　单位：m

路段旅客列车设计行车速度/(km/h)		160	140	120
曲线半径/m	12 000	40	40	40
	10 000	50	40	40
	8 000	60	40	40
	7 000	70	50	40
	6 000	70	50	40
	5 000	70	60	40
	4 500	70	60	40
	4 000	80	60	50
	3 500	90	70	50
	3 000	100	80	50
	2 800	110	90	60
	2 500	120	90	60
	2 000	150	100	70
	1 800	170	120	80
	1 600	190	130	90
	1 400	—	150	100
	1 200	—	190	120
	1 000	—	—	140
	800	—	—	180

表 2-17 客货共线铁路最小缓和曲线长度　　　单位：m

路段旅客列车 设计行车速度/（km/h）	200		160		120		100		80	
工程条件	一般	困难	一般	困难	一般	困难	一般	困难	一般	困难
曲线半径/m　12 000	40	40	40	40	20	20	20	20	20	20
10 000	50	40	50	40	20	20	20	20	20	20
8 000	70	60	60	50	30	20	20	20	20	20
7 000	80	70	70	50	30	20	20	20	20	20
6 000	90	80	70	50	30	20	20	20	20	20
5 000	90	80	70	60	40	30	20	20	20	20
4 500	100	90	70	60	40	30	20	20	20	20
4 000	120	110	80	70	50	30	30	20	20	20
3 500	140	130	90	70	50	40	40	20	20	20
3 000	170	150	90	80	50	40	40	20	20	20
2 800	180	170	100	90	50	40	40	30	20	20
2 500	—	—	110	100	60	40	40	30	30	20
2 000	—	—	140	120	60	50	50	40	30	20
1 800	—	—	160	140	70	60	50	40	30	20
1 600	—	—	170	160	70	60	50	40	40	20
1 400					80	70	60	40	40	20
1 200	—	—			90	80	60	50	40	30
1 000	—	—	—	—	120	100	70	70	40	30
800					150	130	80	70	50	40
700	—	—	—	—			100	90	50	40
600	—	—	—	—	—	—	120	100	60	50
550							130	110	60	50
500	—	—	—	—	—	—	—	—	60	60

第五节　曲线轨道方向整正

本节要求

（1）掌握曲线轨道方向检查方法和轨道圆顺度标准。

（2）了解绳正法整正曲线的基本原理。

（3）能正确计算圆曲线和缓和曲线各测点计划正矢。

（4）能用"点号差"法进行拨量调整计算。

一、曲线整正概述

曲线轨道在列车的动力作用下，变形不断积累，很容易造成既有中线偏离设计中线的方向偏差。为确保行车平稳和安全，需对曲线方向定期检查，必要时，进行曲线整正，将它恢复到原设计位置。

整正曲线方向的方法有多种，主要是依据现场采集的数据来划分，如用弦绳测量曲线正矢的就叫绳正法，用经纬仪、全站仪等仪器测量曲线偏角的就叫偏角法等；还有由激光和传感为导向，只要输入曲线要素，经电子计算机控制即可自动进行曲线拨正的大型养路机械拨道法。绳正法又分流水拨道法和简易拨道法两种，其基本原理一样，只是计算方法有所不同。流水拨道法中又有修正差累计、修正计划正矢和修正半拨量等几种方法。偏角法和矢距法多用于工程部门，大型养路机械拨道用于周期性维修和重点病害整治，工务部门维修养护最常用的方法是绳正法、简易拨道法和一绳法，本节只介绍绳正法。

二、曲线轨道方向的检查及其圆顺标准

曲线整正时，首先要检查测量曲线上各点的正矢。规定曲线轨道上以外股轨线为基准线，每 10 m 设一个测点，用一根不易变形的 20 m 长的弦线，两端紧贴外轨内侧轨顶线下 16 mm 处，在弦的中点量出弦线与外轨侧面的距离，称为实测正矢。整正曲线要求各测点应达到的正矢称为计划正矢，计划正矢可根据曲线上各测点的正矢与曲率间的几何关系计算、调整得到。若正矢误差超过容许标准，则曲线需要整正。

1. 新建铁路曲线轨道铺设精度标准

新线轨道铺设有砟轨道曲线圆顺度要求见表 2-18，无砟轨道曲线圆顺度要求见表 2-19。

表 2-18   新线有砟轨道曲线正矢铺设精度容许偏差值

曲线半径 R /m	实测正矢与计算正矢差/mm		圆曲线正矢连续差 /mm	圆曲线正矢 最大最小值差 /mm
	缓和曲线	圆曲线		
$R \leqslant 250$	6	7	12	18
$250 < R \leqslant 350$	5	6	10	15
$350 < R \leqslant 450$	4	5	8	12
$450 < R \leqslant 800$	3	4	6	9
$800 < R \leqslant 1\,600$	2	4	4	6
$1\,600 < R \leqslant 2\,800$	2	3	4	6
$2\,800 < R \leqslant 3\,500$	1	3	4	5
$R > 3\,500$	1	2	3	4

表 2-19　新线无砟轨道曲线正矢铺设精度容许偏差值

曲线半径 R/m	实测正矢与计算正矢差/mm		圆曲线正矢连续差 /mm	圆曲线正矢 最大最小值差 /mm
	缓和曲线	圆曲线		
$R \leqslant 1\ 600$	2	4	4	6
$1\ 600 < R \leqslant 2\ 800$	2	3	4	6
$2\ 800 < R \leqslant 3\ 500$	2	3	4	5
$R > 3\ 500$	1	2	3	4

2. 普速铁路维修曲线轨道方向圆顺度标准

曲线应保持要素准确及圆顺，用 20 m 弦测量，曲线正矢作业验收容许偏差管理值见表 2-20，曲线正矢计划维修容许偏差管理值见表 2-21。

表 2-20　曲线正矢作业验收容许偏差管理值

曲线半径 R/m		缓和曲线的正矢与 计算正矢差/mm	圆曲线正矢 连续差/mm	圆曲线正矢最大 最小值差/mm
$R \leqslant 250$		6	12	18
$250 < R \leqslant 350$		5	10	15
$350 < R \leqslant 450$		4	8	12
$450 < R \leqslant 800$		3	6	9
$R > 800$	$v_{max} \leqslant 120$ km/h	3	6	9
	200 km/h $\geqslant v_{max} > 120$ km/h	2	4	6

注：曲线正矢用 20 m 弦在钢轨踏面下 16 mm 处测量。

表 2-21　曲线正矢计划维修容许偏差管理值

曲线半径 R /m	缓和曲线的正矢与 计算正矢差/mm		圆曲线正矢连续差 /mm		圆曲线正矢最大最小值差 /mm	
	正线及到发线	其他站线	正线及到发线	其他站线	正线及到发线	其他站线
$R \leqslant 250$	7	8	14	16	21	24
$250 < R \leqslant 350$	6	7	12	14	18	21
$350 < R \leqslant 450$	5	6	10	12	15	18
$450 < R \leqslant 800$	4	5	8	10	12	15
$R > 800$	3	4	6	8	9	12

注：段管线、岔线按其他站线办理。

在复曲线的大小半径连接处，正矢与计算正矢的容许差，按大半径曲线的缓和曲线规定办理，缓和曲线与直线连接处不得有反弯或"鹅头"。

现场曲线的始终点、缓和曲线长度、曲线全长、曲线半径、实设超高均应与设备图表保持一致。

高速铁路维修曲线轨道方向圆顺度标准见《高速铁路有砟（无砟）轨道线路维修规则》。

三、绳正法曲线整正的基本原理

1. 曲线整正的基本前提

（1）曲线上某一测点的拨动，不会使其前后测点发生位移。

如图 2-19 所示，设 $n-1$、n、$n+1$ 为曲线上的正矢点。

当拨动曲线上 n 点时，n 点前后的测点 $n-1$ 点及 $n+1$ 点要受其影响而发生移动，但因移动量甚小，可假设其不动。由于测点间距愈大，拨量愈小，此前提的可靠性愈高。所以，在整正曲线计算中，应适当限制拨量，以保证质量。

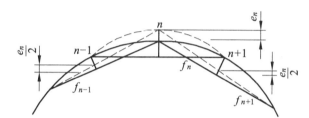

图 2-19 某测点拨动后相邻测点正矢变化示意图

（2）曲线上某一测点向外或向内有一拨量，则其相邻两测点的正矢将相应减小或增大此拨量的一半。

如图 2-19 所示，当 n 点向外的拨量为 e_n 时，其前后两测点的正矢 f_{n+1} 及 f_{n-1} 将各减少 $\dfrac{e_n}{2}$。反之，其前后两测点的正矢将各增加 $\dfrac{e_n}{2}$。因此，若 $n-1$ 点的拨量为 e_{n-1}，$n+1$ 点的拨量为 e_{n+1}，n 点的拨量为 e_n，则 n 点拨动 e_n 后的正矢为：

$$f_n' = f_n + e_n - \left(\frac{e_{n-1} + e_{n+1}}{2} \right) \qquad (2\text{-}30)$$

由此可知，某一点的拨后正矢为：该点的现场正矢加上该点的拨量减去前后两点半拨量之和。

2. 曲线整正的基本原理及要求

（1）曲线整正前后，应保持曲线两端直线方向不变。

若保持曲线两端直线的方向不变，就必须使曲线的转角不变，而要保持曲线的转角不变，就必须使曲线上各测点的现场正矢总和等于计划正矢总和，即：

$$\sum_0^n f = \sum_0^n f'$$

式中　$\displaystyle\sum_{0}^{n} f$——曲线上各测点的现场正矢总和；

$\displaystyle\sum_{0}^{n} f'$——曲线上各测点的计划正矢总和。

从上式很容易得出：$\displaystyle\sum_{0}^{n}(f - f') = 0$

亦即使曲线上各测点的正矢差总和等于零。

（2）曲线整正前后，应保持曲线两端直线的位置不变。

如图 2-20 所示，在既有曲线 OB 上，有一条柔软而不伸缩的线，使其一端固定在该曲线的切点 O 上，然后拉紧 B 端，使这条线逐渐向切线 OJ 方向伸直，由此曲线上任意一点 n 所移动的轨迹 $nn'n''$，称为该曲线上 n 点的渐伸线长度，用 E_n 表示。

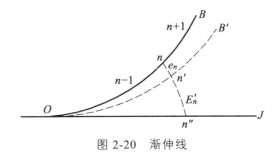

图 2-20　渐伸线

若图中的实线 OB，表示方向已经错乱了的原有曲线，虚线 OB' 表示计划曲线，为了恢复曲线的圆顺度，须将已经错乱的曲线上的各点，做适量的拨动。如 n 点，须拨动 e_n 才能达到正确的位置即 n' 点。若计划曲线上 n' 点的渐伸线长度 $n'n''$ 用 E_n' 表示，则原有曲线在 n 点的拨量为：

$$e_n = E_n - E_n'$$

当 e_n 为正时，曲线向外拨动，亦称上挑；当 e_n 为负时，曲线向里拨动，亦称下压。从上式可知，要计算某测点的拨量 e_n，必须先计算渐伸线长度 E_n 和 E_n'。

曲线上某点的拨量，等于由始点到某点前一点为止的全部正矢差累计合计的两倍，即

$$e_n = 2\sum_{0}^{n-1}\sum_{0}^{n-1} df \tag{2-31}$$

要保证曲线整正前后，其两端直线位置不变，就应使曲线始、终点的拨量为零。

（3）应满足各控制点对拨量的限制。

在曲线整正计算中，对诸如桥梁（无砟桥）、道口、信号机等处所，因其不许拨动或拨量受到一定条件的限制，此时，在整正计算中应满足这些控制点对拨量的要求，并且还能保证曲线终点拨量 $e_n = 2\sum_{0}^{n-1}\sum_{0}^{n-1} df = 0$ 的要求。

四、曲线计划正矢的计算

（一）圆曲线上的正矢

圆曲线上任一点的正矢 f_y 可用式（2-1）求出：

$$f_y = \frac{l^2}{8R} \tag{2-32}$$

式中　设 $\lambda = \dfrac{l}{2}$ ——测量正矢所用弦长之半，称为测点距，一般为 10 m。

若将 λ 值代入式（2-1），且将 f_y 的单位取为 mm，则

$$f_y = \frac{20^2}{8R} \times 1\,000 = \frac{50\,000}{R}\ (\text{mm})$$

如图 2-21 所示，当圆曲线与直线直接相连时，由于测量弦线的一端伸入到直线内，故圆曲线始、终点（ZY、YZ）两侧测点的正矢与圆曲线内的各点不同。

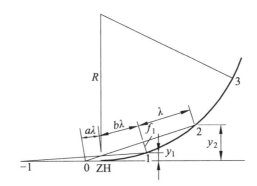

图 2-21　测点不在 ZY 或 YZ 点时的计划正矢计算

设 0、1 测点的正矢分别为 f_0、f_1，则

$$\left.\begin{array}{l} f_0 = \dfrac{b^2}{2} f_y = \alpha_z f_y \\[2mm] f_1 = \left(1 - \dfrac{a^2}{2}\right) f_y = \alpha_y f_y \end{array}\right\} \tag{2-33}$$

式中　α_z ——直线一侧测点的正矢系数，$\alpha_z = \dfrac{b^2}{2}$；

　　　α_y ——圆曲线一侧测点的正矢系数，$\alpha_y = 1 - \dfrac{a^2}{2}$。

当 $a = 0$、$b = 1$ 时，0 测点为圆曲线始点 ZY 点，此时，$f_0 = \dfrac{1}{2} f_y$，$f_1 = f_y$，即圆曲线始点位于测点时，其正矢为圆曲线正矢的二分之一。

当 a、b 为任一数值时，可分别计算正矢系数 α_z 和 α_y，再用式（2-33）计算 f_0 和 f_1。

【例 2-5】 圆曲线计划正矢 $f_y = 100$ mm， $a = 0.15$， $b = 0.85$。求 f_0 和 f_1。

【解】

$$\alpha_z = \frac{b^2}{2} = \frac{0.85^2}{2} = 0.361\,25$$

$$\alpha_y = 1 - \frac{a^2}{2} = 1 - \frac{0.15^2}{2} = 0.988\,75$$

$$f_0 = \alpha_z f_y = 0.361\,25 \times 100 \text{ mm} = 36.13 \text{ mm}$$

$$f_1 = \alpha_y f_y = 0.988\,75 \times 100 \text{ mm} = 98.88 \text{ mm}$$

（二）缓和曲线上的正矢

1. 缓和曲线中间各测点的正矢

所谓缓和曲线中间各测点是这样一些点：当测点正矢的弦线两端所在的测点为缓和曲线上的点时，弦线中央所对的测点即为缓和曲线中间测点。

如果用 f_i 表示缓和曲线中间各测点的正矢，则

$$f_i = N_i \frac{f_y}{n} = N_i f_d \tag{2-34}$$

式中　N_i——测点距缓和曲线始点的段数（缓和曲线长按 10 m 的分段数，例如，60 m
　　　　　长的缓和曲线，其分段数为 6）；

　　　n——缓和曲线全长的分段数；

　　　f_d——缓和曲线正矢递变率， $f_d = \dfrac{f_y}{n}$。

2. 缓和曲线始点（ZH、HZ）相邻测点的正矢

如图 2-22 所示，设 0、1 两测点分别在 ZH 点两侧，与 ZH 点相距分别为 $a\lambda$、$b\lambda$，则

$$f_0 = \frac{b^3}{6} f_d = \alpha_z f_d \tag{2-35}$$

$$f_1 = \left(b + \frac{a^3}{6} \right) f_d = \alpha_{H-1} f_d \tag{2-36}$$

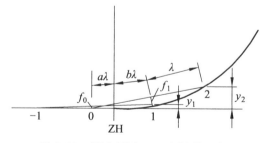

图 2-22　测点不在 ZH 点时的正矢

式中　α_z——直线一侧测点的正矢系数 $\alpha_z = \dfrac{b^3}{6}$。

　　　α_{H-1}——缓和曲线一侧测点的正矢系数 $\alpha_{H-1} = b + \dfrac{a^3}{6}$。

当缓和曲线始点（ZH）位于 0 点时

$$a = 0，\quad b = 1，\quad \alpha_z = \frac{b^3}{6} = \frac{1}{6}，\quad \alpha_{H-1} = b + \frac{a^3}{6} = 1$$

则

$$f_0 = \alpha_z f_d = \frac{1}{6} f_d$$
$$f_1 = \alpha_{H-1} f_d = f_d$$

即当缓和曲线始点位于测点时，其正矢为缓和曲线正矢递变率的 1/6。当缓和曲线始点不在测点时，其两侧测点的正矢，可通过计算正矢系数 α_z 和 α_{H-1} 再利用式（2-35）、式（2-36）求算 f_0 和 f_1 的值。

【例 2-6】 缓和曲线正矢递变率 $f_d = 30$ mm，0 测点和 1 测点距 ZH 点分别为 $a = 0.75$ 段，$b = 0.25$ 段，求 f_0 和 f_1。

【解】　　　$\alpha_z = \dfrac{b^3}{6} = \dfrac{0.25^3}{6} = 0.002\,6$

$$\alpha_{H-1} = b + \frac{a^3}{6} = 0.25 + \frac{0.75^3}{6} = 0.320\,3$$

$$f_0 = \alpha_z f_d = 0.002\,6 \times 30 = 0.078 \text{ mm}$$

$$f_1 = \alpha_{H-1} f_d = 0.320\,3 \times 30 = 9.6 \text{ mm}$$

3. 缓和曲线终点（HY、YH）相邻两测点的正矢

如图 2-23 所示，n 和 $n+1$ 为与缓圆点相邻的两个测点，距缓圆点分别为 $b\lambda$ 和 $a\lambda$。

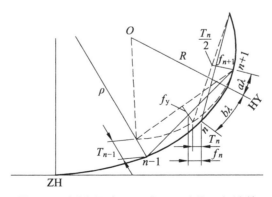

图 2-23　测点不在 HY 或 YH 时的正矢计算

$$f_n = f_y - \left(b + \frac{a^3}{6}\right)f_d = f_y - \alpha_{H-2} f_d \tag{2-37}$$

$$f_{n+1} = f_y - \frac{b^3}{6} f_d = f_y - \alpha_y f_d \tag{2-38}$$

式中　α_{H-2}——与 HY（或 YH）点相邻的缓和曲线一侧测点的正矢系数，$\alpha_{H-2} = b + \dfrac{a^3}{6}$；

　　　α_y——与 HY（或 YH）点相邻的圆曲线上测点的正矢系数，$\alpha_y = \dfrac{b^3}{6}$。

当缓和曲线终点位于 n 时，$a = 1$，$b = 0$，则

$$\alpha_{H-2} = b + \frac{a^3}{6} = \frac{1}{6}, \quad \alpha_y = \frac{b^3}{6} = 0$$

故　　　　　　　$f_n = f_y - \dfrac{1}{6} f_d, \quad f_{n+1} = f_y$

即当缓和曲线终点位于测点时，其正矢为圆曲线正矢减去缓和曲线正矢递变率的 1/6。

当 a、b 为任一值时，可分别计算正矢系数 α_{H-2} 和 α_y，再利用式（2-37）、式（2-38）求 f_n 和 f_{n+1}。

【例 2-7】　圆曲线计划正矢 $f_y = 90\ \text{mm}$，缓和曲线正矢递变率为 $30\ \text{mm}$，设 n 测点距 HY 点 0.75 段，$n+1$ 测点距 HY 点 0.25 段，求 f_n 和 f_{n+1}。

【解】

$$\alpha_{H-2} = b + \frac{a^3}{6} = 0.75 + \frac{0.25^3}{6} = 0.752\ 6$$

$$\alpha_y = \frac{b^3}{6} = \frac{0.75^3}{6} = 0.070\ 3$$

$$f_n = f_y - \alpha_{H-2} f_d = 90 - 0.752\ 6 \times 30 = 67.422\ \text{mm}$$

$$f_{n+1} = f_y - \alpha_y f_d = 90 - 0.070\ 3 \times 30 = 87.891\ \text{mm}$$

五、曲线拨量计算

曲线头尾标桩齐全的曲线，测点可从曲线头（ZH 或 ZY）布排，不用重新计算曲线主要桩点位置，可以直接计算圆曲线和缓和曲线各测点计划正矢。但对曲线头尾标桩不全（"三无"曲线），或曲线轨道经过一段时间的运营，其平面形状已经产生较大变化的曲线，为了减少曲线整正中的拨道量，并尽量照顾曲线的现状，往往要对曲线主要桩点的位置进行重新确定。

（一）确定曲线主要桩点的位置

1. 计算曲线中央点的位置

$$x_{QZ} = \frac{\sum\limits_n^1 \sum\limits_n^1 f}{\sum\limits_1^n f} \quad （段） \tag{2-39}$$

式中　$\sum\limits_{n}^{1}\sum\limits_{n}^{1}f$——现场正矢倒累计的合计；

$\sum\limits_{1}^{n}f$——现场正矢合计；

下面将现场正矢倒累计的合计的计算过程列成表 2-22，以便确切地掌握倒累计的合计计算过程。

如果测量始点为 0 测点，则 x_{QZ} 的值表示的是曲线中央点所在的测点号。

表 2-22　正矢倒累计合计计算表

测点	现场正矢	现场正矢倒累计	现场正矢倒累计合计
0	0		
1	f_1	$f_n + f_{n-1} + f_{n-2} + \cdots + f_3 + f_2 + f_1$	$nf_n + (n-1)f_{n-1} + (n-2)f_{n-2} + \cdots + f_3 + f_2 + f_1$
2	f_2	$f_n + f_{n-1} + f_{n-2} + \cdots + f_3 + f_2$	$(n-1)f_{n-1} + (n-2)f_{n-2} + \cdots + f_3 + f_2 + f_1$
3	f_3	$f_n + f_{n-1} + f_{n-2} + \cdots + f_3$	$(n-2)f_{n-2} + \cdots + f_3 + f_2 + f_1$
$\vdots$	$\vdots$	$\vdots$	$\vdots$
$n-2$	f_{n-2}	$f_n + f_{n-1} + f_{n-2}$	$3f_n + 2f_{n-1} + f_{n-2}$
$n-1$	f_{n-1}	$f_n + f_{n-1}$	$2f_n + f_{n-1}$
n	f_n	f_n	f_n

2. 设置缓和曲线前圆曲线长度

设置缓和曲线前的圆曲线长度为：

$$L_y = \frac{\sum\limits_{1}^{n}f}{f_y}\text{（段）}\tag{2-40}$$

式中　f_y——圆曲线正矢，可用曲线中部测点的现场正矢平均值或用式 $f_y = \dfrac{50\,000}{R}$ 求之。

3. 确定缓和曲线长度

缓和曲线的长度，按不同条件，可由以下几种方法确定：

（1）求出曲线两端现场正矢递变率的平均值，用圆曲线平均正矢除以正矢递变率，即得缓和曲线长度（以段为单位）。

（2）根据正矢变化规律来估定缓和曲线长度。当曲线方向不是太差时，缓和曲线始点正矢只有几毫米，终点正矢接近圆曲线正矢，中间各点近似于均匀递变。掌握这个规律，缓和曲线的长度很容易确定。

（3）查阅技术档案或现场调查曲线标来确定缓和曲线长度。另外，还可以根据现场超高顺坡长度来估定。

4. 确定曲线主要桩点的位置

圆曲线加设缓和曲线时，是将缓和曲线的半个长度设在直线上，另外半个长度设在圆曲线上，如图 2-24 所示。在加设缓和曲线前，圆曲线的直圆点（ZY）和圆直点（YZ）是缓和曲线的中点。因此，曲线主要桩点的位置可以根据曲线中央点的位置 x_{QZ}、设缓和曲线之前的圆曲线长度 L_y 及缓和曲线长度 l_0 来计算确定。

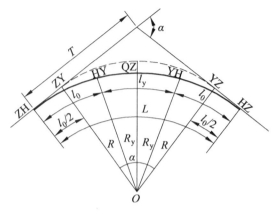

图 2-24　曲线头尾桩点里程计算

$$ZH = x_{QZ} - \frac{L_y}{2} - \frac{l_0}{2} \tag{2-41}$$

$$HY = x_{QZ} - \frac{L_y}{2} + \frac{l_0}{2} \tag{2-42}$$

$$YH = x_{QZ} + \frac{L_y}{2} - \frac{l_0}{2} \tag{2-43}$$

$$HZ = x_{QZ} + \frac{L_y}{2} + \frac{l_0}{2} \tag{2-44}$$

经过以上计算，重新确定曲线主要桩点的位置，然后再编制计划正矢，就可以比较接近现场曲线的实际形状，使拨量较小。

（二）拨量计算

获得现场正矢和有关限界、控制点、轨缝、路基宽度及线间距等调查资料后，即可进行曲线整正的内业计算。现结合实例说明计算过程和计算方法。

设有一曲线，共有 23 个测点，其现场正矢列于表 2-23 之第三栏中。

1. 计算曲线中央点的位置

由式（2-39）可知，曲线中央点位置为现场正矢倒累计的合计除以现场正矢合计。表 2-23 中最后一行第二栏中的数值为 $\sum\limits_{n}^{1}\sum\limits_{n}^{1} f$ 的值，第三栏中的数值为 $\sum\limits_{1}^{n} f$ 的值。

$$x_{QZ} = \frac{\sum\limits_{n}^{1}\sum\limits_{n}^{1} f}{\sum\limits_{1}^{n} f} = \frac{23\,745}{1\,992} = 11.92 \text{（段）}$$

上值表示曲线中央点位于第 11 测点再加 9.20 m 处。

2. 计算加设缓和曲线前的圆曲线长度

经过对现场正矢的分析，可以初步估定圆曲线大致在第 8 测点至第 16 测点之间。
圆曲线平均正矢：

$$f_y = \frac{\sum\limits_{23}^{8} - \sum\limits_{23}^{17}}{17 - 8} = \frac{1\,553 - 416}{9} = 126 \text{ mm}$$

根据式（2-40）计算加设缓和曲线前的圆曲线长度：

$$L_y = \frac{\sum\limits_{1}^{n} f}{f_y} = \frac{1\,992}{126} = 15.81 \text{（段）}$$

3. 确定缓和曲线长

通过对现场正矢的分析，可估定缓和曲线为 6 段，即 $l_0 = 6$。

4. 计算曲线主要桩点位置

根据式（2-41）～式（2-44）：

$$\text{ZH} = x_{QZ} - \frac{L_y}{2} - \frac{l_0}{2} = 11.92 - \frac{15.81}{2} - \frac{6}{2} = 1.015 \text{（段）}$$

$$\text{HY} = x_{QZ} - \frac{L_y}{2} + \frac{l_0}{2} = 11.92 - \frac{15.81}{2} + \frac{6}{2} = 7.015 \text{（段）}$$

$$\text{YH} = x_{QZ} + \frac{L_y}{2} - \frac{l_0}{2} = 11.92 + \frac{15.81}{2} - \frac{6}{2} = 16.825 \text{（段）}$$

$$\text{HZ} = x_{QZ} + \frac{L_y}{2} + \frac{l_0}{2} = 11.92 + \frac{15.81}{2} + \frac{6}{2} = 22.825 \text{（段）}$$

5. 确定各测点的计划正矢

（1）圆曲线的计划正矢。
采用圆曲线的平均正矢 $f_y = 126 \text{ mm}$。

（2）缓和曲线的计划正矢
曲线各主要桩点的位置如图 2-25 所示，计算中要注意曲线头尾位置系数 a、b 的取值顺序。

① 求缓和曲线正矢递变率：

$$f_d = \frac{f_y}{m_0} = \frac{126}{6} = 21 \text{ mm}$$

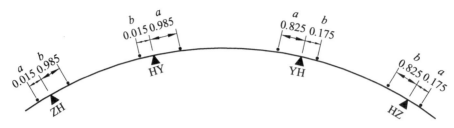

图 2-25　曲线主点桩位置

② 求第一缓和曲线上 ZH、HY 左右两相邻测点的正矢系数：

因为　　　　　　　$a_1 = 0.015$，$b_1 = 0.985$

所以　　　　　　　$\alpha_z = \dfrac{b_1^3}{6} = \dfrac{0.985^3}{6} = 0.159$

$$\alpha_{H-1} = b_1 + \dfrac{a_1^3}{6} = 0.985 + \dfrac{0.015^3}{6} = 0.985$$

因为　　　　　　　$a_2 = 0.985$，$b_2 = 0.015$

所以　　　　　　　$\alpha_y = \dfrac{b_2^3}{6} = \dfrac{0.015^3}{6} = 0$

$$\alpha_{H-2} = b_2 + \dfrac{a_2^3}{6} = 0.015 + \dfrac{0.985^3}{6} = 0.174$$

③ 求第一缓和曲线上各测点的正矢：

$$f_1 = \alpha_z f_d = 0.159 \times 21 = 3.3 \qquad\qquad\qquad 取为 3$$

$$f_2 = \alpha_{H-1} f_d = 0.985 \times 21 = 20.7 \qquad\qquad 取为 21$$

$$f_3 = (3 - 1.015) \times 21 = 41.7 \qquad\qquad\qquad 取为 42$$

$$f_4 = (4 - 1.015) \times 21 = 62.7 \qquad\qquad\qquad 取为 63$$

$$f_5 = (5 - 1.015) \times 21 = 83.7 \qquad\qquad\qquad 取为 84$$

$$f_6 = (6 - 1.015) \times 21 = 104.7 \qquad\qquad 取为 105$$

$$f_7 = f_y - \alpha_{H-2} f_d = 126 - 0.174 \times 21 = 122.3 \qquad 取为 122$$

$$f_8 = f_y - \alpha_y f_d = 126 - 0 = 126 \qquad\qquad\qquad 取为 126$$

④ 求第二缓和曲线上 YH、HZ 左右两相邻测点的正矢系数：

因为　　　　　　　$a_1 = 0.175$，$b_1 = 0.825$

所以　　　　　　　$\alpha_z = \dfrac{b_1^3}{6} = \dfrac{0.825^3}{6} = 0.094$

$$\alpha_{H-1} = b_1 + \dfrac{a_1^3}{6} = 0.825 + \dfrac{0.175^3}{6} = 0.826$$

因为　　　　　　　$a_2 = 0.825$，$b_2 = 0.175$

所以

$$\alpha_y = \frac{b_2^3}{6} = \frac{0.175^3}{6} = 0.001$$

$$\alpha_{H-2} = b_2 + \frac{a_2^3}{6} = 0.175 + \frac{0.825^3}{6} = 0.269$$

⑤ 求第二缓和曲线上各测点正矢：

$$f_{16} = f_y - \alpha_y f_d = 126 - 0.001 \times 21 = 125.9 \qquad \text{取为 } 126$$

$$f_{17} = f_y - \alpha_{H-2} f_d = 126 - 0.269 \times 21 = 120.4 \qquad \text{取为 } 120$$

$$f_{18} = (22.825 - 18) \times 21 = 101.3 \qquad \text{取为 } 101$$

$$f_{19} = (22.825 - 19) \times 21 = 80.3 \qquad \text{取为 } 80$$

$$f_{20} = (22.825 - 20) \times 21 = 59.3 \qquad \text{取为 } 59$$

$$f_{21} = (22.825 - 21) \times 21 = 38.3 \qquad \text{取为 } 38$$

$$f_{22} = \alpha_{H-1} f_d = 0.826 \times 21 = 17.3 \qquad \text{取为 } 17$$

$$f_{23} = \alpha_z f_d = 0.094 \times 21 = 1.9 \qquad \text{取为 } 2$$

⑥ 检查计划正矢是否满足曲线整正前后曲线两端的直线方向不变的要求。

要使曲线整正前后其两端直线方向不变，它的控制条件是曲线上各测点正矢差的合计为零，即现场正矢总和减去计划正矢总和等于零（$\sum f - \sum f' = 0$）。此题中现场正矢为 1 992 mm，计划正矢为 1 991 mm，$\sum f - \sum f' = 1992 - 1991 = 1$ mm，现场正矢总和比计划正矢总和多 1 mm，不满足曲线上各测点的正矢差的合计为零的要求。调整计划正矢时，每个测点计划正矢的调整值不宜大于 2 mm。此例中，拟将第 7 测点增加 1 mm，即 $f_7 = 123$ mm。

将各测点的计划正矢值，填入表 2-23 之第四栏中，以便进行拨正计算。

⑦ 计算拨量。

由式（2-31），曲线上任一测点的拨量，等于到前一点为止的全部正矢差累计合计的 2 倍。故计算拨量应首先计算正矢差，再计算差累计，最后计算拨量。各栏计算见表 2-23。

表 2-23　曲线整正计算表（点号差法）

测点	现场正矢倒累计	现场正矢	计划正矢	正矢差	正矢差累计	半拨量	正矢修正	修正后计划正矢	修正后正矢差	修正后差累计	修正后半拨量	拨量	拨后正矢	注
一	二	三	四	五	六	七	八	九	十	十一	十二	十三	十四	十五
1	1 992	4	3	1	1	0		3	1	1	0	0	3	ZH = 1.015
2	1 988	21	21	0	1	1	−1	20	1	2	1	2	20	
3	1 967	46	42	4	5	2		42	4	6	3	6	42	

续表

测点	现场正矢倒累计	现场正矢	计划正矢	正矢差	正矢差累计	半拨量	正矢修正	修正后计划正矢	修正后正矢差	修正后差累计	修正后半拨量	拨量	拨后正矢	注
一	二	三	四	五	六	七	八	九	十	十一	十二	十三	十四	十五
4	1 921	56	63	− 7	− 2	7		63	− 7	− 1	9	18	63	
5	1 865	84	84	0	− 2	5		84	0	− 1	8	16	84	
6	1 781	107	105	2	0	3		105	2	1	7	14	105	
7	1 674	121	123	− 2	− 2	3		123	− 2	− 1	8	16	123	HY = 7.015
8	1 553	123	126	− 3	− 5	1	− 1	125	− 2	− 3	7	14	125	
9	1 430	125	126	− 1	− 6	− 4		126	− 1	− 4	4	8	126	
10	1 305	126	126	0	− 6	− 10		126	0	− 4	0	0	126	
11	1 179	133	126	7	1	− 16		126	7	3	− 4	− 8	126	
12	1 046	128	126	2	3	− 15		126	2	5	− 1	− 2	126	
13	918	125	126	− 1	2	− 12		126	− 1	4	4	8	126	
14	793	122	126	− 4	− 2	− 10		126	− 4	0	8	16	126	
15	671	131	126	5	3	− 12	+ 1	127	4	4	8	16	127	
16	540	124	126	− 2	1	− 9		126	− 2	2	12	24	126	
17	416	114	120	− 6	− 5	− 8		120	− 6	− 4	14	28	120	YH = 16.825
18	302	102	101	1	− 5	− 13		101	1	− 3	10	20	101	
19	200	83	80	3	− 1	− 17		80	3	0	7	14	80	
20	117	55	59	− 4	− 5	− 18		59	− 4	− 4	7	14	59	
21	62	40	38	2	− 3	− 23		38	2	− 2	3	6	38	
22	22	19	17	2	− 1	− 26	+ 1	18	1	− 1	1	2	18	
23	3	3	2	1	0	− 27		2	1	0	0	0	2	HZ = 22.825
24														
Σ	23 745	1 992	1 992	+ 30 − 30	+ 17 − 44			1 992	+ 29 − 29	+ 28 − 28			1 992	

第五栏：计算各测点的正矢差。

曲线上各测点的正矢差等于现场正矢减去计划正矢，$df = f - f'$，因而将各测点第三栏的值减去第四栏的值，把差值填入第五栏中即可。

第六栏：计算正矢差累计。

某测点的正矢差累计等于到该测点为止的以前各测点正矢差的合计。因此，可按表 2-23 中第五、六栏箭头所示，用"斜加平写"的方法累计之。

第六栏最后一测点的正矢差累计必为零,否则说明计算有误。读者可从 $\sum_0^n df = 0$ 这一条件证明此结论。

第七栏:计算半拨量。

由式(2-23)可知,某点的半拨量等于该点所有测点正矢差累计的合计(不包括该测点)。因此,可按表 2-23 中第七栏箭头所示,用"平加下写"的方法计算之。

半拨量的符号为正时,表示该测点应向外拨(上挑);半拨量的符号为负时,表示该测点应向内拨(下压)。

为了不使曲线两端直线发生平移,由式(2-31)得知,应使 $e_n = 2\sum_0^{n-1}\sum_0^{n-1} df = 0$,亦即必须使最后一测点的半拨量为零。而在表 2-23 第七栏中,最后第 23 测点的半拨量为 – 27,这表示曲线终端直线要向内拨移(下压)2×27 mm。显然,此方案是违背整正曲线的基本原理的,必须重新修正计划正矢,以使最后一测点的半拨量为零,来满足曲线两端直线位置不变的要求。

第八栏:正矢修正,使终点半拨量调整为零。

终点半拨量不为零且数值不大时,通常采用点号差法对计划正矢进行修正。

从半拨量的计算过程可知,如果在某测点上,将计划正矢减少 1 mm,同时在下边相距为 M 个点号的测点上,将计划正矢增加 1 mm(计划正矢在上一测点减 1 mm,在下一测点加 1 mm,简称"上减下加"),其结果,将使下一测点以后的各测点的半拨量增加 $1 \times M$(mm)。反之,如果在相距为 M 个点号的一对测点上,对其计划正矢进行"上加下减"的修正,其结果将使下一测点以后各测点的半拨量减少 $1 \times M$(mm)。由于计划正矢的修正是在一对测点上进行的,修正值为 1,且符号相反,故不会影响曲线整正的原则,即 $\sum df = 0$ 这一条件,仍能保证使曲线两端直线方向不变的要求。

以上调整半拨量的方法,是通过在一对相距为 M 个点号的测点上,分别调整 1 mm 的计划正矢,而使这对测点以后该测点的半拨量变化 $1 \times M$(mm),由于 M 为这对测点的点号之差,故称此法为点号差法。

使用点号差法调整半拨量时需注意的事项:

第一,应让点号之差 M 值尽可能地大。

第二,如果一对测点的调整量不足以达到所需调整的值,可以酌情使用几对测点。

第三,选择测点时,应考虑该点计划正矢的修正历史,避免在曾经修正过计划正矢的测点发生同号重复修正。

第四,"先加后减"的各对测点最好安排在负半拨量最大的点号之后,"先减后加"的各对测点最好安排在正半拨量最大的点号之后,以避免使某些点的半拨量增大,对拨道不利。

第五,曲线的始点和终点不要进行正矢修正,以保证曲线始、终点的半拨量为零。

第六,在修正值的正值与负值之间,最好间隔二个测点以上,以保证曲线的圆顺。

在表 2-23 的实例中，曲线最后一点的半拨量为 – 27，且负半拨量最大值位于最后一点，因此，用点号差法，以两对测点，采用"先减后加"模式进行正矢修正。

将计划正矢修正值填入表 2-23 之第八栏。第九栏至第十二栏的计算方法与第四至第七栏相同。

第十三栏为拨量，其值为第十二栏各点半拨量的 2 倍。

第十四栏的值是用曲线上各点拨道量和拨后正矢的关系，即式（2-30）计算的。其目的是检查计算是否有误，各测点的拨后正矢应与各点修正后的计划正矢（在第九栏）相吻合，否则应重新复核。

以上是利用点号差法进行拨量调整计算的详细步骤。在点号差法的基础上，还衍生出了更直观、明了的用梯形数列直接修正差累计、半拨量、拨量的调整方法，可参考相关书籍。

六、拨量分析

优良的曲线整正方案应具备以下特征：

首先，具有正拨量的测点与具有负拨量的测点相互间隔；其次，整个曲线的正拨量与负拨量相差不大；最后，就是各测点的拨量都不大。

（一）圆曲线计划正矢与拨量的关系

如果整个曲线拨量大部分为正，由曲线始终点开始，向曲线中部拨量逐渐增大，至曲线中央点附近增至最大，说明圆曲线的计划正矢选大了；反之，如果整个曲线拨量大部分为负，且曲线中央点附近的负拨量最大，说明圆曲线的计划正矢选小了。合适的圆曲线计划正矢可用下式求出：

$$f_y' = f_y - \frac{QZ点相邻两侧点的半拨量之和}{\dfrac{\sum f_y}{2f_y}\left(\dfrac{\sum f_y}{2f_y}+1\right)} \tag{2-45}$$

式中　f_y'——重选的圆曲线计划正矢；

　　　f_y——初选的圆曲线计划正矢；

　　　$\sum f$——现场正矢合计。

（二）缓和曲线长短与拨量关系

如果圆曲线上各点的拨量为正，数值较大且比较接近，说明缓和曲线选短了；反之，如果曲线上各点的拨量为负，数值较大且比较接近，说明缓和曲线选长了。合适的缓和曲线长度可用下式求出：

$$l_0' = \sqrt{l_0 \times l_0 + \frac{24 \times HY(YH)点附近圆曲线平均半拨量}{f_y}} \tag{2-46}$$

式中　l_0'——重选的缓和曲线长；

　　　l_0——初选的缓和曲线长；

　　　f_y——圆曲线计划正矢。

（三）拨量与缓和曲线长短、圆曲线正矢大小的对应关系

当曲线两端拨量的正值较大，而中央点附近的拨量较小或出现负值时，说明缓和曲线短了，圆曲线正矢小了；当曲线两端正拨量较大，而中央点附近有正拨量时，应加长缓和曲线，改小圆曲线计划正矢。

当曲线两端拨量的负值较大，而中央点附近的拨量接近零或出现正拨量时，说明两端缓和曲线设计过长，圆曲线计划正矢选大了；当曲线两端拨量的负值较大，而中央点附近负值更大时，说明两端缓和曲线设计长了，圆曲线正矢设计小了。

缓和曲线长度和圆曲线正矢如果都设计不当，其对拨量的影响是复杂的，要通过拨量分析、试算，才能获得较佳的曲线整正方案。

第六节　曲线缩短轨的配置

本节要求

（1）掌握缩短轨配置的技术要求和新线配置缩短轨的计算方法。

（2）掌握既有线曲线缩短轨的配置方法。

（3）能正确计算曲线成段更换钢轨的空搭头。

一、曲线缩短轨计算

1. 缩短轨类型的确定

曲线地段外股轨线比内股轨线长，为保证两股钢轨接头采用对接方式，内股钢轨宜采用厂制缩短轨，为此需进行缩短轨计算。我国厂制缩短轨，对于 12.5 m 标准轨有缩短量为 40 mm、80 mm、120 mm 的三种类型，对于 25 m 标准轨有缩短量为 40 mm、80 mm、160 mm 的三种类型。选用缩短轨类型时，缩短轨的长度可参照下式确定：

$$L_0 < L\left(1 - \frac{S_1}{R}\right) \tag{2-47}$$

式中　L_0——标准缩短轨长度（m），按计算结果选用缩短量较小的缩短轨；

　　　L——标准钢轨长度（m），25 m 或 12.5 m；

　　　S_1——两股钢轨中心距离，一般用 1.5 m；

　　　R——曲线半径（m）。

另外，还可以根据半径，参照表 2-24 选用。

表 2-24　标准缩短轨选择参照表

曲线半径/m	25 m 钢轨		12.5 m 钢轨	
	缩短轨长/m	缩短量/mm	缩短轨长/m	缩短量/mm
4 000 ~ 1 000	24.96 24.92	40 80	12.46	40
800 ~ 500	24.92 24.84	80 160	12.46	40
450 ~ 250	24.84	160	12.42	80
200	—	—	12.38	120

注：① 按表列缩短量宜选较小的一种。
　　② 为了不影响直线接头的质量，允许在曲线尾按实际情况插入个别相应的缩短轨。

曲线上内外股钢轨接头的相错量，在正线和到发线上，容许为 40 mm 加所用缩短轨缩短量的一半；在站线、次要线和使用非标准长度钢轨的线路上，容许再增加 20 mm。

2. 曲线内股轨线缩短量的计算

圆曲线和缓和曲线内股缩短量的计算公式如下：

（1）圆曲线内股的缩短量用 ε_y 表示：

$$\varepsilon_y = \frac{S_1 L}{R} \tag{2-48}$$

式中　S_1——两股钢轨中心距离，采用 1 500 mm（近似值）；

　　　L——圆曲线长度（m）；

　　　R——圆曲线半径（m）。

（2）缓和曲线内股的缩短量用 ε_H 表示：

$$\varepsilon_H = \frac{S_1 l_0}{2R} \tag{2-49}$$

式中　l_0——一端缓和曲线长度（m）。

如果两端缓和曲线长度不等，则按上式分别计算缩短量。复心曲线要根据不同半径分别计算。

（3）缓和曲线内股任意一点的缩短量用 ε_h 表示：

$$\varepsilon_h = \frac{S_1 l_n^2}{2R l_0} \tag{2-50}$$

式中　l_n——缓和曲线起点至计算点的缓和曲线长度（m）。

（4）整个曲线的总缩短量用 $\varepsilon_{总}$ 表示：

$$\varepsilon_{总} = \varepsilon_y + 2\varepsilon_H = \frac{S_1 L_y}{R} + 2\frac{S_1 l_0}{2R} = \frac{S_1 (L_y + l_0)}{R} \tag{2-51}$$

式中　L_y——圆曲线全长（m）。

3. 缩短轨数量的计算

缩短轨所需根数 N 计算如下：

$$N = \frac{\varepsilon_{总}}{K} \qquad\qquad (2\text{-}52)$$

式中　$\varepsilon_{总}$——总缩短量（mm）；

　　　K——曲线选用缩短轨的缩短量（mm）。

外股轨线所需标准轨的根数 N_0 为：

$$N_0 = \frac{2l_0 + L}{l_{标} + \delta} \qquad\qquad (2\text{-}53)$$

式中　$l_{标}$——标准轨长度（m）；

　　　δ——轨缝（mm）。

显然，曲线里股铺设的缩短轨根数 N 不应大于曲线外股轨线上铺设的标准轨的根数 N_0，即

$$N \leqslant N_0$$

否则，应选用缩短量更大的缩短轨。一般来说，当 $R > 500$ m，可选用 $K = 40$ mm 的缩短轨，R 在 $250 \sim 450$ m 时，可选用 $K = 80$ mm 的缩短轨。

二、曲线缩短轨的配置

（一）既有线缩短轨配置

在既有线上，可采用现场丈量的办法布置缩短轨。如图 2-26 所示，其步骤如下：

（1）根据所使用的缩短轨类型及算出的缩短轨根数配齐轨料。

（2）在现场用钢尺从曲线头附近的钢轨接头量起，在外股量一根标准轨长加一轨缝值，里股也量同样长度。然后，将外股丈量终点用方尺方到里股，则里股丈量终点比外股方过来的点，要超前一个量值，称此值为应有缩短量。

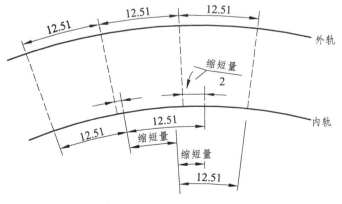

图 2-26　丈量法确布置缩短轨（单位：m）

（3）继续丈量，当应有缩短量大于缩短轨缩短量的一半时，即在里股此根轨上作一记号，表示此轨要换成缩短轨。

（4）将里股丈量起点向丈量始点方向退一缩短轨缩短量的长度，再按前述方法继续丈量，直至定出所有缩短轨的位置为止。

（二）新线缩短轨配置

在新线铺轨或线路大修组装轨排工程中，只能通过计算来配置缩短轨。配置的方法是从曲线始点开始，计算外股轨线每一钢轨接头处里股应有的缩短量。凡里股应有缩短量与实际缩短量之差大于缩短轨缩短量的一半时，即应在该处布置一根缩短轨，以使里外股接头错距不大于缩短轨缩短量的一半。

利用表格计算进行非常方便，现举例如下。

已知：圆曲线半径 $R = 600$ m，圆曲线长 $L_y = 45$ m，缓和曲线长 $l_0 = 60$ m，直线上最末一节钢轨进入曲线的长度为 $Z = 4.8$ m，标准轨长 $l_标 = 12.5$ m，轨缝 $\delta = 10$ mm。试确定缩短轨的铺设位置。

1. 确定缩短轨的缩短量 K

$$L_0 < L\left(1 - \frac{S_1}{R}\right) = 12.5 \times \left(1 - \frac{1.5}{600}\right) = 12.468\ 7\ \text{m}$$

选用 $L = 12.46$ m 的缩短轨，即 $K = 40$ mm。

2. 计算里股轨线总缩短量

由式（2-51），里股轨线总缩短量为：

$$\varepsilon_总 = S_1 \frac{l_0 + L_y}{R} = 1\ 500 \times \frac{60 + 45}{600} = 262.5\ \text{mm}$$

3. 计算所需缩短轨根数

$$N = \frac{\varepsilon_总}{K} = \frac{262.5}{40} = 6.56\ \text{根}，\text{采用 7 根}$$

外股轨线所需标准轨的根数为：

$$N_0 = \frac{2l_0 + L}{l_标 + \delta} = \frac{2 \times 60 + 45}{12.51} = 13.2\ \text{根}$$

$N_0 \geqslant N$，故缩短轨选型合理。

4. 填表计算缩短轨的铺设位置

表 2-25 第一栏中的 Z 代表直线上最末一节钢轨伸入曲线的长度。5_1、5_2、9_1、9_2、13_1、13_2 分别表示第 5 根钢轨被 HY 点所分的两段，第 9 根钢轨被 YH 点所分的两段和第 13 根钢轨被 HZ 点所分的两段轨的顺号。

表 2-25　曲线缩短轨配置计算表

钢轨顺号	钢轨长度（含轨缝）/m	曲线始点至计算点距离/m	计算点位置	应有缩短量计算/mm	判定是否铺缩短轨	钢轨类型	实际缩短量的累计/mm	接头直角错距/mm
一	二	三	四	五	六	七	八	九
Z	4.80	4.80	H_1	$\varepsilon_Z = \dfrac{1\,500}{2 \times 600 \times 60} \times 4.8^2 \approx 0$	$0 < \dfrac{40}{2}$		0	0
1	12.51	17.31	H_1	$\varepsilon_1 = 0.020\,8 \times 17.31^2 \approx 6$	$6 < 20$	B	0	$+6$
2	12.51	29.82	H_1	$\varepsilon_2 = 0.020\,8 \times 29.82^2 \approx 18$	$18 - 0 < 20$	B	0	$+18$
3	12.51	42.33	H_1	$\varepsilon_3 = 0.020\,8 \times 42.33^2 \approx 37$	$37 - 0 > 20$	S	40	-3
4	12.51	54.84	H_1	$\varepsilon_4 = 0.020\,8 \times 54.84^2 \approx 63$	$63 - 40 > 20$	S	80	-17
5_1	5.16	60.00	HY	$\varepsilon_{HY} = 0.020\,8 \times 60^2 \approx 75$				
5_2	7.35	67.35	Y	$\varepsilon_5 = 75 + (67.35 - 60) \times \dfrac{1\,500}{600} \approx 93$	$93 - 80 < 20$	B	80	$+13$
6	12.51	79.86	Y	$\varepsilon_6 = 75 + (79.86 - 60) \times 2.5 \approx 125$	$125 - 80 > 20$	S	120	$+5$
7	12.51	92.37	Y	$\varepsilon_7 = 75 + (92.37 - 60) \times 2.5 \approx 156$	$156 - 120 > 20$	S	160	-4
8	12.51	104.88	Y	$\varepsilon_8 = 75 + (104.88 - 60) \times 2.5 \approx 187$	$187 - 160 > 20$	S	200	-13
9_1	0.12	105.00	YH	$\varepsilon_{YH} = 75 + (105 - 60) \times 2.5 \approx 187$				
9_2	12.39	117.39	H_2	$\varepsilon_9 = 262.5 - 0.020\,8 \times (165 - 117.39)^2 = 215$	$215 - 200 < 20$	B	200	$+15$
10	12.51	129.90	H_2	$\varepsilon_{10} = 262.5 - 0.020\,8 \times (165 - 129.90)^2 = 237$	$237 - 200 > 20$	S	240	-3
11	12.51	142.41	H_2	$\varepsilon_{11} = 262.5 - 0.020\,8 \times (165 - 142.41)^2 = 252$	$252 - 240 < 20$	B	240	$+12$
12	12.51	154.92	H_2	$\varepsilon_{12} = 262.5 - 0.020\,8 \times (165 - 154.92)^2 = 260$	$260 - 240 > 20$	S	280	-20
13_1	10.08	165.00	HZ	$\varepsilon_{HZ} = \varepsilon_总 = 263$				
13_2	2.43	167.43	Z	$\varepsilon_{13} = 263$	$263 - 280 < 20$	B	280	-17

第二栏填写外股轨线上所铺设的标准轨长或曲线标桩点至铺于标桩点处的那根钢轨两端的距离。

第三栏填写外股轨线上各接头或标桩点至曲线始点的距离。

第四栏填写各接头或标桩点在曲线上所处的位置。H_1 代表第一缓和曲线，HY 代表缓圆点，Y 代表圆曲线，YH 代表圆缓点，H_2 代表第二缓和曲线，HZ 代表缓直点。

第五栏为各接头处应有缩短量的计算。

（1）在第一缓和曲线上共有 5 个接头，根据各接头至缓和曲线始点的距离，按式（2-42）计算。第 5 号钢轨有 5.16 m 在第一缓和曲线上，有 7.35 m 在圆曲线上，故第 5 号钢轨接头处的应有缩短量为第一缓和曲线总缩短量加 7.35 m 长的圆曲线缩短量。

（2）圆曲线范围内各接头处的应有缩短量，为第一缓和曲线总缩短量加圆曲线范围内各接头的缩短量。

（3）第二缓和曲线各接头处的应有缩短量的计算，是采用整个曲线的总缩短量，再减去第二缓和曲线上各接头距第二缓和曲线始点（HZ）这段曲线长度范围内的应有缩短量来获得的。这是因为缓和曲线应有缩短量的计算公式（2-40）的使用条件，是必须从缓和曲线头来计算缓和曲线上某点的应有缩短量。

第六栏用以判定是否铺设缩短轨。当接头处应有缩短量减去此接头以前实际缩短量的累计值大于等于标准缩短轨缩短量的一半时，即需要铺设缩短轨。

第七栏中 B 表示标准轨，S 表示缩短轨。

第八栏中填写的是布置缩短轨后实际缩短量的累计值。

第九栏是用以检查布置缩短轨后，接头的直角错距，它等于应有缩短量（第五栏）减去实际缩短量的累计值（第八栏）。正号表示里股钢轨接头超前，负号表示里股钢轨接头错后。

在曲线里股铺设一定数量的缩短轨后，仍不可避免地存在里股钢轨接头超前或错后的现象。按缩短轨缩短量的不同，最大超前或错后量可达 20 mm、40 mm、60 mm 或 80 mm。因此必须利用单根钢轨的长度误差来进行调整。一般应在曲线内两股钢轨上配轨调整，有困难时可在就近直线上配轨调整。

切不可用增减轨缝尺寸的方法调整接头相错量，因轨缝本身已有一定的误差，如再额外增减，势必导致轨缝误差扩大，技术状态不良。

除为调整接头相错量的轨节外，应按钢轨长度误差量配对使用钢轨，每对钢轨相差量一般不得大于 3 mm，并在前后左右互相抵消。配轨有困难时，一对钢轨的相差量虽可大于 3 mm，但在两股钢轨上的累计相差量必须控制在 15 mm 以内。这是考虑到要保证加上钢轨串动、一股微量爬行及其他误差以后，接头相错量不致太大（例如正线、到发线维修验收标准要求，接头相对的直线误差不大于 40 mm，曲线误差不大于 40 mm 加缩短量的一半）。

三、曲线成段更换钢轨的空、搭头计算

1. 既有线作业材料堆放要求

在运营线上，随着运量的增加，行车速度与轴重也不断提高，使原有的钢轨类型不能满足要求，或由于曲线钢轨严重磨耗等，须用较重型或新钢轨更换原有旧轨。人工更换钢轨时一般不动轨枕，只更换钢轨和联结零件。为缩短封锁施工的时间，应先把新轨联结成一定长度的轨组，并在轨组的轨缝中夹入轨缝片。《普速铁路工务安全规则》（铁总运〔2014〕272 号）规定：普通线路木枕地段可放在道床肩上或木枕头上，直线地段可放在道心里。放在道床肩部时，道砟应预先整平。放在木枕头上时，两端至少各钉两个道钉，中间适当用道钉卡住。放在道心时，两端应弯向中心并用道钉固定，中间适当用道钉卡住。新旧轨头间隔应不少于 150 mm，如新轨轨面比旧轨轨面

高，其高出的值不应大于 25 mm，如图 2-27（a）所示。普通线路混凝土枕地段，应放在道床肩上。直线地段也可放在道心里，两端用卡子卡在轨枕上或穿入木枕钉固，如钢轨组较长，中间适当穿入木枕钉固，直线地段可放在道心里，新旧轨头间隔应不少于 300 mm，如新轨轨面比旧轨轨面高，其高出值应不大于 25 mm，如图 2-27（b）所示。

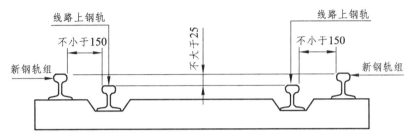

（a）钢轨组放在木枕头上

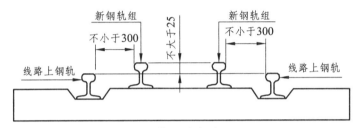

（b）钢轨组放在道心里

图 2-27　钢轨组堆放位（单位：mm）

为避免大量串动钢轨，新旧轨组之间须留空、搭头，如图 2-28 所示。

新轨组长度可根据曲线半径大小选定。如半径 $R \geqslant 800$ m 时，钢轨组长度可为 100 m；如半径 $R \leqslant 400$ m 时，钢轨组长度可为 50 m。如新钢轨的高度大于旧钢轨，钢轨组宜放在旧轨外侧；反之则放在旧轨内侧。

2. 空、搭头计算

放在旧轨外侧的外股钢轨组与放在旧轨内侧的内股钢轨组间拉开的一段距离，称为空头；放在旧轨外侧的内股钢轨组与放在旧轨内侧的外股钢轨组间重叠的一段距离，称为搭头，如图 2-28 所示。

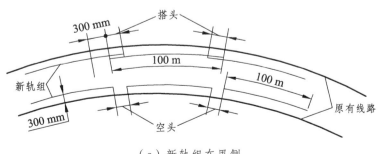

（a）新轨组在里侧

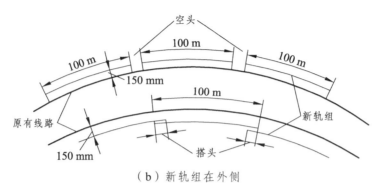

（b）新轨组在外侧

图 2-28　空头与搭头

应该注意的是，联结钢轨组时，相对的钢轨组中的钢轨长度公差要搭配好；轨缝应按轨温计算；新旧钢轨间的净距一定要留对，这是影响空头与搭头的关键。

各轨组间空头或搭头的大小，可根据曲线上内外股轨线长度差的原理由下式确定：

$$\Delta l = \frac{l}{R}\left(d + \frac{t_1 + t_2}{2}\right) \tag{2-54}$$

式中　Δl——新旧轨组直角错距（mm），即新轨组替换旧轨组后，轨端向前或向后需串动的距离；

　　　l——新轨组长（m）；

　　　R——曲线半径（m）；

　　　d——新旧轨组轨头间的净空（mm）；

　　　t_1、t_2——新旧轨头宽（mm），可查表 1-2。

计算缓和曲线上的新旧轨组直角错距时，可取缓和曲线长度的一半代入上式进行计算。新轨组间空头和搭头值分别为：

$$空头 = \Delta l + \delta$$

$$搭头 = \Delta l - \delta$$

式中　Δl——新旧轨组直角错距（mm）；

　　　δ——预留轨缝值（mm）。

3. 空、搭头计算算例

已知：曲线半径为 800 m，曲线全长 300 m，两端缓和曲线各为 50 m，欲用 60 kg/m 的新轨更换曲线上 50 kg/m 的旧轨，新轨组长 100 m，布置于轨枕头，与旧轨间距为 150 mm，预留轨缝 10 mm，计算新轨组之间空头、搭头的长度。

如图 2-28（b）所示，整个曲线上下股各布置三组新轨组，中间一组为圆曲线，两端的新轨组中各有 50 m 的缓和曲线和 50 m 的圆曲线，新轨轨头宽 73 mm，旧轨轨头宽 70 mm。

第一、三轨组的新旧轨组直角错距：

$$\Delta l = \frac{\left(\dfrac{50}{2} + 50\right)}{800} \times \left(150 + \frac{73+70}{2}\right) \approx 20.77 \text{ mm}$$

一、二轨组空头 = 20.77 + 10 ≈ 30.8 mm，一、二轨组搭头 = 20.77 – 10 ≈ 10.8 mm。

第二轨组的新旧轨组直角错距：

$$\Delta l = \frac{100}{800}\left(150 + \frac{73+70}{2}\right) \approx 27.69 \text{ mm}$$

二、三轨组空头 = 27.69 + 10 ≈ 37.8 mm，二、三轨组搭头 = 27.69 – 10 ≈ 17.8 mm。

外股新轨组间的空头分别是：

第一、二轨组间为 30.8 mm，第二、三轨组间为 37.8 mm。

内股新轨组间的搭头分别是：

第一、二轨组间为 10.8 mm，第二、三轨组间为 17.8 mm。

思考与练习

1. 曲线轨道有哪些特点？

2. 小半径曲线轨距为什么要加宽？说明加宽标准。

3. 曲线轨道为什么要设外轨超高？如何设置？

4. 什么是欠超高？什么是过超高？有什么规定？

5. 外轨最大超高是怎样规定的？

6. 什么是缓和曲线？为什么设置缓和曲线？我国铁路常用缓和曲线采用什么线型？

7. 缓和曲线长度是根据什么条件确定的？

8. 什么是曲线正矢？圆曲线正矢如何计算？

9. 单线铁路曲线半径 $R = 800$ m，路段设计速度 $v_{max} = 100$ km/h，一昼夜通过该曲线的各次列车次数、列车重量及实测速度见表 2-26。试确定该曲线的实设超高，并检算未被平衡的超高是否满足要求。

表 2-26　某曲线一昼夜通过的列车信息

序号	列车种类	列车重量/kN	列数	实测速度/（km/h）
1	特快旅客列车	8 000	4	95、94、88、85
2	直快旅客列车	9 000	4	90、89、86、83
3	普通旅客列车	7 000	2	73、69
4	直达货物列车	33 000	13	69、68、64、63、70、63、67、65、65、61、60、58、57
5	区段货物列车	22 000	5	72、67、70、69、56
6	排空货物列车	11 000	6	73、67、71、66、68、69

10. 某曲线的圆曲线半径 $R = 800$ m，缓和曲线长 $l_0 = 70$ m，圆曲线长 $L_y = 125.53$ m，铺设标准轨长度 $L = 25$ m，第一根钢轨进入曲线的长度为 8.5 m。试确定缩短轨类型、数量，并布置缩短轨。

11. 已知一曲线半径 $R = 600$ m，两端缓和曲线长 $l_0 = 50$ m，第 8 点为小桥，该点不允许拨动曲线，实测正矢见表 2-27。试用绳正法进行曲线整正计算。

表 2-27　某曲线实测正矢

测点号	1	2	3	4	5	6	7	8	9	10	11
实测正矢	0	12	29	40	59	80	84	81	85	82	81
测点号	12	13	14	15	16	17	18	19	20	21	22
实测正矢	89	80	85	87	81	79	58	40	28	8	0

12. 某曲线现场正矢资料见表 2-28。试进行曲线整正计算。

表 2-28　某曲线现场正矢资料

测点号	1	2	3	4	5	6	7	8	9	10
实测正矢	1	7	9	10	17	20	26	30	32	38
测点号	11	12	13	14	15	16	17	18	19	20
实测正矢	44	44	48	53	58	60	60	60	60	57
测点号	21	22	23	24	25	26	27	28	29	30
实测正矢	60	62	60	62	60	56	53	49	45	42
测点号	31	32	33	34	35	36	37	38	39	40
实测正矢	37	34	31	25	22	18	14	9	5	2

13. 某曲线的半径为 800 m，曲线全长 420 m，其中圆曲线长 320 m，每端缓和曲线长为 50 m。钢筋混凝土轨枕，旧钢轨为 50 kg/m，新轨为 60 kg/m，25 m 钢轨，换轨时轨温为 20 ℃，最高轨温为 60 ℃，最低轨温为 -10 ℃。

求：（1）选择新轨放置距旧轨距离。

（2）计算各组的搭头及空头量。

本章导读

把轨缝焊联或胶结成超长轨节轨道就是无缝线路。无缝线路是轨道结构的一大变革，它以无可争议的优越性受到各国铁路的青睐，也成为铁路轨道结构的优先发展方向。无缝线路与普通标准轨线路在结构上的区别，表象是通过焊联在最大程度上消除了轨缝，从而克服了有缝线路的一系列缺点；但实质是通过一系列的设计、施工、维护技术手段锁定住长轨条，控制温度力引起的伸缩变形，保持无缝线路结构稳定、可靠。

本章主要介绍无缝线路的基本原理、普通无缝线路和超长无缝线路结构设计的基本知识和方法。

本章目标

掌握无缝线路长钢轨温度应力的计算方法，理解并掌握无缝线路锁定轨温、线路阻力等概念，了解无缝线路结构设计的基本知识和方法。

本章重点

无缝线路锁定轨温

第一节 无缝线路概述

本节要求

（1）了解无缝线路的优缺点，理解无缝线路的含义。

（2）了解无缝线路的分类，了解应力式无缝线路与放散温度应力式无缝线路的区别。

一、铺设无缝线路的意义

无缝线路是钢轨连续焊接或胶接超过两个伸缩区长度的轨道。它是当今轨道结构的一项重要新技术，世界各国竞相发展。

在普通线路上，钢轨接头是轨道的薄弱环节之一，由于轨缝的存在，列车通过时发生冲击和振动，并伴随有打击噪声，冲击力可达到非接头区的 3 倍。接头冲击力影响行车的平稳性和旅客的舒适感，并促使道床破坏、线路状况恶化、钢轨及联结零件的使用寿命缩短、维修劳动费用的增加。在铺设 12.5 m 标准轨的线路上，养护线路接头区的费用占养护总经费的 35%以上；钢轨因轨端损坏而抽换的数量较其他部位大 2~3 倍；重伤钢轨 60%发生在接头区。随着列车轴重、行车速度和密度的不断增长，上述缺点更加突出，更不能适应现代高速重载运输的需要。

为了改善钢轨接头的工作状态，人们从 20 世纪 30 年代开始至今，一直致力于这方面的研究与实践，采用各种方法将钢轨焊接起来构成无缝线路。这中间首先遇到了接头焊接质量问题；其次就是长轨在列车动力和温度力共同作用下的强度和稳定问题；还有无缝线路设计、长轨运输、铺设施工、养护维修等一系列理论和技术问题。随着上述一系列问题的逐步解决，无缝线路在世界各国得到了广泛的运用。

随着我国铁路的快速发展，高速、重载成为我国铁路的发展主流，为消除钢轨接头的不利影响，我国铁路相关单位开展了一系列的无缝线路理论研究、试验及现场测试，形成了一套完整的无缝线路设计理论、施工工法、运营管理和维修标准体系，并成功研制出了小阻力扣件、胶接绝缘接头、钢轨伸缩调节器、无缝道岔等轨道部件。目前我国已经成功地在大跨度桥梁、小半径曲线、大坡道地段及寒冷地区铺设了无缝线路。2007 年以来，我国先后在已建成通车的各高速客运专线及各电气化等改建既有线铁路上成功实现了一次铺设跨区间无缝线路。

二、无缝线路的分类

1. 根据处理钢轨内部温度应力的方式分类

无缝线路根据处理钢轨内部温度应力的方式不同，可分为温度应力式和放散温度应力式两种。

温度应力式无缝线路由一根焊接长钢轨及其两端 2~4 根标准轨组成，并采用普通接头的形式。无缝线路铺设锁定后，焊接长钢轨因受线路纵向阻力的抵抗，两端自由伸缩受到一定的限制，中间部分完全不能伸缩，因而在钢轨内部产生很大的温度力，其值随轨温变化而异。温度应力式无缝线路结构简单，铺设维修方便，因而得到了广泛应用。对于直线轨道，铺设 50 kg/m 和 60 kg/m 钢轨，每千米设置 1 760 根和 1 667 混凝土枕时，铺设温度应力式无缝线路允许轨温差分别为 100 ℃ 和 104 ℃。

放散温度应力式无缝线路，又分为自动放散式和定期放散式两种，适用于年轨温差较大的地区。自动放散式是为了消除和减少钢轨内部的温度力，允许长轨条自由伸缩，在长轨两端设置钢轨伸缩接头，为了防止钢轨爬行，在长轨中部使用特制的中间扣件。但由于其结构复杂，现已不使用。定期放散温度应力式无缝线路的结构形式与温度应力式相同，可根据当地轨温条件，把钢轨内部的温度应力每年调整放散 1~2 次。放散时，松开焊接长钢轨的全部扣件，使它自由伸缩，放散内部温度应力，应用更换缓冲区不同长度调节轨的办法，保持必要的轨缝。但每次放散应力需要耗费大量劳动力，作业很不方便。放散温度应力式无缝线路曾在苏联和我国年温差较大的地区使用，目前已不使用。

2．根据铺设位置、设计要求分类

无缝线路根据铺设位置、设计要求的不同，可分为路基段无缝线路（有砟和无砟轨道）、桥上无缝线路、长大隧道内无缝线路、岔区无缝线路等。后三种也称为特殊地段无缝线路。

3．根据轨条长度及是否跨越闭塞分区分类

无缝线路根据轨条长度及是否跨越闭塞分区，可分为普通无缝线路、区间无缝线路和跨区间无缝线路。

普通无缝线路是以闭塞分区作为长轨条长度的划分依据，长轨两端设置 2 ~ 4 根标准轨作为缓冲区，能满足轨道电路分区设置物理绝缘及长轨条两端实现部分伸缩变形的要求，长轨条除在两端部分长度（伸缩区）允许有一定伸缩变形外，中间部分（固定区）则不允许产生伸缩变形，如图 3-1 所示。

图 3-1　普通无缝线路示意

区间无缝线路是以站间道岔作为长轨条划分依据，区间内轨缝焊联或胶结。电气绝缘技术的应用，使区间轨缝都可以实现焊联。

在无缝道岔技术突破以后，长轨条长度就可以跨越站区，不受站区道岔影响，绝大部分轨缝（包括道岔）都可以实现焊联，真正实现长轨长度可以任意长的理念，这样的无缝线路称为跨区间无缝线路。

第二节　无缝线路基本原理

本节要求

（1）能正确理解轨温、最高（最低）轨温、轨温变化幅度、锁定轨温、设计锁定轨温、施工锁定轨温、实际锁定轨温的含义并能正确计算温度应力和温度力。

（2）掌握线路阻力的种类及作用，能画出无缝线路基本温度力图并解释伸缩区、固定区的含义。

（3）了解轨温反向变化钢轨温度力图的变化，能计算压力峰的位置及压力峰的温度力大小。

（4）能正确计算无缝线路伸缩区长度及长轨和标准轨一端的伸缩量。

（5）能说出影响无缝线路稳定性的因素并了解轨道稳定性计算和钢轨强度计算的内容。

一、钢轨温度力、伸缩位移与轨温变化的关系

无缝线路的特点是轨条长，当轨温变化时，钢轨要发生伸缩，但由于有线路阻力

的约束作用，不能自由伸缩，在钢轨内部要产生很大的轴向温度力。为保证无缝线路的强度和稳定，需要知道长轨条内温度力及其变化规律。为此首先要分析温度力、伸缩位移与轨温变化及阻力之间的关系。

一根长度为 l 可自由伸缩的钢轨，当轨温变化 Δt ℃ 时，其伸缩量为：

$$\Delta l = \alpha \cdot l \cdot \Delta t \tag{3-1}$$

式中　α ——钢轨的线膨胀系数，取 $11.8 \times 10^{-6} / ℃$；

　　　l ——钢轨长度（mm）；

　　　Δt ——轨温变化幅度（℃）。

如果钢轨两端完全被锁定，不能随轨温变化而伸缩，则将在钢轨内部产生温度应力。根据胡克定律，温度应力 σ_t 为：

$$\sigma_t = E\varepsilon_t = E\frac{\Delta l}{l} = E \cdot \alpha \cdot \Delta t \tag{3-2}$$

式中　E ——钢轨的弹性模量，$E = 2.1 \times 10^5$ MPa；

　　　ε_t ——钢轨被锁定而限制的单位长度伸缩量（温度应变）。

将 E、α 之值代入式（3-2），则温度应力为：

$$\sigma_t = 2.1 \times 10^5 \times 11.8 \times 10^{-6} \Delta t = 2.50 \Delta t \text{（MPa）} \tag{3-3}$$

一根钢轨所受的温度力 P_t 为：

$$P_t = \sigma_t F = 2.50 \Delta t F \text{（N）} \tag{3-4}$$

式中　F ——一根钢轨的断面积（mm²）。

式（3-1）、式（3-2）、式（3-4）即为无缝线路温度应力和温度力计算的基本公式。由此可知：

（1）由式（3-1）知道无缝线路钢轨伸长量与轨温变化幅度 Δt、轨长 l 有关，与钢轨断面积无关。

（2）由式（3-2）得知在两端锁定的钢轨中所产生的温度应力，仅与轨温变化幅度 Δt 有关，而与钢轨本身长度无关。因此，从理论上讲，钢轨可以焊成任意长（跨区间无缝线路），且对钢轨内温度应力没有影响，控制温度应力大小的关键是如何控制轨温变化幅度 Δt。

（3）由式（3-4）知道对于不同类型的钢轨，因为钢轨横截面积不同，所以同一轨温变化幅度产生的温度力大小不同。如轨温变化 1 ℃ 所产生的温度力。对于 75 kg/m、60 kg/m、50 kg/m 钢轨分别是 23.8 kN、19.3 kN、16.5 kN。

二、轨温、锁定轨温和轨温变化幅度

1. 轨　温

这里的轨温是指钢轨的温度，简称"轨温"，一般指钢轨断面的平均轨温，亦称有效轨温。轨温对无缝线路的设计、铺设、养护维修至关重要。轨温由专用的轨温计来量测，目前使用的有吸附式轨温计和红外数字轨温计等。

轨温不完全与气温相同，实测资料表明，冬季两者相接近，夏季高温季节比气温高，最大值相差为 18～25 ℃，轨温还受气候、风力大小、日照强度和测量钢轨部位等影响。一年内最高、最低轨温变化曲线如图 3-2 所示。我国地域辽阔，轨温变化差异大，现行《铁路无缝线路设计规范》（TB 10015）列出了各地历年最高轨温 T_{max} 和最低轨温 T_{min} 供查用。

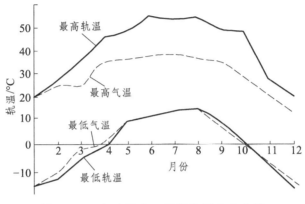

图 3-2　一年内最高、最低轨温变化曲线

最高轨温和最低轨温的平均值称为中间轨温，中间轨温 t_z 定义为：

$$t_z = \frac{T_{max} + T_{min}}{2} \tag{3-5}$$

中间轨温意味着，由中间轨温 t_z 升至最高轨温 T_{max} 和降至最低轨温 T_{min} 时的轨温差幅值相等。也就是说，若在中间轨温 t_z 时锁定钢轨，当轨温分别升到最高轨温 T_{max} 或降至最低轨温 T_{min} 时，钢轨内产生的温度压力和温度拉力大小是相等的。这样可保证钢轨不承受过大的拉力或过大的压力。

2. 锁定轨温

1）锁定轨温的定义

无缝线路的锁定是通过拧紧长钢轨两端的接头螺栓和上紧钢轨扣件实现的，因此将无缝线路锁定时的轨温称为锁定轨温。

要使夏季长钢轨内部的温度压力和冬季的温度拉力都不过大，必须选择一个合适的锁定轨温。无缝线路刚刚锁定时，轨温变化幅度 $\Delta t = 0$，根据温度应力的定义式（3-3），钢轨内的温度力为零，因此锁定轨温又称零应力轨温。

2）设计锁定轨温

设计锁定轨温亦称中和轨温。它是根据线路结构的具体条件，通过轨道强度和稳定性的检算所确定的零应力轨温。在无缝线路的铺设施工中，很难在某一设计锁定轨温下把整段长轨条锁定。因此，这就需要决定一个既满足强度条件，又满足稳定条件的锁定轨温允许范围。一般按设计锁定轨温 $t_{锁}$ ±5 ℃设定，称之为设计锁定轨温范围。

3）施工锁定轨温

施工锁定轨温指的是在无缝线路施工作业时，将长钢轨锁定时的轨温。施工中一段长轨条的锁定需要一定的时间，所以大修施工规定把长轨条始终端落槽就位时的轨温平均值作为施工锁定轨温，同时要求始终端就位时的轨温必须在设计锁定轨温允许范围之内。

4）实际锁定轨温

实际锁定轨温所强调的是"实际"二字。它既用以区别施工锁定轨温所表示的名义上的零应力轨温，又说明零应力轨温在运营过程中是可能发生变化的。

无缝线路铺设锁定之后，要想保持某一长度钢轨范围内锁定轨温不变，就必须保持该段钢轨长度不变。因某种原因，如果钢轨伸长了，就意味着锁定轨温升高了；钢轨缩短了，则意味着锁定轨温降低了，因此运营中的无缝线路实际锁定轨温较施工锁定轨温就发生了变化，这就是实际锁定轨温。

据测算，每 100 m 长的无缝线路钢轨，每伸长 1.2 mm，相当于锁定轨温升高了 1 ℃；缩短 1.2 mm，相当于锁定轨温降低了 1 ℃。

3. 轨温变化幅度

一般意义的轨温变化幅度是指在某一轨温计量时段终了轨温与初始轨温的差值。在无缝线路轨道计算中，钢轨轨温变化幅度是指某一时刻的轨温与锁定轨温的差值。例如，某地区冬季某段无缝线路长钢轨用轨温计量得某断面处钢轨轨温为 -15 ℃，而该段长钢轨的锁定轨温为 24 ℃，则轨温变化幅度为 $\Delta t = 24 ℃ - (-15 ℃) = 39 ℃$。

三、线路阻力

线路上的各种阻力是无缝线路设计、铺设及其养护的重要参数。无缝线路能保持正常的工作状态，离不开这些线路阻力。各种线路阻力所起的作用各不相同，其中线路纵向阻力与钢轨内的纵向力分布、线路爬行、钢轨伸缩等有关，而横向和竖向阻力与无缝线路的稳定性有关，充分认识并掌握这些线路阻力是非常必要的。线路阻力的分类如图 3-3 所示。

线路纵向阻力是抵抗钢轨伸缩、防止线路爬行的重要参数。在无缝线路结构计算中，无砟轨道线路纵向阻力取扣件纵向阻力；有砟轨道除采用小阻力扣件地段外线路纵向阻力取道床纵向阻力，铺设小阻力扣件地段线路纵向阻力取扣件纵向阻力。

$$线路阻力 \begin{cases} 纵向阻力 \begin{cases} 接头阻力 \\ 中间扣件阻力 \\ 道床纵向阻力（有砟轨道） \end{cases} \\ 横向阻力 \begin{cases} 道床横向阻力（有砟轨道） \\ 轨道框架水平刚度 \end{cases} \\ 竖向阻力 \begin{cases} 道床竖向阻力（有砟轨道） \\ 轨道框架竖向刚度 \end{cases} \end{cases}$$

图 3-3　线路阻力的分类

（一）接头阻力

普通无缝线路设置缓冲区，长钢轨两端与缓冲区钢轨有普通接头，所以要考虑接头阻力。

在钢轨接头处，两根钢轨端部由夹板通过螺栓和螺帽拧紧，由此产生的阻止钢轨端部伸缩变化的摩阻力称为接头扣件阻力，简称接头阻力。

接头阻力由钢轨与夹板之间的摩阻力和螺栓抗剪力提供，为了安全，我们只考虑摩阻力。

摩阻力大小主要取决于接头螺栓拉力和钢轨与夹板接触面之间的摩擦系数，并与接头扭矩有关。

根据室内外静动载试验，扭矩与阻力的关系见表3-1。

表 3-1　接头螺栓扭力矩与接头阻力的对应关系

接头螺栓扭力矩 T_N/ （N·m）		300	400	500	600	700	800	900	1 000
接头阻力 P_H/kN	43 kg/m 轨 ϕ 22 mm 螺栓	140	180	220	260				
	50 kg/m 轨 ϕ 24 mm 螺栓	150	200	250	300	370	430	490	
	60 kg/m 轨 ϕ 24 mm 螺栓	130	180	230	280	340 （390）	400 （450）	490 （510）	（570）

注：在年轨温差大于或接近90 ℃地区的60 kg/m钢轨无缝线路缓冲区，可采用表中括号内数值。

（二）中间扣件阻力

中间扣件阻力是指中间扣件及防爬设备抵抗钢轨沿轨枕纵向移动的阻力。为了防止钢轨沿轨枕爬行，无缝线路有砟轨道除采用小阻力扣件外，扣件纵向阻力应大于道床纵向阻力。

扣件阻力由钢轨与其下垫板面之间的摩阻力和扣件与轨底表面之间的摩阻力所形成。摩阻力大小取决于扣件扣压力的大小和相关接触面的摩擦系数值。

扣件阻力的大小与扣件的类型有关，阻力值可通过试验进行测定。如图3-4所示是通过试验测得的Ⅰ、Ⅱ、Ⅲ型弹条扣件阻力与位移关系曲线，表3-2给出了在指定扭矩下的Ⅰ、Ⅱ、Ⅲ型弹条扣件阻力。Ⅲ型弹条扣件是无螺栓扣件，其扣件阻力与螺母无关。实际上，由于列车的振动，扣件阻力会

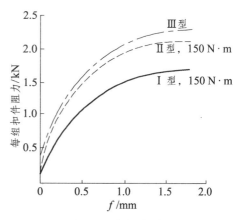

图 3-4　扣件阻力与位移关系曲线

不断下降，因此，必须保持扣件螺母扭矩在规定范围或弹条的扣压力在规定数值。

表 3-2　Ⅰ、Ⅱ、Ⅲ型扣件的扣件阻力　　　　　单位：kN

螺母扭矩/（N·m）	扣件类型		
	Ⅰ	Ⅱ	Ⅲ
80	9.0	9.3	16.0
150	12.0	15.0	

（三）道床纵向阻力

有砟轨道道床纵向阻力是指道床抵抗轨道框架纵向位移的阻力。一般以每根轨枕的阻力或每延长米（或毫米）阻力表示。它是抵抗钢轨伸缩，防止线路不均匀爬行的重要参数。道床抵抗轨道框架纵向位移的阻力由轨枕与道床之间的摩阻力和轨枕盒内道砟抗剪力组成。

道床纵向阻力的大小是通过试验测得的。通过大量实测发现道床纵向阻力值随位移的增大而增加，当位移达到一定值之后，轨枕盒内的道砟颗粒之间的结合被破坏，在此情况下，即使位移再增加，阻力也不再增大，出现滑移现象。线路纵向阻力可参考表 3-3 取值。

表 3-3　线路纵向阻力值

线路特征		一股钢轨下单位长度道床纵向阻力/[kN/（m·轨）]		
		1 667 根/km	1 760 根/km	1 840 根/km
混凝土枕线路	Ⅱ型	—	8.8	9.2
	Ⅲ型	15.0	—	—

有砟轨道道床纵向阻力值与道砟的材质、粒径级配和尺寸、道床断面形状、道床的脏污程度以及密实程度等因素有关，其中与道床的密实程度关系最为显著。清筛等线路作业会使道床的纵向阻力下降，容易引起线路爬行，导致钢轨纵向力分布不均匀，危及轨道的稳定。因此，作业后夯实道床以增强阻力的工作非常重要。

（四）道床横向阻力

1. 道床横向阻力概述

道床横向阻力是指道床抵抗轨道框架横向位移的阻力。它是防止胀轨跑道，保持无缝线路轨道稳定的重要因素。

资料表明，稳定轨道框架的力，65%是由道床提供的，而钢轨提供的为 25%，扣件提供的为 10%。

道床横向阻力由轨枕两侧及底部与道砟接触面之间的摩阻力和枕端的砟肩阻止横移的抗力组成。其中：道床肩部占 30%，轨枕两侧占 20%～30%，轨枕底部占 50%。

随着轨枕重量的增加，横向阻力增大；横向阻力与轨枕横向位移呈非线性关系，阻力随位移的增加而增加，当位移达到一定值之后，阻力也不再增大，出现滑移现象。

2. 等效道床横向阻力

有砟轨道等效道床横向阻力是指将一根轨枕横向位移为 2 mm 时的道床横向阻力换算为沿钢轨纵向单位长度均匀分布的道床横向阻力，单位为 kN/m。

国内相关单位对Ⅱ型和Ⅲ型钢筋混凝土轨枕的有砟轨道横向阻力进行了大量的现场实测，确定的等效道床横向阻力值见表 3-4。

表 3-4　等效道床横向阻力

轨枕类型		等效道床横向阻力 /（kN/m）
新Ⅱ型混凝土轨枕	1 760 根/km	8.5
	1 840 根/km	8.9
Ⅲ型混凝土轨枕	1 667 根/km	11.5

3. 影响道床横向阻力的因素

1）道床的饱满程度

道床的饱满程度关系到轨枕与道砟接触面的大小及道砟之间的相互啮合，直接影响道床阻力值。道床越饱满，其横向阻力越大。试验资料表明，木枕与道砟各接触面的阻力占道床横向阻力的百分数为：枕底 14% ~ 22%，枕侧 35% ~ 53%，枕端 30% ~ 32%。

2）道床肩宽

道床肩部所承担的道床横向阻力约占总道床横向阻力的 1/3。其阻力形成在于轨枕产生位移时扰动道砟使棱体滑动，构成滑动面，该滑动面上的剪力即为这部分阻力，如图 3-5 所示。滑动体的大小直接影响轨枕端部的阻力，滑动体的顶宽 b 为：

$$b = H \cdot \tan\left(45° + \frac{\varphi}{2}\right)$$

式中　H——轨枕端部高度（m）；

φ——道砟摩擦角（°），$\varphi = 35° \sim 50°$。

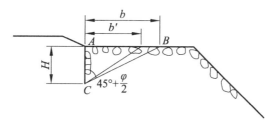

图 3-5　轨枕端部破裂面

以Ⅱ型混凝土枕为例，$H = 200$ mm，$\varphi = 50°$，则 $b = 549$ mm。试验也表明，道床肩宽从 300 mm 增加到 550 mm，总阻力增加 16%，若再加宽，阻力值就不再加大了。

这说明适当的肩宽可能提供一定的横向阻力,但并不是肩宽愈大,横向阻力就愈大。

3)道床肩部堆高

由图 3-5 看出,在滑动棱体内堆高道砟,加大了滑动体的重量,因此增加了横向阻力。试验表明:在肩宽 550 mm 的端部道床堆高 185 mm 的梯形棱体,道床横向阻力比不堆高时要增加 12%,比肩宽 300 mm 的道床增大 34%。国内外无缝线路广泛使用肩部堆高道砟,如图 3-6 所示。

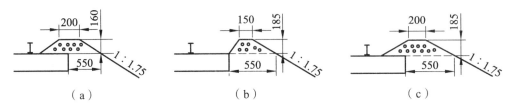

图 3-6 道床肩部堆高(单位:mm)

4)道砟的种类及粒径

不同材质的道砟,它们之间的摩阻力也不同。如砂砾石道床,砾石棱角圆滑,阻力值比碎石道床低 30% ~ 40%。道砟粒径应有一定的级配,德国试验表明:粒径级配由 25 ~ 65 mm 减小到 15 ~ 30 mm,道床横向阻力降低 20% ~ 40%。

5)线路维修作业

线路维修作业如起道捣固、清筛等都影响道砟之间的咬合和接触状况,导致道床阻力下降。

表 3-5 为混凝土枕线路,当轨枕位移为 2 mm 时各种作业后的道床横向阻力降低的比值。

表 3-5 线路维修作业后道床横向阻力降低的比值

作业项目	作业前	扒砟	捣固	回填	夯拍	逆向拨道 10 mm
道床横向阻力/(N/根)	8 480	7 520	5 440	6 000	6 400	2 480
比值/%	—	11	36	29	25	71

6)行车条件

列车经过时,迫使两转向架之间的轨道框架向上抬起,加之列车经过时引起的振动都会使道床阻力下降。

四、长钢轨温度力分布及轨端伸缩量计算

温度力沿长钢轨的纵向分布,常用温度力图来表示,故温度力图实质是钢轨内力图。温度力图的横坐标轴表示钢轨长度,纵坐标轴表示钢轨的温度力(拉力为正,压力为负)。钢轨内部温度力和钢轨外部阻力随时保持平衡是温度力纵向分布的基本条

件。一根焊接长钢轨沿其纵向的温度力分布并不是均匀的。它不仅与阻力和轨温变化幅度等因素有关，还与轨温变化的过程有关。

（一）约束条件

1. 接头阻力的约束

为简化计算，通常假定接头阻力 P_H 为常量。无缝线路长轨条锁定后，当轨温发生变化时，由于有接头的约束，长轨条不产生伸缩，只在钢轨全长范围内产生温度力 P_t，这时有多大温度力作用于接头上，接头就提供相等的阻力与之平衡。当温度力 P_t 大于接头阻力 P_H 时，钢轨才能开始伸缩。因此在克服接头阻力阶段，温度力的大小等于接头阻力，即

$$P_t = P_H = 2.5\Delta t_H F \tag{3-6}$$

式中　　P_t——钢轨的温度拉力，此处等于接头阻力 P_H（N）；

　　　　Δt_H——接头阻力能阻止钢轨伸缩的轨温变化幅度（℃）；

　　　　F——钢轨断面积（mm^2）。

2. 道床纵向阻力的约束

当轨温继续下降，接头阻力所能达到的最大值 P_H 被克服时，钢轨开始缩短，由于扣件阻力大于道床阻力，钢轨与轨枕组成的轨道框架产生与道床之间的相对位移，道床阻力开始阻止钢轨缩短。钢轨内温度拉力继续增长，因为道床的纵向阻力体现在道床对轨枕的位移阻力，所以随着轨温下降，温度力按顺序从轨端开始克服每根轨枕下的道床纵向阻力。轨温降得愈多，需要被克服阻力的轨枕也愈多，相应的温度力也逐渐按一定的斜率增加。道床阻力愈大，斜率也越大。

（二）基本温度力图

无缝线路锁定以后，轨温单向变化（轨温从锁定轨温开始升高或下降）时，温度力沿钢轨纵向分布的规律，称为基本温度力图。先以降温为例说明，如图 3-7 所示为基本温度力图。

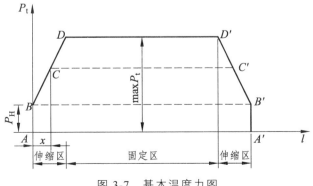

图 3-7　基本温度力图

（1）当轨温 t 等于锁定轨温 $t_\text{锁}$ 时，钢轨内部无温度力，即 $P_t = 0$，如图中 $A—A'$ 线（横轴）。

（2）当轨温下降，即 $t<t_\text{锁}$ 时，钢轨将产生缩短变形。此时，接头阻力 P_H 拉住钢轨阻止其回缩，钢轨受力图如图 3-8（a）所示。随着轨温不断下降，由于钢轨冷缩对接头的拉扯作用也越来越强，随之产生的阻止钢轨缩短的接头阻力 P_H 也越来越大，最后达到接头所能产生的最大阻力值。对应的轨温变化幅度，由（3-6）式可知为 $\Delta t_H = P_H/2.5F$。

在这一段降温过程中，钢轨始终未能克服接头阻力的约束而产生收缩变形。所以钢轨内各截面的温度力（轴力）始终是均匀增加的，临界值就是最大接头阻力 P_H，如图 3-7 中 $B—B'$ 线。

（3）当轨温继续下降，降温幅度超过接头阻力所能提供的最大降温幅度 Δt_H，即当 $t-t_\text{锁} > \Delta t_H$ 时，钢轨克服了接头阻力的约束，开始产生收缩变形，轨端将带动轨枕沿道床移动，从而产生道床纵向阻力，与接头阻力一起阻止钢轨的继续收缩。随着轨温的持续下降，钢轨收缩的力度越来越大，影响轨枕的根数也越来越多，直至轨温降到最低轨温，影响轨枕的根数达到最多，这一过程的钢轨受力图如图 3-8（b）所示。钢轨全长范围内的温度力图，如图 3-7 中的 $BCDD'C'B'$。范围内任意截面的温度力 $P_t = P_H + r·x$，x 为产生伸缩变形的长度。

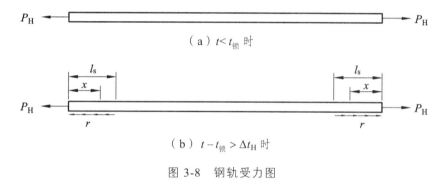

（a）$t<t_\text{锁}$ 时

（b）$t-t_\text{锁} > \Delta t_H$ 时

图 3-8　钢轨受力图

（4）当轨温 t 达到最低轨温 T_min 时，钢轨内产生最大温度拉力 $\max P_t$（拉），这时 x 达到最大值，即为伸缩区长度。此时 $\max P_t$（拉）和 l_s（伸缩区长度）可按下式计算：

$$\max P_t（拉） = 2.5F\Delta t_\text{max} = P_H + rl_s \tag{3-7}$$

$$l_s = \frac{\max P_t - P_H}{r} = \frac{2.5F\Delta t_\text{max} - P_H}{r} \tag{3-8}$$

式中　$\max P_t$(拉)——轨温由锁定轨温降到当地最低轨温时钢轨的最大温度拉力，反之为最大温度压力（N）；

Δt_max——最大降温幅度（℃）；

r——单位道床纵向阻力（N/mm）；

l_s——伸缩区长度（mm）。

如图 3-7 所示，无缝线路长轨条两侧，在温度力作用下发生一定伸缩的区段叫伸缩区，而在无缝线路长轨条中部，因为不存在道床纵向阻力克服温度力的问题，最大温度力只是均衡地积存于钢轨内部，所以轨道框架并不发生纵向位移，我们把这一段叫作固定区。图中变量 x 是任意轨温时轨端的伸缩长度，可以称之为实际伸缩区长度。与实际伸缩区长度这个概念相对应的是设计伸缩区长度 l_s，其计算依据是最高、最低轨温[式（3-8）]。

很明显，实际伸缩区长度是一个变量，它随轨温和线路条件的变化而变化；实际伸缩区和固定区之间，实际上是没有一个固定分界点的。

但在养护维修工作中，为管理和维修方便，我们则把伸缩区和固定区明确加以区分，以便于观测、检查。另外，为应对出现历史最高和最低轨温这种最不利情况，伸缩区长度应留有相当的余地，所以实际设置的伸缩区长度要比用最高、最低轨温计算出来的伸缩区长度长一些，一般为 50～100 m，钢筋混凝土枕地段多为 50～75 m，木枕地段多为 75～100 m。

（三）轨温反向变化时的温度力图

上面分析了轨温从 $t_锁$ 下降到 T_{min} 时，温度力大小变化的情况。实际上轨温是随气温循环往复变化的，这时温度力的变化会与前述正向变化有所不同，且与锁定轨温 $t_锁$ 的取值有关。

在轨温反向由最低轨温回升至最高轨温的过程中，钢轨温度力先克服正向（拉）接头阻力，然后克服反向（压）接头阻力，随后由于钢轨在伸缩区开始产生伸长变形，开始克服正向道床纵向阻力（拉），并从轨端开始产生反向道床阻力，直至轨温回升至最高轨温，反向道床阻力范围达到最大（钢轨伸长变形长度）。如果这个范围小于伸缩区长度，则在道床阻力正、反交点产生温度压力峰，如图 3-9 所示。

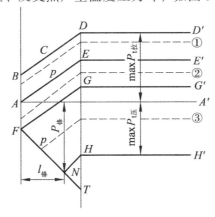

图 3-9　轨温反向变化时的温度力图

显然，如果从锁定轨温开始，最大升温幅度大于或等于最大降温幅度，则在轨温回升至最高轨温时，伸缩区长度范围内的道床纵向阻力将全部反向，就不会产生温度压力峰。

但在无缝线路设计中，由于是稳定性控制设计，即锁定轨温的计算使最大升温幅度小于最大降温幅度，所以普通无缝线路在伸缩区一般会存在温度压力峰。

$$P_{峰} = \frac{1}{2}(\max P_{t拉} + \max P_{t压}) \qquad (3\text{-}9)$$

上式说明，温度压力峰的大小与锁定轨温无关。

$$l_{峰} = \frac{2.5F(\Delta t_{拉\max} + \Delta t_{压\max}) - 2P_{H}}{2r} = \frac{2.5F\Delta t_z - P_{H}}{r} = l_z \qquad (3\text{-}10)$$

上式说明，温度压力峰的位置相当于中间轨温锁定时的伸缩区终点。

在取锁定轨温等于或小于中间轨温时，则不会在伸缩区出现温度压力峰。

（四）轨端伸缩量的计算

从温度力图中可知，无缝线路长轨条中部承受大小相等的温度力，钢轨不能伸缩，称为固定区。在两端，温度力是变化的，在克服道床纵向阻力阶段，钢轨有少量的伸缩，称为伸缩区（图3-7）。伸缩区两端的调节轨称为缓冲区。在设计中要对缓冲区的轨缝进行计算，因此需对长轨及标准轨端的伸缩量进行计算。

1. 长轨一端的伸缩量

由温度力图3-10可见，其中阴影部分为克服道床纵向阻力阶段释放的温度力，从而实现了钢轨伸缩。由材料力学可知，轨端伸缩量$\lambda_{长}$与阴影部分面积的关系为：

$$\lambda_{长} = \frac{S_{\triangle ABC}}{EF} = \frac{rl_s^2}{2EF} = \frac{(\max P_t - P_H)^2}{2EFr} \qquad (3\text{-}11)$$

2. 标准轨一端的缩量

标准轨轨端伸缩量$\lambda_{短}$计算方法与$\lambda_{长}$基本相同。标准轨的温度力图如图3-11所示。标准轨长度短，随着轨温的变化，在克服完接头阻力后，在克服道床纵向阻力时，由于轨枕根数有限，很快被全部克服，以后，钢轨可以自由伸缩，温度力得到释放。在标准轨内最大的温度力只有$P_{H} + \frac{1}{2}rl$（l为标准轨长度）。

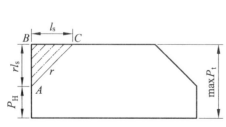

图 3-10　长轨条轨端伸缩量计算图

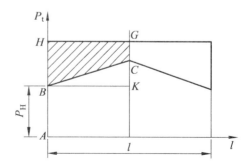

图 3-11　标准轨轨端伸缩量计算图

标准轨一端释放的温度力等于阴影部分面积 $BCGH$。同理，可得到轨端伸缩量 $\lambda_{短}$ 计算公式：

$$\lambda_{短} = \frac{S_{BKGH}}{EF} - \frac{S_{\triangle BKC}}{EF} = \frac{(\max P_t - P_H) \cdot l}{2EF} - \frac{rl^2}{8EF} \tag{3-12}$$

式中　$\max P_t$——从锁定轨温到最低或最高轨温时所产生的温度力；
　　　其他符号意义同前。

五、无缝线路稳定性

无砟轨道由于是整体道床基础（预制或整体浇筑），在正常状态下不会发生轨道结构的稳定性问题。而有砟轨道，是由钢轨、扣件、轨枕、道床组成的多层轨道结构，在钢轨被扣件锁定的前提下，轨道框架是一承受纵向温度压力的细长杆组合结构，其稳定性主要取决于本身刚度和道床横向阻力的约束。由压杆稳定理论知道，温度压力超过某一数值，会使轨道框架发生失稳破坏。

1. 胀轨跑道的三个阶段

无缝线路的最大特点是在夏季高温季节钢轨内部存在巨大的温度压力，容易引起轨道横向变形。在列车动力或人工作业等干扰下，轨道弯曲变形有时会突然增大，这一现象常称为胀轨跑道，如图 3-12 所示。

图 3-12　胀轨跑道现场

发生胀轨跑道将严重危及行车安全。从大量的室内模型轨道和现场实际轨道的稳定试验以及现场事故观察分析可知，轨道胀轨跑道的发展过程基本上可分为三个阶段，即持稳阶段、胀轨阶段和跑道阶段，如图 3-13 所示。图中纵坐标为钢轨温度压力，横坐标为轨道弯曲变形矢度 $f_0 + f$，f_0 为初始弯曲矢度。胀轨跑道总是从轨道的薄弱地段（即具有原始弯曲不平顺的地段）开始。持稳阶段（AB），轨温升高，温度压力增大，但轨道不变形。胀轨阶段（*BK*），随着轨温的增加，温度压力也随之增加，此时轨道开始出现微小变形，此后，温度压力的增加与横向变形之间呈非线性关系。当温度压力达到临界值时，若轨温稍有升高或稍有外部干扰，则轨道将会突然发生臃曲，道砟抛出，轨枕裂损，钢轨发生较大变形，轨道受到严重破坏，此为跑道阶段（临界点 *K* 之后），至此轨道稳定性完全丧失。

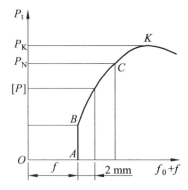

图 3-13　无缝线路胀轨跑道过程

2. 影响无缝线路稳定性的因素

对无缝线路进行大量调查后表明，很多次的胀轨跑道事故并非温度压力过大所致，而是由于对稳定无缝线路的因素认识不足，在养护维修中破坏了这些因素。因此，我们必须研究丧失稳定与保持稳定两方面的因素，注意发展有利因素，克服、限制不利因素，防止胀轨跑道事故，以充分发挥无缝线路的优越性。

1）保持稳定的因素

从上述对胀轨跑道三个阶段的分析，我们不难得出保持无缝线路稳定的因素主要是道床横向阻力和轨道框架刚度。

道床横向阻力是保持轨道框架不失稳的主要条件，但受很多因素影响，在线路阻力一节已作详细介绍。

轨道框架刚度是指钢轨与轨枕通过中间扣件连接而成的框架结构的整体刚度，它表示轨道抵抗弯曲变形的能力。轨道框架刚度分垂直平面内的轨道框架刚度 EI_x 和水平面内的轨道框架刚度 EI'_y，水平面内的轨道框架刚度 EI'_y 由 2 根钢轨在水平面内对垂直轴的刚度（即 $2EI_y$，I_y 为一根钢轨对垂直中性轴的惯性矩）和轨道框架节点的抗扭刚度组成。水平面内轨道框架刚度愈大，横向弯曲变形就愈小，所以它是保持轨道稳定的另一因素。

2）使轨道丧失稳定的因素

使轨道丧失稳定的主要因素是温度压力、轨道初始弯曲。由于温度升高引起的钢轨轴向温度压力是产生无缝线路稳定问题的根本原因，而初始弯曲是影响稳定的直接因素，所以胀轨跑道多发生在轨道的初始弯曲处。温度压力通过确定适当的锁定轨温可以限制在一定数值范围内，因而控制初始弯曲的大小，对保证轨道稳定显然有特殊重要作用。初始弯曲一般可分为弹性初始弯曲和塑性初始弯曲。现场调查表明，大量塑性初始弯曲矢度为 3~4 mm，测量的波长为 4~7 m。

3. 无缝线路稳定性计算

无缝线路稳定性计算的主要目的是研究轨道胀轨跑道的发生规律，分析其产生的力学条件及主要影响因素的作用，计算出保证线路稳定的允许温度压力。因此，稳定性分析对无缝线路的设计、铺设及养护维修具有重要的理论和实践意义。

判别结构稳定的准则一般有能量法和静力平衡法。无缝线路的稳定分析大多采用能量法，弹性理论的能量变分原理是理论基础。

多年以来，我国铁路系统地开展了无缝线路稳定性研究、试验工作，取得了丰硕的成果。在此基础上，铁道部于 1978 年发布了《统一焊接长钢轨轨道（无缝线路）稳定性计算公式的建议》。随着铁路大规模铺设 60 kg/m 钢轨及Ⅲ型混凝土轨枕，中南大学于 1996 年对统一无缝线路稳定性计算公式进行了改进。

该公式假定变形波长与初始波长相等，如图 3-14 所示，并取变形为 2 mm 时对应的温度压力 P_N 作为计算压力，再除以安全系数 K，即为允许温度压力 $[P]$。

20 世纪 80 年代末，铁道科学研究院结合理论研究以及现场测试结果，运用势能驻值原理提出了"变形波长与初弯波长不等"（图 3-15）的稳定性计算模型，简称不等波长稳定性计算公式。

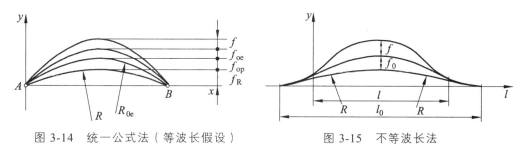

图 3-14　统一公式法（等波长假设）　　　图 3-15　不等波长法

具体计算公式及应用，本书不做介绍，有兴趣的读者请参考相关专业书籍或《铁路无缝线路设计规范》（TB 10015—2012）。

六、钢轨强度计算

钢轨强度计算是轨道强度计算的内容之一。我国《铁路无缝线路设计规范》（TB 10015—2012）中，对无缝线路钢轨强度检算采用连续弹性基础梁模型。考虑引起动力增值的行车速度、钢轨偏载和列车通过曲线的横向力等影响，在最不利轮位情况下，对钢轨进行强度检算。

作用在钢轨上的应力应满足下式要求：

$$\sigma_d + \sigma_t + \sigma_f + \sigma_z \leqslant [\sigma] = \frac{\sigma_s}{K} \tag{3-13}$$

式中　σ_d——轨底边缘动弯应力（MPa）；

σ_t——钢轨最大温度拉应力（MPa）；

σ_f——钢轨最大附加应力（MPa）；

σ_z——钢轨牵引（制动）应力（MPa），一般按 10 MPa 计算；

$[\sigma]$——钢轨容许应力（MPa）；

σ_s——钢轨钢屈服强度（MPa），见表 1-3；

K——安全系数，取 1.3。

钢轨强度计算的详细内容请参考相关专业书籍或《铁路无缝线路设计规范》(TB 10015—2012)。

七、钢轨断缝计算

钢轨断缝可按式（3-14）检算。

$$\lambda = \frac{EF(\alpha\Delta T_{d,max})^2}{r} \leq [\lambda] \tag{3-14}$$

式中　λ——钢轨断缝（mm）；

F——钢轨横断面积（mm^2）；

α——钢轨钢线膨胀系数，取 $1.18 \times 10^{-5}/°C$；

$\Delta T_{d,max}$——最大降温幅度（°C），$\Delta T_{d,max} = T_u - T_{min}$，$T_u$ 为设计锁定轨温上限；

r——线路纵向阻力[kN/（m·轨）]；

$[\lambda]$——钢轨断缝允许值（mm），一般情况取 70 mm，困难条件下取 90 mm。

对于不同线路纵向阻力，断缝应按相应钢轨纵向力分布计算。

第三节　无缝线路结构设计

本节要求

（1）了解无缝线路设计有关钢轨定尺长度、钢轨类型及钢种选择、最小曲线半径、钢轨焊接等方面的技术要求。

（2）了解普通无缝线路结构设计的基本内容。

（3）了解跨区间无缝线路结构设计的内容。掌握跨区间无缝线路锁定轨温、长轨条布置的技术要求。

（4）能按要求正确布置无缝线路位移观测桩。

（5）了解桥涵、隧道、小半径曲线、长大坡道、寒冷地区等特殊地段无缝线路的特点或技术要求。

（6）了解一般路基地段无缝道岔的受力特点和检算内容，了解桥上无缝道岔布置的有关要求，掌握无缝道岔养修的技术要点。

无缝线路设计包括路基上无缝线路设计（通常也称为普通无缝线路设计）和跨区间无缝线路设计。其实无论是路基上无缝线路设计还是跨区间无缝线路设计，其核心问题都是要确定合适的锁定轨温，以保证无缝线路在强度和稳定性方面达到要求。跨区间无缝线路设计由区间无缝线路和无缝道岔组成。区间无缝线路的设计基本上与普通无缝线路相同，因此跨区间无缝线路的特殊性在于无缝道岔的设计。

一、无缝线路设计基本要求

（1）路基、桥涵、隧道等线下工程的强度、刚度、变形、稳定性、耐久性等应满足铺设无缝线路要求。

我国新建及改建铁路铺设无缝线路已不再采用过去的短轨过渡方法，而是普遍采用一次铺设无缝线路技术，因此，要求路基、桥涵、隧道等线下构筑物必须坚固稳定，具有足够的强度、稳定性、耐久性，良好均匀的刚度，可控的变形及沉降，才能充分发挥无缝线路的技术经济优势。

桥上无缝线路不同于路基上，桥上钢轨除承受温度变化引起的纵向温度力外，还要承受梁体伸缩和挠曲引起的钢轨伸缩附加力和挠曲附加力。根据梁轨相互作用原理，钢轨伸缩力和挠曲力将通过桥梁支座传给墩台，因而对墩台的纵向水平线刚度、位移、墩台强度提出了更高的要求。桥梁与无缝线路协调设计尤为重要。桥梁设计时需合理确定桥梁结构形式、跨度、墩台纵向水平线刚度等，满足桥上无缝线路及桥梁结构设计相关要求，并尽可能减少设置钢轨伸缩调节器。

在路基、桥涵、隧道连接处，不同构筑物之间的刚度差和沉降差会导致轨面不平顺，引起轮轨相互作用增大，影响轨道结构的稳定性及列车运行安全性和舒适性。因此，铺设无缝线路的不同线下构筑物过渡段刚度均匀性和差异沉降也要满足相关要求。

（2）无缝线路钢轨的抗拉强度不应低于 880 MPa。钢轨定尺长可为 100 m、75 m 或 25 m。

长定尺钢轨平直度好，减少了焊接接头数量。我国 60 kg/m 钢轨标准轨定尺长度为 12.5 m、25 m、100 m。75 kg/m 钢轨标准轨定尺长度为 25 m、75 m、100 m。为减少铁路线路钢轨焊接接头数量，提高线路平顺性，60 kg/m 钢轨应优先采用 100 m 长定尺轨，75 kg/m 钢轨应优先采用 75 m 或 100 m 长定尺轨。

（3）道岔、钢轨伸缩调节器、胶接绝缘接头的钢轨等是轨道的薄弱环节，为保障其强度与正线钢轨匹配，规定道岔、钢轨伸缩调节器、胶接绝缘接头的钢轨应与相连钢轨同轨型、同钢种。

（4）半径不大于 800 m 的曲线地段及大坡道地段，宜采用热处理钢轨或高强度钢轨。

小半径曲线地段钢轨磨耗及疲劳伤损影响钢轨使用寿命。列车在曲线上运行，附加动压力与曲线半径呈负相关关系，因此曲线半径越小，钢轨磨耗及疲劳伤损越严重。全长淬火钢轨的耐磨性能和使用寿命比普通碳素钢钢轨高 1～2 倍，而全长淬火钢轨出厂价格比普通钢轨仅高出 8% 左右，根据相关铁路局集团在小半径曲线上的使用经验，小半径曲线地段采用全长淬火钢轨具有明显的技术经济效益。

（5）无缝线路设计应根据线路条件、运营条件、气候条件及轨道类型等因素进行强度、稳定性、断缝安全性等检算，并确定设计锁定轨温。

设计锁定轨温是无缝线路设计的重要参数。确定设计锁定轨温必须保证无缝线路具有足够的强度、稳定性及断缝安全性。无缝线路的强度、稳定性及断缝安全性与行车速度、轴重、轨道结构、钢轨材质、轨枕类型、道床阻力、当地轨温等因素有关。

根据无缝线路强度条件和断缝检算可以确定允许温降，根据无缝线路稳定性条件可以确定允许温升，从而确定无缝线路的设计锁定轨温及范围。

（6）允许铺设无缝线路的最小曲线半径为 300 m。

（7）在连续长大坡道、制动地段及行驶重载列车坡段铺设无缝线路，必要时应采取轨道加强措施。连续长大坡道不宜设置钢轨伸缩调节器和有缝钢轨接头。

铺设无缝线路的坡度可不受限制，但轨条全长在连续长大坡道（≥12‰）、制动坡段及行驶重载列车坡段，为了防止发生钢轨不均匀爬行，满足无缝线路轨道的强度和稳定性要求，应确保道砟密实、砟盒饱满；当铺设 Ⅱ 型混凝土轨枕时，应增加轨枕铺设根数。

当钢轨伸缩调节器铺设在连续长大坡道上时，容易引起尖轨爬行，造成轨道几何形位变化，影响轨道平顺性；当钢轨接头设置在连续长大坡道上时，容易引起钢轨爬行和接头病害。因此在连续长大坡道上不宜设置钢轨伸缩调节器和钢轨接头。

（8）严寒地区铺设无缝线路时，应采取轨道加强措施。

严寒地区轨温变化幅度较大，冬季或夏季无缝线路所承受的温度拉力或压力较大，钢轨折断及胀轨跑道的概率增大，因此严寒地区铺设无缝线路时，应采取增加道床肩宽、堆高砟肩、加设防胀挡板等加强轨道结构的措施，并合理确定设计锁定轨温，保证无缝线路的强度和稳定性满足要求。

（9）选线设计应考虑钢轨伸缩调节器与桥梁孔跨、结构的关系，预留设置条件。

大跨度桥梁地段选线设计应考虑钢轨伸缩调节器与桥梁孔跨、结构的关系，预留设置条件。钢轨伸缩调节器的设置应符合下列规定：

① 线路、桥梁和轨道应系统设计，减少钢轨伸缩调节器的设置。钢轨伸缩调节器的设置应经轨道和桥梁结构检算后确定。

② 钢轨伸缩调节器应根据线路设计速度、线路平面条件、轨道类型、钢轨伸缩量等合理选型。

③ 钢轨伸缩调节器范围内的轨道静态平顺度，应符合现行有关钢轨伸缩调节器技术条件的规定。

④ 钢轨伸缩调节器范围内的轨道刚度应均匀，并与其两端轨道刚度一致。

⑤ 钢轨伸缩调节器的布置应符合下列规定：

- 钢轨伸缩调节器应设置在直线地段；
- 钢轨伸缩调节器不应设置在不同轨下构筑物和轨道结构过渡段范围内；
- 钢轨伸缩调节器基本轨始端和尖轨跟端焊接接头距离梁缝、钢梁横梁、支座中心不应小于 2 m。

（10）钢轨应采用工厂化闪光焊焊接，工厂化焊接长轨条长度不宜小于 500 m。现场钢轨焊接应采用闪光焊，道岔内及道岔两端与区间线路钢轨的锁定焊可采用铝热焊。焊接接头质量应符合相关标准的规定。

钢轨焊接的主要方法有闪光焊、气压焊和铝热焊。闪光焊采用的焊机自动化工艺控制水平高，焊接质量好，其抗拉强度和疲劳强度与母材相当。气压焊和铝热焊由于工艺本身、工作环境条件、自动化控制水平等影响，焊接质量和强度弱于母材。工务部门的焊接接头伤损数量统计表明，铝热焊伤损数量较多，气压焊次之，闪光焊最好。实践证明，闪光焊的焊头强度高、断轨率低，其焊接质量最为可靠。近年来，移动闪光焊机已经实现国产化，现场移动闪光焊接技术已经非常成熟，并得到普遍推广应用。因此，规范规定除道岔内及道岔两端与区间线路钢轨锁定焊接外，钢轨焊接应采用闪光焊。

二、无缝线路设计锁定轨温（中和轨温）

对于温度应力式无缝线路来说，钢轨锁定后，轨温升高或下降的幅度直接影响钢轨内部温度力的变化，如何根据当地气象条件选择铺轨时的锁定轨温，以保证夏季高温时不跑道、冬季低温时钢轨不折断是无缝线路设计的核心问题。中和轨温就是根据当地最高、最低轨温和无缝线路允许温升、允许温降，并考虑实际施工要求通过计算所得的无缝线路锁定轨温。实际施工时，很难在设计锁定轨温完成线路锁定，所以在满足强度和稳定性要求的前提下，一般对设计锁定轨温规定一个上限和下限，施工时应在该设计锁定轨温范围内对线路进行锁定。一般把长钢轨始终端落槽就位时的轨温平均值称为施工锁定轨温。

1. 根据强度条件确定允许的温降幅度 $[\Delta t_d]$

强度条件要求作用在钢轨上的各种应力总和不超过钢轨的允许应力 $[\sigma]$，即：

$$\sigma_d + \sigma_t + \sigma_f \leqslant [\sigma] \tag{3-15}$$

式中　　σ_d——钢轨动弯应力（MPa），取轨底拉应力为计算值。

σ_t——钢轨温度应力（MPa）。

$[\sigma]$——钢轨允许应力。

σ_f——钢轨附加应力（MPa），如桥上的伸缩应力和挠曲应力（计算时取其较大者）、无缝道岔基本轨附加应力、列车制动等引起的附加应力等。普通无缝线路设计时，如只考虑路基上由制动引起的附加应力，可取 $\sigma_f = 10$ MPa；路基上非制动区段 $\sigma_f = 0$，取附加拉应力为计算值。

由各种原因引起的附加应力 σ_f 计算方法不同，请参考相关专业书籍。

由式（3-15）确定的允许温降幅度 $[\Delta t_d]$ 可由下式计算：

$$[\Delta t_d] = \frac{[\sigma] - \sigma_d - \sigma_f}{E\alpha} \tag{3-16}$$

若将式中的 σ_d、σ_f 分别取为轨头动压力和最大附加压应力，可得出强度条件允许的温升幅度，但一般该值大于下面所提到的稳定性条件允许的温升幅度 $[\Delta t_c]$，因此强度条件并不控制允许温升。

2. 根据稳定性条件确定允许的温升幅度$[\Delta t_c]$

根据稳定性计算求得的轨道框架允许温度压力$[P]$，可计算出允许的温升幅度$[\Delta t_c]$：

$$[\Delta t_c] = \frac{[P] - 2P_f}{2EF\alpha} \qquad (3-17)$$

式中　P_f——一根钢轨的纵向附加压力（N），路基上非制动区段$P_f = 0$。若是桥上无
　　　　　缝线路，P_f取伸缩和挠曲附加压力中的最大值；若是无缝道岔，P_f为基
　　　　　本轨最大附加压力。

其他符号意义同前。

3. 确定设计锁定轨温

根据图 3-16，中和轨温

$$t_e = \frac{T_{max} + T_{min}}{2} + \frac{[\Delta t_d] - [\Delta t_c]}{2} \pm \Delta t_k \qquad (3-18)$$

式中　Δt_k——修正值，一般为 0 ~ 5 ℃，主要考虑各地区年轨温幅度的差异和缓冲区
　　　　　轨缝计算等因素；

　　　Δt_d——保证轨道满足强度条件的允许降温幅度（ ℃ ）；

　　　Δt_c——保证轨道稳定的允许升温幅度（ ℃ ）。

其他符号意义同前。

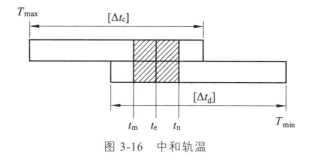

图 3-16　中和轨温

若要控制无缝线路长钢轨内不产生过大的温度压力，则设计锁定轨温要根据中间
轨温确定，所以式（3-18）的第一项为中间轨温，一般 $\Delta t_d > \Delta t_c$。式（3-18）的第二项
是表示中间轨温有所提高的部分，目的是更好地防止胀轨跑道。

为了施工方便，设计锁定轨温范围一般为 10 ℃；桥上无缝线路或寒冷地区，当
$[\Delta t_d] + [\Delta t_c] - (T_{max} - T_{min}) < 10$ ℃，即允许升降温幅度与最大轨温差之差小于 10 ℃
时，锁定轨温范围也不应小于 6 ℃。

无砟轨道设计锁定轨温，《铁路无缝线路设计规范》（ TB 10015—2012 ）规定宜按
下式直接计算：

$$t_e = \frac{T_{max} + T_{min}}{2} \pm \Delta t_k \qquad (3-19)$$

式中　Δt_k——设计锁定轨温修正值，一般为 0 ~ 5 ℃。

因此判断能否铺设温度应力式无缝线路的条件是：

$$[\Delta t_d] + [\Delta t_c] \geqslant (T_{max} - T_{min}) + 10 \text{（或 6）} \text{°C}$$

例如：某地区 $T_{max} = 62.6$ °C，$T_{min} = -22.8$ °C，通过轨道强度计算得 $[\Delta t_d] = 65.6$ °C，稳定性计算得 $[\Delta t_c] = 49$ °C，要判断能否铺设温度应力式无缝线路，即判断 65.6 °C + 49 °C 是否大于等于 62.6 °C + 22.8 °C + 10 °C，现：

$$65.6 \text{ °C} + 49 \text{ °C} \geqslant (62.6 \text{ °C} + 22.8 \text{ °C}) + 10 \text{ °C}$$

因此，可以铺设温度应力式无缝线路。

在计算出设计锁定轨温 t_e 后，可给出设计锁定轨温的上、下限，即：

设计锁定轨温上限：$t_m = t_e + (3 \sim 5)$ °C

设计锁定轨温下限：$t_n = t_e - (3 \sim 5)$ °C

设计锁定轨温上、下限应满足下式条件：

$$t_m - T_{min} \leqslant [\Delta t_d]$$

$$T_{max} - t_n \leqslant [\Delta t_c]$$

跨区间无缝线路和区间无缝线路，相邻单元轨节之间的锁定轨温之差不应大于 5 °C；同一区间内单元轨节的最高与最低锁定轨温之差不应大于 10 °C；左右股钢轨锁定轨温之差，速度大于 160 km/h 时不应大于 3 °C，速度为 160 km/h 及以下时不应大于 5 °C。

三、不同类型无缝线路结构设计

（一）普通无缝线路

1. 伸缩区长度计算

无缝线路锁定后，长轨节两端的伸缩区长度可用式（3-8）计算，在式中 Δt_{max} 取 $T_{max} - T_{sf}$ 或 $T_{sf} - T_{min}$ 中最大的一个值计算。伸缩区长度一般取标准轨长度的整数倍，一般为 50 ~ 100 m。

2. 预留轨缝 a_0 的计算

若无缝线路设置缓冲区，在缓冲区的标准轨之间，以及标准轨与长轨之间要预留轨缝。预留轨缝应满足冬季轨温达 T_{min} 时轨缝值不超过构造轨缝 a_g（即最大轨缝值 a_{max} 满足 $a_{max} \leqslant a_g$），夏季轨温达 T_{max} 时轨缝不挤严（即最小轨缝值 a_{min} 满足 $a_{min} \geqslant 0$）的要求，如图 3-17 所示。

1）普通线路或无缝线路缓冲区标准轨之间的预留轨缝值

由图 3-17，求标准轨之间的预留轨缝，需假定 $\lambda_{长伸} = \lambda_{短伸}$，$\lambda_{长缩} = \lambda_{短缩}$，则由夏季最高轨温时轨缝不挤严，冬季最低轨温时轨缝拉开不超过构造轨缝的条件得：

$$a_0 - 2\lambda_{短伸} \geqslant 0$$

$$a_0 + 2\lambda_{短缩} \leqslant a_g$$

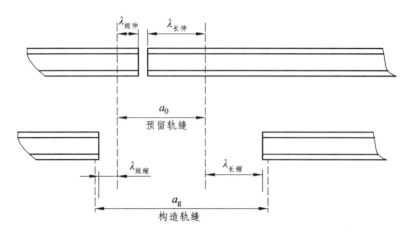

图 3-17 预留轨缝计算

因此得：

$$2\lambda_{短伸} \leqslant a_0 \leqslant a_g - 2\lambda_{短缩}$$

取平均值作为预留轨缝，则：

$$a_0 = \frac{a_g + 2\lambda_{短伸} - 2\lambda_{短缩}}{2} = \frac{a_g}{2} + \lambda_{短伸} - \lambda_{短缩} \tag{3-20}$$

式中 $\lambda_{短伸}$、$\lambda_{短缩}$ 按式（3-12）计算：

$\lambda_{短伸} = \dfrac{(\max P_{t压} - P_H) \cdot l}{2EF} - \dfrac{rl^2}{8EF}$，其中 $\max P_{t压}$ 为从锁定轨温到最高轨温时所产生的温度压力，l 为标准轨长度，计算时注意要统一计算单位；

$\lambda_{短缩} = \dfrac{(\max P_{t拉} - P_H) \cdot l}{2EF} - \dfrac{rl^2}{8EF}$，其中 $\max P_{t拉}$ 为从锁定轨温到最低轨温时所产生的温度拉力。

2）无缝线路缓冲区标准轨与长轨之间的预留轨缝值

根据同样的条件由图 3-17 得到：

$$a_0 - (\lambda_{短伸} + \lambda_{长伸}) \geqslant 0$$

$$a_0 + (\lambda_{短缩} + \lambda_{长缩}) \leqslant a_g$$

则

$$(\lambda_{短伸} + \lambda_{长伸}) \leqslant a_0 \leqslant a_g - (\lambda_{短缩} + \lambda_{长缩})$$

取

$$a_0 = \frac{1}{2}(a_g + \lambda_{短伸} + \lambda_{长伸} - \lambda_{短缩} - \lambda_{长缩}) \tag{3-21}$$

其中，$\lambda_{长伸}$、$\lambda_{长缩}$ 按式（3-11）计算。

3. 防爬设备的布置

有砟轨道道床除特殊设计的桥上小阻力扣件之外，为防止钢轨沿垫板相对轨枕纵向移动，要求扣件阻力要大于道床纵向阻力。若此条件不满足，则需要在伸缩区增设防爬设备。为此，应满足：

$$P_{防}+nP_{扣}\geq nR \tag{3-22}$$

式中　$P_{防}$——一对防爬器提供的阻力（N）；

$P_{扣}$——一根轨枕上中间扣件的阻力（N）；

R——一根轨枕提供的道床纵向阻力（N/根），可参见表3-6；

n——配置一对防爬器的轨枕根数（根）。

表 3-6　一根轨枕提供的道床纵向阻力

轨枕类型	木枕	I	II	III
单枕道床阻力/（N/根）	7 000	9 000	10 000	14 000

采用弹条 I 、II 、III 型扣件时，一般可不安装防爬器。

在缓冲区，为了减少缓冲区标准轨的轨缝值，也可参照伸缩区的办法设置防爬设备。在制动地段及大坡道地段，也应按伸缩区布置。

4. 长轨条的长度及布置

（1）长轨条长度不应小于 200 m。

（2）下列地段宜单独布置长轨条，并在其两端设置缓冲区：

① 车站内线路。

② 设有普通绝缘接头的每个自动闭塞区间。

③ 小半径曲线地段。

④ 其他特殊地段。

（3）长大隧道长轨条接头宜设在距隧道口内侧 50 m 处；隧道群的长轨条宜连续布置，每座隧道距离隧道口内侧 50 m 范围，应按伸缩区要求加强锁定。

（二）跨区间无缝线路

跨区间无缝线路不论是在新线还是在运营线结合大修铺设，其线路平纵面设计均与普通无缝线路设计一样。

跨区间无缝线路与普通无缝线路不同的是轨条贯通整个区间或区段，其长轨条不可能一次铺成，为此需将长轨条分成若干个单元轨条，然后分次焊联铺入。一般单元轨条含有胶接接头时，要把胶接接头设置在离单元轨条端 200 m 外。单元轨条长度多长为合理，需要进行设计。此外其铺设还包括单元轨条的锁定轨温、轨条位移观测桩的设置、道岔区温度纵向力分布、轨道稳定和强度检算等内容。

1. 单元轨条长度设计

跨区间无缝线路长轨条长度的设计，与普通无缝线路不同。跨区间无缝线路长轨条的设计是一次铺入长度的设计，即单元铺设长度的设计。单元轨条长度的合理定量，就是单元铺设长度设计的主要内容。跨区间无缝线路按单元轨节和单组道岔划分管理单元，单元轨节长度的确定应根据线路条件、工点情况、施工工艺等因素综合研究确定。从施工工艺的角度来说，单元轨节过长，施工时用于应力放散及锁定的时间长，其间轨温变化大，拉轨、垫滚筒、撞轨、钢轨落槽等不同施工工艺协调难度大，尤其是将受到滚筒阻力和拉轨器最大拉伸量的限制，锁定轨温不易控制，从而影响铺轨质量；从养护维修的角度来说，单元轨节过长，也不利于运营中的应力放散和应力调整。单元轨节过短将导致单元轨节数量过多，增加养护维修中管理的复杂程度；同时，单元轨节过短将在长轨条中形成较大的不均匀温度应力。根据我国多年的无缝线路施工和养护维修经验，一般单元轨节长度为 1 000～2 000 m，最短长度不应短于 200 m。

2. 锁定轨温和单元轨条之间焊连温度的选择

跨区间无缝线路设计锁定轨温，应综合考虑路基、桥梁、隧道及道岔区等地段无缝线路的允许温升和允许温降，确定线路统一的设计锁定轨温；为便于跨区间无缝线路的管理，一条铁路某个区间范围内路基、桥梁、隧道、道岔区宜采用一致的设计锁定轨温。但遇到一些特殊情况时，也可分级采用不同的设计锁定轨温，如在长大隧道内，线路区域十分广阔（如京沪线）且轨温差别明显，无法采用相同的设计锁定轨温时，也可分段采用不同的设计锁定轨温，两区段间设计锁定轨温一般相差 3～5 ℃。同时还要满足以下要求：相邻单元轨节之间的锁定轨温之差不应大于 5 ℃；同一区间内单元轨节的最高与最低锁定轨温之差不应大于 10 ℃；左右股钢轨锁定轨温之差，设计速度为 160 km/h 及以下铁路不应大于 5 ℃，160 km/h 以上铁路不应大于 3 ℃。

因无砟轨道稳定性相对较好，根据我国武广高速铁路、沪宁城际轨道交通、郑西高速铁路等高速铁路铺设无砟轨道无缝线路设计情况及运营经验，无缝线路设计锁定轨温取当地中间轨温，并根据实际情况，适当考虑修正值 Δt_k。在北方地区，最低轨温出现次数较多，低温季节持续时间长，锁定轨温可选偏低值；南方地区最高轨温出现次数多，高温季节持续时间长，锁定轨温可选择偏高值。

3. 跨区间无缝线路和区间无缝线路长轨条布置

（1）单元轨节的布置，应根据线路条件、工点情况、施工工艺及养护维修等因素综合研究确定。区间单元轨节长度宜为 1 000～2 000 m，最短不应小于 200 m。

（2）下列地段宜单独设计为一个或多个单元轨节：

① 无缝道岔、钢轨伸缩调节器及其前后线路。

② 长大桥梁及两端线路护轨梭头范围之内。

③ 长度超过 1 000 m 的隧道。

④ 小半径曲线地段。

（3）焊接接头位置应符合以下要求：

① 左右股单元轨节锁定焊接头相错量不宜超过 100 mm。

② 由道岔前端和辙叉跟端接头焊缝确定的道岔全长偏差不得超过 ± 20 mm。

③ 铝热焊焊缝距枕边不得小于 100 mm。

④ 单元轨节起止点不应设置在不同轨道结构过渡段或不同线下基础过渡段范围。

（4）联合接头应满足下列要求。

① 联合接头焊接质量应符合《钢轨焊接 第 1 部分：通用技术条件》（TB/T 1632.1—2014）的规定。

② 联合接头位置不得设置在桥墩上和钢桁梁伸缩纵梁上，并要求距桥台边墙或桥墩不小于 2 m。

③ 工地焊接接头不应设置在不同轨道结构过渡段以及不同线下基础过渡段范围内，并距离桥台边墙和桥墩不应小于 2 m。

（5）绝缘接头应满足以下技术要求：

绝缘接头应符合《铁路钢轨胶接绝缘接头技术条件》（TB/T 2975—2018）的规定。

左右两股钢轨绝缘接头应相对铺设，且绝缘接头轨缝绝缘端板距轨枕边不宜小于 100 mm。

胶接绝缘接头宜采用现场胶接。胶接绝缘接头与焊接接头间距不应小于 20 m，道岔间困难条件下不应小于 12 m。

（6）示例：秦沈客运专线跨区间无缝线路长轨条布置。

秦沈客运专线从山海关站外至皇姑屯站外，全长 375.6 km，铺设 CHN60 钢轨，为跨区间无缝线路，包括 6 处车站，18 号和 38 号可动心轨无缝道岔 49 组，181 座大中桥，均铺设无缝线路。无缝线路贯通全线，仅 DK183 + 556.02 跨阜锦公路特大桥和 DK211 + 613.43 跨兴闫公路特大桥的连续梁中跨跨中设有双向钢轨伸缩调节器，轨条在调节器处断开，基本轨接头与轨条焊联。全线布置了 3 段长轨条，无缝线路轨条最长 200.918 km，轨条布置如图 3-18 所示：

图 3-18 秦沈客运专线轨条布置示意图

4. 位移观测桩布置

1）无缝线路钢轨位移观测与锁定轨温变化

为了掌握运营中无缝线路钢轨是否发生了不正常位移，判断无缝线路在长期养护维修中是否锁定牢固，以及在各种施工作业中是否改变了原锁定轨温，应定期对无缝线路钢轨进行位移观测。通过对位移观测数据的分析，判定无缝线路的锁定状态，如发现有不正常位移，应及时采取措施予以整治。

当无缝线路钢轨铺设锁定后，就作上标记，然后定期对位移观测桩进行观测。如果各位移观测桩的爬行量及爬行方向均一样，说明各点的纵向力没有变化；如果在固定区各观测点爬行量不一样，则说明纵向力已重新分布，各处的锁定轨温不一样。当不考虑线路阻力时，锁定轨温改变值可按下式计算：

$$\Delta t = \frac{\Delta L}{\alpha L} \qquad (3-23)$$

式中　ΔL——两位移观测桩爬行量之差（mm）；

　　　α——钢轨钢线膨胀系数，取 $1.18 \times 10^{-5}/\text{℃}$；

　　　L——两位移观测桩之间的距离（m）。

观测误差大小与观测方法、观测手段等因素有关。准直仪的观测误差 1 mm，两位移观测桩的累计误差为 2 mm，为了控制因观测误差而造成过大的实际锁定轨温误差，宜适当增大位移观测桩的间距。位移观测桩的设置宜保证桩距不小于 50 m，并根据现场条件确定，否则将会由于桩间距离过短，造成检测误差过大而失去了指导无缝线路养护维修的作用。

2）无缝线路位移观测设置

（1）跨区间无缝线路、区间无缝线路按单元轨节等距离设置位移观测桩，且桩间距离不宜大于 500 m。单元轨节位移观测桩可按图 3-19 设置，单元轨节长度不足 500 m 的整倍数时，可适当调整桩间距离。距长轨条起、终点 100 m 处应分别设置一组位移观测桩。

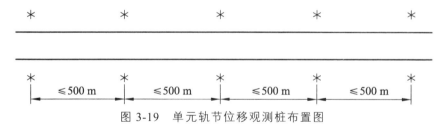

图 3-19　单元轨节位移观测桩布置图

（2）普通无缝线路的长轨条长度不大于 1 200 m 时，可按图 3-20 设置 5 组位移观测桩；长轨条长度大于 1 200 m 时，应适当增设位移观测桩且桩间距离不宜大于 500 m。

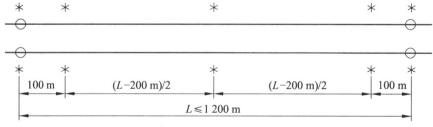

图 3-20　普通无缝线路位移观测桩布置图

（3）无缝道岔宜按图 3-21 分别在岔头、限位器（或间隔铁）、岔尾（含直、曲股）、道岔前后 50 m 和 200 m 处设一对钢轨位移观测桩，岔区道岔间距大于 50 m 时设一对钢轨位移观测桩。18 号及以上的大号码道岔宜在心轨处加设一组位移观测桩。

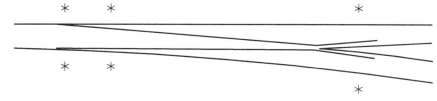

图 3-21　无缝道岔位移观测桩布置图

（4）钢轨伸缩调节器两端及前后 50 m 和 200 m 处分别设一对钢轨位移观测桩。双向调节器在中间增设 1 对。

（5）长大桥梁两端、长大隧道的洞口应设置一组位移观测桩。

（6）新建铁路可选择在线路一侧或两侧设置位移观测桩。

（7）位移观测桩应预先埋设牢固，或设置在线路两侧的固定构筑物上，并在单元轨节两端就位后即进行标记。

通过位移观测桩和标定轨长的观察与换算，分析研究锁定轨温有无变化，钢轨纵向力的分布是否均衡，对跨区间无缝线路来说是十分重要的。上述是《铁路无缝线路设计规范》（TB 10015—2012）规定的观测桩设置方法。但也有如某工务段采用桩距为 85 m 的布置方法：轨端一对，每隔 85 m、2×85 m 设两对，再每隔 3×85 m 即 $2 \times 3 \times 85$ m 又设两对，则中间两对桩的距离为 $L = 13 \times 85$ m。其设置根据是当钢轨 85 m 发生 1 mm 变化时相当于检算轨温变化 1 ℃，以便于计算管理。

5. 无缝道岔

无缝道岔作为跨区间无缝线路中一个重要的轨道结构，其受力变形均十分复杂，铺设中通常是将岔内所有接头先焊接后，再在合适的锁定轨温范围内与区间长轨条焊连，此时可将无缝道岔视作一个特殊的单元轨节；此外，无缝道岔也是跨区间无缝线路中的重点观测对象，在岔头、岔尾及辙跟处均设置有位移观测桩，虽然其长度达不到 200 m，但也应作为一个单元轨节进行管理。因此在跨区间无缝线路中均是将单组无缝道岔作为一个单元轨节进行设计的。

6. 跨区间无缝线路两端的结构处理

跨区间无缝线路两端的结构处理主要采用下面三种方式：

（1）锚固式：在车站尽头线，把长轨条两段锚固在混凝土站台内。

（2）缓冲区式：形成与普通无缝线路相同的轨道结构形式。

（3）伸缩调节器式。

第四节 特殊地段无缝线路

（1）了解桥上无缝线路的受力特点和主要设计规定，掌握桥上无缝线路养修的主要技术要求。

（2）了解无缝道岔的受力特点和主要设计内容，了解桥上无缝道岔的主要技术要求。

（3）掌握无缝道岔养修的主要技术要求。

（4）了解隧道内无缝线路的特点。

一、桥上无缝线路

（一）桥上无缝线路的优点

（1）可以减轻列车车轮对桥梁的冲击。

（2）改善列车和桥梁的运营条件。

（3）延长设备使用寿命。

（4）减少养护维修工作量。

这些优点在行车速度提高时尤为显著。

（二）桥上无缝线路的受力特点

桥上无缝线路不同于一般铺设在路基上的无缝线路。桥跨结构因温度变化而伸缩，同时受到列车荷载作用而挠曲，因此，桥上轨道框架除受机车车辆荷载、轨温变化和列车制动作用外，还将受到桥跨结构伸缩变形引起的伸缩附加力和挠曲变形引起的挠曲附加力。与此同时，轨道框架也对桥跨结构施加大小相等、方向相反的反作用力。桥上无缝线路钢轨一旦断裂，不仅危及行车安全，也将对桥跨结构造成断轨附加力，所有这些附加力均将通过桥跨结构而作用于墩台上。

（三）桥上无缝线路设计的一般规定

（1）轨道结构设计时，需考虑桥上无缝线路纵向附加力的影响，满足强度、稳定性及断缝安全性的检算要求。铁路桥梁墩台设计时，需考虑无缝线路与桥梁间的相互影响，计算无缝线路作用在桥梁墩台上的纵向力，结合桥梁设计荷载，进行桥梁墩台设计检算。

（2）桥上无缝线路的设计锁定轨温宜与桥梁两端的无缝线路设计锁定轨温一致。若以上条件不满足，则可将设计锁定轨温范围减小至 6～8 ℃ 后再次检算，若还不满足，可改变路基上单元轨节的设计锁定轨温或根据需要在桥上采取铺设小阻力扣件、钢轨伸缩调节器等措施。

（3）桥上铺设无砟轨道无缝线路时，无缝线路纵向力作用于无砟轨道结构上，可导致无砟轨道结构损伤或破坏，因此无砟轨道结构设计应考无缝线路纵向力的影响。

（4）由于桥梁地段 CRTS Ⅱ型板式无砟轨道为底座板连续铺设的结构，且底座和梁面间设置有"两布一膜"滑动层，它的主要特点是将桥梁与轨道间的纵向滑动面由既有"轨道板和扣件"之间转移至"梁面和底座板"之间，改变了传统梁轨相互作用的力学传递机理。因此，相比于传统桥上无缝线路而言，桥上 CRTS Ⅱ型板式无砟轨道无缝线路有其特殊性，需单独设计。

（四）桥上无缝线路的设计特点

一般按跨度的不同分为两类，即中、小跨度（60 m 以下）桥上无缝线路的设计和大跨度（60 m 及以上）桥上无缝线路设计。

中小跨度桥铺设无缝线路时，应将桥上无缝线路设计为固定区，伸缩区及缓冲区设在两端线路上。铺设跨区间无缝线路时，桥上长轨条要同桥梁两端无缝线路焊联。为防止长轨条爬行，可将长轨条分段锁定或在长轨条的两端锁定。锁定区的线路纵向阻力，一般不低于区间无缝线路伸缩区的纵向阻力值，或按单独设计确定。

中、小跨度桥多为简支梁，为减小梁轨相互作用力和钢轨折断时的断缝值，要选好桥上钢轨扣件的纵向阻力值和布置方式。钢结构桥上钢轨扣件的布置，可采取均匀降低螺帽扭矩，以降低扣压力的措施，或采取有松有紧的布置序列。桥上钢轨扣件的松紧序列一般采用 1—n—1，即每隔一个扣紧轨底的扣件，放松 n 个不扣紧轨底的扣件。桥上轨道使用的扣件，有 K 型分开式扣件和其他专门设计的扣件。桥用 K 型扣件，如图 3-22 所示。

图 3-22　桥用 K 型扣件松紧示意图

预应力混凝土梁桥无砟轨道宜采用小阻力扣件。秦沈客运专线箱形梁桥无砟轨道采用了两种小阻力扣件：一种是 WJ-2 型弹条小阻力扣件，其调高量为 30 mm，调轨距量为 ± 12 mm；另一种是弹性分开式小阻力扣件，其调高量为 30 mm，调轨距量为 $^{+8}_{-12}$ mm。

大跨度桥的梁跨结构，有下承式简支钢梁、连续钢桁梁、预应力钢筋混凝土连续梁以及各种新型结构的梁等。由于跨度大，桥跨的伸缩变形就大，伸缩力、挠曲力都大于中小跨度桥。为消减纵向力的作用，大跨度桥上无缝线路的设计，需要合理地布置长轨条、扣件及伸缩调节器，以求减小梁轨之间的相互作用，并防止线路爬行。

大跨度桥上无缝线路结构设计，关键在于合理地设置钢轨伸缩调节器、扣件和长轨条，及选择其结构。

为减小梁轨之间相互作用的力，钢梁桥上的扣件可采用 K 型分开式扣件、分段扣紧轨底的布置方式，即 K 型扣件松紧交替的布置方式。扣件螺母扭矩一律按 80～12 N·m 拧紧。在伸缩纵梁开口处、拱上结构的伸缩缝处，以及在长轨条直接跨越端支座处，应采用不扣轨底的 K 型扣件。在梁内的其他部位或梁外，应采用扣紧轨底的 K 型扣件。扣紧的数量应足以防止钢轨爬行。根据我国桥上无缝线路设计和运营的经验，扣紧扣件的部位，其总长度一般不小于梁上长轨条长度的 1/3。

混凝土有砟桥和无砟桥的梁上，根据设计的线路纵向阻力来选用低阻力类型的扣件。

（五）小阻力扣件的设置

桥上无缝线路设计时，在困难地段适当地设置小阻力扣件可有效降低轨道和桥梁所承受的纵向力，以保证轨道和桥梁检算满足要求。我国钢轨伸缩调节器主要采用基本轨伸缩、尖轨锁定的结构形式。钢轨伸缩调节器在温度变化时伸缩量较大，为保证道床的稳定并降低相邻桥梁墩台上的伸缩力，在基本轨一端宜设置小阻力扣件。如果钢轨伸缩调节器采用尖轨伸缩，基本轨锁定的形式，则宜在尖轨一端设置小阻力扣件。

小阻力扣件的铺设位置、长度应通过计算确定，桥上无缝线路固定区设置小阻力扣件地段应进行钢轨断缝检算。

我国有石龙桥有砟轨道小阻力扣件，WJ-1、WJ-2、WJ-6 型无砟轨道小阻力扣件等。

二、无缝道岔

我国无缝道岔结构的发展经历了第一代提速道岔、第二代提速道岔、250 km/h 高速铁路道岔、350 km/h 高速铁路道岔四个阶段。

无缝道岔的轨下基础包括有砟轨道和无砟轨道。道岔区有砟轨道道床厚度不应小于 350 mm，直向速度 200 km/h 及以上时应采用特级道砟，道床应饱满密实，道床质量状态参数应达到与区间线路同等要求。道岔区无砟轨道包括轨枕埋入式和板式两种。道岔区轨枕埋入式无砟轨道由混凝土岔枕（钢筋桁架）、道床板、支承层（路基）或底座（桥上）组成。道岔区板式无砟轨道由轨道板、填充层（沥青水泥砂浆或自密实混凝土）、钢筋混凝土底座组成。为保证道岔区无砟轨道安全、平稳、舒适、耐久，其设计、施工、验收应满足相关技术要求。

（一）无缝道岔的受力特点

无缝道岔是把道岔中各个接头焊接或胶接起来，并把道岔两端与区间的无缝线路长轨条焊连在一起。无缝道岔是跨区间无缝线路的技术难点。

　　若道岔的直、侧股都与无缝线路长轨条焊连，称其为全焊无缝道岔。若只有道岔直股与无缝线路长轨条焊连，则称其为半焊无缝道岔。无缝道岔的受力状况如图3-23所示。

　　由图3-23可知，无缝道岔直股基本轨承受的温度力是自行平衡的。道岔里股钢轨（辙叉、连接轨及尖轨）只在一端承受温度力（如同伸缩区）。该力将使道岔里股钢轨产生伸缩位移，释放出一部分温度力，同时一部分力也将通过道岔的有关部件（限位器、岔枕和钢轨扣件）传给基本轨，形成基本轨附加温度力。而半焊道岔的侧股基本轨也相当于无缝线路伸缩区的钢轨。

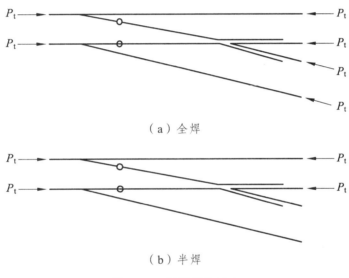

（a）全焊

（b）半焊

图3-23　无缝道岔受力

　　造成道岔里轨产生伸缩位移和基本轨承受附加力的根本原因是道岔里轨末端承受着很大的温度力，这一温度力首先使里轨产生伸缩位移；与此同时，又会通过辙跟结构（限位器）、岔枕的弯曲刚度、钢轨扣件的阻矩把一部分温度力传给基本轨，在传力过程中当然也会受到道床阻力的影响，最终形成道岔基本轨的附加温度力。显然道岔基本轨的附加温度力受道岔里股钢轨伸缩位移的影响，设计时应当首先计算出里股钢轨伸缩位移，之后，才能确切地知道限位器的接触状况、岔枕的弯曲变形，进而求得道岔基本轨的附加温度力及道岔其他部件的受力情况。

　　图3-24是根据"当量阻力法"计算所得的12号可动心轨道岔的基本轨附加温度力图。由此可以看出，无缝道岔基本轨的最大附加力出现在辙跟处。当轨温升高或降低时，辙跟处分别出现最大的附加压力和拉力。这一点应在无缝道岔的设计、铺设和养护时予以充分的重视。

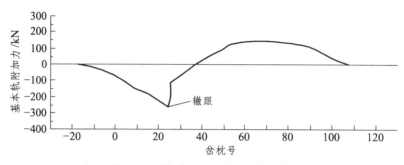

（a）12 号可动心轨道岔，半焊，轨温升幅 45 ℃

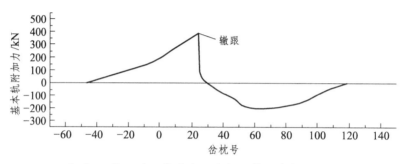

（b）12 号可动心轨道岔，半焊，轨温降幅 55 ℃

图 3-24　附加温度力图

（二）桥上无缝道岔

高速铁路线路桥梁占比很大，例如我国客运专线桥梁总长平均比例在 50% 以上，京沪高速桥梁比例更是达到 90%，所以在高速铁路桥梁上铺设无缝道岔是不可避免的。

桥上无缝道岔应采用梁轨相互作用原理进行检算。道岔与桥梁相互作用力包括伸缩力、挠曲力、牵引（制动）力和断轨力，计算时应考虑道岔导轨与基本轨、道岔与桥梁之间的相互作用。

1. 铺设无缝道岔的桥梁结构应符合的规定

（1）桥梁宜采用刚度大、整体性和稳定性好的上部结构形式，例如采用等跨连续梁结构动力特性、轨道稳定性和平顺性较好的形式，有利于高速列车安全运行和旅客乘坐舒适。

（2）桥梁与轨道结构应系统设计，根据不同的轨道结构形式，桥面应预留连接装置和设备安装位置，并设置性能良好的防、排水设施。

（3）正线道岔区桥梁梁部应采用连续结构，孔跨宜采用等跨布置，最大跨度不宜大于 48 m，大于 48 m 时应进行单独设计。相邻两联连续梁桥之间宜设置一孔及以上简支梁桥。

（4）站线道岔区桥梁梁部宜采用连续结构。

2. 桥上道岔布置应符合的规定

（1）正线道岔不应跨越梁缝，道岔始端、终端至梁缝距离不应小于 18 m。

根据国内外研究成果及有关工程实践，道岔下部桥梁采用连续结构对道岔受力和变形最为有利。道岔与桥梁伸缩缝之间的最小距离直接影响道岔和桥梁的受力和变形，是桥上无缝道岔设计的一个关键控制指标。

《京沪高速铁路高架桥车站无缝线路设计原则（暂行）》规定：尖轨尖端、心轨尖端、心轨跟端都应离开梁端至少 18 m；尖轨跟端应离开梁端至少 40 m。

（2）由于站线上道岔数量较多，道岔和桥梁布置要满足正线上的要求相对困难，考虑站线列车通过速度较低，困难条件下道岔导曲线部分可设置梁缝，但道岔转辙器和辙叉部分不能跨越梁缝。道岔尖轨、心轨至梁缝的最小长度应满足道岔和桥梁结构强度、变形、变位的要求，同时应保证道岔转换设备正常使用。为满足设备正常转换和锁闭，在伸缩力和制动力作用下转辙机处梁轨相对位移量不大于 5 mm。

三、隧道内无缝线路

隧道内无缝线路的特殊性在于炎热季节隧道内凉爽的小气候环境改变了正常的轨温变化关系。

1. 隧道内外轨温与气温的关系

隧道外轨温与气温的关系，随周围自然条件的变化而变化。根据对长大隧道气温与轨温的观测资料，距离隧道洞口 50～60 m，沿隧道方向气温变化趋于稳定。炎热夏季，隧道外在日照条件下，最高轨温一般不超过最高气温加 20 ℃，而隧道内最高轨温与洞外区别较大，隧道内有时轨温比气温低 1～2 ℃，因此隧道内距洞口大于 200 m 范围无缝线路最高轨温可采用当地历年最高气温。严寒冬季，隧道内轨温比气温高 2 ℃ 左右，因此隧道内最低轨温采用当地历年最低气温。

2. 隧道内无缝线路锁定轨温

长大隧道内距洞口 200 m 范围内无缝线路的设计锁定轨温宜与洞外相邻区间无缝线路的设计锁定轨温一致，隧道内相邻单元轨节的设计锁定轨温按锁定轨温差不大于 5 ℃ 控制，并逐渐过渡。洞口轨温过渡段应加强锁定。长大隧道内单元轨节锁定轨温与同一区间隧道外单元轨节的锁定轨温差宜控制在 10 ℃ 以内。

四、其他特殊地段无缝线路

特殊地段无缝线路如小半径曲线地段、长大坡道地段和寒冷地区等无缝线路，其基本技术要求见本节"无缝线路设计一般规定"。

思考与练习

1. 无缝线路一般分为哪几种类型？

2. 什么情况下钢轨才能产生温度力？

3. 为什么说无缝线路钢轨可以无限长没有轨缝？

4. 举例说明什么是轨温、中间轨温、锁定轨温、设计锁定轨温、施工锁定轨温、实际锁定轨温。

5. 绘图说明线路阻力的分类。

6. 试分别说明线路纵向阻力和线路横向阻力的分类、作用及影响因素。

7. 绘制基本温度力图并解释什么是伸缩区和固定区。

8. 无缝线路变形发展分为几个阶段？

9. 保持无缝线路稳定性和使其丧失稳定性的因素都有哪些？

10. 普通无缝线路长轨条和跨区间无缝线路长轨条布置各有什么要求？

11. 桥上无缝线路与路基地段无缝线路相比有什么特点？

12. 沈阳地区某段无缝线路，采用 60 kg/m 钢轨、直径 24 mm 一级螺栓、6 孔夹板，接头扭力矩为 90 N·m，铺设新 II 型混凝土枕，1 760 根/km，锁定轨温 24 ℃，计算最高最低轨温时的伸缩区长度。

把一条轨道分支为两条或以上的设备称为道岔。由于道岔设备不仅存在轨道交叉结构，还有转辙设备、导曲线轨道等，因此铁路道岔的结构非常复杂。机车车辆通过道岔时，轮轨间的作用力也比通过普通线路高得多。所以道岔部分的养护工作量要比同等长度的普通轨道大得多，道岔主要部件的使用寿命也比普通轨道短。这些原因使道岔成为铁路轨道的薄弱环节，也成为影响行车安全和限制行车速度的一个主要因素。

本章主要介绍道岔的分类和类型，普速道岔、提速道岔、高速客专道岔和重载道岔的主要构造、技术特征和技术参数，为道岔施工、养护维修提供理论基础。

本章目标

了解道岔的分类和道岔的设计（制造）图号，了解我国道岔的发展和统型化工作内容；掌握单开道岔的构造及各部几何尺寸要求；掌握单开道岔重点检查步骤及内容；掌握普速道岔、提速道岔、高速客专道岔、重载道岔的结构特点和主要技术要求；了解特种道岔的构造特点和检查方法。

本章重点

普通单开道岔的构造与几何尺寸要求；高速客专道岔的主要技术要求。

第一节　道岔设备概述

本节要求

（1）了解道岔的作用和分类，能绘出单开道岔的平面示意图。

（2）了解道岔编号的方法，掌握道岔图号的相关知识。

在铁路线路中，使机车车辆由一条线路转向另一条线路的轨道连接设备称作道岔。道岔具有数量多、构造复杂、使用寿命短、限制列车速度、行车安全性低、养护维修投入大等特点。道岔与曲线、钢轨接头并称为铁路轨道的三大薄弱环节。

一、道岔的分类

道岔有多种类型，我国习惯上把和道岔相关的交叉设备归属在道岔中。因此，在我国铁路上铺设和使用的标准道岔有普通单开道岔、双开道岔、三开道岔、交叉渡线和交分道岔，其他道岔均为个别情况下使用，可个别设计，不列为标准道岔分类，如图 4-1 所示。

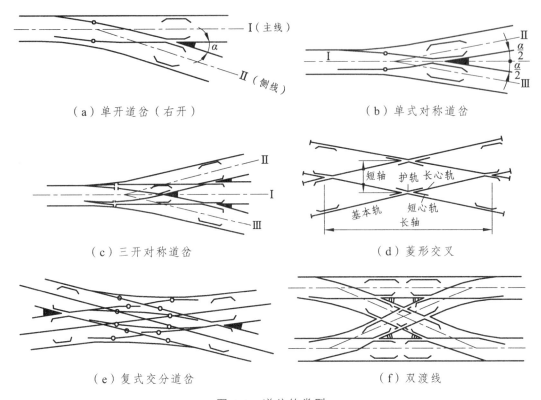

（a）单开道岔（右开）　　　　　　　　　　（b）单式对称道岔

（c）三开对称道岔　　　　　　　　　　　　（d）菱形交叉

（e）复式交分道岔　　　　　　　　　　　　（f）双渡线

图 4-1　道岔的类型

1. 单开道岔

在我国铁路上使用最多的道岔是普通单开道岔，简称单开道岔，它的数量占各类道岔总数的 90% 以上。这种道岔的主线为直线方向，侧线由主线向右（右开道岔）或左（左开道岔）侧分支，如图 4-1（a）所示。

单式对称道岔是单开道岔的一种特殊形式。单式对称道岔对称于主线的中线或辙叉角的中分线，如图 4-1（b）所示。

2. 三开道岔

三开对称道岔如图 4-1（c）所示。三开对称道岔相当于两组异侧顺接的单开道岔，但其长度却远比两组单开道岔的长度之和短。因此，它常用于铁路轮渡桥头引线、驼峰编组场以及地形狭窄又有特殊需要的地段。

3. 交叉设备

交叉设备是指两条轨道在同一平面上相互交叉，由于没有转辙设备，所以机车车辆不能通过交叉设备由一股道转入另一股道。如图 4-1（d）所示为菱形交叉。

4. 交分道岔

交分道岔有单式、复式之分。复式交分道岔，如图 4-1（e）所示，相当于两组对向铺设的单开道岔，可实现不平行股道的交叉，但具有道岔长度短、开通进路多及两个主要行车方向均为直线等优点，因而能节约用地，提高调车能力并改善列车运行条件。

5. 交叉渡线

交叉渡线分为单渡线和双渡线，如图 4-1（f）所示为双渡线。双渡线由 4 组类型和号数相同的单开道岔和一组菱形交叉以及连接钢轨组成，用于平行股道之间的连接，仅在个别特殊场合下使用。

二、单开道岔种类与设计（制造）图号

（一）单开道岔的种类

单开道岔的种类一般按以下几个方面划分：

（1）按钢轨类型划分：43 kg/m、50 kg/m、60 kg/m 和 75 kg/m。

（2）按辙叉号划分：9 号、12 号、18 号、30 号、38 号和 42 号等。

（3）按道岔尖轨和辙叉的平面形状划分：① 直线尖轨、直线辙叉（如普速 9 号道岔）；② 曲线尖轨、直线辙叉（如 9 号提速道岔，大部分 12 号、18 号道岔等）；③ 曲线尖轨、曲线辙叉（一般用于高速道岔）。

（4）按转辙器分类：

① 按尖轨断面划分：普通钢轨和特种钢轨断面（现在大量采用 AT 尖轨）。

② 按跟端结构分：间隔铁式（活接头）（一般用于 9 号普速道岔）、可弯式（间隔铁式、限位器和普通钢轨接头连接）。

（5）按辙叉划分：固定型辙叉和可动辙叉（可动心轨、可动翼轨）。

（6）按岔枕划分：木岔枕和钢筋混凝土岔枕。

（7）按轨下基础划分：有砟和无砟。

（8）按设计年限划分：55 型、57 型、62 型、75 型、92 型和 99 型等。

（9）按过岔速度划分：普速、提速、高速（客专）道岔等。

（二）单开道岔的图号

道岔的图号有设计图号、制造图号和铺设图号等的区分。我国铁路道岔图号分为标准图（如 TB 399—75）、通用图（如专线 4141）、设计图 （如专线 4151）、制造图（如 CB 642-4）及 GLC（工联岔）等。

例如："叁标线"是当年铁道部第三勘测设计院设计的标准图号简称；后来道岔设计转到铁道部专业设计院，就用"专线"简称，依此类推；铁道科学研究院设计的图纸图号就称为"研线"或"铁研线"；铁道部联合设计组设计的就用"铁联线"；由中

国铁路工程总公司联合设计的道岔则简称为"工联岔"；SC 是中铁山桥生产的道岔（生产自主研发道岔）；CZ 是中铁宝桥生产的道岔（生产自主研发和法国技术道岔）；CN 是新铁德奥的本地设计、铁建重工生产的道岔（生产自主研发道岔）。

第二节　我国道岔发展与道岔的统型化

本节要求

（1）了解我国道岔的发展历程，了解"92型"道岔的技术特点。

（2）了解我国提速道岔的型号和技术特点。

（3）了解我国高速客专道岔、重载道岔的主要技术条件和特点。

（4）了解我国道岔统型化以后的主要道岔型号。

一、我国道岔的发展概述

新中国成立前我国铁路使用的道岔主要依靠进口。据不完全统计，新中国成立初期我国有 300 多种道岔。这些道岔由 100 多种钢轨制造，仅单开道岔就有 6、7、8、9、10、11、12、15、16、24 号共 10 种型号，而且即使是同一轨型同一号码的道岔也可能分为多种形式，如 40B 钢轨 8 号道岔就有"旧型""新型""暂定型""战时型"等多种，这就给道岔的养护维修和更换带来了极大不便。

新中国成立后我国立即着手研制适应铁路具体条件的道岔，历经"5×型""62型""75型""92型"和提速道岔、重载道岔、高速客专道岔等多个研究阶段。目前，既有铁路使用的道岔包括了从 20 世纪 50 年代各个阶段研发的道岔，种类、轨型、号码、型号复杂，数量近 17 万组，图号约 700 种。

（一）普通道岔系列

普通道岔系列包括 20 世纪 50 年代各型号、"62型"、"75型"和"92型"各年代研制的所有型号。

1."50"型、"53"型、"55"型和"57"型道岔

铁道部于 1950 年颁发的《铁道建筑标准图集》中，规定了 8 号、10 号和 12 号三种号码，38 kg/m、43 kg/m 和 50 kg/m 钢轨等三种轨型共 9 种单开道岔的形式尺寸，简称为"50"型道岔。

1953 年至 1957 年，铁道部又先后规定了 8 号、9 号、10 号、11 号和 12 号五种号码，38 kg/m、43 kg/m 和 50 kg/m 三种轨型共 32 种单开道岔，以及与之配套的 12 种型号的交叉渡线、对称道岔和复式交分道岔。按照设计年度区分，这些道岔分别简称为"53"型、"55"型和"57"型道岔。其中："53"型道岔的转辙器基本轨为"切轨底"结构，投入运用后折损严重，很快就停止使用；而"55"型和"57"型道岔则大

量投入使用。随着这些型号道岔的推广应用和旧型道岔的逐步被淘汰，到 20 世纪 50 年代末，我国的道岔种类由新中国成立初期的 300 多种减少为 44 种（不包括当时进口的苏联的 P50 及 P43 型钢轨 9 号及 11 号单开道岔）。

2. "75" 型（含 "62" 型道岔）

"55" 型和 "57" 型道岔的零件强度较低，垫板及滑床板用 150 mm×16 mm 的扁钢制造，轨撑为单墙轨撑。在 20 世纪 50 年代末期我国开始使用有 5 个动轴的前进型机车并且以载重 50 t 及 60 t 的货车取代载重 30 t 的货车以后，"55" 型道岔及 "57" 型道岔的养护难度迅速增加，脱轨事故不断发生，尤其是 5 动轴机车在 8 号道岔上脱轨及 4 轴货车在交分道岔固定型钝角辙叉上脱轨，成为当时的惯性事故。

为研制适应轴重 21~23 t，直向容许过岔速度 80~100 km/h 的道岔，1959—1962 年，在铁道部科学技术委员会、工务局、基本建设总局等单位主持下，由专业设计院、山海关桥梁厂、铁道部科学研究院及各铁路局共同开展了道岔标准化工作。1962 年我国通过了第一代标准型单开道岔的设计标准，简称为 "62" 型道岔，1964 年发布了 38 kg/m、43 kg/m 及 50 kg/m 钢轨的 9 号及 12 号共 6 种型号单开道岔的 49 种铁道部部颁标准（TB 399—64~TB 448—64）。与过去各型道岔相比较，"62" 型道岔性能有了明显提高。

1972—1974 年，针对 "62" 型道岔在使用中发现的薄弱环节又进行了修改设计，如第一连接杆由扁钢改为方钢，轨撑螺栓直径由 18 mm 改为 22 mm 等。于 1975 年对道岔的部标准进行修改，同时取消 38 kg/m 钢轨道岔，但保留 43 kg/m 及 50 kg/m 钢轨的 9 号和 12 号共 4 种单开道岔的部标准。至 1977 年止共颁布了 45 个部颁标准（TB 399—75~TB 445—75、TB 447—74）。

在 20 世纪 70 年代至 80 年代中期我国还设计和生产了与 "75" 型 9 号、12 号标准型单开道岔配套的交分道岔、交叉渡线、6 号单式对称道岔、18 号大号码道岔、三开道岔、混凝土岔枕等配套的 "75" 型系列道岔。到 20 世纪 90 年代初期，我国铁路铺设使用的 "75" 型（含 "62" 型）道岔超过 10 万组，占全铁路道岔总数的 80% 以上。

3. "92" 型（含过渡型）道岔

随着 60 kg/m 钢轨的推广应用，我国于 20 世纪 70 年代末开始着手研制与 60 kg/m 钢轨配套的道岔。考虑到 60 kg/m 钢轨是供重载和较高速度行车情况下使用的，因此设计 60 kg/m 钢轨的配套道岔时，采用了比 "75" 型道岔更高一级的技术标准。

（1）轨型为 50 kg/m 及 60 kg/m（75 kg/m）钢轨，不包括 43 kg/m 钢轨。

（2）平面布置上采用半切线型藏尖式尖轨，圆曲线型导曲线。道岔除尖轨尖端轨距加宽 2 mm 外，其余均为标准轨距，以保证高速行车时的运行平稳。

（3）在垂直于轨道方向上，因使用矮型特种断面尖轨，消除了普通钢轨尖轨那种比基本轨抬高 6 mm 的垂直不平顺，在辙叉部分的心轨与翼轨过渡匹配也较 "75" 型道岔更合理，以保证高速行车时的纵向稳定。

（4）采用矮型特种断面钢轨尖轨，其中 60 kg/m 及 75 kg/m 钢轨道岔使用 60AT 钢轨，50 kg/m 钢轨道岔使用 50AT 钢轨。

（5）尖轨尖端采用藏尖式结构，12 号单开道岔尖轨跟端采用弹性可弯式结构，9 号单开道岔、9 号和 12 号交分道岔尖轨采用间隔铁式跟端结构。

（6）辙叉采用高锰钢整铸辙叉和可动心轨辙叉两种形式。其中高锰钢整铸辙叉采用前后分腿式结构，9 号和 12 号辙叉的跟距分别比"57"型及"75"型道岔同号辙叉长 721 mm 和 1 092 mm。

（7）提高护轨强度和可靠度。护轨有槽形及 H 形两种。其中槽形护轨采用 UIC33 号槽钢（4-70）制造，H 形护轨用低一级钢轨制造（例如 60 kg/m 钢轨的辙叉护轨用 50 kg/m 钢轨制造）。为提高护轨在高速行车时的安全度，护轨轨顶比基本轨轨顶高 12 mm。

（8）道岔扣件强度较"75"型有较大提高。例如采用楔形可调式轨撑、刚性分开式弧形扣板式扣件，导曲线部分使用螺纹道钉，取消钩头道钉，等等。

此种道岔的研制工作自 20 世纪 70 年代后期开始，由于有些关键技术难度较大，所以整个研制时间较长。例如特种断面尖轨跟端加工技术在 1986 年才通过技术鉴定，用于牵引弹性可弯尖轨和可动心轨的转辙机在 1991 年才通过鉴定，因此这种道岔在 1992 年才定型，定名为"92"型道岔。

（二）提速道岔系列

提速道岔是在我国铁路 20 世纪 90 年代中期大提速的背景下研制的铁路道岔系列，包括一、二两代，对我国铁路实现六次大提速及最终实现高速铁路大发展发挥了重要作用。

1. 一代提速道岔研制背景

1995 年底，为适应铁路提速的需要，针对我国既有繁忙干线"75"型、"92"型 60 kg/m 钢轨 12 号单开道岔在设计、制造、养护中存在的问题，以及与国外同类道岔存在的差距，根据铁道部的要求，专业设计院、铁道科学研究院、北京全路通信信号研究设计院，山海关、宝鸡、丰台桥梁厂等单位组成了"提速道岔联合设计组"。设计组经过深入的讨论和论证，引入我国高速道岔前期研究的技术，特别是广深线 60 kg/m 钢轨 12 号可动心轨辙叉单开道岔的设计及使用经验，提出了提速道岔的设计原则和技术标准。通过优化尖轨、心轨的断面和线型设计，调整道岔的加工工艺，提高制造精度，采用预应力混凝土岔枕，以适应提速到 160 km/h 的需要，是提速道岔的第一代。

2. 一代提速道岔结构特点

（1）在保留道岔中心和辙叉理论交点位置不变的前提下，对道岔的平面布置进行了适当调整，道岔侧股平面线型由半切线型改为切线型。

（2）尖轨由 11.3 m 改为 13.88 m，固定辙叉长 5.992 m，可动心轨辙叉长 13.296 m，转辙装置杆件安装在特制的钢岔枕内，心轨设两个牵引点。

（3）直、侧向护轨不等长，直向护轨长 6.9 m，固定辙叉侧向护轨长 4.8 m，可动心轨辙叉道岔侧向护轨长 5.4 m。

（4）从轮轨关系考虑，道岔设置了 1 ∶ 40 的轨底坡。

（5）岔枕采用木枕和预应力混凝土枕两种，并垂直于道岔直股布置，间距一律为 600 mm。

（6）扣件采用与区间正线相同的Ⅱ型或Ⅲ型弹条扣件。

（7）尖轨尖端没有构造加宽，轨距均为 1 435 mm，固定型道岔全长 37.80 m，可动心轨道岔全长 43.20 m。尖轨跟端采用限位器结构，可动心轨跟端采用间隔铁与长翼轨联结。

根据与提速 60 kg/m 钢轨 12 号道岔相同的设计原则，还研制了提速 60 kg/m 钢轨 18 号、60 kg/m 钢轨 30 号可动心轨道岔。

3．一代提速道岔类型

60 kg/m 钢轨 12 号提速单开道岔有如下六种类型：

（1）混凝土岔枕固定型辙叉单开道岔（采用Ⅱ型弹条扣件），图号：铁联线 004。

（2）混凝土岔枕固定型辙叉单开道岔（采用Ⅲ型扣件），图号：无标准图。

（3）混凝土岔枕可动心轨辙叉单开道岔（采用Ⅱ型扣件），图号：铁联线 002。

（4）混凝土岔枕可动心轨辙叉单开道岔（采用Ⅲ型扣件），图号：无标准图。

（5）木岔枕固定型辙叉单开道岔，图号：铁联线 003。

（6）木岔枕可动心轨辙叉单开道岔，图号：铁联线 001。

另外，作为该系列，还有如下几种道岔：

（1）60 kg/m 钢轨 9 号混凝土岔枕固定型辙叉单开道岔，图号：铁联线 051。

（2）60 kg/m 钢轨 18 号混凝土岔枕可动心轨辙叉单开道岔，图号：专线 4223。

（3）60 kg/m 钢轨 30 号混凝土岔枕可动心轨辙叉单开道岔（采用Ⅲ型扣件），图号：专线 4263。

（4）60 kg/m 钢轨 30 号混凝土岔枕可动心轨辙叉单开道岔（采用Ⅱ型扣件），图号：专线 4261。

（5）75 kg/m 钢轨 9 号混凝土岔枕固定型辙叉单开道岔，图号：研线 9804。

（6）75 kg/m 钢轨 12 号混凝土岔枕固定型辙叉单开道岔，图号：研线 9820。

4．二代提速道岔（"99"型道岔）

一代提速道岔在运用过程中，基本适应了时速 160 km 以下的需要，但也发现大量问题，暴露出尖轨使用寿命短、钢岔枕爬行引起连电、钢岔枕使道岔全长范围内弹性不均匀等问题，而且速度档次不明确。从 1999 年起研制的第二代提速道岔，也称为"99"型道岔，在全面总结一代提速道岔的基础上，对结构设计进行了多方面优化，并采用了许多新的工艺。

二代 12 号提速道岔设计修改主要有以下几点：

（1）尖轨平面线型改为半切线型，使尖轨前部宽度与 11.3 m AT 尖轨相接近，提高了尖轨的耐磨性和使用寿命。在满足转换的前提下，尖轨长度由 13.88 m 改为 12.4 m，尖轨跟端可选择间隔铁或限位器结构。

（2）由于钢岔枕与道砟间的摩擦系数较小，不易捣固密实，同时钢岔枕存在偏心受载现象，恶化了钢岔枕的受力条件，因此将钢岔枕取消。

（3）长、短心轨末端均采用长 810 mm 的间隔铁，使翼轨与长心轨联结能更好传递温度力，以适应铺设跨区间无缝线路要求；尖轨跟端可选择间隔铁或限位器结构。

（4）对道岔传递钢轨温度力的相关部件，如限位器、扣件等结构作了调整。

（5）为贯彻工务、电务设备按运行条件分级使用的技术政策，设计修改新增了适应 120 km/h 运行条件的 60-12Ⅲ型固定辙叉单开道岔，其平面尺寸与 60-12 号Ⅱ型道岔一致。该道岔结构上取消了轨底坡，局部扣件及垫板形式与 11.3 m AT-12 号道岔一致。同时尖轨转换系统分两个档次来选择配套：

当速度 >120 km/h，采用分动外锁；

当速度 ≤120 km/h，采用联动内锁。

如此，"99"型 12 号道岔就可以划分为 3 类（表 4-1）：Ⅰ型为可动心轨道岔，适应直向过岔速度 200 km/h 的要求。Ⅱ型和Ⅲ型道岔是以预应力混凝土枕取代木枕的道岔，两者结构和平面布置完全相同，区别在于：Ⅱ型道岔采用外锁闭方式，有轨底坡，适用于直向过岔速度 160 km/h 的区段；Ⅲ型道岔采用内锁闭方式，无轨底坡，适用于直向过岔速度 120 km/h 的区段。

表 4-1 二代提速道岔系列

型号	直向允许速度/（km/h）	结构特征	电务转换配套
Ⅰ	200	1∶40 轨顶坡，可动心轨辙叉	分动、外锁
Ⅱ	160	1∶40 轨顶坡，固定辙叉	分动、外锁
Ⅲ	>120	无轨顶坡，固定辙叉	分动、外锁
Ⅲ	≤120	无轨顶坡，固定辙叉	联动、内锁

2006 年，我国在对 SC325 和 CZ2516 两种提速道岔进行技术整合的基础上，开发了 200 km/h、60 kg/m 钢轨 12 号提速道岔 GLC（06）01 和 18 号提速道岔 GLC（07）02，作为第二代提速道岔的升级换代产品。

（三）高速客专道岔系列

1. 我国高速客专道岔研制的背景

2004 年 1 月，国务院审议通过了《中长期铁路网规划》，从国家战略高度明确了我国客运专线网建设的目标和要求。同年 4 月我国铁路完成了第五次大提速，京沪、京广、京哈等干线部分地段线路基础达到时速 200 km 的要求。同时在总结五次大提速的基础上，确定了我国铁路第六次大提速的目标：时速达到 200 km，其中京哈、京沪、京广、胶济等提速干线部分区段可达到时速 250 km。

在此背景下，为保证我国客运专线的建设成功，及在第六次大提速中能在有条件地段实现 250 km/h 的运营速度，2005 年，铁道部组织产、学、研、用等单位联合对我国高速铁路道岔进行系统攻关，在总结秦沈客运专线及其他既有线不同时期 60 kg/m 钢轨 18 号有砟道岔设计、制造、试验及运营实践经验和借鉴国外现代高速道岔的部分先进技术的基础上，通过自主创新研究，于 2006 年研制出了 250 km/h 客运专线 18 号有砟和无砟道岔。2007 年，课题组在充分吸收 250 km/h 客运专线道岔成功经验的基础上，又相继研发了我国 350 km/h 系列高速铁路道岔，使我国道岔设计理论和制造水平大幅度提高，达到世界先进水平。

我国高速道岔自主创新研究进程中，在设计、制作、运输、铺设和维护等方面主要解决了以下关键技术问题：

（1）与我国运营条件相适应的高速道岔平面线型设计。

（2）满足动车组安全、平稳运行的岔区轮轨关系设计。

（3）满足动车组行车舒适性的岔区轨道刚度合理匹配及均匀化。

（4）满足高速道岔高平顺性要求的长大轨件及双肢弹性可弯心轨结构设计。

（5）适应跨区间无缝线路的无缝道岔优化设计。

（6）提高道岔可靠性与稳定性的工电一体化系统设计。

（7）满足高平顺要求的高速道岔设计、制造、组装、运输、铺设和维护成套技术标准的制定。

2. 我国高速道岔的主要技术体系

2005 年，我国开始自主研发高铁道岔，陆续开展一系列道岔试验。2006 年，时速 250 km 的 18 号客运专线道岔（简称客专线道岔）在胶济线上道铺设使用，实现了高铁道岔多项技术突破。2009 年，时速 350 km 的 18 号客专线道岔在武广高铁上道铺设使用，使行车速度达到世界水平。截至 2012 年，我国高速铁路历时 6 年成功研发了 18、42 和 62 号道岔，可满足不同速度等级的需要，已成功应用于石太、胶济、甬台温、温福、福厦、广珠、武广、京沪、沪宁、沪杭、哈大、京石、石武等高铁及客运专线。自主研发的同时，引进德国和法国的高铁道岔技术，并通过合资建厂与技术转让的方式在我国生产，供应我国市场。德国 CN 技术系列道岔于 2008 年在京津城际铁路上道铺设使用，后续在京沪高铁和武广高铁等线路上应用。法国 CZ 系列道岔于 2008 年在合宁客专上道铺设使用，后续在合武客专和郑西高铁上应用。我国高速铁路铺设了客专线、CN 和 CZ 三种技术系列道岔，由此形成了多国道岔技术并存、结构形式多样的高速铁路道岔技术体系。

1）客专线技术系列道岔

客专线技术系列道岔为我国自主研发道岔。2005—2010 年，共设计了 12、18、42 和 62 号 4 种道岔，见表 4-2。12、18、42 号三种道岔适用于有砟和无砟两种轨道基础；

62 号只用于无砟轨道基础一种；12 号道岔只限用于尽头式车站，直侧向通过速度为
250 km/h、50 km/h；18 号道岔分为直向通过速度 350 km/h 和 250 km/h 两种，侧向均
为 80 km/h；42 号道岔直、侧向速度为 350 km/h、160 km/h；62 号道岔直、侧向通过
速度为 350 km/h、220 km/h，但 62 号道岔制造、组装和铺设施工工艺要求高，维修保
养难度大，并未出现在新颁布的《铁路道岔使用规定》（铁总工电〔2018〕227 号）选
型中。

表 4-2 我国自主研发的客专线道岔

轨下基础	速度/（km/h）	图号			
		12 号	18 号	42 号	62 号
有砟	250	客专线（10）018	客专线（07）004	客专线（07）011	
	350		客专线（08）016		
无砟	250	客专线（10）017	客专线（07）001	客专线（07）006	客专线（08）013
	350		客专线（07）009		

2）CN 技术系列道岔

CN 技术系列道岔源自德国 BWG 公司，由中外合资的新铁德奥道岔公司生产供应
我国市场，分为 18、39.113、42 和 50 号 4 种，见表 4-3。18 号道岔直向容许通过速
度分为 250 km/h 和 350 km/h 两种，侧向容许通过速度均为 80 km/h，适应有砟和无砟
两种轨下基础。其他 3 种号码道岔仅设计适应于无砟轨下基础的结构部件，直向容许
通过速度均为 350 km/h，其中：39.113 号和 42 号道岔的侧向容许通过速度为 160 km/h；
50 号道岔的侧向容许通过速度为 220 km/h。39.113 号仅在京津城际铺设 2 组，50 号
道岔仅在武广高铁铺设 8 组，铺设数量较少、范围较小，为便于今后养护维修、简化道
岔种类，逐渐被限制使用，未出现在新颁布的《铁路道岔使用规定》（铁总工电〔2018〕
227 号）选型中。

表 4-3 德国 CN 系列道岔

轨下基础	速度/（km/h）	图号			
		18 号	39.113 号	42 号	50 号
有砟	350	CN-6118AD	—	CN-6142AD	—
无砟	350	CN-6118AS	CN-6139AS	CN-6142AS	CN-6150AS

3）CZ 技术系列道岔

CZ 技术系列道岔源自法国 Cogifer 公司，通过技术转让由宝鸡桥梁厂生产供应我
国市场，设计生产了 18 和 41 号两种，见表 4-4。18 号道岔仅设计适应于有砟轨下基
础的结构部件，直向容许通过速度分为 250 km/h 和 350 km/h 两种，侧向容许通过速
度为 80 km/h；41 号道岔直向容许通过速度 350 km/h，侧向容许通过速度分为两种，
用于有砟基础时为 160 km/h，用于无砟基础时为 220 km/h。由于我国高速铁路正线道

岔重新规划为 18、42 和 62 号 3 种号码，以及转换设备等方面原因，CZ 道岔逐渐被限制使用，并最终未出现在《铁路道岔使用规定》（铁总工电〔2018〕227 号）选型中。

表 4-4 法国 CZ 系列道岔

轨下基础	速度/（km/h）	图号	
		18 号	41 号
有砟	250	CZ6001、CZ6007	—
无砟	250	—	—
有砟	350	—	CZ6011
无砟	350	CZ6002	CZ6006

（四）重载道岔

重载道岔是指重载铁路正线使用的道岔。重载铁路是指满足列车牵引质量 8 000 t 及以上、轴重 27 t 及以上、在至少 150 km 线路区段上年运量大于 4 000 万吨三项条件中其中两项的铁路。

我国第一条重载铁路大秦铁路钢轨材质主要是 PG4 和 U75V。初期使用的道岔主要采用提速道岔的技术标准，其结构形式与提速道岔基本相同，采用分开式弹性扣件，辙叉分为固定型辙叉和可动心轨辙叉两种，轨下基础为混凝土岔枕。

因重载铁路以其大轴重、高密度和大运量的运输工况对道岔设备构成了极其严酷的运行条件，使道岔基本轨、尖轨、翼轨及心轨、钢轨接头等零件的磨损和伤损远远大于普通线路同型号道岔。所以针对重载铁路的特点，研制适合重载铁路运输工况的道岔势在必行。

我国从 2011 年开始进行重载铁路道岔的研究，分为 30 t 轴重重载道岔和 27 t 轴重重载道岔两种类型。目前 30 t 轴重的 60 kg/m、75 kg/m 钢轨 12 号和 18 号道岔已在山西中南部铁路、张唐铁路等重载线路上推广使用，但仍处于优化改进阶段，尚未定型。现已定型的重载道岔有适应 27 t 轴重的 5 个图号。

二、道岔统型化

我国的铁路道岔历经"55"型、"62"型、"75"型、"92"型和提速道岔、重载道岔、高速客专道岔等多个研制阶段。目前既有铁路使用的道岔包括了从 20 世纪 50 年代开始各个阶段研发的道岔，道岔数量约 17 万组，40 多个型号，约 700 种图号。

道岔型号繁多给使用、维修和更换造成了极大困难，特别是对同一类型的道岔进行重复设计，既浪费人力也不利于道岔的标准化和经济效益的提高。为此，中国铁路总公司牵头推进道岔型号的简统化和标准化，修订行业标准《铁路道岔号码与种类》，统一合金钢辙叉的接口设计，保证不同结构不同厂家的辙叉可以互换，并颁布了《铁路道岔使用规定》（铁总工电〔2018〕227 号），明确新建和大修应采用的道岔型号及图号，将新建铁路和既有线改造、大修时道岔设计选型限定为 37 种型号、42 个图号（不同线间距交叉渡线算一个图号）。

下面给出高速铁路客运专线正线和 200 km/h 以下客货共线铁路正、站线用单开道岔选型表。

1. 设计速度 250（不含）～350 km/h 客运专线铁路正线用单开道岔（表 4-5）

表 4-5　250（不含）～350 km/h 客运专线铁路正线用单开道岔

序号	图号	道岔号数	允许通过速度/（km/h）		适用轨下基础类型	备注
			直向	侧向		
1	客专线（10）017	12	250	50	无砟	仅限于尽头车站
2	客专线（10）018	12	250	50	有砟	仅限于尽头车站
3	客专线（07）009	18	350	80	无砟	
4	客专线（08）016	18	350	80	有砟	
5	CN-6118AS	18	350	80	无砟	
6	CN-6118AT	18	350	80	有砟	
7	客专线（07）006	42	350	160	无砟	与联络线连接的正线道岔
8	客专线（07）011	42	350	160	有砟	与联络线连接的正线道岔
9	CN-6142AS	42	350	160	无砟	与联络线连接的正线道岔
10	CN-6142AT	42	350	160	有砟	与联络线连接的正线道岔

2. 设计速度 200～250 km/h 客运专线铁路正线用单开道岔（表 4-6）

表 4-6　200～250 km/h 客运专线铁路正线用单开道岔

序号	图号	道岔号数	允许通过速度/（km/h）		适用轨下基础类型	备注
			直向	侧向		
1	客专线（10）017	12	250	50	无砟	仅限于尽头车站
2	客专线（10）018	12	250	50	有砟	仅限于尽头车站
3	客专线（07）001	18	350	80	无砟	
4	客专线（08）004	18	350	80	有砟	
5	CN-6118AS	18	350	80	无砟	
6	CN-6118AB	18	350	80	有砟	
7	客专线（07）006	42	350	160	无砟	与联络线连接的正线道岔
8	客专线（07）011	42	350	160	有砟	与联络线连接的正线道岔
9	CN-6142AS	42	350	160	无砟	与联络线连接的正线道岔
10	CN-6142AT	42	350	160	有砟	与联络线连接的正线道岔

3. 200 km/h 以下客货共线铁路正、站线用单开道岔（表 4-7）

表 4-7　200 km/h 以下客货共线铁路正、站线用单开道岔

顺号	道岔类型	图号	道岔号数	轨型/（kg/m）	通过速度/（km/h）		轴重	轨下基础	辙叉类型	锁闭方式	货车直向速度/（km/h）
					直向	侧向					
1		CZ2209	9	50	100	35	23	有砟	固定	内	80
2		CZ577	9	60	120	35	25	有砟	固定	内	23 t，90；25 t，80
3		专线 4257	12	50	120	50	—	有砟	固定	内	80
4		SC（07）330	12	60	120	50	23	有砟	固定	内	23 t，90
5		专线 4249	12	60	160	50	25	有砟	固定	外	23 t，90；25 t，80
6		研线 1115	12	60	160	45	27	有砟	固定	外	重载 100，其他 120，可兼容用于 120 铁路
7	单开道岔	GLC（08）01	12	60	200	50	25	有砟	可动	外	25 t，120
8		研线 1505	12	60	200	45	27	无砟	可动	外	重载 100，其他 120，可兼容用于 120 和 160 铁路
9		研线 1116	12	75	120	45	27	有砟	固定	外	重载 100，其他 120
10		专线（01）4275	18	50	120	80	—	有砟	固定	内	80
11		研线 1302	18	60	160	80	27	有砟	固定	外	重载 100，其他 120，可兼容用于 120 铁路
12		研线 1303	18	75	120	80	27	有砟	固定	外	重载 100，其他 120
13		GLC（07）02	18	60	200	80	25	有砟	可动	外	25 t，120
14		GLC（08）06	30	60	250	120	25	有砟	可动	外	25 t，120

第三节　普通单开道岔构造及主要部件识别

本节要求

（1）掌握单开道岔岔头、岔尾、左右开、顺向过岔和逆向过岔等概念。

（2）掌握单开道岔的各部构造及主要组成部件的名称和作用。

（3）能熟练绘出辙叉的平面示意图，并说明其主要组成尺寸。

（4）能在现场准确指认咽喉、有害空间、辙叉理论尖端、实际尖端、辙叉趾端、辙叉跟端、护轨开口段、缓冲段、平直段等部位。

（5）了解木岔枕和混凝土岔枕的长度分级与布置等技术要求。

一、道岔的组成

单开道岔由转辙器、辙叉及护轨、连接部分和岔枕组成，如图 4-2 所示。

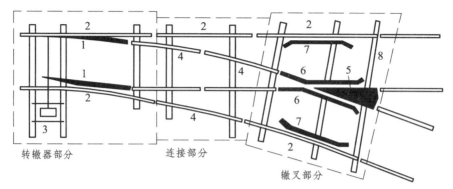

1—尖轨；2—基本轨；3—转辙器；4—导轨；5—心轨；6—翼轨；7—护轨；8—岔枕。

图 4-2　单开道岔的组成

单开道岔是一种最常见的道岔，为便于分析理解，将几个基本概念说明如下：

道岔始端（或称岔头）与道岔终端（或称岔尾）：尖轨尖端前基本轨轨缝中心处称道岔始端，而辙叉跟端轨缝中心处则称道岔终端。对于无缝道岔，则已将整组道岔与前后轨道基本轨焊连成一个整体，所以现场是看不到轨缝的，可以通过焊缝位置判断。

左开道岔与右开道岔：站在岔头面向岔尾（在直股面向尖轨尖端），凡侧线位于直线左方的称左开道岔，位于直线右方的称右开道岔。

顺向过岔与逆向过岔：列车通过道岔时，凡由道岔终端驶向道岔始端时，称顺向通过道岔；反之由始端驶向终端时，称逆向通过道岔。

二、单开道岔的转辙器

转辙器是引导机车车辆沿主线方向或侧线方向行驶的线路设备，由两根基本轨、两根尖轨、各种联结零件及道岔转换设备组成，指道岔前端（岔头）至尖轨跟端所在范围，如图 4-3 所示。

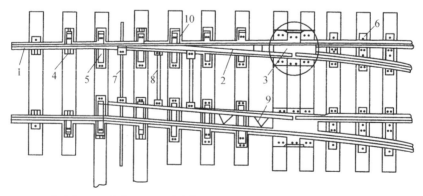

1—基本轨；2—尖轨；3—跟端结构；4—辙前垫板；5—滑床板；6—辙后垫板；
7—拉杆；8—连接杆；9—顶铁；10—轨撑。

图 4-3　转辙器

（一）基本轨

道岔中的基本轨是指直股或侧股中保持道岔基本几何形位的钢轨。基本轨由标准断面的普通钢轨制成，通常采用与区间线路相同材质、相同型号的钢轨。主股为直线；侧股按转辙器各部分的轨距在工厂事先弯折成规定的折线型，侧向过岔速度较高时，可采用曲线型保证转辙器各部分侧股轨距相同。

普通道岔中不设轨底坡，道岔前后 2～3 根轨枕上实现与区间线路轨底坡的过渡。为改善钢轨的受力条件及行车平稳性，提速及高速道岔中基本轨设有 1∶40 的轨底坡。

基本轨除承受车轮的垂直压力外，还与尖轨共同承受车轮的横向水平力。为防止基本轨产生横向移动，可在其外侧设置一定数量的轨撑。为增加钢轨表面硬度，提高耐磨性并保持与尖轨良好的密贴状态，基本轨轨头顶面一般还进行淬火处理。

在与尖轨密贴区段，"75"型及以前各型道岔尖轨采用贴尖式（即爬坡式，图 4-4），基本轨轨头不刨切；"92"型及提速道岔基本轨轨头下颚作 1∶3 或 1∶4（1∶4.7）的斜切，配合尖轨相应剖面构成藏尖式结构，如图 4-5 所示，以提高列车逆向运行的安全性及加强尖轨尖端附近断面。

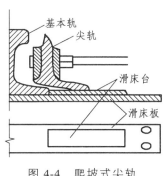

图 4-4　爬坡式尖轨

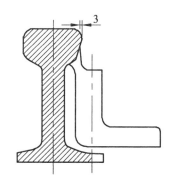

图 4-5　藏尖式尖轨（单位：mm）

（二）尖　轨

尖轨是转辙器中的重要部件，依靠尖轨的扳动，将列车引入正线或侧线方向。

1. 尖轨的平面形状

尖轨在平面上可分为直线型和曲线型，如图 4-6 所示。

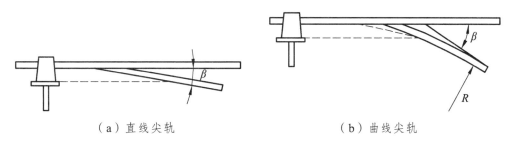

（a）直线尖轨　　　　　　　　（b）曲线尖轨

图 4-6　直尖轨与曲尖轨

我国铁路大部分 12 号及 12 号以下的道岔，均采用直线型尖轨。直线型尖轨制造简单，便于更换，尖轨前端的刨切较少，横向刚度大，尖轨的摆度和跟端轮缘槽较小，可用于左开或右开；但这种尖轨的转辙角较大，列车对尖轨的冲击力大，尖轨尖端易于磨耗和损伤。

我国新设计的 12 号及以上道岔直向尖轨为直线型，侧向尖轨为曲线型。这种尖轨导曲线半径大，列车进出侧线比较平稳，有利于机车车辆的高速通过。但曲线型尖轨制造比较复杂，前端刨切较多，并且左右开不能通用。

2. 尖轨用钢轨及长度

尖轨可用普通断面或特种断面钢轨制成。用普通断面钢轨制成的尖轨，一般在尖轨前端加补强板以增加其横向刚度，如图 4-7 所示。

（a）不补强　　　　　　（b）补强　　　　　　（c）特殊补强

图 4-7　普通断面钢轨尖轨

用特种断面钢轨制成的尖轨，其断面粗壮、整体性强、刚度大，稳定性比普通断面钢轨好。与基本轨高度相同的称为高型特种断面，较矮者称为矮型特种断面，如图 4-8 所示。特种断面尖轨还有对称与不对称、设轨顶坡和不设轨顶坡之分。为便于在跟端与连接部分联结，特种断面尖轨跟部要加工成普通钢轨断面。我国已广泛推广使用矮型特种断面钢轨（简称 AT 型）尖轨，取消了普通钢轨尖轨 6 mm 的抬高量，减小了列车过岔时的垂直不平顺，有利于提高过岔速度，同时可采用高滑台扣住基本轨轨底，增加基本轨的稳定性和道岔整体性。

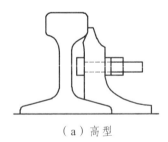 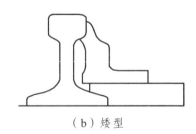

（a）高型　　　　　　　　　　　　（b）矮型

图 4-8　特种断面钢轨及尖轨

尖轨的长度随道岔号数和尖轨的形式不同而异，在我国铁路上，9 号道岔的尖轨长度为 6.25 m，12 号道岔直线型尖轨长度为 7.7 m，曲线型尖轨长度为 11.3 ~ 11.5 m，18 号道岔的尖轨长度为 12.5 m。

3. 尖轨的贴靠形式和纵断面

1）尖轨的贴靠形式

为使转辙器正确引导列车的行驶方向，尖轨尖端必须与基本轨紧密贴靠。尖轨与基本轨的贴靠方式通常有两种，即爬坡式（贴尖式）与藏尖式。

当采用普通钢轨刨切尖轨时，为避免对基本轨和尖轨刨切过多，一般将头部经过刨切的尖轨置于较基本轨高出 6 mm 的滑床板上，使尖轨叠盖在基本轨的轨底，形成爬坡式尖轨，如图 4-4 所示，"75" 型道岔均采用这种方式。

当采用矮型特种断面钢轨加工尖轨时，一般在轨头下颚轨距线以下作 1:3 的斜切，使尖轨尖端藏于基本轨的轨距线之下，形成藏尖式结构，如图 4-5 所示。这样就保护了尖轨尖端不被车轮轧伤，并使尖轨在动荷载作用下保持良好的竖向稳定性。"92" 型及以后设计的道岔都采用藏尖式。

2）尖轨顶面宽度与降低值

尖轨尖端降低值不应大于车轮轮缘高度 25 mm，以免车轮逆向进岔时爬上尖轨。另外还应考虑在轮缘最大垂直磨耗 18 mm、基本轨轨顶也有一定垂直磨耗时也不会轧伤尖轨尖端。多年实践证明，尖轨尖端较基本轨顶面降低值采用 23 mm 是安全可靠的。

为保护尖轨具有承受车轮压力的足够强度，规定在尖轨顶宽 50 mm 以上部分才能完全受力。当用普通截面钢轨制作尖轨时，为减少尖轨轨底的刨切量，将尖轨较基本轨抬高 6 mm，如图 4-9 所示。这时，尖轨尖端较基本轨顶面低，在尖轨顶宽 20 mm 以下部分，完全由基本轨受力。尖轨顶宽为 20~50 mm 的部分为车轮荷载的过渡段。在尖轨整截面往后的垂直刨切终点处，尖轨顶面完全高出基本轨面 6 mm。

当采用高型或矮型特种断面钢轨加工尖轨时，尖轨顶宽 50 mm 以后直到尖轨跟端，尖轨与基本轨是等高的，尖轨顶宽为 20~50 mm 这一段为过渡段，尖轨尖端低于基本轨顶面 23 mm，尖轨断面宽度 5 mm 处降低 14~15 mm（个别型号 18 mm），尖轨断面宽 20 mm 处降低 2~4 mm，如图 4-10 所示。

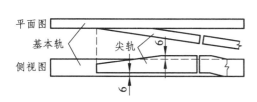

图 4-9 顶面高出基本轨的尖轨（单位：mm）

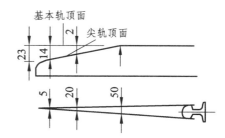

图 4-10 顶面与基本轨等高的尖轨（单位：mm）

尖轨顶面宽 20 mm 及以下断面处若高于基本轨应进行打磨，保证尖轨尖端低于基本轨顶面不少于 23 mm，尖轨顶宽 50 mm 断面以前的部分不高于基本轨 2 mm。要避免尖轨宽度 20 mm 以下受力。否则应对照构造图打磨，打磨要避免产生台阶，要有防爬圆弧，打磨后尖轨要与基本轨相匹配，避免轧伤尖轨。

4. 尖轨跟端结构

尖轨与导曲线钢轨连接的一端称尖轨跟端。尖轨的跟部结构必须保证尖轨既能根据不同的转辙要求在平面上左右摆动，又要坚固稳定，制造简单，维修方便。我国的道岔主要采用间隔铁鱼尾板式和弹性可弯式跟端结构。

间隔铁鱼尾板式结构，又称活接头式结构，主要由大垫板、间隔铁（铁砖）、跟端夹板、跟端轨撑、防爬卡铁及联结螺栓等组成，如图 4-11 所示。在钢轨为 75 kg/m 类型的道岔中，防爬卡铁已改为内轨撑。间隔铁鱼尾板式跟端结构，零件较少，结构简单，尖轨扳动灵活，但稳定性较弹性可弯式差，容易出现病害。

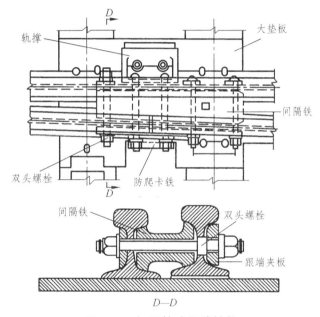

图 4-11 间隔铁式跟端结构

"92"型及以后 60 kg/m 钢轨 12 号道岔及大号码道岔上采用了弹性可弯式尖轨跟部结构。尖轨跟部采用普通钢轨接头形式，用间隔铁或支距垫板保持与基本轨的距离，并用轨撑或扣件保持跟部位置和稳定性。当尖轨长度 ≤12.4 m 时，为减少扳动力，在弹性可弯中心（跟端前 2～3 根轨枕处）AT 轨的一侧或两侧将轨底削掉一部分，使其与轨头同宽（长度一般为 1～2 m），成为柔性点，尖轨便可在较小的扳动力扳动下围绕该点转动和弹性弯曲。弹性可弯式尖轨结构简单、坚固，易于现场维护保养，但需要的尖轨扳动力相对活接头尖轨要大，如图 4-12 所示。

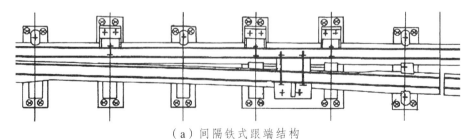

（a）间隔铁式跟端结构

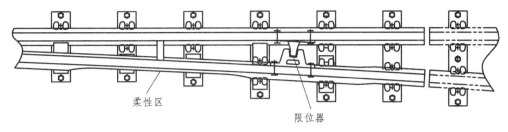

柔性区　　　　　　　限位器

（b）限位器式跟端结构

图 4-12　弹性可弯式跟端结构

如图 4-13 所示，带限位器的跟端结构一般用于无缝道岔。在尖轨跟部的基本轨和尖轨轨腰上安装一至数个限位器，允许尖轨产生一定的温度力，随后再将道岔里侧钢轨的温度力传递给外侧基本轨。

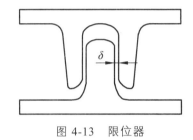

图 4-13　限位器

5. 尖轨转换

为保证尖轨能够转换到位，通常需设置一定数量的牵引点，尖轨越长，所需要的牵引点数量越多，如 12 号道岔尖轨设置了两个牵引点，法国 65 号道岔尖轨上设置了 6 个牵引点。

尖轨转换有联动和分动两种形式，联动转换中直曲尖轨通过转辙连杆形成框架结构，并与转辙机相连；分动转换中直曲尖轨分别通过转辙机相连。各牵引点动程近似与其距尖轨跟端的距离成正比。

（三）转辙部分的主要零部件

1. 滑床板

滑床板是一种垫板面上焊有滑床台的垫板，可在形成基本轨内侧扣压、固定基本轨横向位移的同时，为尖轨提供横向扳动时的滑动支撑，如图 4-4 所示。滑床板有分开式和不分开式两类。不分开式用道钉或锚固螺栓将轨撑、滑床板直接与岔枕连接；分开式是轨撑由垂直螺栓先与滑床板连接，再用道钉或锚固螺栓将垫板与岔枕连接。尖轨放置于滑床板上，与滑床板间无扣件连接。普通道岔中，尖轨一侧的基本轨轨底通过滑床台扣压；提速道岔中，滑床板内设有穿销式弹性扣压件对基本轨实施弹性扣压；客运专线道岔中，滑床板内设"几"形弹性扣压件对基本轨实施弹性扣压，扣压力大，基本轨横向稳定性好，可取消基本轨外侧轨撑。

为降低尖轨转换中的摩阻力，可在滑床台上喷涂聚四氟乙烯、镍铬镀层等减摩材料以降低表面摩擦系数，或通过设置辊轮机构实现滚动摩擦。

2. 轨　撑

用以防止基本轨倾覆、扭转和纵横向移动的轨撑，安装在基本轨的外侧，可分为固定轨撑、弹性轨撑和可调轨撑三类。固定式轨撑用螺栓与基本轨相连，并用两个螺栓与滑床板连接。轨撑有双墙式和单墙式之分，如图 4-14 所示。提速道岔及客运专线道岔中由于扣件扣压力足够大，未设轨撑。

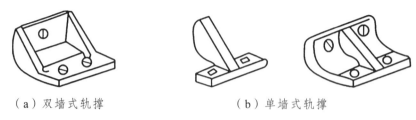

（a）双墙式轨撑　　　　　　　　（b）单墙式轨撑

图 4-14　轨撑形式

3. 顶　铁

尖轨刨切部位紧贴基本轨，而在其他部位则依靠安装在尖轨外侧腹部的顶铁，将尖轨承受的横向水平力传递给基本轨，以防止尖轨受力时弯曲，并保持尖轨与基本轨的正确位置，如图 4-15 所示。

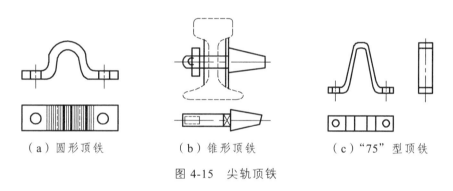

（a）圆形顶铁　　　　　（b）锥形顶铁　　　　　（c）"75"型顶铁

图 4-15　尖轨顶铁

4. 辙跟部件

辙跟部件包括间隔铁（铁砖）、辙跟夹板、双头螺栓等。

间隔铁又称铁砖，是保持尖轨跟端轮缘槽尺寸和连接尖轨与导轨的设备，如图 4-11 所示。

辙跟夹板是尖轨跟端的联结零件。它与辙跟间隔铁共同配合，将尖轨、基本轨和连接部分的钢轨连成一体。

为了保证弯折后的夹板与钢轨连接稳固，在接头第一根螺栓采用异径的双头螺栓或用一般螺栓外加套管，其粗径的一端顶靠间隔铁，另一端顶靠夹板，这样的跟部结构现场又称为活接头。

5. 各种特殊形式的垫板

各种特殊形式的垫板例如普通道岔中铺设在尖轨之前的辙前垫板和之后的辙后垫板、铺设在尖轨尖端和尖轨跟端的通长垫板、为保持导曲线的正确位置而设置的支距垫板等。

6. 道岔拉杆和连接杆

道岔拉杆连接两根尖轨，并与转辙设备相连，以实现尖轨的摆动，故又叫转辙杆。连接杆为连接两根尖轨的杆件，其作用是加强尖轨间的联系，提高尖轨的稳定性，如图 4-2 所示。

7. 转辙机械

最常用的道岔转换设备的种类有机械式和电动式，若按操纵方式分类则有集中式和非集中式两类。机械式转换设备可以分为集中式或非集中式，电动式转换设备则为集中式。

8. 锁闭机构

锁闭机构有内锁和外锁两种形式。内锁是通过转辙连杆在转辙机内部锁定，因轮轨横向力由转辙机承受，故障率较高；外锁则是通过楔形燕尾锁、拐肘锁及钩形锁等实现尖轨与基本轨在牵引点处锁闭，可靠性高，列车荷载由锁闭器传递给基本轨共同承受。

9. 密贴检查器

高速道岔中为保证尖轨与基本轨的密贴，在牵引点间设置密贴检查器，对尖轨完成转换、锁闭及运营过程中可能出现的缝隙、异物实施监督，还对非工作尖轨在第一牵引点处的开口和最小间距部位进行监督，确保道岔可动部件处于最佳技术状态。

10. 融雪设备

在基本轨轨底、轨腰或滑床板上安装加热条，在冬天下雪或下雨时启动加热设备，可及时除去尖轨转换范围内的积雪和积冰，确保道岔可动部件的正常转换，目前已在北方寒冷地区使用。

11. 道岔监测系统

道岔监测系统可对道岔及其转换设备的各种数据和道岔环境数据进行实时、在线监测，同时对其综合状态和安全运行进行监测，为道岔的维护和使用提供数据。监测参数主要有轮缘槽宽度、转辙机转换阻力、转换时间、转辙机动态力、转辙机工作电流和电压、道岔环境温度和环境湿度、振动加速度等。该设备不是道岔功能所必需的，但可为道岔实现科学养护提供支持。

三、辙叉及护轨

（一）辙叉的分类

辙叉是使车轮由一股钢轨越过另一股钢轨的设备，它设置在道岔侧线钢轨与道岔主线钢轨相交处。辙叉由心轨、翼轨、护轨及联结零件组成。按平面形式分，辙叉有直线辙叉和曲线辙叉两类；按构造类型分，有固定辙叉和可动式辙叉两类。在单开道岔上，直线式固定辙叉最为常用；在提速线路上多为可动式辙叉。直线式固定辙叉分两种，即整铸辙叉和钢轨组合式辙叉。

（二）辙叉的构造

1. 高锰钢整铸辙叉

高锰钢整铸辙叉，采用含锰 11% ~ 14%和含碳量 1% ~ 1.4%的高锰钢铸造，使翼轨和心轨成为一个整体，如图 4-16 所示。

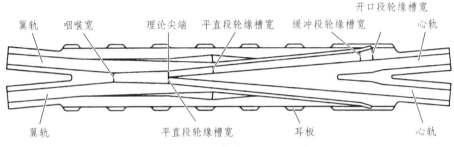

图 4-16　高锰钢整铸辙叉示意

高锰钢整铸辙叉具有较高的强度和良好的冲击韧性，并具有坚固耐磨、稳定性好、维修工作量少、使用寿命较长等优点。此外，其主要尺寸与普通钢轨组合式辙叉相同，可互换使用。目前，我国铁路广泛使用高锰钢整铸辙叉。

由于高锰钢辙叉初期硬度较低，需要经过车轮的不断碾压来提高硬度，因此辙叉上道初期磨耗较快。为进一步延长高锰钢辙叉的使用寿命，目前也采用高锰钢辙叉顶面爆炸硬化的工艺，可有效提高高锰钢辙叉顶面的硬度，但由于费用较高，主要应用在重载道岔上。

2. 组合式辙叉

普通钢轨组合式辙叉是用钢轨及其他零件经刨切拼装而成的，由长心轨、短心轨、翼轨、间隔铁、辙叉垫板及其他零件组成，如图 4-17 所示。

普通钢轨组合辙叉由于强度低、使用寿命短，已很少采用，代替它的是合金钢组合辙叉和高锰钢组合辙叉。

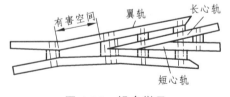

图 4-17　组合辙叉

1）合金钢组合辙叉

合金钢组合辙叉是 2000 年以后逐步发展起来的一种固定型辙叉结构形式，主要由翼轨、合金钢心轨、叉跟轨通过高强螺栓联结而成。其中叉心采用高强度合金钢锻造而成，具有强度高、耐磨性好的特点，使用寿命也较长。同时翼轨、叉跟轨均采用普通钢轨制造，方便了与线路钢轨的焊接，适用于跨区间无缝线路，因而近年来在铁路正线道岔上得到了广泛的应用。

随着合金钢辙叉技术的发展，其结构形式也不断增多，目前可分为锻制合金钢心轨组合辙叉、镶嵌翼轨式合金钢组合辙叉、合金钢钢轨组合辙叉等多种形式。

（1）锻制合金钢心轨组合辙叉。

锻制合金钢心轨组合辙叉由翼轨、锻造心轨、叉跟轨等通过高强度螺栓联结，其中翼轨可以采用普通钢轨或合金钢钢轨制造，或采用普通钢轨与合金钢焊接的结构，以提高翼轨的使用寿命，如图 4-18 所示。

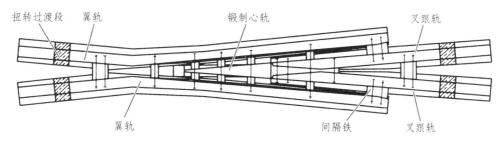

图 4-18　锻制合金钢心轨组合辙叉

锻制合金钢心轨组合辙叉是合金钢组合辙叉的基本形式，结构简单，加工制造方便，是目前使用最为广泛的结构形式。但由于其翼轨主要采用普通钢轨制造，强度低，使用寿命短，影响了整个辙叉的使用寿命，为此开发了合金钢翼轨或普通钢轨与合金钢焊接的翼轨，用以提高磨耗严重部位的翼轨强度，取得了一定的效果。

（2）镶嵌翼轨式合金钢组合辙叉。

镶嵌翼轨式合金钢组合辙叉是为解决锻制心轨合金钢组合辙叉的翼轨强度低、使用寿命短的问题而研制的，其心轨结构不变，在翼轨磨损较为严重的部位（辙叉咽喉至心轨 50 mm 断面范围）镶嵌与叉心材质一致的合金钢，从而提高翼轨强度和耐磨性能。其结构如图 4-19 所示。

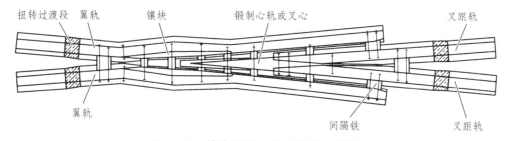

图 4-19　镶嵌翼轨式合金钢组合辙叉

由于翼轨镶嵌的合金钢体积较小，锻造质量容易保证，因此可有效提高翼轨的使用寿命。但其制造组装难度较大，造价也较高。

（3）合金钢钢轨组合式辙叉。

合金钢钢轨组合式辙叉是由翼轨、长心轨、短心轨通过高强度螺栓联结而成的辙叉，如图 4-20 所示，其翼轨、长心轨、短心轨均采用合金钢材质的钢轨制造。

翼轨采用普通断面的合金钢钢轨制造，心轨采用长短心轨组合结构，可用 AT 钢轨或高型特种断面钢轨制造。

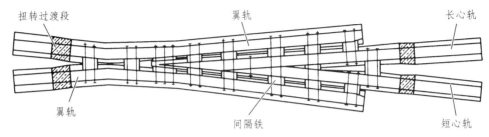

图 4-20　合金钢钢轨组合式辙叉

此外，为加强合金钢钢轨组合辙叉的联结，也有部分辙叉采用将间隔铁与钢轨胶接的结构。

2）高锰钢组合辙叉

叉心与部分翼轨用高锰钢铸成一体，再与普通钢轨制造的翼轨、叉跟轨等用高强螺栓联结组成的辙叉称为高锰钢组合辙叉，如图 4-21 所示。这种辙叉的优点是节省锰钢，铸件尺寸较小，铸造质量容易保证，有利于提高心轨、翼轨的使用寿命。

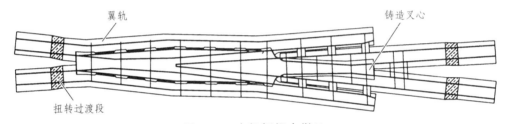

图 4-21　高锰钢组合辙叉

高锰钢组合辙叉能够充分发挥高锰钢的特点，配合顶面爆炸硬化工艺，可有效提高叉心和翼轨的使用寿命。其缺点是加工制造较为复杂，成本较高，目前主要用于重载线路。

（三）辙叉组成

以组合辙叉为例，说明其组成。叉心两侧作用边之间的夹角称辙叉角 α，辙叉心轨两个工作边延长线的交点称辙叉理论中心（理论尖端）。受限于制造工艺，实际上叉心尖端有 6~10 mm 宽度，此处称心轨的实际尖端。

翼轨由普通钢轨弯折刨切而成，用间隔铁及螺栓和叉心联结在一起，以保持相互间的正确位置，并形成必要的轮缘槽，使车轮轮缘能顺利通过。翼轨工作边相距最近处称为辙叉咽喉。从辙叉咽喉至心轨实际尖端之间的轨线中断的距离叫作"有害空间"，如图 4-22 所示。道岔号数愈大，辙叉角愈小，这个有害空间愈大。车轮通过有害空间时，叉心容易受到撞击。为保证车轮安全通过有害空间，在辙叉两侧相对位置的基本轨内侧设置了护轨（图 4-2），借以引导车轮的行驶方向。

道岔号数以辙叉号数 N 来表示，道岔号数愈大，辙叉角愈小，即：

$$N = \cot \alpha = \frac{OB'}{AB'} \tag{4-1}$$

辙叉角

$$\alpha = \arctan \frac{1}{N} \qquad\qquad (4\text{-}2)$$

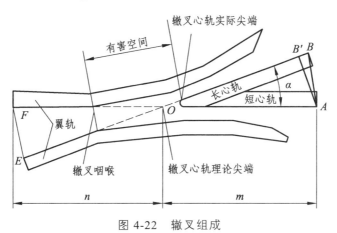

图 4-22 辙叉组成

我国道岔号数与辙叉角的对应值见表 4-8。

表 4-8 道岔号数与辙叉角的关系

道岔号数	6	7	9	12	18	24	38	41
辙叉角	9°27′44″	8°07′47″	6°20′25″	4°45′49″	3°10′47″	2°23′09″	1°30′26.8″	1°23′39.8″

单开道岔中，辙叉角小于 90°，所以又将这类辙叉称为锐角辙叉。

单开道岔辙叉从其趾端到跟端的长度 FA 或 EB，如图 4-22 所示，称辙叉全长。从辙叉趾端到理论中心的距离 EO 或 FO，称辙叉趾距（又称辙叉前长），用 n 表示；从辙叉跟端到理论中心的距离 AO 或 BO，称辙叉跟距（又称辙叉后长），用 m 表示。辙叉趾端翼轨作用边间的距离 EF 和辙叉跟端叉心作用边间距 AB，分别称辙叉趾宽（前开口）P_n 及辙叉跟宽（后开口）P_m。常用道岔辙叉尺寸见表 4-9。

表 4-9 标准辙叉尺寸

钢轨类型/（kg/m）	道岔号数	辙叉全长/mm	n/mm	m/mm	P_n/mm	P_m/mm
75、60	18	12 600	2 851	9 749	285	441
75、60	12	5 927	2 127	3 800	177	317
50	12	4 557	1 849	2 708	154	225
60	9	1 309	1 538	2 771	171	308
50	9	3 588	1 538	2 050	171	228

（四）辙叉纵断面

当车轮沿翼轨向叉心方向滚动时，由于车轮踏面是锥形的，车轮逐渐下降，当车轮离开翼轨完全滚到心轨后，又恢复到原来的高度，因此，产生了垂直不平顺，如图4-23所示。为了消除垂直不平顺，并防止心轨在其前端断面过分削弱部分承受车轮荷载，采用了提高翼轨顶面和降低心轨前端顶面的做法，将翼轨顶面做成 1：20 的横坡，使翼轨和心轨顶面之前保持必要的相对高差。

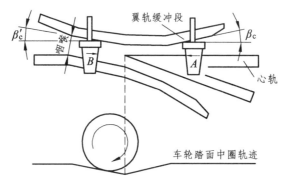

图 4-23　车轮通过辙叉示意

对高锰钢整铸辙叉，翼轨顶面的提高值是根据原型车轮和磨耗车轮的踏面坡度计算值和辙叉实际的磨耗情况确定的。实践证明，翼轨在辙叉理论尖端至心轨顶面宽 40 mm 的范围内提高 3 mm 是合适的。两侧的顺坡为向前顺至咽喉，向后顺至心轨顶面宽 50 mm 处，"62" 型和 "75" 型道岔就是这样设计的。

"92" 型道岔机加工的高锰钢整铸辙叉，翼轨的升高值随着心轨工作边至翼轨工作边的距离而变化。理论尖端处的提高值，9 号为 2.3 mm，12 号为 2.5 mm；正对心轨顶面宽 50 mm 处的提高值均为 4.8 mm。轨顶横坡采用 1：20。"75" 型和 "92" 型道岔高锰钢整铸辙叉翼轨和心轨的轨顶纵坡如图 4-24 所示。

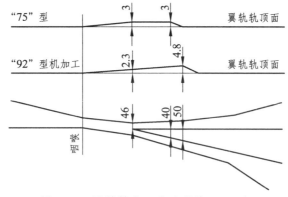

图 4-24　翼轨抬高示意（单位：mm）

（五）护　轨

护轨设于辙叉的两侧，分为三种类型："75" 型道岔主要采用钢轨间隔铁型（图

4-25），"92"型（包括 92 改）道岔则采用 H 形（图 4-26）或槽形（图 4-27）结构。护轨的作用是控制车轮的轮缘，使之进入设定的轮缘槽内，防止与叉心碰撞。护轨可用普通钢轨或特种截面的护轨钢轨制作。

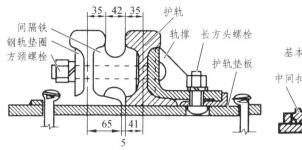

图 4-25　间隔铁式护轨断面（单位：mm）

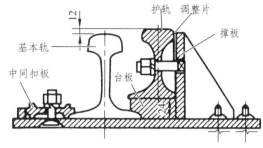

图 4-26　H 形护轨断面（单位：mm）

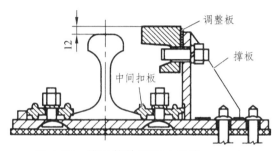

图 4-27　槽形护轨断面（单位：mm）

护轨的防护范围，应包括辙叉咽喉至叉心顶宽 50 mm 的一段长度，并要求有适当的余裕。

在平面图中，它由中间平直段、两端缓冲段和开口段组成，如图 4-28 所示。护轨平直段是起防护作用的部分，缓冲段及开口段起着将车轮平顺地引入护轨平直段的作用。缓冲段的冲击角应按列车允许的通过速度设置。

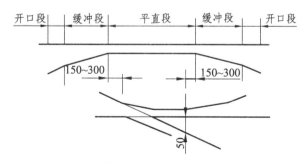

图 4-28　护轨平面形状（单位：mm）

（六）可动心轨辙叉

可动心轨式辙叉即心轨可动，翼轨固定。这种辙叉结构的优点是列车作用于心轨的横向力能直接传递给翼轨，保证了辙叉的横向稳定。由于心轨的转换与转辙器同步联动，不会在误认进路时发生脱轨事故，故能保证行车安全。其缺点是制造比较复杂，并较固定式辙叉长。

可动心轨式辙叉的心轨跟端有铰接式和弹性可弯式两种。心轨跟端为铰接式的又称为回转式心轨，如图 4-29 所示。

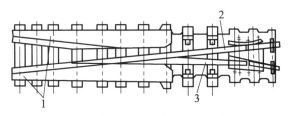

1—翼轨；2—长心轨；3—短心轨。

图 4-29　回转式可动心轨辙叉

铰接式心轨可为整铸或用特种尖轨钢轨制成，通过高强螺栓固定在翼轨上的间隔铁能保证心轨与翼轨的相对位置，并传递水平力。这种辙叉便于铸造，转换力较小，可以与原有固定式辙叉的长度相同。铺设这种可动心轨辙叉不致引起车站平面的变动，因此，尤其适用于既有线大站场的技术改造。但是铰接式心轨在辙叉范围内出现活接头，不如弹性可弯式结构稳妥可靠。

另一类可动心轨辙叉的心轨为弹性可弯式。心轨用特种截面钢轨制成，心轨的一肢跟端为弹性可弯式，另一端为活动铰接式；或是心轨的两肢均为弹性可弯式，转换时长短心轨接合面上产生少量的相对滑动。这种心轨较长，并且转换力较大。前一种结构不仅联结可靠，而且构造简单，辙叉转换力也较小。我国广泛采用的可动心轨辙叉选用的就是这种形式，如图 4-30 所示。

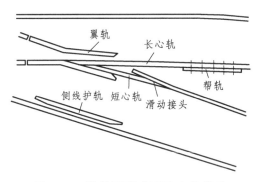

图 4-30　弹性可弯式可动心轨辙叉

同固定辙叉一样，为保证车轮由翼轨滚向心轨，不撞击心轨实际尖端，所有型号道岔心轨实际尖端顶面均低于翼轨顶面 23 mm，而后心轨顶面逐渐抬高。当心轨顶面宽达到 20 mm，心轨顶面降低 4~5 mm（个别型号降低 2 mm 或 5.5 m），大部分型号道岔在心轨轨头宽 50 mm 处，心轨与翼轨顶面等高，如图 4-31 所示。但个别型号道岔，则在心轨轨头宽 71 mm 处和翼轨顶面等高，如 SC325（60 kg/m 钢轨 12 号可动心轨提速单开道岔），在心轨轨头宽 3.27 mm（实际尖端）、20 mm、50 mm、71 mm 处，心轨顶面比翼轨分别低 23 mm、5.5 mm、2.3 mm、0 mm。

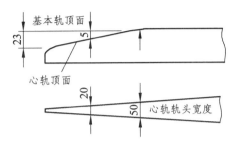

图 4-31　心轨顶面降低值（单位：mm）

四、道岔连接部分

连接部分是转辙器和辙叉之间的连接线路，它包括直股连接线和曲股连接线。直股连接线与区间线路构造基本相同；曲股连接线又称导曲线，导曲线的平面形式可以是圆曲线、缓和曲线或变曲率曲线。我国目前铁路上铺设的道岔导曲线均为圆曲线，当尖轨为曲线型时，尖轨本身就是导曲线的一部分。导曲线由于长度及界限的限制，一般不设超高和轨底坡，但在构造及条件容许的情况下可设置少量超高。我国在钢筋混凝土岔枕上铺设的导曲线设置了 6 mm 的超高，两端用逐渐减薄厚度的胶垫进行顺坡。

为防止导曲线钢轨在动荷载作用下的外倾及轨距扩张，可设置一定数量的轨撑或轨距拉杆，还可以在导曲线范围内设置一定数量的防爬器及防爬支撑，以减少钢轨的爬行。

连接部分一般配置 8 根钢轨，直股连接线 4 根，曲股连接线 4 根，如图 4-32 所示。配轨时要考虑轨道电路绝缘接头的位置和满足接头相对的要求，并尽量采用 12.5 m 或 25 m 长的标准钢轨。连接部分使用的短轨，一般不短于 6.25 m，在困难的情况下，不短于 4.5 m。

我国标准的 9 号、12 号及 18 号道岔连接部分的配轨尺寸见表 4-10。

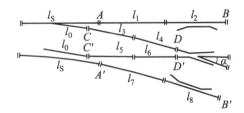

图 4-32　道岔连接部分

表 4-10　标准道岔的配轨尺寸　　　　　　　单位：mm

N	9	12	18	N	9	12	18
l_1	5 324	11 791	10 226	l_5	6 836	12 500	16 574
l_2	11 000	12 500	18 750	l_6	9 500	9 385	12 500
l_3	6 894	12 500	16 903	l_7	5 216	11 708	10 173
l_4	9 500	9 426	12 500	l_8	11 000	12 500	18 750

五、岔 枕

1. 单开道岔岔枕长度

我国道岔中岔枕过去以使用木枕为主，现在均更换成了混凝土岔枕。

木岔枕截面和普通木枕基本相同，长度分为 12 级，其中最短的为 2.60 m，最长的为 4.80 m，级差为 0.20 m。而钢筋混凝土岔枕最长者为 4.90 m，级差为 0.10 m。

在我国铁路上还存在一定数量按旧标准加工的岔枕。这类岔枕长度分为 16 级，其中最短的 2.60 m，最长的 4.85 m，级差为 0.15 m。

2. 混凝土岔枕的构造

混凝土岔枕与Ⅲ型混凝土枕具有相当的有效支承面积，采用无挡肩形式，岔枕顶面平直，岔枕中还预埋有尼龙套管，依靠扣件摩擦及旋入套管中的道钉承受横向荷载。

3. 钢岔枕

为了不让转换设备占用轨枕空间，适应大型养路机械设备的需要，提速道岔中还设计并采用了钢岔枕。钢岔枕是借鉴德国高速道岔的使用经验而研制的，但在国内使用中尚存在与道砟间摩擦系数较小、不易捣固密实、偏心受载、受力条件恶化等一系列不足的问题，未能在高速道岔中推广应用。

4. 交叉渡线岔枕

在交叉渡线中，最长的岔枕可达 7 m，这样给制造、运输、铺设和养护均带来了不便，通常会在合适的位置上将长岔枕断开，使每根岔枕的长度不超过 5 m，两岔枕间通过弹性铰接结构联结起来，该结构只传递沿岔枕的纵向力，而不传递剪力和弯矩。这种结构在德国单开道岔中也有采用，一方面是便于道岔组装运输，另一方面是避免直向行车时，长岔枕对侧股道床的拍打作用，而导致道床失稳。

5. 岔枕的布置

为使道岔的轨下基础具有均匀的弹性，岔枕间距应尽可能保持一致。转辙器和辙叉范围内的岔枕间距，通常采用（1～0.9）倍区间线路的轨枕间距。设置转辙杆的一孔，其间距应当适当增大。道岔钢轨接头处的岔枕间距应与区间线路同类型钢轨接头处轨枕间距保持一致，并使轨缝位于间距的中心。

铺设在单开道岔转辙器及连接部分的岔枕，均应与道岔的直股方向垂直。辙叉部分的岔枕，应与辙叉角的角平分线垂直，从辙叉趾前第二根岔枕开始，逐渐由垂直角平分线方向转到垂直于直股的方向。岔枕的间距，在转辙器部分按直线上股计量，在导曲线及转向过渡段按直线下股计量，在辙叉部分按角平分线计量。为改善列车直向过岔时的运行条件，提速道岔及客运专线道岔中所有的岔枕均按垂直于直股方向布置，间距均匀一致，均为 600 mm。

岔枕长度在道岔各个部位差别很大。岔枕端部伸出钢轨工作边的距离 M 应与区间线路基本保持一致。

六、道岔扣件

扣件是道岔不可或缺的组成部分，其主要功能是固定道岔钢轨的位置，抵抗车轮作用在钢轨上的垂向力和横向力。缓冲钢轨对轨下基础的冲击力作用。因此道岔扣件应具有足够的扣压力、适当的弹性及一定的轨距和高程调整能力，为钢轨的伸缩提供阻力。

"75"型道岔采用普通道钉联结钢轨、垫板和岔枕，在滑床板和护轨垫板部分采用螺纹道钉联结铁垫板和岔枕。

"92"型道岔采用分开式刚性可调扣板式扣件，该扣件系统由铁垫板、扣板、T形螺栓、螺母、弹簧垫圈、板下塑料垫片和螺纹道钉组成，如图 4-33（a）、表 4-11 所示。该扣件为刚性扣件，可通过扣板的翻面和调边来调整轨距，无须更换扣板，轨距调整量为 + 4 mm，－ 8 mm。该扣件的优点是采用弧形扣件，可适应铁垫板与钢轨偏斜的不同情况，铁垫板的规格较为统一；其缺点是采用刚性扣压，扣压力受螺栓扭矩影响较大。

提速道岔采用分开式弹性扣件，主要采用有螺栓扣件，由铁垫板、Ⅱ型弹条、T形螺栓、岔枕螺钉、螺母、平垫圈、弹簧垫圈、轨距块、轨下橡胶垫板和板下橡胶垫板、塑料套管等组成，如图 4-33（b）、表 4-11 所示。设轨底坡时在铁垫板上形成，可通过更换不同号码的轨距块调整轨距，调整量为 + 8 mm，－ 12 mm。有些提速标准的 50 kg/m 钢轨各类道岔采用Ⅰ型弹条扣压，且不设轨底坡，其他与提速道岔相同。

此外，部分提速道岔也采用了无螺栓弹条扣件，由铁垫板、Ⅲ型弹条、岔枕螺钉、弹簧垫圈、轨距块、轨下橡胶垫板和板下橡胶垫板、塑料套管等结构组成，如图 4-33（c）、表 4-11 所示。

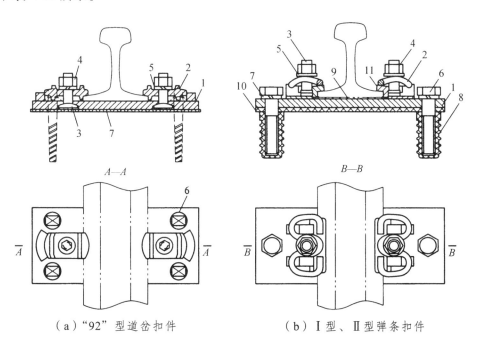

A—A　　　　　　　　　　　B—B

（a）"92"型道岔扣件　　　　　　（b）Ⅰ型、Ⅱ型弹条扣件

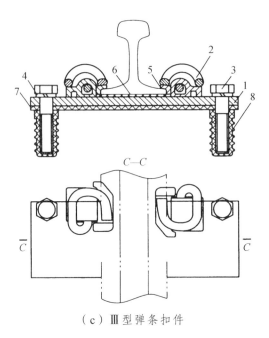

（c）Ⅲ型弹条扣件

图 4-33　扣件系统组装

注：图中标示线所注内容见表 4-11。

表 4-11　扣件零部件明细

序号	"92"型扣件	Ⅰ型弹条扣件	Ⅱ型弹条扣件	Ⅲ型弹条扣件
1	铁垫板	铁垫板	铁垫板	铁垫板
2	扣板	Ⅰ型弹条	Ⅱ型弹条	Ⅲ型弹条
3	T 形螺栓	T 形螺栓	T 形螺栓	螺钉
4	螺母	螺母	螺母	弹簧垫圈
5	弹簧垫圈	平垫圈	平垫圈	轨距块
6	螺纹道钉	螺钉	螺钉	轨下橡胶垫板
7	塑料垫片	弹性垫圈	弹性垫圈	弹性垫圈垫板
8	—	塑料套管	塑料套管	塑料套管
9	—	轨下橡胶垫板	轨下橡胶垫板	—
10	—	板下橡胶垫板	板下橡胶垫板	—
11	—	轨距块	轨距块	—

提速道岔用扣件系统的优点是采用弹性扣件，扣压件为国铁标准弹条，通用性强，扣压力大，增强了道岔的稳定性，极大地减少了现场的养护维修工作量。其缺点是平垫板只能垂直于钢轨布置，垫板需根据偏斜量的不同，设多种规格，且左右开道岔不能通用。同时滑床板和护轨垫板调距量非常小。

第四节 普通单开道岔几何形位

本节要求

（1）掌握单开道岔控制部位轨距数值及轨距加宽递减的方法，了解各等级铁路道岔轨道静态平顺度要求。

（2）掌握尖轨及辙叉、护轨部分主要间隔尺寸及误差要求，能绘图说明查照间隔"91""48"，并解释其误差。

（3）了解提高道岔侧、直向速度的主要措施，能正确阅读单开道岔总布置图，并获取相关数据。

（4）掌握常用单开道岔重点检查的项目及检查部位轨距、槽宽等。

一、道岔各部分轨距及静态平顺度

1. 道岔各部分轨距

直线轨道的轨距为 1 435 mm，曲线轨道应根据曲线半径、运行速度及机车车辆的通过条件等因素来决定。

（1）尖轨尖端轨距。

尖轨尖端轨距是按正常强制内接，在机车最大固定轴距的中间轮对正对着尖轨尖端时计算的，见表 4-12。

表 4-12 尖轨尖端轨距

尖轨种类	尖轨长度/mm	轨距/mm	附 注
直线型尖轨	6 250 以下	1 453	
	6 250～7 700 以下	1 450	
	7 700	1 445	
12 号道岔 AT 弹性可弯尖轨	—	1 437	道岔允许速度大于 120 km/h 时为 1 435 mm
其他曲线型尖轨	—	按标准图办理	无标准图时按设计图办理

（2）尖轨跟端轨距是按正常强制内接，在机车最大固定轴距有 2/3 进入导曲线，处于 2/3 部位的轮对正对着尖轨跟端时计算的，见表 4-13。

表 4-13 尖轨跟端轨距

尖轨种类	直向/mm	侧向/mm	附 注
直线型尖轨	1 439	1 439	
12 号道岔 AT 弹性可弯尖轨	1 435	1 435	尖轨轨头刨切范围内曲股轨距构造加宽除外
其他曲线型尖轨	1 435	按标准图办理	无标准图时按设计图办理

（3）导曲线中部轨距按标准图设置。

（4）辙叉部分轨距，直、侧向均为 1 435 mm。

2. 轨距加宽递减

道岔各部分的轨距加宽，应有适当的递减距离，以保证行车的平稳性。

（1）尖轨尖端的轨距加宽，容许速度不大于 120 km/h 的线路按不大于 6‰的递减率向尖轨外方递减至基本轨接头。

（2）尖轨尖端与尖轨跟端轨距的差数，直尖轨在尖轨全长范围内均匀递减，曲尖轨按标准图或设计图办理。

（3）尖轨跟端直向轨距加宽，向辙叉方向递减，距离为 1.5 m。

（4）导曲线中部轨距加宽，直尖轨时，向两端递减至尖轨跟端为 3 m，至辙叉前端为 4 m；曲尖轨时，按标准图或设计图办理。

（5）对口道岔尖轨尖端轨距递减：两尖轨尖端距离小于 6 m，两尖端处轨距相等时不作递减，不相等时则从较大轨距向较小轨距均匀递减；两尖轨尖端距离大于 6 m 时，容许速度不大于 120 km/h 的线路按不大于 6‰的递减率递减，但中间应有不短于 6 m 的相等轨距段。

（6）道岔前端与另一道岔后端相连时，容许速度不大于 120 km/h 的线路，尖轨尖端轨距递减率应不大于 6‰。当不能按 6‰递减时，可加大前面道岔的辙叉轨距为 1 441 mm；仍不能解决时，旧有道岔容许保留大于 6‰的递减率。

我国新设计的道岔中，如提速道岔，除尖轨尖端宽 2 mm 处因刨切引起的轨距构造加宽外，其余部分轨距均为标准轨距 1 435 mm。

3. 道岔静态平顺度

（1）新建高速铁路、城际铁路正线轨道道岔静态平顺度，见表 4-14。

表 4-14 高速铁路、城际铁路正线有砟（无砟）轨道道岔静态平顺度

序号	项目			容许偏差/mm			
				250 km/h≤ v≤350 km/h	v = 200 km/h	v = 160 km/h	v = 120 km/h
1	轨距	尖轨尖端	有砟	±1	±1	±1	±1
			无砟	±1	±1	±1	±1
		其他	有砟	±1	±2	+3 −2	+3 −2
			无砟	±1	±2	±2	+3 −2
2	轨向	直线（弦长 10 m）	有砟	2	3	4	4
			无砟	2	2	2	4
		支距	有砟	2	2	2	2
			无砟	2	2	2	2

续表

序号	项目			容许偏差/mm			
				250 km/h≤ v≤350 km/h	v = 200 km/h	v = 160 km/h	v = 120 km/h
3	高低	弦长 10 m	有砟	2	3	4	4
			无砟	2	2	2	4
4	水平		有砟	2	3	4	4
			无砟	2	2	2	4
5	扭曲	基线长 3 m	有砟	2	2	3	3
			无砟	2	2	2	3

注：设计时速 200 km 及以上线路正线道岔轨距变化率容许偏差为 1/1 500。

（2）新建客货共线铁路、重载铁路正线轨道道岔静态平顺度，见表 4-15。

表 4-15　客货共线铁路、重载铁路正线有砟（无砟）轨道道岔静态平顺度

序号	项目			容许偏差/mm		
				160 km/h< v≤200 km/h	120 km/h< v≤160 km/h	v≤120 km/h
1	轨距	尖轨尖端	有砟	±1	±1	±1
			无砟	±1	±1	±1
		其他	有砟	±2	+3 −2	+3 −2
			无砟	±2	±2	+3 −2
	轨向	直线（弦长 10 m）	有砟	3	4	4
			无砟	2	2	4
		支距	有砟	2	2	2
			无砟	2	2	2
3	高低	弦长 10 m	有砟	3	4	4
			无砟	2	2	4
4	水平		有砟	3	4	4
			无砟	2	2	4
5	扭曲	基线长 3 m	有砟	3	4	4
			无砟	3	4	4

注：设计时速 200 km 线路正线道岔轨距变化率容许偏差为 1/1 500。

（3）新线站线道岔静态平顺度，见表4-16。

表4-16　站线道岔静态平顺度

序号	项目		到发线	其他站线
1	轨距/mm	尖轨尖端	±1	±1
		其他	+3 −2	+3 −2
2	轨向/mm	直线（弦长10 m）	4	6
		支距	2	2
3	高低/mm	弦长10 m	4	6
4	水平/mm		4	6

（4）普速铁路道岔轨道静态几何不平顺容许偏差管理值，见表4-17。

表4-17　道岔轨道静态几何不平顺容许偏差管理值　　　　单位：mm

项目		160 km/h<v_{max} 正线			120 km/h<v_{max} ≤160 km/h 正线			80 km/h<v_{max}≤ 120 km/h 正线			v_{max}≤80 km/h 正线及到发线			其他站线		
		作业验收	计划维修	临时补修	作业验收	计划维修	临时补修	作业验收	计划维修	临时补修	作业验收	计划维修	临时补修	作业验收	计划维修	临时补修
轨距		+2 −2	+4 −2	+5 −2	+3 −2	+4 −2	+6 −2	+3 −2	+5 −3	+6 −3	+3 −2	+5 −3	+6 −3	+3 −2	+5 −3	+6 −3
水平		3	5	7	4	5	8	4	6	8	4	6	9	6	8	10
高低		3	5	7	4	5	8	4	6	8	4	6	9	6	8	10
轨向	直线	3	4	6	4	5	8	4	6	8	4	6	9	6	8	10
	支距	2	3	4	2	3	4	2	3	4	2	3	4	2	3	4
三角坑		3	4	6	4	6	8	4	6	8	4	6	9	5	8	10

注：①支距偏差为现场支距与计算支距之差。
②导曲线下股高于上股的限值：作业验收为0，计划维修为2 mm，临时补修为3 mm。
③三角坑偏差不含曲线超高顺坡造成的扭曲量；检查三角坑时的基长，采用轨道检查仪时为3 m，采用轨距尺时按规定位置检查，但在延长18 m的距离内无超过表列的三角坑。
④轨距偏差不含构造轨距加宽值，尖轨尖处轨距作业验收的容许偏差管理值为±1 mm。
⑤段管线、岔线道岔按其他站线道岔办理。

（5）普速铁路调节器轨道静态几何不平顺容许偏差管理值，见表4-18。

表 4-18 调节器轨道静态几何不平顺容许偏差管理值 单位：mm

项目	160 km/h<v_{max} 正线			120 km/h<v_{max} ≤160 km/h 正线			80 km/h<v_{max}≤ 120 km/h 正线			v_{max}≤80 km/h 正线		
	作业验收	计划维修	临时补修	作业验收	计划维修	临时补修	作业验收	计划维修	临时补修	作业验收	计划维修	临时补修
轨距	+2 −2	+4 −2	+5 −2	+3 −2	+4 −2	+6 −2	+3 −2	+5 −3	+6 −3	+3 −2	+5 −3	+6 −3
水平	3	5	7	4	5	8	4	6	8	4	6	9
高低	3	5	7	4	5	8	4	6	8	4	6	9
轨向	3	4	6	4	5	8	4	6	8	4	6	9
三角坑	3	4	6	4	6	8	4	6	8	4	6	9

注： ① 轨距偏差不含构造轨距加宽值。
② 检查三角坑时的基长，采用轨道检查仪时为 3 m，采用轨距尺时按规定位置检查，但在延长 18 m 的距离内无超过表列的三角坑。

二、转辙器部分的间隔尺寸

道岔转辙器上需要确定的几何尺寸主要有最小轮缘槽宽 t_{min} 和尖轨动程 d_0。

1. 尖轨的最小轮缘槽宽 t_{min}

当使用曲线尖轨直向过岔时，应保证在最不利的条件下，即具有最小宽度的轮对一侧车轮轮缘紧贴直股尖轨时，另一侧车轮轮缘能顺利通过而不冲击尖轨的非工作边，如图 4-34 所示。此时，曲线尖轨在其最突出处的轮缘槽，较其他任何一点的轮缘槽宽为小，称曲线尖轨的最小轮缘槽宽 t_{min}。要保证轮对顺利通过该轮缘槽，而不以轮对的轮缘撞击尖轨的非工作边，轮缘槽的宽度应取最不利组合时的数值。

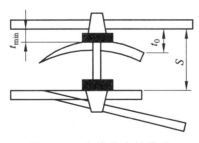

图 4-34 尖轨最小轮缘槽

我国实际采用的 $t_{min} \geq 68$ mm。同时 t_{min} 也是控制曲线尖轨长度的因素之一，为缩短尖轨长度，不宜规定得过宽，根据经验，t_{min} 可减少至 65 mm。

对于直线尖轨来说，t_{min} 发生在尖轨跟端。尖轨跟端轮缘槽应不小于 74 mm，如图 4-35 所示。尖轨跟端钢轨头部的宽度为 70 mm 时，跟端支距为 144 mm。

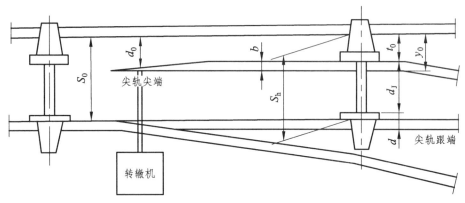

图 4-35 尖轨跟端轮缘槽与尖轨动程

2. 尖轨动程 d_0

尖轨动程指各牵引点处，尖轨非作用边与基本轨作用边之间的拉开距离。动程在尖轨（可动心轨）各牵引点中心处量取，如图 4-35。尖轨动程应保证尖轨扳开后，具有最小宽度的轮对对尖轨非作用边不发生侧向挤压和不撞击尖轨尖端。曲线尖轨的动程由 t_{min}、曲线尖轨最突出处的钢轨顶宽、曲线半径 R 等因素确定。由于目前各种转辙机的动程业已定型，故尖轨的动程应与转辙机的动程配合。目前大多数转辙机的标准动程为 152 mm，因此尖轨在第一拉杆中心处的最小动程：直尖轨为 142 mm，曲尖轨为 152 mm；AT 型弹性可弯尖轨 12 号普通道岔为 160 mm 或 180 mm，12 号提速道岔为 160 mm；18 号道岔允许速度大于 160 km/h 时为 160 mm，允许速度不大于 160 km/h 时为 160 mm 或 180 mm（具体按标准图或设计图规定办理）；其他型号道岔按标准图或设计图办理。

可动心轨第一拉杆中心处的动程按标准图或设计图办理。

特殊道岔不符合上述规定者，按标准图或设计图要求办理。

三、导曲线支距

在单开道岔上，以直股基本轨作用边为横坐标轴，导曲线上各点距此轴的垂直距离叫作导曲线支距。导曲线支距正确与否对保证导曲线的圆顺起着十分重要的作用。

计算导曲线支距有多种方法，下面以圆曲线型的曲线尖轨单开道岔为例进行计算。取直股基本轨作用边正对尖轨跟端的 O 点为坐标原点，如图 4-36 所示。这时，导曲线始点的横坐标 x_0 和支距 y_0 分别为：

$$x_0 = 0 \,, \quad y_0 = y_g \text{（尖轨跟端支距）} \tag{4-3}$$

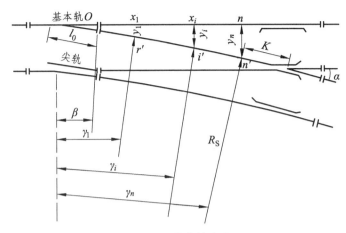

图 4-36 导曲线支距

在导曲线终点的横坐标 x_n 和支距 y_n 分别为：

$$x_n = R(\sin\gamma_n - \sin\beta)$$

$$y_n = y_g + R(\cos\beta - \cos\gamma_n) \tag{4-4}$$

式中 R ——导曲线外轨半径；

γ_n ——导曲线终点所对应的偏角；

β ——转辙角。

令导曲线上各支距测点 i 的横坐标为 x_i，通常点间距为 2 m，则其相应的支距 y_i 为：

$$y_i = y_0 + R(\cos\beta - \cos\gamma_i) \tag{4-5}$$

式中的 γ_i 可用下式近似公式求得，因为

$$R\sin\gamma_i = R\sin\beta + x_i$$

$$\sin\gamma_i = \sin\beta + \frac{x_i}{R} \tag{4-6}$$

所以 $$\gamma_i = \arcsin\left(\sin\beta + \frac{x_i}{R}\right) \tag{4-7}$$

显然，在导曲线终点 $\gamma_n = \alpha$（辙叉角）。

最后计算所得的 y_n，可用下式进行校核：

$$y_n = S - K\sin\alpha \tag{4-8}$$

式中 K ——导曲线后插直线长。

常用单开道岔从尖轨跟端开始每 2 m 一点的导曲线支距见表 4-19。

导曲线支距在道岔总布置图中有标注，如图 4-36 所示，常见单开道岔支距见表 4-19。

表 4-19　常用单开道岔导曲线支距表　　　　　单位：mm

岔号	轨型/(kg/m)	图号	尖轨跟端	支距点横坐标/m									终点前点	x_n	y_n
			0	2	4	6	8	10	12	14	16	18			
18	50	专线 4275	242	330	379	432	488	548	612	679	750	824	1 249	28.607	1 277
	60	CZ2545	187	231	279	332	390	453	520	592	669	750	1 226	29.821	1 325
	60	GLC（07）02	231.6	273.5	318.9	367.9	420.6	477	536.9	600.5	667.8	738.7	1 147.8	30.00	1 240.5
	75	专线 4135	177	222	271	326	385	450	519	594	674	758	1 147	27.578	1 233
12	50	专线 4144	144	187	243	311	390	482	587	703	831	972	1 124	21 280	1 229
	50	CZ2215（改）	263	344	437	541	657	784	923	1 073				15.868	1 223
	60	SC330	263	344	437	541	657	784	923	1 073				15.868	1 223
	60	专线 4249	311	401	502	615	739	875	1 022	1 181				14.369	1 211
	60	SC325	298	383	479	587	706	837	980	1 133				15.234	1 234
	75	专线 4132	207	280	364	459	566	685	814	956	1 108			17.416	1 223
9	43	专线 4112	144	201	281	382	506	652	820	1 011				15.793	1 201
	50	专线 4151	154	212	293	397	522	670	84	1 032				15.650	1 208
	50	CZ2209	154	213	294	397	522	670	840	1 032				15.650	1 208
	60	SC390	374	505	657	831	1 025							9.592	1 195
	60	SC402	333	459	607	777	969							9.639	1 144

四、辙叉及护轨间隔尺寸

（一）固定辙叉及护轨

固定辙叉及护轨需要确定的几何形位间隔尺寸主要是辙叉咽喉轮缘槽宽 t_1、查照间隔 D_1 及 D_2、护轨轮缘槽宽 t_g、翼轨（心轨）轮缘槽宽 t_w 和有害空间长度 l_h。

1. 辙叉咽喉轮缘槽宽 t_1

辙叉咽喉轮缘槽宽如图 4-37 所示，其计算公式为：

$$t_1 = S - (T + d) \tag{4-9}$$

为保证车辆顺利通过辙叉咽喉，应保证在最不利的条件下，即最小轮对一侧车轮轮缘紧贴基本轨时，另一侧车轮轮缘不撞击翼轨。这时最不利组合为：

$$t_1 \geqslant S_{\max} - (T + d)_{\min} \tag{4-10}$$

考虑到道岔轨距容许最大误差为 3 mm，轮对车轴弯曲后，内侧距减小 2 mm，则

$$t_1 \geqslant (1\,435 + 3) - (1\,350 - 2) - 22 = 68 \text{ mm}$$

2. 查照间隔 D_1 和护背距离 D_2

（1）护轨作用边至心轨作用边的距离称为查照间隔 D_1。由图 4-37 可知，D_1 的计算公式为：

$$D_1 = T + d \qquad (4\text{-}11)$$

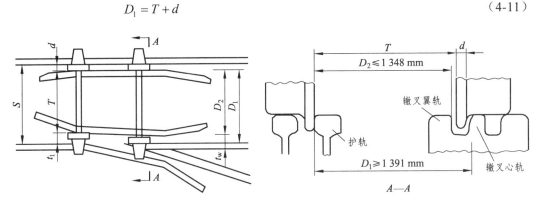

图 4-37　查照间隔与护背距离

此间隔应保证车轮轮对在最不利的条件下，最大轮对一侧轮缘受护轨的引导，而另一侧轮缘不撞击叉心，即应有：

$$D_1 \geqslant (T + d)_{max}$$

我国使用的固定辙叉查照间隔等参数是 20 世纪 60 年代依据蒸汽机车车辆轮对尺寸和容差确定的，即考虑到蒸汽机车荷载作用在机车轮对轮缘内侧，使车轴弯曲，轮背内侧距增大 2 mm，最大轮对内侧距为 1 356 mm，蒸汽机车轮对最大厚度为 33 mm，则查照间隔为：

$$D_1 \geqslant (1\ 356 + 2) + 33 = 1\ 391\ mm$$

但是中国铁路最后一台蒸汽机也于 2005 年 12 月 7 日在集通线上退役，现在机车动力全部是内燃机车和电力机车。而且我国机车车辆的轮对尺寸和容差已修订多次，因此按照运行蒸汽机车计算的辙叉查照间隔尺寸已不符合我国现阶段铁路运营的实际，而应根据现行运行的内燃、电力机车及车辆轮对尺寸和容差确定查照间隔参数。

通过计算，满足内燃、电力机车过岔的查照间隔尺寸为 1 388 mm，车辆为 1 387 mm，所以 D_1 最小值可以取 1 388 mm，其可行性也得到了我国铁道科研部门的试验验证。

（2）护轨作用边至翼轨作用边的距离称为护背距离 D_2。由图 4-37 可知，D_2 的计算公式为：

$$D_2 = T \qquad (4\text{-}12)$$

为使最小车轮通过时不被揳住，必须有

$$D_2 \leqslant T_{min}$$

取较机车轮更小的车辆轮的 T 为计算依据，并考虑车轴上弯后轮对内侧距的减小值 2 mm，则

$$D_2 \leq 1\,350 - 2 = 1\,348 \text{ mm}$$

根据现行运行的内燃、电力机车轮对尺寸和容差确定的护背距离为仍为 1 348 mm，车辆为 1 349 mm，所以可以取 1 348 mm。

考虑到我国现有道岔设备查照间隔尺寸均是依据经典的"1391"标准设计制造、施工维修的，也得到了各类客货车长期运行的考验，在没有进行大量的运营试验验证之前，辙叉查照间隔尺寸还不适宜强制过渡到"1388"标准，所以最新颁布的《普速铁路线路修理规则》（铁总工电〔2019〕34 号）规定：道岔查照间隔（辙叉心作用面至护轨头部外侧的距离）在有客车运行的线路上不得小于 1 391 mm，维持原标准，但在仅运行货车的线路上则放宽了容差范围，规定不得小于 1 388 mm；道岔护背距离（辙叉翼作用面至护轨头部外侧的距离）不得大于 1 348 mm；测量位置按设计图纸规定。

在货运专线上道岔查照间隔由 1 391 mm 调整为 1 388 mm 的意义在于延长辙叉的使用寿命。一方面保持原辙叉心轨断面尺寸，放宽参数标准，在不影响行车安全的前提下可以延长辙叉的更换周期；另一方面，加宽心轨保持原误差标准，使心轨自轨头宽度 20 mm 断面至 40 mm 断面区段变得更加粗壮，塑性变形减少或得以完全避免。同时，车轮和心轨接触面积增大，接触应力显著降低，心轨磨耗和伤损减少，能显著延长辙叉使用寿命。

3. 护轨及护轨轮缘槽

如图 4-38 所示，护轨平直段轮缘槽宽 t_{g1} 应确保 D_1 不超出规定的容许范围，即：

$$t_{g1} = S - D_1 - 2 \qquad (4\text{-}13)$$

式中　2 mm 为护轨侧面磨耗限度。

取 $S = 1\,435$ mm，$D = 1\,391$ mm，则 $t_{g1} = 42$ mm。《普速铁路线路修理规则》规定，护轨平直部分轮缘槽标准宽度为 42 mm。侧向轨距加宽时，侧向轮缘槽标准宽度等量加宽，容许误差为 $^{+3}_{-1}$ mm。

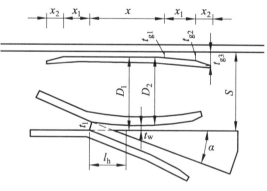

图 4-38　护轨及其轮缘槽

为使车轮轮缘能顺利进入护轨轮缘槽内，在护轨平直段两端设置了缓冲段及开口段。缓冲段的角度与尖轨冲击角相同，其终端轮缘槽宽 t_{g2} 应保证有和辙叉咽喉轮缘槽宽 t_1 相同的通过条件。在缓冲段的外端，再各设开口段，开口段终端轮缘槽宽 t_{g3} 由钢轨头部向上斜切的方法而得到。我国铁路"75"型道岔 t_{g2} 采用 68 mm，t_{g3} 采用 90 mm；新设计的道岔则分别采用 65 mm 和 80 mm。

护轨的平直段长度 x，相当于自辙叉咽喉起至心轨顶宽 50 mm 处止，外加两侧各 100~300 mm，缓冲段长 x_1 按计算确定，护轨全长及各部分具体尺寸应根据设计图确定。

4. 辙叉翼轨平直段轮缘槽宽 t_w

根据图 4-38 所示，为使具有最小轮背内侧距的轮对自由通过辙叉的平直段，应有：

$$t_w \geqslant S - t_{g1} - D_2 \tag{4-14}$$

代入有关数据，得 $t_w \geqslant 1\ 435 - 42 - 1\ 348 = 45$ mm。

考虑到制造时可能出现负公差，我国定型道岔采用 46 mm，《普速铁路线路修理规则》规定为 45~49 mm。从辙叉心轨尖端至心轨宽 50 mm 处，t_w 均应保持此宽度，轮缘槽宽度的测量位置按标准图或设计图规定，轮缘槽宽度的量取位置与轨距量取位置相同。

辙叉翼轨轮缘槽也有过渡段和开口段。与护轨情况相同，其终端轮缘槽分别为 68 mm 和 90 mm。辙叉翼轨各部分长度及其总长，可比照护轨作相应的计算。

5. 有害空间 l_h

从辙叉咽喉至实际尖端之间的距离，称辙叉的有害空间。有害空间的长度 l_h 可用下式求算：

$$l_h = \frac{t_1 + b_1}{\sin \alpha} \tag{4-15}$$

式中 b_1——叉心实际尖端宽度。

由于 α 很小，可近似地取 $\dfrac{1}{\sin \alpha} \approx \dfrac{1}{\tan \alpha} = \cot \alpha = N$，故式（4-15）可改写成：

$$l_h \approx (t_1 + b_1)N \tag{4-16}$$

取 $t_1 = 68$ mm，$b_1 = 10$ mm，则 9 号、12 号及 18 号道岔的有害空间分别为 702 mm、936 mm 及 1 404 mm。

（二）可动心轨辙叉

1. 主要尺寸

如图 4-39 所示，以 CB2523 60 kg/m 钢轨 12 号 TSG 型单开道岔可动心轨辙叉为例，说明几个主要平面尺寸。辙叉全长 13.792 m，心轨理论尖端至辙叉趾端 2.796 m，至心轨弹性可弯中心 6.467 m，至辙叉跟端 6 467 mm + 4 529 mm = 10.996 m；辙叉前开口宽 364.5 mm，后开口（轨距线之间）778 mm；心轨理论尖端与实际尖端距离 50 mm。在实际维修中，心轨实际尖端至辙叉趾端的距离（尖趾距）是控制尖轨纵向位置的重要参数，尖趾距离容许误差：12 号为 $^{+10}_{0}$ mm，18 号为 $^{+15}_{0}$ mm，30 号及以上为 $^{+25}_{0}$ mm。

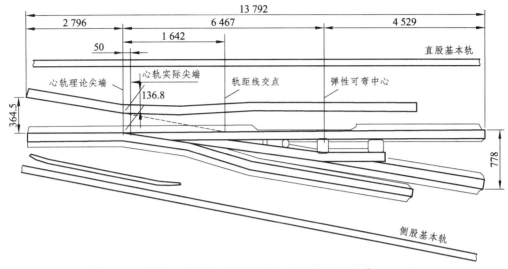

图 4-39 可动心轨辙叉主要平面尺寸示意图（单位：mm）

2. 可动心轨辙叉部位的间隔

可动心轨辙叉与普通固定式辙叉不同，其咽喉宽度不能用最小轮背距和最小轮缘厚度进行计算，应根据转辙机的参数来决定。现在电动转辙机的动程为 158 mm，调整密贴的调整杆的轴套摆度最小可达 90 mm。因此，可动心轨辙叉咽喉的理论宽度不应小于 90 mm，并不大于 158 mm，图示数值为 136.8 mm。

五、单开道岔的主要尺寸

无论在现场进行道岔的测定、铺设及更换或在室内进行站场设计以及绘制车站平面图时，都必须对道岔主要尺寸有清楚的了解和准确的应用。以直尖轨为例，单开道岔主要尺寸如图 4-40 所示。

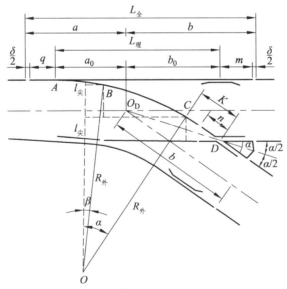

图 4-40 直线尖轨、单开道岔的主要尺寸

图中：

$L_全$——道岔全长（道岔始端至道岔终端的水平投影长度）；

$L_理$——道岔理论长度（尖轨尖端至辙叉心轨理论尖端的水平投影长度）；

O_D——道岔中心（直线中心线与侧线中心线的交点）；

a——道岔前部实际长度（道岔始端至道岔中心的水平距离）；

b——道岔后部实际长度（道岔中心至道岔终端的水平距离）；

q——尖轨前的基本轨长度；

a_0——道岔前部理论长度（尖轨尖端至道岔中心的水平距离）：

b_0——道岔后部理论长度（道岔中心至辙叉心轨理论尖端的水平距离）；

n——辙叉趾长（辙叉前长）；

m——辙叉跟长（辙叉后长）；

$l_尖$——尖轨长度（A 点为尖轨尖端，B 点为尖轨跟端）；

$R_外$——导曲线外轨工作边的半径；

K——导曲线终点至辙叉心轨理论尖端的直线段长度；

D——辙叉心轨理论尖端；

S——标准轨距；

O——导曲线圆心；

β——尖轨转辙角；

α——辙叉角；

δ——轨缝宽度。

单开道岔中的主要尺寸，一般是指道岔理论长度 $L_理$、道岔全长 $L_全$、辙叉理论尖端前的直线段长度 K 及导曲线半径 $R_外$ 等。

我国常用的单开道岔主要尺寸列于表 4-20 中。

表 4-20　单开道岔主要尺寸

道岔号数 N	9	12	18
钢轨类型	43、50（AT）	43、50（50、60AT）	50（60、75）
转辙角 β	1°19′12.7″（1°21′56″）	1°04′18′（1°54′47″）	$\beta_0 = 0°27′10″$
辙叉角 α	6°20′25″	4°45′49″	3°10′47″
道岔全长 $L_全$	28 848	36 815（37 907）	54 000（56 547）
道岔前部实际长度 a	13 839	16 853	22 745
道岔后部实际长度 b	15 009	19 962（21 054）	31 255（33 802）
导曲线半径 R	180 000	330 000（350 000）	800 000

道岔号数 N	9	12	18
道岔前部理论长度 a_0	11 189	14 203	18 867
道岔后部理论长度 b_0	12 955	17 250	25 851
尖轨长度 $l_尖$	6 250（6 450）	7 700（11 300）	13 500
尖轨尖端前基本轨长度 q	2 646（2 058）	2 646	3 874
辙叉尖前直线段 K	2 115（2 058）	2 483（2 548）	3 646
辙叉趾长 n	1 538	1 849（2 127）	2 836（4 652）
辙叉跟长 m	2 050	2 708（3 800）	5 400（7 947）
护轨长度 $l_护$	3 900（3 600）	4 500（4 600）	7 500（7 400）
辙叉前开口	170	154（177）	157（258）
辙叉后开口	227	225（316）	300（441）

注：表中长度单位均为 mm。

辙叉理论尖端前的直线段长度 K 又称导曲线后插直线段，是为了减少车辆对辙叉的撞击，避免车轮与辙叉前接头相撞，并使辙叉两侧的护轨完全铺设在直线上而设置的，一般要求 K 有 2～4 m 的长度，最短不得小于辙叉趾距 n 加上夹板长度之半。

如图 4-41 所示为 60 kg/m 钢轨 9 号单开道岔总布置图（专线 4194）。

六、单开道岔重点检查

道岔的手工检查方法分精细检查和重点检查。精细检查时要求每根岔枕检查，重点检查时按要求位置检查。

（一）轨距、水平检查

轨距、水平的检查位置一般遵循特征点和大致等距的原则。基本方法是：先直后曲，顺时针行走。先直后曲是指在导曲线部分，如果同时要测量直股和曲股的轨距、水平时，为避免记录时出错，应先量直股，后量曲股。顺时针行走是指在辙叉部分检查时，为保证道尺的活动端位于护轨轮缘槽内，当右手拿道尺时，应按顺时针方向测量，比如右开道岔就应该先量直股，后量曲股；当左手拿道尺时，行走方向相反。普通单开道岔重点检查部位一般有 17 处，也简称"十七尺"，如图 4-42 所示。

水平测量的基准股：一般以上股为基准股，上股高为正。

提速（高速）道岔的尖轨、心轨采用 AT 轨制造，除尖轨、心轨轨顶刨切部分外，不存在构造水平，因此，水平的检查地点与轨距的检查地点相同。

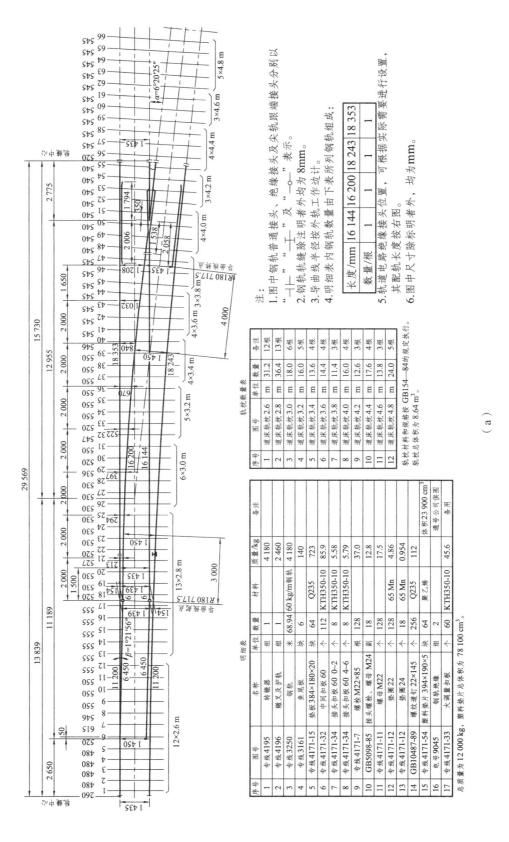

（a）

注：
1. 图中钢轨普通接头、绝缘接头及尖轨跟端接头分别以 "—一—"、"工"及者以外轨工作边进行设计。
2. 钢轨轨缝注明者除外均为 8mm。
3. 导曲线半径按外轨工作边设计。
4. 明细表内钢轨数量由下表所列钢轨组成：

长度/mm	16 144	16 200	18 243	18 353
数量/根	1	1	1	1

5. 轨道电路绝缘接头位置，可根据实际需要进行设置。
6. 图中尺寸除标明者外，均为 mm。

轨枕数量表

序号	图号	名称	单位	数量	备注
1		道床轨枕 2.6	m	31.2	12根
2		道床轨枕 2.8	m	36.4	13根
3		道床轨枕 3.0	m	18.0	6根
4		道床轨枕 3.2	m	16.0	5根
5		道床轨枕 3.4	m	13.6	4根
6		道床轨枕 3.6	m	14.4	4根
7		道床轨枕 3.8	m	11.4	3根
8		道床轨枕 4.0	m	16.0	4根
9		道床轨枕 4.2	m	12.6	3根
10		道床轨枕 4.4	m	17.6	4根
11		道床轨枕 4.6	m	13.8	3根
12		道床轨枕 4.8	m	24.0	5根

轨枕材料和规格按 GB154—84 的规定表执行。
轨枕总体积为 8.64 m³。

明细表

序号	图号	名称	单位	数量	材料	质量/kg	备注
1	专线 4195	转辙器	组	1		4 180	
2	专线 4196	辙叉及护轨	组	1		2 460	
3	专线 3250	钢轨	米	68.94	60 kg/m钢轨	4 180	
4	专线 3161	鱼尾板	块	6	Q235	140	
5	专线 4171-15	垫板 384×180×20	块	112	Q235	723	
6	专线 4171-32	中间扣板 60	个	112	KTH350-10	85.9	
7	专线 4171-34	接头扣板 60 0-2	个	8	KTH350-10	5.58	
8	专线 4171-34	接头扣板 60 4-6	个	8	KTH350-10	5.79	
9	专线 4171-7	螺栓 M22×85	根	128		37.0	
10	GB5098-85	接头螺栓 M24	副	18		12.8	
11	专线 4171-11	螺母 M22	个	128		17.5	
12	专线 4171-12	垫圈 22	个	128	65 Mn	4.86	
13	专线 4171-12	垫圈 24	个	18	65 Mn	0.954	
14	GB10487-89	螺纹道钉 22×145	个	256	Q235	112	
15	专线 4171-54	塑料垫片 394×190×5	块	64	聚乙烯		体积23 900 cm³
16	电号 9045	钢轨绝缘	组	2			通号公司供图
17	专线 4171-33	大调量扣板	个	60	KTH350-10	45.6	备用

总质量为 12 000 kg，塑料垫片总体积为 78 100 cm³。

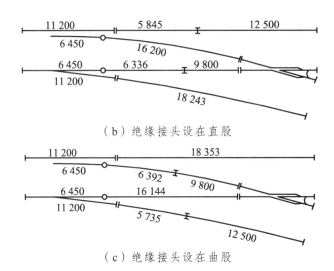

（b）绝缘接头设在直股

（c）绝缘接头设在曲股

图 4-41 （专线 4194）60 kg/m 钢轨 9 号单开道岔总布置图

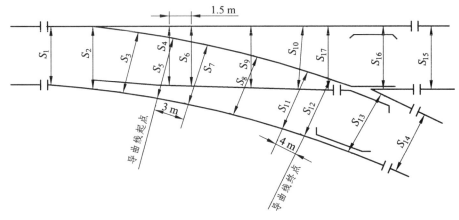

图 4-42 道岔检查"十七尺"

（二）方向、高低检查

方向可在外直股全长范围以及内直股尖轨跟部至辙叉趾端范围内检查，当开通直股时，可延伸至尖轨中部放弦检查内直股方向。辙叉实际尖端至岔后内直股并延伸至道岔前后各 50 m 范围都可以检查方向。

高低检查的范围与方向相同。

第五节 高速客专道岔

本节要求

（1）了解高速客专道岔的分类，掌握客运专线道岔尖轨、辙叉、护轨、扣件系统的构造特点及主要技术要求。

（2）能读懂 18 号客专道岔总布置图、转辙器和辙叉布置图。

一、高速客专道岔分类及组成

（一）高速客专道岔分类

高速铁路道岔均为单开道岔，其种类可以按采用的技术系列、速度（直向或侧向容许通过速度）、轨下基础类型进行分类。

（1）按技术类型，高速客专道岔可分为自主技术客专线、CN、CZ 三个系列。其中：自主技术客专线系列有 18 号、42 号和 62 号三种号码道岔，对应侧向容许通过速度分别为 80 km/h、160 km/h 和 220 km/h；CN 系列有 18 号、39 号、42 号和 50 号四种号码道岔，被我国保留下来继续铺设使用的只有 18 号和 42 号两种；CZ 系列有 18 号、41 号两种号码道岔，在我国新建和大修改造线路中将不再使用。

（2）按直向容许通过速度，高速客专道岔可分为 250 km/h 道岔和 350 km/h 道岔两类。

（3）按轨下基础类型，高速客专道岔可分为有砟道岔和无砟道岔。

① 有砟道岔的轨下基础与传统道岔相同，采用碎石道床结构。

② 无砟道岔的轨下基础结构形式分为轨枕埋入式和道岔板式两种。

轨枕埋入式道岔的轨下基础结构自下而上由混凝土支承层、现浇混凝土道床、预制混凝土岔枕（带钢筋桁架的预应力结构）组成。

板式道岔的轨下基础结构自下而上由混凝土底座、自流平混凝土填充层和预制道岔板组成。两种道岔的上部结构完全相同。

根据目前的技术发展趋势，时速 350 km 客运专线采用无砟轨道，时速 250 km 客运专线采用有砟轨道；个别城际轨道交通，虽然最高运行速度不超过 250 km/h，采用无砟轨道，但列车轴重较轻，也宜采用时速 350 km 的客运专线道岔。

（二）高速客专道岔的组成

客运专线道岔包括道岔本身、岔枕及电务转换设备三部分。

客运专线道岔按平面布置可以分为转辙器、导曲线、可动心轨辙叉和岔后连接部分四部分，如图 4-43 所示。

客运专线道岔还可按不同的零部件分为尖轨-基本轨组件、可动心轨辙叉、配轨及零部件等。

（三）不同技术系列道岔技术特点对比

在本章第二节，我们归纳了高速客专道岔在设计、制造、铺设等方面的一些共性特点，表 4-21 通过对比，列出了不同技术系列客专道岔的主要技术特点。

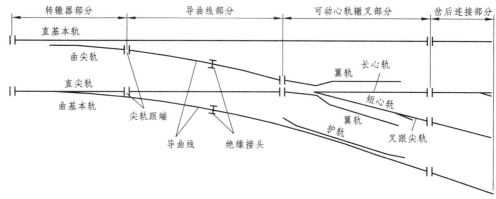

图 4-43　客运专线道岔组成

表 4-21　客专线、CN、CZ 系列道岔结构主要异同点

序号	客专线系列	CN 系列	CZ 系列
1	尖轨采用 60AT2（60D40，图 4-46）钢轨制造	尖轨采用 60AT3（Zul-60，图 4-47）钢轨制造	尖轨采用 60AT2 钢轨制造
2	尖轨跟端采用间隔铁、限位器或无传力结构	尖轨跟端采用限位器结构	尖轨跟端不设传力结构
3	翼轨采用轧制的特种断面翼轨（TY）	翼轨采用普通钢轨制造	翼轨采用高锰钢铸造与 A74 钢轨焊接的方式
4	翼轨与长心轨或岔跟尖轨胶接	心轨前端采用整体锻制	心轨采用 60AT2 钢轨拼接
5	岔跟尖轨用 60 kg/m 钢轨制造	岔跟尖轨用厚腰钢轨制造	岔跟尖轨用 60AT2
6	所有铁垫板采用硫化处理	铁垫板采用硫化处理（大号码道岔可动心轨辙叉部分不采用硫化处理）	铁垫板不采用硫化处理
7	部分滑床间隔设置施维格辊轮，辊轮高度可方便地进行调整	转辙器部分间隔设置辊轮滑床板，辊轮设在滑床板中间	转辙器部分间隔设置辊轮滑床板
8	扣件为弹条 Ⅱ 型扣件	扣件为窄形弹条，滑床板部分用两根分体弹条扣压	扣件为窄形弹条，滑床板部分用弹性夹扣压
9	混凝土岔枕采用长岔枕，垂直于道岔直股布置	混凝土长岔枕采用铰接，按扇形布置	混凝土岔枕采用长岔枕
10	牵引点设两岔枕之间，尖轨采用多机多点、分动转换	尖轨采用多机多点、分动转换，有砟道岔牵引点设钢轨枕	牵引点设置在混凝土岔枕上，尖轨采用一机多点、联动转换
11		基本轨设有轨距加宽	

二、高速客专道岔构造

高速道岔具有高安全性、高平顺性、高稳定性和较高的容许通过速度，可保证列车平稳、舒适地运行，因此高速道岔均采用 18 号以上的单开道岔（只在尽头车站铺设 12 号）、可动心轨辙叉，适用于跨区间无缝线路。

（一）平面线型及主要尺寸

客专道岔系列为 18 号、42 号和 62 号，导曲线线型及主要尺寸见表 4-22。18 号道岔用于正线与到发线连接；42 号道岔用于渡线和上下高速线，62 号道岔主要用于上下高速线。客专 18 号道岔采用了与秦沈客运专线道岔相同的平面布置，但将原来的相切线型改为 12 mm 相离线型，主要是为了改善顺向出岔对尖轨及基本轨前端的磨耗，提高使用寿命；圆曲线终点进入辙叉范围，如图 4-44 所示。42 号道岔和 62 号道岔采用圆曲线＋缓和曲线线型，如图 4-45 所示。

表 4-22　我国客专线道岔设计参数及线型

道岔号数	12	18	42	62
辙叉角	4°45′49.1″	3°10′47.39″	1°21′50.13″	0°55′26.56″
道岔直向允许速度/（km/h）	250	250/350	250/350	350
道岔侧向允许速度/（km/h）	50	80	160	220
平面线型	单圆曲线 R350 m	单圆曲线 R1 100 m	圆 R5 000 m＋三次抛物线	圆 R8 200 m＋三次抛物线
道岔全长/m	43 200	69 000	157 200	201 000
道岔前长/m	16 592	31 729	60 573	70 784
道岔后长/m	26 608	37 271	96 627	130 216
尖轨牵引点数量	3	3	6	8
心轨牵引点数量	2	2	3	4

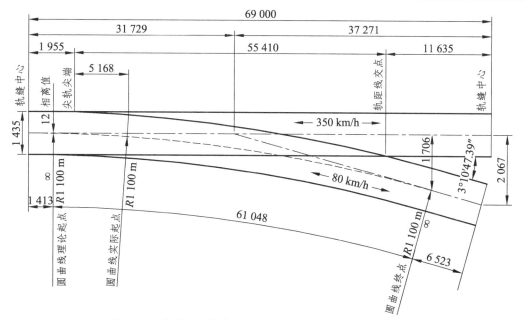

图 4-44　客专 18 号道岔平面尺寸示意图（单位：mm）

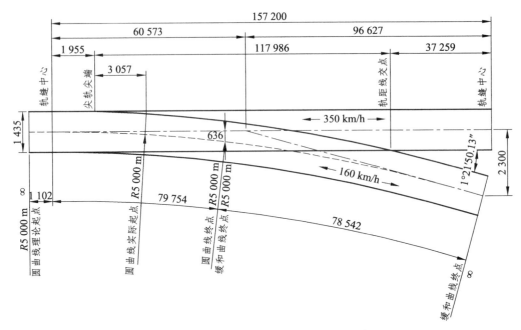

图 4-45　客专 42 号道岔平面尺寸示意图（单位：mm）

（二）主要钢轨件

（1）基本轨、导轨、岔跟轨用 60 kg/m 钢轨制造。尖轨、心轨用 60AT2 钢轨制造，如图 4-46 所示，不采用 60AT1 钢轨，其优点是高度较小，便于滑床板的结构设计，横向刚度较小，有利于减小扳动力。而 CN 系列道岔尖轨采用 60AT3（Zul-60）钢轨制造，如图 4-47 所示。

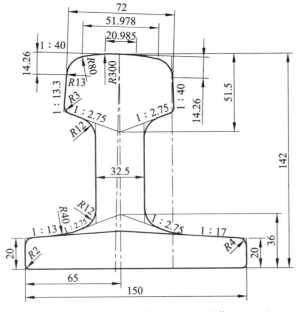

图 4-46　60AT2 钢轨断面尺寸（单位：mm）

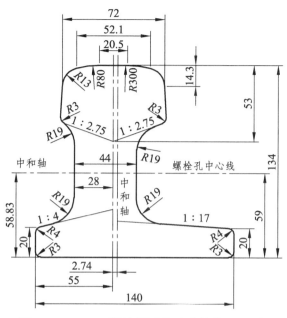

图 4-47　60AT3 钢轨断面尺寸（单位：mm）

（2）尖轨跟端锻压成 60 kg/m 钢轨断面，成型段长度为 450 mm，过渡段长度为 150 mm，跟端轨顶面向内侧扭转 1 ：40，与提速道岔相同，跟端成型段如图 4-48 所示。

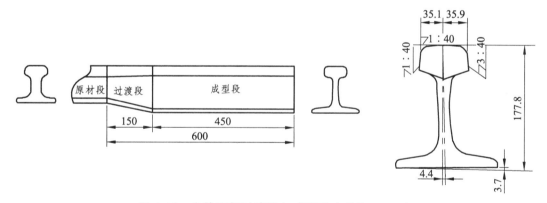

图 4-48　尖轨跟部过渡段与成型段（单位：mm）

（3）钢轨件材质与线路钢轨相同，时速 250 km 客专道岔轨头顶面作淬火处理，时速 350 km 客专道岔不淬火，只在尖轨和心轨跟端做淬火处理。尖轨采用 60D40 钢轨制造，钢轨件材质为 U71Mn 或 U75V。

（4）道岔内钢轨均采用焊接接头，绝缘接头采用胶接绝缘。绝缘接头均设置在道岔侧股。

（5）配轨长度均按预留 8 mm 轨缝计算，以便于厂内组装。现场焊接时，可按需要长度锯切。

（6）道岔内各钢轨件均预留轨道电路连接安装孔。

（三）尖 轨

1. 跟端结构

尖轨跟端的基本轨外侧采用Ⅱ型弹条扣压，内侧采用几形弹性夹扣压，以增强基本轨抗横向倾翻能力。尖轨跟端根据道岔所处地区的温差，采用限位器或间隔铁结构（图 4-49）或不设任何传力结构。

（a）间隔铁　　　　　　　　　　　　　（b）限位器

图 4-49　客专道岔尖轨跟端结构

三种不同跟端结构的优缺点：

（1）限位器：传力较为明确，基本轨所受的附加力较小，但尖轨的位移较大。

根据提速道岔的使用经验，设限位器的效果较差，限位器受力时，容易造成尖轨的方向不好，且多个限位器也很难同时受力。

（2）间隔铁：设间隔铁的优点是尖轨的固定比较牢固，尖轨的位移最小，也有利于保持尖轨的线型；缺点是基本轨承受的附加力最大，间隔铁本身的受力也较大。

（3）不设任何传力结构：尖轨跟端只用扣件固定，结构较为简单，但尖轨的位移较大且难以控制。

2. 尖轨防跳

为防止尖轨在列车过岔过程中产生跳动，尖轨设置了防跳措施。密贴状态时，密贴尖轨与基本轨轨头下颚配合防跳及在轨头切削断面以后采用防跳顶铁，如图 4-50（a）所示；非贴合状态则设置适合于辊轮滑床垫板的防跳限位装置，如图 4-50（b）所示。

3. 尖轨转换

尖轨转换采用辊轮滑床台板，如图 4-51（a）所示。该设计使得尖轨后端的轨距平顺性得以保持，同时摒弃了提速道岔滑床板采用弹片和销钉扣压基本轨内侧的方式，引进瑞士施维格公司的整体弹性夹[图 4-51（b）]扣压基本轨内侧轨底，如图 4-51（c）所示，增强了基本轨抗横向倾翻能力，提高了道岔结构的稳定性。

弹性夹按长度分为三种规格：SSB4（360 mm）用于尖轨跟端，SSB3（303 mm）用于滑床台，SSB2（224 mm）用于护轨垫板。

（a）C型防跳顶铁实图

（b）尖轨限位防跳装置实图

图 4-50　尖轨防跳顶铁和限位装置

滑床板
弹性夹
辊轮

（a）辊轮滑床台板

（b）弹性夹

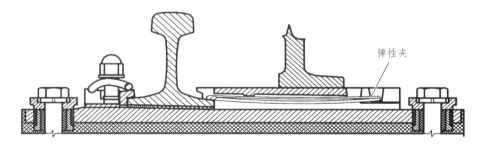

弹性夹

（c）基本轨内侧弹性夹扣压断面

图 4-51　辊轮滑床台板及弹性夹

4. 尖轨降低值

决定轮载在尖轨和基本轨间的过渡范围和过渡比例，和道岔平顺性直接相关。通过优化尖轨降低值能较好保证转辙器的高平顺性。18 号 350 km/h、250 km/h 客专线道岔尖轨降低值见表 4-23，42 号和 62 号道岔尖轨降低值见表 4-24。

表 4-23　18 号 350 km/h（250 km/h）道岔尖轨降低值

尖轨类型	距尖轨尖端/mm	降低值/mm	尖轨轨头宽度/mm	尖轨类型	距尖轨尖端/mm	降低值/mm	尖轨轨头宽度/mm
直线尖轨	0	23	0	曲线尖轨	0	23	0
	575（960）	14	3（5）		964	14	5
	2 889（3 852）	3（4）	15（20）		3 885	3（4）	20
	7 304（8 598）	0	40（50）		18 604	0	50

表 4-24　42 号（62 号）道岔尖轨降低值

尖轨类型	距尖轨尖端/mm	降低值/mm	尖轨轨头宽度/mm	尖轨类型	距尖轨尖端/mm	降低值/mm	尖轨轨头宽度/mm
直线尖轨	0	23	0	曲线尖轨	0	23	0
	4 014（5 526）	14	5		4 015（5 527）	14	5
	9 190（12 155）	4	15		9 192（12 156）	4	15
	16 942（22 082）	0	40		16 945（22 085）	0	40

（四）辙　叉

客专 18 号道岔辙叉如图 4-52 所示，由可动心轨和固定翼轨组合构成。

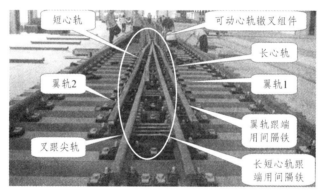

图 4-52　18 号客专道岔辙叉

1. 心轨及降低值

1）心　轨

心轨采用 60AT2 钢轨组合结构，长短心轨拼接方式，如图 4-52 所示。该种结构具有制造简单、实现容易的特点，既有线道岔具有多年的使用经验，技术成熟。

250 km/h 道岔心轨采用垂直藏尖结构，与提速道岔相同。350 km/h 道岔心轨采用水平藏尖结构，如图 4-53 所示，其目的是加宽心轨实际尖端轨头宽度，减小心轨尖端的降低值，使轮载快速由翼轨过渡到心轨，提高列车过岔时的平稳性。为此，心轨尖端部分的轨底需进行加工，如图 4-54 所示，以便安装在电务转换锁钩的托槽内，如图 4-55 所示。同时翼轨工作边要作相应的刨切（翼轨断面，图 4-55）。

图 4-53　心轨水平藏尖结构

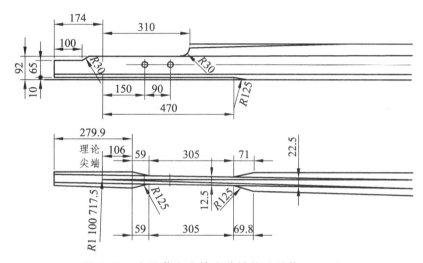

图 4-54　水平藏尖尖轨尖端结构（单位：mm）

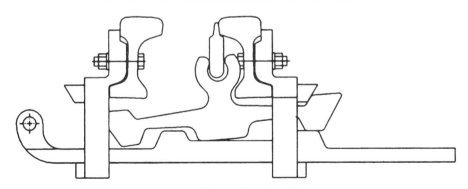

图 4-55　锁钩托槽与尖轨锁闭点

2）心轨防跳

为保证心轨贴合翼轨时不发生垂向跳动，心轨采用防跳间隔铁、防跳卡铁、防跳顶铁结构，如图 4-56 所示。

（a）防跳间隔铁　　　（b）防跳卡铁　　　（c）防跳顶铁

图 4-56　心轨防跳装置

3）心轨跟端

为满足长大尖轨、心轨的转换要求，减小转换力和转换不足位移，通常在尖轨及心轨跟端前一段范围（1.2 m 左右）内将轨底部分刨切，如图 4-57 所示，以减小该处的横向抗弯刚度，形成弹性可弯中心，因此尖轨及长心轨均为弹性可弯结构。

斜接头
刨切区
双边扣板

（a）单肢弹性可弯心轨　　　　　　　　（b）双肢弹性可弯心轨

图 4-57　客专线道岔心轨跟端结构

可动心轨辙叉的侧股短心轨需要随着长心轨转动，在小号码道岔中，侧股一般采用如图 4-57 所示的斜接头结构，短心轨可沿着斜接头的叉跟轨转动。这种结构转换阻力较小，称为单肢弹性可弯心轨，如图 4-57（a）所示。而在侧向高速道岔中，因侧向高速行车要求轨面具有高平顺性，短心轨也宜采用弹性可弯结构，形成如图 4-57（b）所示的双肢弹性可弯心轨结构，其转换阻力较大。

18 号道岔心轨跟端采用斜接，如图 4-57 所示，与岔跟钢轨拼接，心轨采用单肢弹性可弯结构，如图 4-57（a）。42 号、62 号道岔，由于侧向速度较高，则取消了斜接头，将短心轨与岔后钢轨直接联结，心轨采用双肢弹性可弯结构，如图 4-57（b）。

4）心轨降低值

辙叉心轨降低值 18 号道岔见表 4-25，42 号、62 号道岔见表 4-26。

表 4-25　18 号 350 km/h（250 km/h）道岔心轨降低值

心轨类型	距心轨尖端/mm	降低值/mm	心轨轨头宽度/mm	心轨类型	距心轨尖端/mm	降低值/mm	心轨轨头宽度/mm
长心轨	0	16（23）	1	短心轨	0	23	0
	389（559）	4（5）	22.5（20）		586（575）	2	20
	1 225（1 454）	0	50		1 449（1 423）	0	50

表 4-26　42 号（62 号）道岔心轨降低值

心轨类型	距心轨尖端/mm	降低值/mm	心轨轨头宽度/mm	心轨类型	距心轨尖端/mm	降低值/mm	心轨轨头宽度/mm
长心轨	0	16	1	短心轨	0	23	0
	652（1 018）	3	20		1 304（1 903）	2	20
	2 315（3 438）	0	45		3 239（4 733）	0	50

2. 翼　轨

1）翼轨结构形式

可动心轨辙叉分为长翼轨和短翼轨两种结构形式。长翼轨结构其末端延伸至心轨跟端，如图 4-52 所示，长心轨前端与翼轨轨头密贴，长短心轨后端与翼轨间设置顶铁，末端采用间隔铁将长短心轨及翼轨联结起来。其优点是横向稳定性好，岔后无缝线路温度力通过翼轨末端传递至道岔里轨，心轨伸缩位移较小；其缺点是翼轨结构复杂，用材较多。短翼轨结构末端在心轨前端密贴段附近结束，翼轨较短，优点是结构简单、用材省，缺点是由辙叉全部承受岔后无缝线路的温度力，心轨伸缩位移较大。我国目前铺设使用的提速道岔和高速客专道岔均采用长翼轨结构形式。

初期 250 km/h 客专线 18 号道岔使用锻制翼轨，运营中发现焊缝处产生断裂及磨耗严重等缺陷，后续型号辙叉翼轨均改进为采用 60TY 特种断面轧制钢轨，断面如图 4-58 所示。翼轨顶面设有 1∶40 轨顶坡，在翼轨趾端进行 1∶40 扭转，轨端 450 mm 范围内形成 1∶40 轨底坡并进行标准轨断面加工。

2）翼轨跟端与辙叉跟端结构

翼轨跟端与心轨或叉跟轨间采用两个大间隔铁联结，并在间隔铁与钢轨轨腰之间胶接，可有效阻止翼轨与心轨或叉跟轨间的相对移动，如图 4-59 所示。对于 42 号、62 号道岔，在叉后两心轨间，增设两个间隔铁，并与大垫板相连，增强了心轨的稳定性，其结构如图 4-60 所示。

3. 护　轨

高速道岔采用可动心轨辙叉时，因取消了固定辙叉的有害空间，心轨轨距线是连续的，一般情况下可不设防脱护轨。但对于曲线半径较小的道岔，当列车侧股过岔时，若车轮轮缘贴靠心轨侧股工作边运行，因轮轨横向作用力较大，长期作用下可能会导致心轨侧磨严重，而开通直股时与翼轨不能密贴，影响直向高速行车的平稳性，因此需在侧股设置防磨护轨。客运专线在 18 号及以下的可动心轨道岔侧向均设置防磨护轨，护轨高出基本轨顶面 12 mm，护轨基本轨内侧采用弹性夹扣压，直股因车轮不会贴靠心轨运行而未设置护轨；18 号以上的大号码道岔直侧股均不设护轨。护轨采用 33 kg/m 槽形钢制造，如图 4-61 所示，侧面工作边进行淬火处理。垫板采取焊接方式，基本内侧采用弹性夹扣压，外侧采用Ⅱ型弹条扣件扣压，如图 4-62（a）所示。护轨结构和护轨垫板如图 4-62（b）所示。

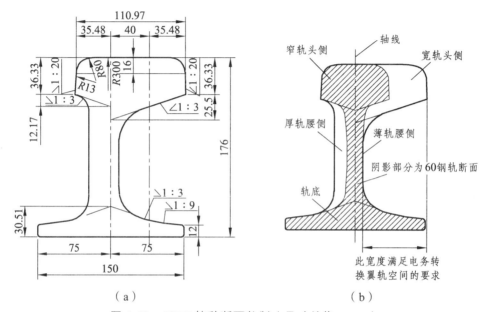

（a）　　　　　　　　　　　　（b）

图 4-58　60TY 特种断面轧制（尺寸单位：mm）

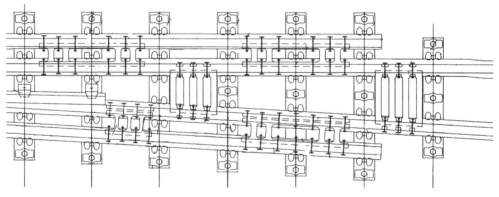

图 4-59　18 号道岔辙叉跟端结构

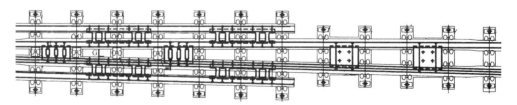

图 4-60　42 号道岔辙叉跟端结构

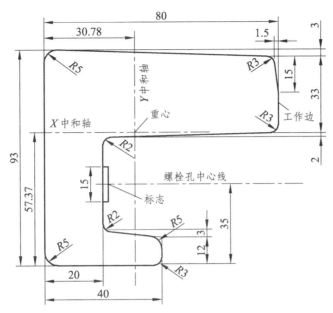

图 4-61　33 kg/m 槽形钢断面（单位：mm）

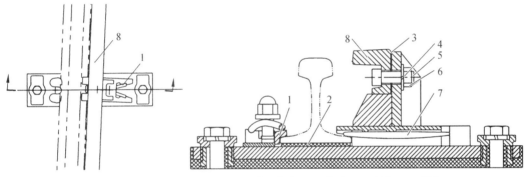

1—轨距块；2—橡胶垫板；3—护轨调整片；4—垫圈；5—螺栓；6—螺母；
7—弹性夹 SSB2；8—槽钢。

（a）槽形护轨平面及立面

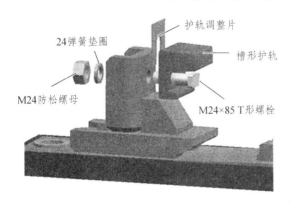

（b）槽形护轨结构及护轨垫板

图 4-62　高速客专道岔护轨

（五）特殊部位扣件

客专道岔一般位置均采用Ⅱ型弹条扣件，通过铁座和轨距块扣压基本轨，结构形式与提速道岔相同。但在以下部位，因无法正常安装通用Ⅱ型弹条扣件，所以特别设计了适用于这些特定位置的特殊扣件。

1. 导曲线支距扣板

在尖轨跟端附近一段范围内，直股基本轨与导曲线钢轨间空间小，无法正常安装Ⅱ型弹条扣件，所以采用扣板扣压基本轨和导轨。扣件安装时 T 形螺栓从上向下安装，到底后旋转 90°上提，再拧紧螺母，如图 4-63 所示。

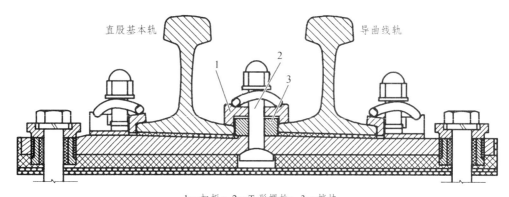

1—扣板；2—T 形螺栓；3—挡块。

图 4-63　支距扣板

2. 辙叉心轨间、翼轨间双边、单边扣板

18 号道岔辙叉跟端长短心轨之间、42 号道岔两心轨之间，用双边或单边扣板对心轨轨底进行扣压，如图 4-64 所示，安装方法与支距扣板相同。辙叉咽喉前翼轨间扣板与支距扣板结构相同，如图 4-64（b）所示。

3. 弹性夹

在尖轨滑床台（图 4-51）、尖轨跟端（图 4-65）、护轨垫板（图 4-62）处分别采用 SSB4、SSB3、SSB2 扣压基本轨。

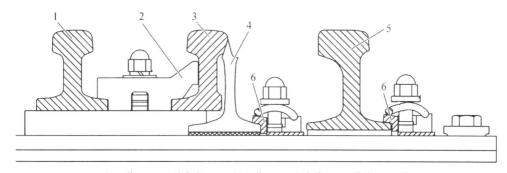

1—长心轨；2—双边扣板；3—短心轨；4—岔尖轨；5—翼轨；6—轨距块。

（a）两心轨间扣板

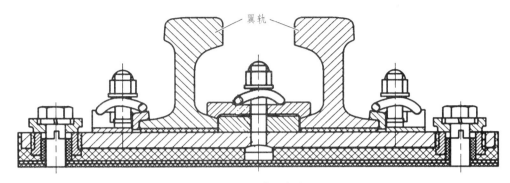

（b）两翼轨间扣板

图 4-64　辙叉扣板

图 4-65　尖轨跟端弹性夹

4. 翼轨轨撑

在辙叉咽喉和轨距线交点之间（翼轨、心轨密贴段），翼轨外侧设置轨撑，以增加翼轨的稳定性，18 号道岔设置 4 对，42 号道岔设置 7 对。轨撑采用有挡肩结构，用螺栓分别与翼轨和铁垫板联结，如图 4-66 所示。

（a）实物图

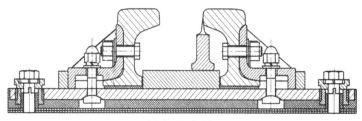

（b）示意图

图 4-66　翼轨轨撑

5. 扣件系统

高速客专道岔扣件采用带铁垫板的弹性分开式结构，如图 4-67 所示。其主要结构特征及主要技术参数如下：

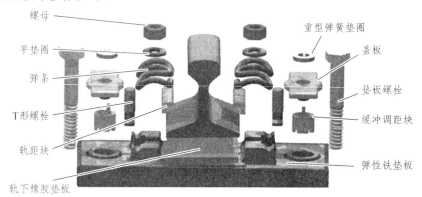

（a）零件分解图

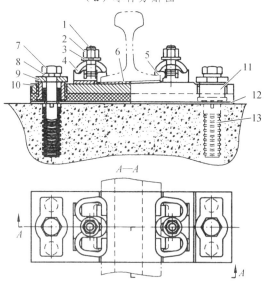

1—M24×60 mm T 形螺栓；2—M24 螺母；3—平垫圈；4—Ⅱ型弹条；5—轨距块；
6—轨下胶垫；7—垫板螺栓；8—φ30 mm 重型弹簧垫圈；9—盖板；
10—缓冲调距块；11—弹性铁垫板；12—调高垫板；13—预埋套管。

（b）组装图

图 4-67　Ⅱ型弹条分开式扣件

（1）铁垫板上部采用有螺栓扣件系统，铁垫板为整体硫化弹性垫板，由橡胶、铁垫板和钢套组成，通过橡胶将铁垫板、钢套硫化为一体，厚度为 45 mm，长度随垫板位置不同而不同。

（2）铁座与钢轨轨底间设轨距块，轨距块分为 9-11、10-12 两种型号，用于调整钢轨左右位置和保持轨距。

（3）钢轨与铁垫板间设轨下橡胶垫板，主要起缓冲作用；铁垫板与混凝土岔枕间设聚乙烯调高垫片，主要起调高作用。调高垫片分为 1 mm、2 mm、4 mm、5 mm 和 10 mm 五种厚度规格，正常组装状态时，弹性铁垫板下设 4 mm 厚调高垫片，当需要调整钢轨高低位置时可根据需要增加或撤除相应厚度的调高垫片。调高垫片可多块配合使用，但同时使用数量不得超过 3 块。

（4）铁垫板与混凝土岔枕内预埋套管间采用螺栓联结；垫板螺栓通过盖板扣压铁垫板，盖板上附有弹性较好的橡胶垫圈，既不对铁垫板产生较大压力，也可防止垫板倾翻。垫板螺栓分为 A 型和 B 型两种，一般情况下采用 A 型，当扣件系统调高量超过 15 mm 时采用 B 型。

（5）复合定位套与螺栓间设缓冲调距块，分为 6-9 号、4-11 号、5-10 号和 7-8 号。其中 6-9 号为正常安装号码，其余三种为备用。缓冲调距块既缓冲铁垫板对螺栓的横向冲击，又可通过不同号码调整铁垫板的位置从而调整轨距，调整级差为 1 mm。

（6）扣件系统零部件数量见表 4-27。

表 4-27　扣件零部件数量（每组扣件用量）

序号	名称	数量	材料	质量或体积
1	M24×60 mm T 形螺栓	2	Q235-A	0.72 kg
2	螺母 M24	2	Q235-A	0.224 kg
3	平垫圈	2	Q235-A	0.138 kg
4	Ⅱ型弹条	2	60Si2CrA	0.96 kg
5	轨距块	2	ZG230-450	0.642 kg
6	轨下胶垫	1	橡胶	143 cm^3
7	垫板螺栓	2	Q235-A	2.42 kg
8	ϕ30 mm 重型弹簧垫圈	2	65Mn 或 60Si2Mn	0.090 kg
9	盖板	2	QT450-10	1.84 kg
10	缓冲调距块	2	玻璃纤维增强聚酰胺 66	48 cm^3
11	弹性铁垫板	1	组合件	25 kg
12	调高垫板	1	聚乙烯	—
13	预埋套管	2	玻璃纤维增强聚酰胺 66	0.26 kg

（7）钢轨高低和轨距调整。

高低调整：无砟道岔为 $-4 \sim +26$ mm，有砟道岔为 $0 \sim +10$ mm。

钢轨高低的调整是通过更换不同厚度的调高垫片实现的。

轨距调整：$-8 \sim +4$ mm，调整级差为 1 mm。

通过调整轨距块可实现 $-2 \sim +4$ mm 的轨距调整，附以缓冲调距块的调边可实现 $-8 \sim +4$ mm 的轨距调整，调整无须备件。轨距块及缓冲调距块号码配置见表 4-28。

表 4-28 轨距块及缓冲调距块号码配置

单股钢轨位置/mm	钢轨内侧			钢轨外侧		
	缓冲调距块		轨距块	轨距块	缓冲调距块	
	外侧	内侧			外侧	内侧
+2	6	9	12	9	6	9
+1	6	9	11	10	6	9
0	6	9	10	11	6	9
-1	6	9	9	12	6	9
-2	9	6	11	10	9	6
-3	9	6	10	11	9	6
-4	9	6	9	12	9	6

对滑床板和护轨垫板，由于钢轨一侧采用弹性夹扣压基本轨，为滑床板，无轨距块，不能通过钢轨另一侧与铁垫板挡肩间的轨距块进行钢轨左右位置的调整，只能通过更换不同号码的缓冲调距块移动滑床板和护轨垫板来进行轨距调整。滑床板和护轨垫板处缓冲调距块具体配置见表 4-29。

表 4-29 滑床板和护轨垫板处缓冲调距块具体配置

单股钢轨位置/mm	钢轨内侧		钢轨外侧	
	缓冲调距块		缓冲调距块	
	外侧	内侧	外侧	内侧
+2	4	11	4	11
+1	5	10	5	10
0	6	9	6	9
-1	7	8	7	8
-2	8	7	8	7
-3	9	6	9	6
-4	10	5	10	5

（六）高速客专道岔轨下基础

高速铁路轨下基础分为有砟轨道及无砟轨道两种形式。

有砟轨道基础主要采用混凝土岔枕，有整体式长岔枕和铰接式短岔枕两种形式。整体式长岔枕结构整体性好，轨道几何形位易于保持，但不利于道岔的整体组装运输；铰接式短岔枕有利于道岔分块组装运输，也有利于减缓长岔枕对道床的拍打作用，但在捣固机作业时不易保持轨道的水平。目前，我国高速道岔均采用预应力混凝土长岔枕，不分左、右开，岔枕顶宽 260 mm、底宽 300 mm、高 220 mm，最短 2.30 m、最长 4.72 m，共计 23 种，如图 4-68 所示。

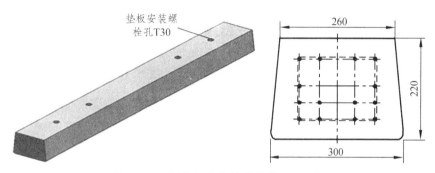

图 4-68　高速有砟岔枕（单位：mm）

无砟轨道基础有混凝土支承块、混凝土长枕埋入、混凝土道岔板、高分子合成枕等多种形式。混凝土长枕埋入结构引进的是德国雷达（Rheda）轨道技术，施工方便，结构稳定；混凝土道岔板引进的是德国博格（Bögl）技术，施工速度快，定位精度高。我国高速客专铁路建设中无砟轨道道岔基础均采用的是混凝土长枕埋入式和道岔板式两种结构，详见第五章第二节"无砟轨道构造"之"六、岔区无砟轨道"。

（七）转换锁闭设备

道岔的转换设备是客运专线道岔的重要组成部分，也对道岔的正常使用起着至关重要的作用。转换设备一般包括转辙机、外锁闭、安装装置和密贴检查器四部分。

道岔尖轨及心轨转换采用多机多点牵引方式。18 号道岔尖轨设 3 个牵引点，心轨设 2 个牵引点；42 号道岔尖轨设 6 个牵引点，心轨设 3 个牵引点；62 号道岔尖轨设 8 个牵引点，心轨设 4 个牵引点。尖轨、心轨均为外锁闭。

18 号客专道岔心轨外锁闭装置主要由锁闭杆、锁钩、锁闭框组成，锁闭框直接安装在翼轨上，如图 4-69 所示。

42 号道岔采用了自调式钩型外锁，适应尖轨伸缩的能力有较大幅度提高。

高速道岔可采用三种类型转辙机：S700K、ZDJ9 型电动转辙机和 ZYJ7 型电液转辙机。时速 250 km、350 km 客运专线 18 号道岔可采用 ZDJ9 电动转辙机、ZYJ7 电液转辙机和 S700K 电动转辙机，时速 350 km 客运专线 42 号道岔可采用 ZDJ9 电动转辙机和 ZYJ7 电液转辙机。

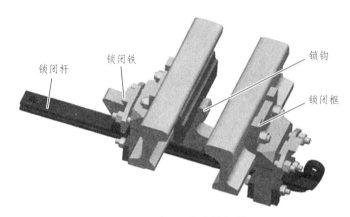

图 4-69　心轨一动外锁闭装置

密贴检查器用于检查尖轨的密贴状态，安装于道岔尖轨密贴段两牵引点间，可安装在线路中心[图 4-70（a）]或线路两侧[图 4-70（b）]。无砟轨道的密贴检查器应在线路两侧安装，如图 4-70（b）所示。

（a）安装在线路中心　　　　　　　（b）安装在线路两侧

图 4-70　密贴检查器

18 号道岔和 42 号道岔的密贴检查器设置位置（岔枕编号）见表 4-30。

表 4-30　密贴检查器安装位置

	密检器	所在岔枕编号
18 号道岔	1	8
	2	16
42 号道岔	1	9
	2	19
	3	29
	4	39

（八）道岔融雪设备和监测设备

客运专线道岔的融雪设备是寒冷地区道岔正常使用的重要保证。冬季受积雪影响的地区客运专线道岔均应安装融雪设备，如图 4-71 所示。

图 4-71　道岔融雪设备

融雪设备包括电加热系统、感应控制系统等。目前三种技术的道岔均有配套的融雪系统，技术已较为成熟。

为实时、全面掌握道岔的工作状态，我国研制了 TMS 道岔状态实时监测系统。该系统可监测的信息包括道岔密贴程度、最小轮缘槽宽度、转辙机转换阻力、转换时间，转辙机工作电流和电压，环境温度和湿度、转辙机动态力、振动和速度、尖轨尖端轨距等，与其他道岔设备系统构成了完整的道岔转换安全保障系统，如图 4-72 所示。

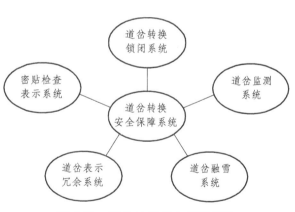

图 4-72　道岔转换安全保障系统

（九）18 号道岔读图

以 350 km/h 客专线[07-（009）] 18 号道岔为例（本图为示意图，仅供读图练习用，不能作为定型图使用）：

（1）总布置图，分为前长和后长两部分展示，如图 4-73（a）和 4-73（b）所示。图中尺寸单位，除标明者外均为毫米（mm）。

（2）转辙器布置图，分为前、中、后三部分，如图 4-74 所示。读图时注意接口处岔枕编号。

（3）辙叉布置图，分为前、中、后三部分，如图 4-75 所示。读图时，注意接口处岔枕编号。

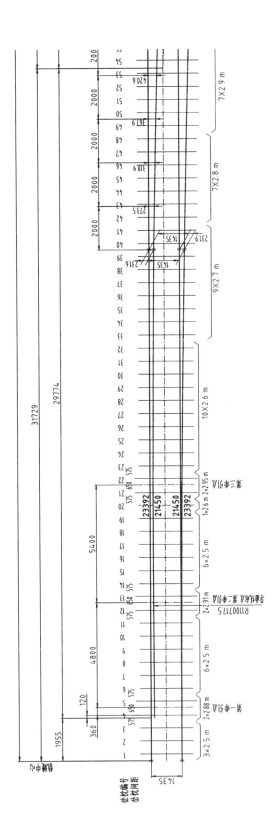

a. 本道岔直向容许通过速度为350 km/h, 侧向容许通过速度为80 km/h。

b. 道岔的轨下基础采用混凝土岔枕和无砟道床, 与本道岔相配套的轨下基础图号为客专线 (07) 002。

c. 岔枕全部垂直于道岔直股。

d. 尖轨为相离半切线型, 采用21.45 m长的60D40弹性可弯性尖轨。尖轨间距除注明者外, 其余位置均为600 mm, 道岔轨距均为1 435 mm。

e. 道岔区钢轨设置1:40的轨底坡或轨顶坡。尖轨尖端为藏尖式。

f. 钢轨轨下设置5 mm厚橡胶垫板, 翼轨轨下除显露部分之外, 转辙器和可动心轨撤叉的滑床台板表面应设置减摩涂层。第一块及99号枕以后的部分均设置7 mm厚橡胶垫板, 翼轨轨下除显露部分之外, 翼轨轨下除显露部分均设置7 mm厚橡胶垫板, 铁垫板的偏料量不同共有W60-0、W60-6、W60-9、W60-12四种类型。

g. 道岔连接部分及叉后垫板, 根据垫板的偏料量不同共有W60-0、W60-6、W60-9、W60-12四种类型, 在图中分别用A、B、C、D表示。

(a) 前长部分

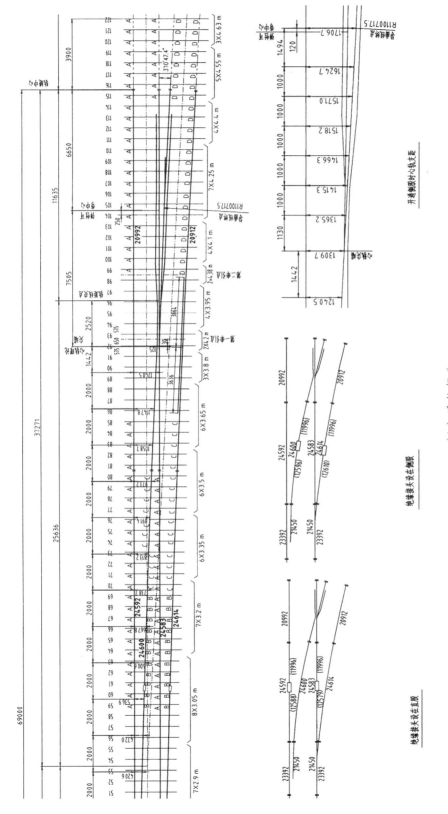

（b）后长部分

图 4-73　350 km/h 18 号客专线道岔（无砟道床）总布置图

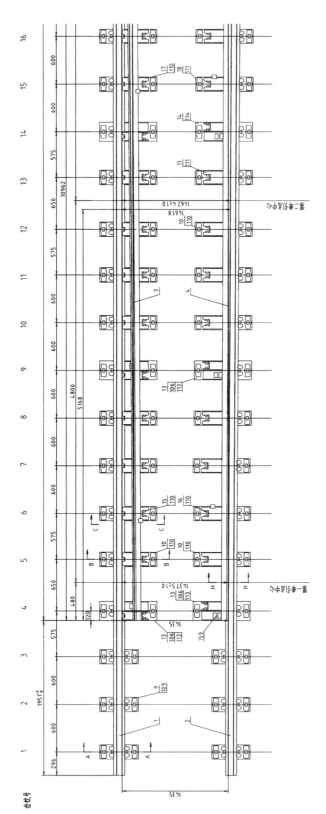

（a）（一）

注：a. 4、9、14 号岔枕上为双辊轮滑床台。

b. 6、15、23 号岔枕上安装有尖轨防跳装置。

c. 19、24、29 号岔枕上为单辊轮滑床台。

d. 序号 130～138 为防跳顶铁，在顶紧状态时与尖轨轨底上表面间隙为 2～3 mm。

e. 序号 69～80 为支距扣板，安装时，扣板螺栓要自上而下安装，在硫化基板底部先旋转 90°，再安装垫圈、螺母。

f. 转辙器采用限位器结构时，如图 4-74（c）所示。

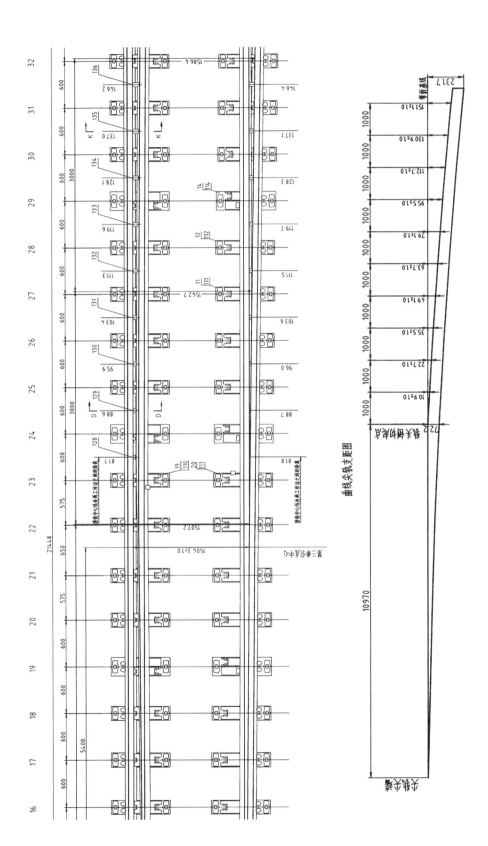

曲线尖轨支距图

（b）（二）

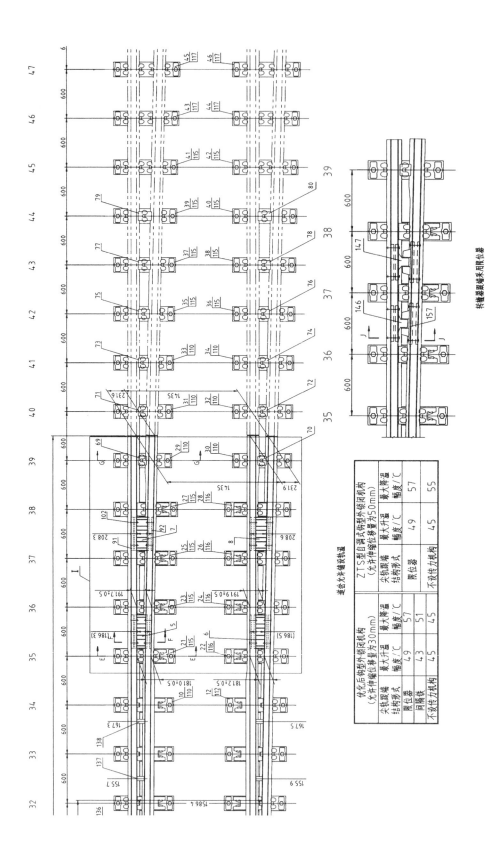

（c）（三）

图 4-74 350 km/h 18 号客专线道岔（无砟道床）转辙器布置图（尺寸单位：mm）

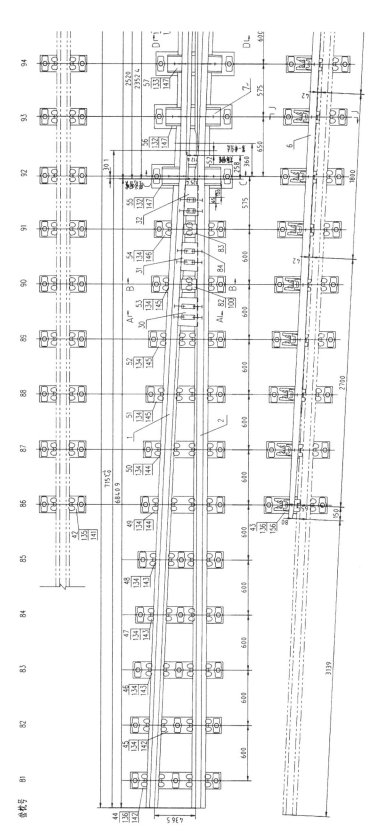

（a）辙叉前

注：a. 序号 30、31 为翼轨普通间隔铁，32 为心轨防跳间隔铁。

　　b. 82、83 为双边扣板。

　　c. 7 为翼轨轨撑（4 对）。

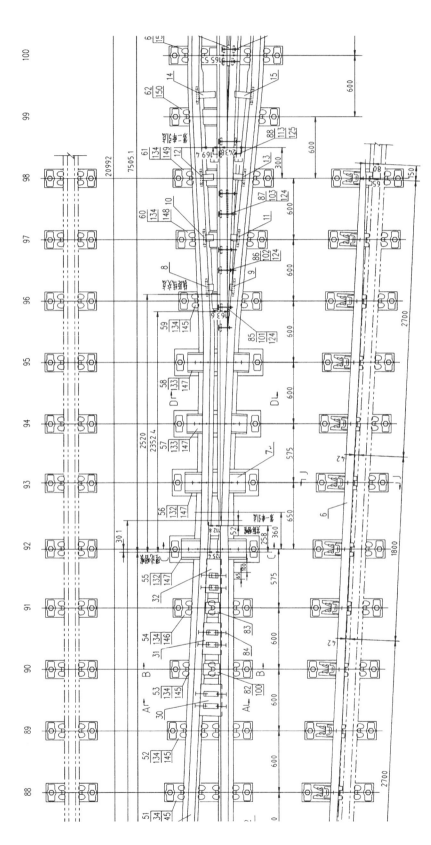

（b）辙叉中

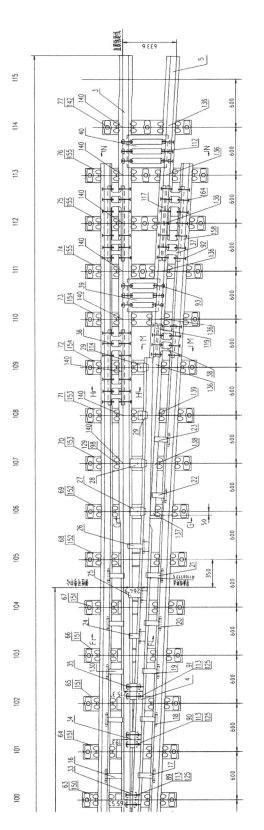

图 4-75 350 km/h 18 号专客线道岔（无砟道床）辙叉布置图（尺寸单位：mm）

（c）辙叉后

注：a. 序号 8、9、14、15、19、130 为翼轨防跳顶铁，组装后在顶紧状态时，与心轨轨底上表面的间隙为 2~3 mm；24、25、26 为心轨顶铁。

b. 27、28 为心轨双边扣板，29 为单边扣板，安装时和长、短心轨轨肢上表面间隙均为（1±0.5）mm。

c. 序号 45~61 垫板的翼轨轨下均采用 7 mm 厚橡胶垫板，序号 62~76 垫板的翼轨轨下均不设橡胶垫板，其余钢轨轨下均设置 5 mm 厚橡胶垫板。

d. 心轨实际尖端与翼轨实际咽喉的距离不得小于 52 mm。

e. 1、2 为翼轨，3 为短心轨，4 为长心轨，5 为叉跟尖轨，6 为护轨。

f. 翼轨跟端用间隔铁分别与心轨和叉跟尖轨胶接，胶接层厚度不大于 1 mm。

第六节　重载道岔

本节要求

（1）了解重载道岔的使用条件和主要技术参数。

（2）了解重载道岔的主要结构特点。

（3）了解重载道岔的扣件系统组成。

重载铁路由于列车轴重、牵引质量和运量均比一般客货共线铁路大，对道岔的要求也要比普通铁路道岔高，因此我国针对重载铁路研制了专门的重载道岔。2010—2017 年，中国铁道科学研究院集团有限公司联合"产、学、研、用"多家单位，历时 7 年科技攻关，研发了 12 号、15 号、18 号三种号码，60 kg/m、75 kg/m 两种轨型，共 6 种重载铁路道岔，形成了具有完全自主知识产权的重载铁路道岔产品与成套技术体系。

15 号道岔是为朔黄线设计的特殊号码道岔，在道岔统型化工作中，未入其中，最终有 5 个图号的道岔产品定型，见表 4-31。

表 4-31　重载道岔主要尺寸参数

图号		1 115	1 116	1 505	1 408	1 302	1 303
道岔号		12	12	12	15	18	18
辙叉类型		固定型	固定型	可动心	固定型	固定型	固定型
轨型/（kg/m）		60	75	60	75	60	75
轨下基础		有砟	有砟	无砟	有砟	有砟	有砟
直向速度/（km/h）	重载货物列车	100	100	100	100	100	100
	其他货物列车	120	120	120	120	120	120
	客车	160	120	200	120	160	120
侧向速度/（km/h）		45	45	45	70	80	80
道岔全长/m		37.8	37.8	43.2	49.8	60.0	60.0
道岔前长/m		16.592	16.592	16.592	23.095	28.600	28.600
道岔后长/m		21.208	21.208	26.608	26.705	31.400	31.400
导曲线半径/m		350	350	350	690	1 000	1 000
相离值/mm		40.8	40.8	40.8	15.0	26.0	26.0
半切点处尖轨宽度/mm		71.8	71.8	71.8	48.5	51.5	51.5
辙叉类型		固定型直线	固定型直线	可动心	固定型曲线	固定型曲线	固定型曲线

一、使用条件

（1）重载铁路一般为货运专线或以货运为主只运行少量旅客列车的铁路。

（2）轴重≥27 t。

（3）运输繁忙，维修时间短。

（4）牵引质量较大，如大秦线牵引质量达到 2 万吨。

（5）重载铁路一般为有砟轨道。

二、平面线型和主要技术参数

1. 重载道岔主要技术参数

重载铁路道岔用于有砟轨道时采用固定型辙叉，用于无砟轨道时采用可动心轨辙叉，道岔侧线线型均为相离单圆曲线线型，其主要技术参数见表 4-31。

2. 重载道岔平面线型

（1）12 号重载道岔的平面线型，如图 4-76 所示。

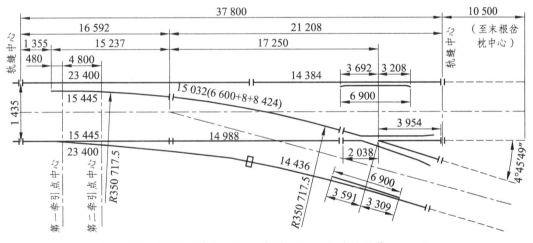

图 4-76　12 号重载道岔平面线型及主要尺寸（单位：mm）

（2）18 号重载道岔平面线型，如图 4-77 所示。

三、主要结构特征

1. 转辙器

（1）采用"直曲组合"型曲线尖轨，将直线尖轨耐磨的优点与曲线尖轨弹性可弯及缩短道岔长度的优点结合起来。如图 4-78 所示，在曲尖轨某断面做斜切线及半切，将曲尖轨前部由曲线变成直线，原曲线尖轨就成为"直曲组合"型尖轨。

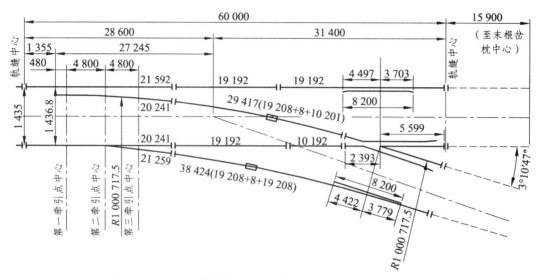

图 4-77　18 号重载道岔平面线型及主要尺寸（单位：mm）

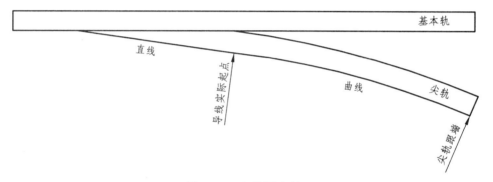

图 4-78　直曲型尖轨

（2）采用尖轨加宽结构，延长尖轨使用寿命。为增加尖轨厚度，道岔均采用相离单圆曲线线型，并在基本轨和尖轨密贴段将基本轨工作边一侧刨切，以增加尖轨厚度，延长尖轨使用寿命，如图 4-79 所示。其中，12 号道岔仅刨切直基本轨工作边 5 mm，曲基本轨未作刨切，18 号道岔直、曲基本轨工作边均刨切了 5 mm。

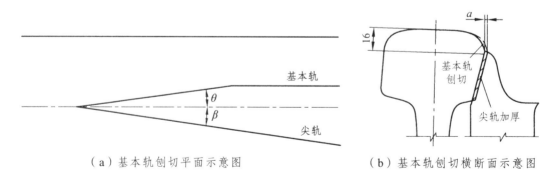

（a）基本轨刨切平面示意图　　　　　（b）基本轨刨切横断面示意图

图 4-79　基本轨刨切加宽尖轨（单位：mm）

（3）尖轨跟端为弹性可弯结构，设置 1 个大间隙限位器。限位器子母块间隙 15 mm，如图 4-80 所示。

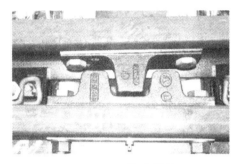

图 4-80　限位器结构

（4）道岔转辙器区滑床板范围内的基本轨采用弹性夹扣压其内侧轨底，拆装弹性夹时，需要使用专用安装工具，如图 4-81 所示。

图 4-81　采用弹性夹扣压基本轨

（5）转辙器转换。12 号道岔转辙器部分设两个牵引点，动程分别为 160 mm 和 80 mm，转换力分别为 2 000 N 和 4 000 N。

18 号道岔转辙器部分设 3 个牵引点，动程分别为 160 mm、115 mm 和 69 mm，转换力分别为 2 000 N、3 000 N 和 4 000 N。

（6）导曲线外侧钢轨设防侧倾轨撑。在转辙器跟端、导曲线部分间隔 1 200 mm 设置轨撑垫板，如图 4-82 所示。含轨撑的铁垫板能有效抵抗轮轨横向水平力，防止钢轨倾覆，减少扣件系统的损伤。

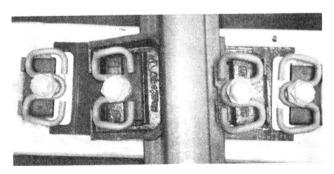

图 4-82　转辙器跟端和导曲线部分设置的轨撑垫板

2. 辙　叉

（1）修订查照间隔尺寸加宽心轨。根据新的机车车辆轮对参数修订查照间隔尺寸，将"1391"调整为"1388"，辙叉轮缘槽宽调整为 42 mm，这样心轨尖端至 50 mm 断面每侧加厚 4 mm，心轨工作边斜度由 1∶5 改为 1∶3，以提高心轨的前端粗壮度，减轻心轨轨头宽 20～40 mm 区段压溃现象，同时减小轮轨接触应力。图 4-83 为心轨宽 30 mm 断面加宽 8 mm 后辙叉各部几何尺寸。

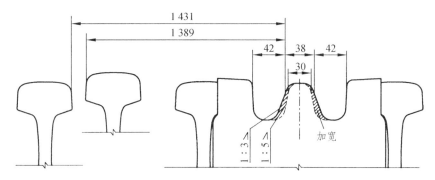

图 4-83　重载道岔心轨加宽示意图（单位：mm）

（2）优化心轨降低值和翼轨抬高值。使用轮廓测试仪对在用车辆车轮轮缘及踏面进行测试，拟合在用车轮轮缘及踏面，用其替代新车轮指导辙叉纵横断面设计，优化心轨降低值和翼轨抬高值，使辙叉轨顶面和车轮踏面更加匹配。

如图 4-84 所示，a、b 曲线是在用车轮拟合曲线，而 c 曲线是用以进行一般轮轨关系设计的一般车轮踏面，显然与在用车轮踏面曲线有较大的离差，作为辙叉纵断面设计的依据也必然会带来较大的匹配误差。

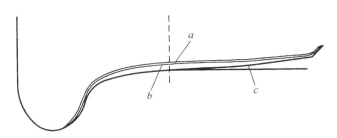

图 4-84　在用轮踏面与一般车轮踏面比较

（3）辙叉按嵌入式高锰钢辙叉和合金钢辙叉两种形式设计。

嵌入式高锰钢组合辙叉如图 4-85、图 4-86 所示，叉心连铸镶嵌翼轨，叉心外侧与叉跟轨、翼轨通过高强螺栓组装成固定型结构辙叉，结构紧凑。高锰钢叉心采用心轨加宽、双咽喉、轨顶行车表面三次爆炸硬化等新技术。

合金钢组合辙叉如图 4-87 所示，翼轨采用加强型合金钢焊接式和心轨翼轨贝氏体钢轨组合式辙叉，心轨采用加宽技术，提高其稳定性。

（4）可动心轨辙叉。可动心轨辙叉为长、短心轨拼接式，全长 13.8 m。

（5）护轨。护轨采用 33 kg/m 槽钢制造，高出基本轨顶面 12 mm，采用弹性夹扣压基本轨内侧轨底。

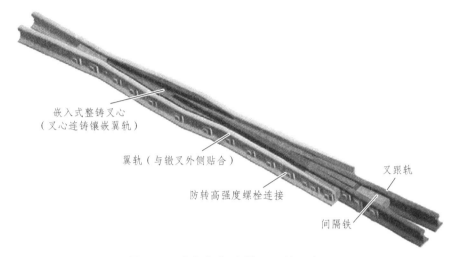

嵌入式整铸叉心
（叉心连铸镶嵌翼轨）

翼轨（与辙叉外侧贴合）

防转高强度螺栓连接

叉跟轨

间隔铁

图 4-85　高锰钢组合辙叉三维示意图

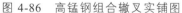

图 4-86　高锰钢组合辙叉实铺图

图 4-87　合金钢组合辙叉实铺图

3. 扣件系统与混凝土岔枕

岔区采用岔枕带预埋铁座的弹性分开式扣件系统。垫板无螺栓孔，铁垫板与预埋铁座之间安装绝缘轨距块，铁垫板上铁座与钢轨之间安装普通轨距块。

轨距调整时，使用不同规格绝缘轨距块和普通轨距块可实现单股钢轨 – 8 ~ + 6 mm 的调整。用于有砟轨道基础时，采用Ⅱ型弹条扣压钢轨与铁垫板，下设 10 mm 厚度弹性垫层；用于无砟轨道基础时，采用 W1 型弹条扣压铁垫板，Ⅱ型弹条扣压钢轨，铁垫板下设 20 mm 厚度弹性垫层，可实现 0 ~ + 20 mm 的高程调整。

有砟轨道混凝土岔枕底宽为 310 mm，顶宽为 260 mm，高为 230 mm。岔枕上预埋铁座，用绝缘轨距块、Ⅱ型弹条、T 形螺栓等联结件与铁垫板固定，如图 4-88 所示。

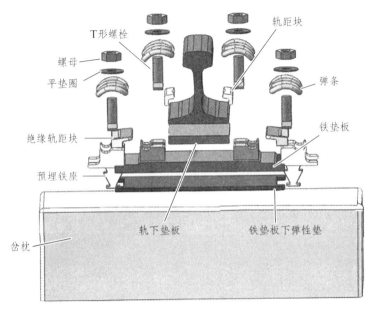

（a）有砟轨道扣件分解图

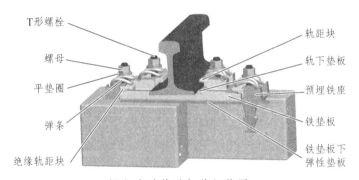

（b）有砟轨道扣件组装图

图 4-88　有砟轨道岔区扣件系统

无砟轨道混凝土岔枕截面上、下宽度及高度分别为 270 mm、300 mm、140 mm。岔枕上预埋铁座，用绝缘轨距块、W1 型弹条、T 形螺栓等联结件与铁垫板固定，如图 4-89 所示。

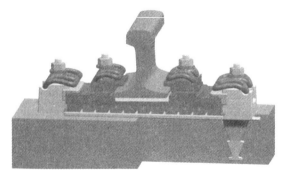

图 4-89　无砟轨道岔区扣件系统

第七节　特种道岔

本节要求

了解我国铁路几种常用特种道岔的名称及适用条件。

除单开道岔以外的轨道连接设备都归属于特种道岔，常用的有对称道岔、交分道岔、三开道岔及岔线、渡线、梯线和回转线等。

一、对称道岔

（一）对称道岔的特点和适用范围

对称道岔是单开道岔的一种特殊形式，它的主要部件基本与单开道岔相同，如图4-90所示。

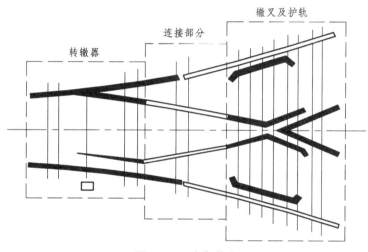

图 4-90　对称道岔

与单开道岔相比较，对称道岔具有以下特点：

（1）整个道岔对称于主线的中线或辙叉角的中分线，列车通过时无直向及侧向之分。

（2）尖轨长度相同时，尖轨作用边和主线方向所成的交角约为单开道岔之半。

（3）导曲线半径相等时，对称道岔的长度要比单开道岔短，其他条件相同时，导曲线半径约为单开道岔的两倍。

（4）在曲线半径和长度保持不变时，可采用比单开道岔更小号数的辙叉。

（5）在道岔长度固定的条件下，使用对称道岔可获得较大的导曲线半径，故能提高过岔速度。

（6）在保持相同的过岔速度的条件下，对称道岔能缩短道岔长度，因此能缩短站场长度，增加股道的有效长度。

对称道岔的这些特点使得它在驼峰下、三角线上得到了广泛应用，并被使用于工业铁路线和城市轻轨线上。

（二）对称道岔的平面布置

根据转辙器、辙叉及连接部分的平面形式，可以有多种组合形式的对称道岔。比较常见的有以下几种：

（1）直线尖轨、直线辙叉对称道岔。

（2）曲线尖轨、直线辙叉对称道岔。

（3）曲线尖轨、曲线辙叉对称道岔。

其中曲线尖轨以半切线型、割线型及半割线型为主要形式。

（三）对称道岔的主要尺寸

如图4-91所示为6号曲线尖轨对称道岔主要尺寸图，图中符号的意义同单开道岔，主要尺寸见表4-32。

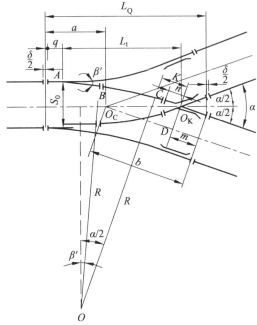

图 4-91　曲线尖轨对称道岔主要尺寸

表 4-32　对称道岔主要尺寸

N	钢轨类型/（kg/m）	α	R/mm	L/mm	a/mm	b/mm	q/mm	n/mm	m/mm	l_0/mm
1. 标准设计										
6	50	9°27′44″	175 000	17 457	7 437	8 699	1 335	1 220	1 321	4 100
6	43	9°27′44″	180 000	17 457	7 437	8 699	1 335	1 220	1 321	4 500
2. 旧型道岔										
$6\frac{1}{2}$	43	8°44′46.18″	179 282.5	20 008	8 717	11 268	1 014	1 119	1 882	4 207
6	43	9°27′44″	180 000	17 457	7 437	9 994	1 373	1 220	1 321	6 250
9	43	6°20′25″	300 000	25 354	10 329	15 009	1 280	1 538	2 050	5 500

二、对称三开道岔

对称三开道岔由一组三开转辙器、一组中间辙叉、两组后端辙叉及其连接钢轨组成，其平面布置形式如图4-92所示。对称三开道岔主要用于编组场的驼峰头部或箭翎线、铁路轮渡的栈桥线路等处。

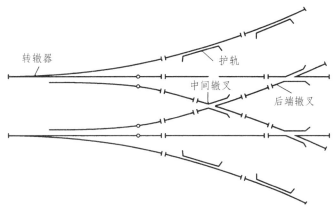

图4-92 对称三开道岔平面示意图

我国驼峰编组场使用50 kg/m钢轨7号对称三开道岔，轮渡线路使用50 kg/m钢轨9号对称三开道岔，城市轨道交通主要使用60 kg/m钢轨4.5号对称三开道岔。

三、交分道岔

（一）交分道岔概述

交分道岔有单式、复式之分。两条线路相交，中间增设两副转辙器和一副连接曲线，列车可沿某一侧由一条线路转入另一条线路，这种道岔叫作单式交分道岔，如图4-93所示。

两条线路相交，中间增设四副转辙器和两副连接曲线，列车可沿任一侧由一条线路转入另一条线

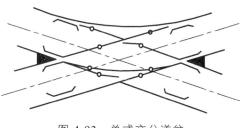

图4-93 单式交分道岔

岔，如图4-94所示。复式交分道岔相当于两组对向铺设的单开道岔，可实现不平行股道的交叉，具有道岔长度短、开通进路多及两个主要行车方向均为直线等优点，因而能节约用地，提高调车能力并改善列车运行条件。

（二）交分道岔的组成

1. 交分道岔平面

交分道岔由菱形交叉、转辙器和连接曲线等部分组成。菱形交叉一般是直线与直线交叉。菱形交叉由两副锐角辙叉、两副钝角辙叉和连接钢轨组成。

我国常用交分道岔的基本形式为直线菱形交叉和内分复式尖轨转辙器，如图 4-94 所示。

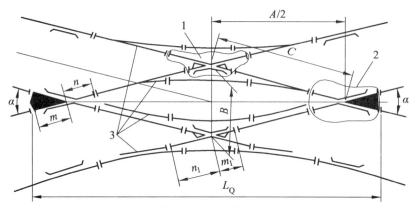

1—钝角辙叉；2—锐角辙叉；3—尖轨。

图 4-94　固定型钝角辙叉平面图

交分道岔的尖轨，在我国标准的 9 号和 12 号道岔上均采用半切线型尖轨，尖轨位于菱形交叉之内，跟端采用可动型夹板间隔铁式结构。

钝角辙叉有固定型和可动心轨型两种。固定型钝角辙叉，如图 4-95 所示，因受地形限制，无法像锐角辙叉那样设置单独的护轨，只能依靠与之相对的另一钝角辙叉的护轨来保证车轮通过有害空间时自身叉心不受轮缘的撞击。这个"自护长度" l_s 由菱形交叉上两相对钝角辙叉弯折点间的位置差 DH、一侧车轮对中线至车轮与护轨接触点间的距离 HP（$MN = HP$）以及另一侧车轮轮对中线至车轮与叉心接触点间的距离 PT 三部分组成，如图 4-95 所示。l_s 随钝角辙叉号数的增加而减少。根据计算，6 号以下的固定型钝角辙叉，自护长度 l_s 大于有害空间 l_h，因而能完全自行防护。8 号及以下者 l_s 稍大于 l_h，但差值不大，车轮尚可借助运行的惯性闯过这一段空间，勉强能进行自护。对辙叉号数为 9 号及以上的菱形交叉，则必须采用可动心轨钝角辙叉。

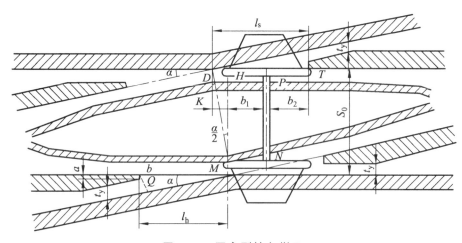

图 4-95　固定型钝角辙叉

用于交分道岔的可动心轨型钝角辙叉，由基本轨、帮轨、活动心轨、扶轨、轨撑和其他联结零件组成，如图 4-96 所示。

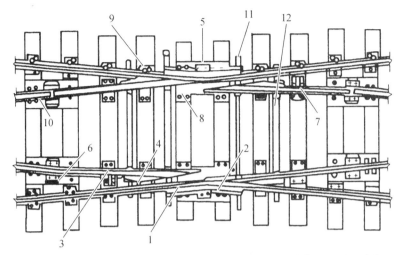

1—基本轨；2—帮轨；3—活动心轨；4—扶轨；5、6—轨撑；7—防跳卡铁；
8、9—垫板；10—辙跟夹板；11—拉杆；12—连接杆。

图 4-96 可动心轨钝角辙叉

左右两根活动心轨用 1 根拉杆和 1 根转辙器连接在一起，用 1 台转辙机联动。整个交分道岔上，用 4 根转辙杆操纵，两根操纵尖轨，另外两根操纵活动心轨，通过不同组合，达到改换行车方向的目的。

2. 交分道岔的主要尺寸

我国铁路上常用的 9 号、12 号交分道岔主要尺寸见表 4-33。

表 4-33 交分道岔主要尺寸

N	钢轨类型 /（kg/m）	辙叉角度 α	导曲线半径（股道中心）R/mm	道岔全长 L/mm	道岔中心至辙叉跟端的距离 b/mm	尖轨长度 l_0/mm	活动心轨长度 L_a/mm
12	60	4°45′49″	380 000	42 132	21 054	7 450	3 800
	50	4°45′49″	380 000	39 950	19 962	7 400	4 200
	43					7 405	
9	60			31 490	15 730	5 310	2 771
	50	6°20′25″	220 000	30 050	15 009	5 250	3 700
	43					5 256	

四、渡　线

渡线用于平行股道之间的连接。渡线分正常渡线、缩短渡线和交叉渡线三种。

1. 正常渡线与缩短渡线

正常渡线由两组类型和号数均相等的道岔组成，道岔的尾部用一直线连接，如图 4-97 所示。正常渡线一般适用于线间距 $D \leqslant 7$ m 时的平行股道间的连接。

在股道线间距大于 7 m 的场合或渡线长度必须缩短的部位，可使用缩短渡线。这时两组道岔的尾部用一段反向曲线来代替直线，如图 4-98 所示。

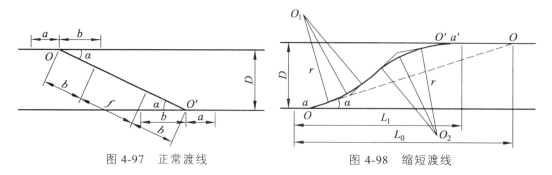

图 4-97　正常渡线　　　　　图 4-98　缩短渡线

2. 交叉渡线

交叉渡线是指相邻两线路间由两条相互交叉的渡线和一组菱形交叉组成的设备，可代替两组八字渡线使用，与采用两组渡线相比，可显著缩短站场长度。

交叉渡线由 4 组单开道岔（或对称道岔）和一组菱形交叉组合而成，如图 4-99 所示。其单开道岔一般与同类型的单开道岔相同，菱形交叉部分随着线间距的不同，结构也相应变化。

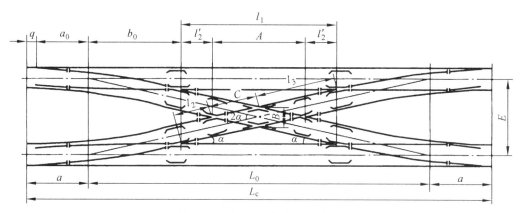

图 4-99　交叉渡线布置示意图

交叉渡线主要用于站场长度受限制的车站两端，也经常与交分道岔结合形成道岔组合，可快速开通多条进路，因此在普速铁路中应用广泛。

菱形交叉是指两条线路在平面上的交叉设备，可以单独使用，也可以与其他道岔组合使用。

交叉渡线的发展趋势是实现标准化、系列化，统一技术标准，精简道岔型号，与单开道岔和交分道岔协调、配套，推广弹性扣件和混凝土岔枕，逐步淘汰木枕道岔。

交叉渡线的布置与线间距和线路开向密切相关，国铁交叉渡线的线间距一般分为5.0 m、5.3 m、5.5 m 和 6.5 m 四种，城市轨道交通或工矿企业还采用 4.6 m 的线间距。交叉渡线应采用同一轨型。

由于交叉渡线的菱形交叉部分结构较为复杂，一般采用固定型辙叉，因此交叉渡线的直向容许通过速度一般不超过 160 km/h，主要用于普速铁路。特殊情况下，单开道岔可采用可动心轨辙叉。

第八节　钢轨伸缩调节器

本节要求

（1）了解钢轨伸缩调节器的作用。

（2）了解钢轨伸缩调节器的结构组成及主要部件，能正确画出其平面示意图。

钢轨伸缩调节器（简称调节器，早期也称尖轨接头）是由基本轨、尖轨、扣件系统和轨枕等部件组成，通过基本轨与尖轨之间的纵向相对位移，大幅减小桥梁与无缝线路纵向相互作用力的轨道设备。铁路长大连续梁上铺设无缝线路时，通常需设置钢轨伸缩调节器。

钢轨伸缩调节器不仅辅助列车安全、平顺地通过，而且可以协调长大桥梁因梁体温差引起的梁端伸缩位移和长钢轨的伸缩位移，并释放钢轨承受的温度力，从而减小轨道及墩身所承受的无缝线路纵向力。

钢轨伸缩调节器在普速铁路和高速铁路中均有广泛的应用。

钢轨伸缩调节器是轨道的薄弱环节，直接影响列车运行安全和行车平稳性，是轨道养护维修的重点工作之一，因此在有条件的情况下，应尽量减少其使用。今后应进一步优化钢轨伸缩调节器结构，提高平顺性和稳定性，延长使用寿命，减小现场的养护维修工作量。

一、钢轨伸缩调节器类型

钢轨伸缩调节器可以按技术系列、容许通过速度、平面形式和轨下基础类型等分类，此外每种钢轨伸缩调节器也可以有不同的设计伸缩量。

（1）按技术系列可分为自主研发钢轨伸缩调节器和 CN 钢轨伸缩调节器两类。

（2）按容许通过速度可分为时速 200 km 以下、200～250 km 及 350 km 钢轨伸缩调节器。

（3）按伸缩方向分成单向钢轨伸缩调节器和双向钢轨伸缩调节器两种类型。

（4）按轨下基础类型可以分为有砟轨道钢轨伸缩调节器、无砟轨道钢轨伸缩调节器和钢桥木枕明桥面用钢轨伸缩调节器。

（5）按钢轨类型分成 60 kg/m 钢轨、75 kg/m 钢轨等钢轨伸缩调节器。

（6）按使用条件可以分为直线用钢轨伸缩调节器和曲线用钢轨伸缩调节器。

二、我国自主研发的钢轨伸缩调节器

自主研发钢轨伸缩调节器包含了各种速度等级、轨型和轨下基础的钢轨伸缩调节器，型号较多，满足了不同使用条件的需要。有砟轨道钢轨伸缩调节器如图 4-100 所示，无砟轨道钢轨伸缩调节器如图 4-101 所示。

图 4-100　有砟轨道钢轨伸缩调节器　　　　图 4-101　无砟轨道钢轨伸缩调节器

时速 200 km 以下普速钢轨伸缩调节器主要型号见表 4-34。

表 4-34　普速钢轨伸缩调节器主要型号

型号	组装长度/mm	设计伸缩量/mm	单/双向	适用轨道
DWH60	12 500	±500	单向	60 kg/m 钢轨无砟轨道
SWH60	22 000	两侧各 ±500	双向	
DYH60	12 500	±500	单向	60 kg/m 钢轨有砟混凝土枕轨道
SYH60	22 000	两侧各 ±500	双向	
DWM60	12 500	±500	单向	60 kg/m 钢轨木枕轨道
DYM60	22 000	两侧各 ±500	双向	
DYH75	12 500	±500	单向	75 kg/m 钢轨有砟混凝土枕轨道
SYH75	22 000	两侧各 ±500	双向	

高速铁路采用的钢轨伸缩调节器分为时速 250 km（兼顾货运）有砟轨道钢轨伸缩调节器（图号：研线 0726 和研线 0727）、时速 350 km 无砟轨道钢轨伸缩调节器（图号：研线 0706）。

钢轨伸缩调节器由尖轨、基本轨、扣件系统和轨枕或轨道板组成，均为尖轨锁定、基本轨伸缩的结构形式。

（一）普速铁路钢轨伸缩调节器

1. 平面布置

普速单向钢轨伸缩调节器标准全长 12 500 mm，设计伸缩量一般为 ± 500 mm，部分采用 ± 600 mm，如图 4-102 所示；双向钢轨伸缩调节器标准全长 22 000 mm，每侧基本轨的设计伸缩量为 ± 500 mm，如图 4-103 所示。

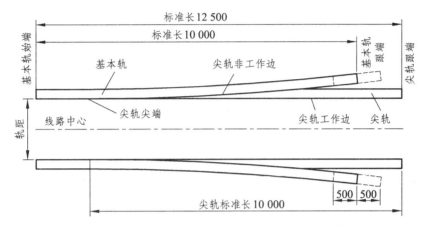

图 4-102　普速单向钢轨伸缩调节器平面示意图（单位：mm）

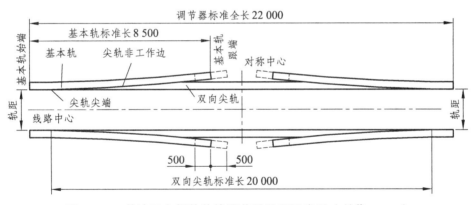

图 4-103　普速双向钢轨伸缩调节器平面示意图（单位：mm）

2. 钢轨伸缩调节器结构

1）基本轨

基本轨采用与区间钢轨同轨型（60 kg/m 钢轨或 75 kg/m 钢轨）、同材质的钢轨，宜采用在线淬火轨制造。

单向钢轨伸缩调节器基本轨全长 10 000 mm，双向钢轨伸缩调节器基本轨全长 8 500 mm。基本轨轨头与尖轨轨头密贴范围内，贴合面需按 1：4 进行机加工，尖轨轨头工作边刨切范围也按 1：4 进行机加工，如图 4-104 所示；基本轨外侧设轨撑与铁垫板联结。

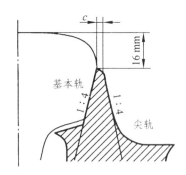

图 4-104   基本轨与尖轨轨头刨切示意图

2）尖　轨

尖轨采用 60AT1（原 60AT）在线淬火轨制造，材质应与区间钢轨相同。单向钢轨伸缩调节器尖轨跟端应锻压成 60 kg/m 或 75 kg/m 钢轨断面。

尖轨降低值见表 4-35。

表 4-35   尖轨降低值   单位：mm

距尖轨尖端距离	轨头顶面宽度	尖轨降低值
0	0	23
3 003	20	3
5 481	50	0

3．铁垫板和轨撑

铁垫板上设置 1∶40 轨底坡，基本轨轨底与铁垫板 1∶40 斜面接触，尖轨轨底与铁垫板上的台板接触。铁垫板两侧设置锚固螺栓孔。根据轨下基础不同，铁垫板尺寸、锚固螺栓孔数量和尺寸也不同。

轨撑分为基本轨轨撑和尖轨轨撑。基本轨轨撑功能是防止基本轨向外倾翻，并且提供较小的基本轨纵向摩阻力；尖轨轨撑功能是防止尖轨向外倾翻，并且提供较大的纵向摩阻力。

在基本轨跟端，采用了基本轨双联轨撑。双联轨撑不仅为基本轨跟端的伸缩自动提供了导向，而且锁定牢靠，如图 4-105 所示。

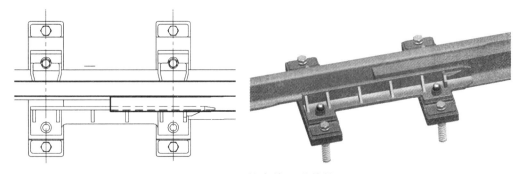

图 4-105   基本轨双联轨撑

4. 基本轨与尖轨组装

钢轨伸缩调节器通过轨撑和轨撑螺栓使基本轨与尖轨轨头贴合，并整体固定在铁垫板上，如图 4-106、图 4-107 所示。

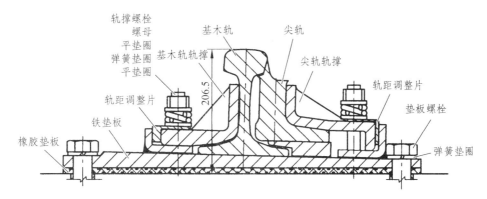

图 4-106 无砟轨道钢轨伸缩调节器尖基轨组装（单位：mm）

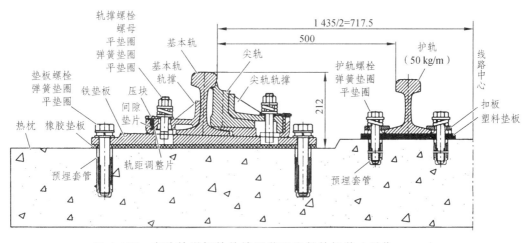

图 4-107 有砟轨道钢轨伸缩调节器尖基轨组装（单位：mm）

尖轨轨撑、基本轨轨撑的螺栓扭矩分别为 150～180 N·m、120～150 N·m，有砟、无砟轨道钢轨伸缩调节器锚固螺栓扭矩分别为 120～150 N·m、200～250 N·m。

（二）高速钢轨伸缩调节器

1. 平面布置

时速 250 km 有砟轨道（兼顾货运）单向钢轨伸缩调节器全长 11 400 mm，设计伸缩量为 ±1 400 mm，如图 4-108 所示；双向钢轨伸缩调节器标准全长 21 000 mm，每侧基本轨的设计伸缩量为 ±400 mm，如图 4-109 所示。

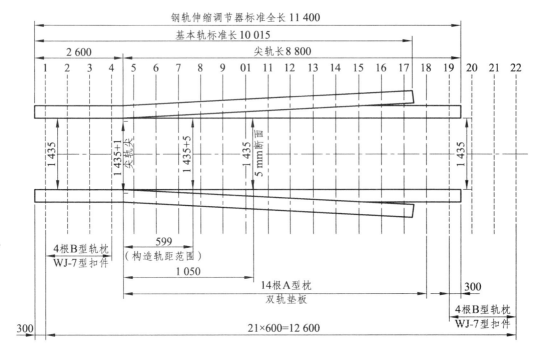

图 4-108 时速 250 km 有砟轨道（兼顾货运）单向钢轨伸缩调节器平面示意（单位：mm）

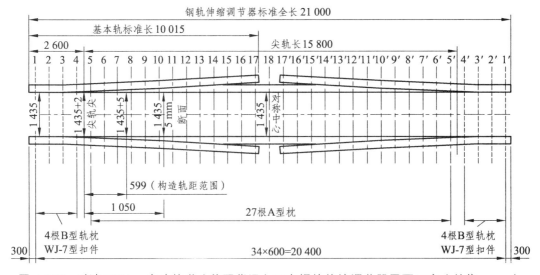

图 4-109 时速 250 km 有砟轨道（兼顾货运）双向钢轨伸缩调节器平面示意（单位：mm）

2. 钢轨伸缩调节器结构

1）基本轨

基本轨采用 60 kg/m、U75VG 或 U71MnG 钢轨制造。单向和双向钢轨伸缩调节器基本轨全长 10 015 mm。基本轨轨头与尖轨轨头密贴面需按 1:4 进行刨切加工。

2）尖　轨

尖轨采用 60AT1 钢轨制造，材质与区间线路钢轨相同。时速 250 km 有砟轨道单向和双向钢轨伸缩调节器尖轨全长分别为 8 800 mm、15 800 mm。尖轨尖端藏尖 3 mm。

尖轨轨头非工作边（与基本轨轨头贴合面）的线型采用三次抛物线。为使钢轨伸缩调节器具有更高的平顺度，尖轨刨切范围比普速钢轨伸缩调节器尖轨的刨切范围长。单向钢轨伸缩调节器尖轨跟端锻压成 60 kg/m 钢轨断面，并使轨距线重合。

尖轨降低值见表 4-36。

表 4-36 时速 250 km 高速钢轨伸缩调节器尖轨降低值 单位：mm

距尖轨尖端距离	轨顶断面宽度	尖轨降低值
0	藏尖 3	23
2 452	15	5.6
5 481	50	0

3）轨 撑

基本轨轨撑的作用是防止基本轨向外倾翻，并且提供较小的基本轨纵向摩擦阻力，如图 4-110 所示。

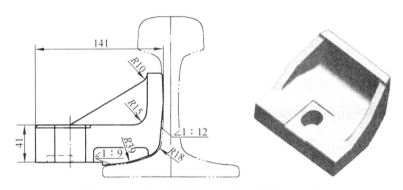

图 4-110 基本轨轨撑示意图（单位：mm）

尖轨轨撑的作用是防止尖轨向内倾翻，并且提供较大的纵向摩擦阻力，如图 4-111 所示。

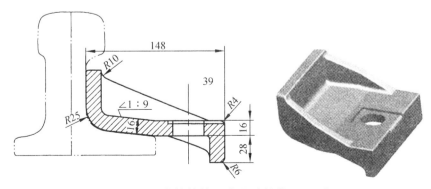

图 4-111 尖轨轨撑示意图（单位：mm）

4）基本轨双联轨撑

基本轨双联轨撑不仅为基本轨跟端的伸缩自动提供了导向，而且牢靠锁定，减小了养护工作量，如图 4-112 所示。

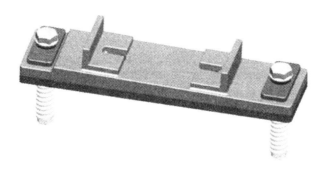

图 4-112　双联轨撑与铁垫板

5）铁垫板

铁垫板上设置 1∶40 轨底坡，基本轨轨底与铁垫板 1∶40 面接触，尖轨轨底与铁垫板上的台板接触，铁垫板两侧设置锚固螺栓孔，整体结构如图 4-112 所示。其主要结构特征如下：

（1）铁垫板与轨枕或轨道板间设弹性垫层。

（2）铁垫板与轨枕之间采用螺栓与预埋套管配合紧固方式联结。

（3）铁垫板与螺栓间设置复合定位套，用以缓冲铁垫板对螺栓的横向冲击，同时使得螺栓紧固时对铁垫板不产生较大的压力，有利于充分发挥铁垫板下弹性垫层的弹性。

（4）垫板螺栓通过盖板扣压铁垫板，盖板上附有弹性较好的橡胶垫圈，既不对铁垫板产生较大压力，也可防止垫板倾翻。

铁垫板联结扣件由锚固螺栓、重型弹簧垫圈、盖板、复合定位套和预埋套管组成，如图 4-113 所示。

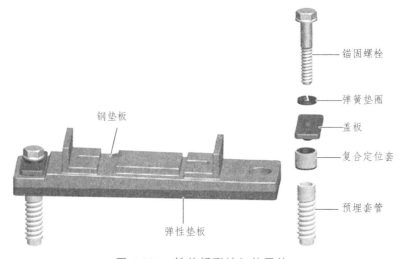

图 4-113　铁垫板联结扣件零件

由于铁垫板下弹性垫层刚度较小，如直接紧固则将出现两个问题，即铁垫板下弹性垫层弹性损失和螺栓承受较大的横向冲击。因此，做如下特殊处理：

（1）螺栓紧固复合定位套，不直接紧固铁垫板。

（2）螺栓与铁垫板间设复合定位套，可缓冲列车荷载通过铁垫板对螺栓的横向冲击。

（3）复合定位套起到缓冲、定位双重作用。

6）铁垫板下弹性垫板

列车高速通过钢轨伸缩调节器时，车轮将从一股钢轨过渡到两股密贴的钢轨，再过渡到一股钢轨。为使钢轨伸缩调节器范围内整体竖向刚度均匀，并保持与区间扣件的竖向刚度一致，时速 250 km 钢轨伸缩调节器弹性垫板设计静刚度为 50 kN/mm，时速 350 km 无砟钢轨伸缩调节器弹性垫板设计静刚度为 25 kN/mm。

3．轨下基础

轨下基础均采用混凝土轨枕，其有砟轨枕和无砟轨枕的断面及配筋分别与客专线高速道岔的有砟岔枕和无砟岔枕相同，只是钉孔距不同。

思考与练习

1．道岔的功用是什么？分为哪几种类型？

2．单开道岔如何分类？绘示意图说明道岔的组成。

3．什么是岔头、岔尾？怎样区分单开道岔的左、右开？

4．普通断面钢轨尖轨和特种断面钢轨尖轨的构造要求有何异同？

5．什么是辙叉的有害空间？绘图说明。

6．固定辙叉的查照间隔尺寸是怎样规定的？

7．绘图说明道岔的主要尺寸。

8．怎样提高道岔直、侧向过岔速度？

9．绘图说明 9 号道岔"17 尺"检查的位置。

10．简要说明我国高速客专道岔的技术体系。

11．我国自主研发的高速道岔主要有哪几个型号？其直、侧向容许过岔速度都是多少？

12．客专线 18 号道岔和 42 号道岔辙叉跟端结构有何不同？

13．客专线道岔尖轨跟端结构设计有几种形式？

14．重载道岔的尖轨、辙叉与普通道岔相比有何特点？

15．单式交分道岔与复式交分道岔区别是什么？交分道岔的全长是怎样规定的？

16．道岔尖轨与钢轨伸缩器尖轨在功能上有何区别？

无砟轨道是铁路轨道的主要结构形式之一。相比于有砟轨道，无砟轨道整体性强，纵、横向稳定性较好，平顺性高，养护维修工作量相对较小，但刚度较大、弹性较差，造价比有砟轨道高。

我国高速铁路一般推荐采用无砟轨道结构，其他等级铁路经过经济技术比选也可选用无砟轨道。我国无砟轨道技术经过引进、吸收、再创新，现已形成了从设计、施工到运营维护的完整、成熟的技术体系。

本章主要介绍无砟轨道分类、我国无砟轨道的结构类型和构造、无砟轨道扣件的基本知识。

本章目标

了解无砟轨道的分类，掌握我国铁路无砟轨道的结构类型、构造，掌握我国无砟轨道扣件系统的组成和主要技术条件。

本章重点

我国高速铁路无砟轨道的构造和扣件系统。

第一节　无砟轨道概述与分类

本节要求

（1）了解我国无砟轨道的技术发展及无砟轨道的分类。

（2）掌握我国铁路不同类型无砟轨道的特点。

一、无砟轨道概述

铁路轨道结构从总体上可分为以碎石道床、轨枕为基础的有砟轨道和以混凝土或沥青混合料等为基础的无砟轨道两大类。有砟轨道弹性条件好，具有较好的轮轨接触效应，维修较方便，造价相对较低。但有砟轨道的线路状态保持能力较差，在列车动荷载作用下，有砟道床养护维修工作量较大。

与有砟轨道相比，无砟轨道结构具有稳定性好、平顺性高、轨道状态可以长期保持、维修工作量可以大幅减少等优点，但与有砟轨道相比也有对基础要求高，一旦损坏难于修复及初期投资大，列车运行时振动、噪声相对较大等缺点。实践表明，两种轨道结构均可保证高速列车的安全运营。但由于两类轨道结构在技术经济性方面的差异，各国均根据自己的国情、铁路的特点合理选用，以取得最佳的技术经济效益。

我国无砟轨道的研制工作与国外几乎同时起步。初期曾试铺过支承块式、短木枕式、整体灌筑式等整体道床以及框架式沥青道床等多种形式。进入 20 世纪 90 年代以来，为适应我国铁路提速以及发展高速铁路的需求，我国无砟轨道的研制工作步入了一个新阶段，研发了轨枕埋入式、板式和弹性支承块式无砟轨道结构，并在秦沈客运专线 3 座特大桥上以及西康线和赣龙线等隧道内进行了试铺。2004 年，我国在遂渝线无砟轨道综合试验段的路基、桥梁、隧道及岔区首次成段设计铺设了无砟轨道结构，取得了一系列研究成果。自 2006 年底起，我国在前期无砟轨道研究成果的基础上，组织开展了无砟轨道技术再创新工作，并在京津城际铁路、武广客运专线等项目中进行了全面的试验和工程实践验证。随着高速铁路建设的全面推进，我国铁路无砟轨道形成了 CRTS Ⅰ 型板式、CRTS Ⅱ 型板式、CRTS Ⅲ 型板式、CRTS Ⅰ 型双块式以及道岔区轨枕埋入式、道岔区板式无砟轨道的设计、制造、施工等成套技术体系。

特别是 CRTS Ⅲ 型无砟轨道是我国首个独立自主创新的高铁技术，是真正的中国铁路无砟轨道系统（China Railway ballastless Track System，CRTS）。CRTS Ⅲ 型无砟轨道与引进德国和日本板技术的 CRTS Ⅱ 型和 CRTS Ⅰ 型无砟轨道板相比具有结构简单、性能稳定、用料节省、施工便捷、工效相对提高、造价相对低廉等优点，可适用于时速 300 km 以上的城际铁路及严寒地区高铁，成为中国高铁走向世界的主要技术支撑之一。

二、无砟轨道分类

（一）世界主要无砟轨道结构类型

无砟轨道主要结构形式包括现浇整体式无砟轨道、板式轨道、枕式无砟轨道等。根据无砟轨道的不同结构形式在功能实现上有所区别，主要分类如下：

（1）按是否保留轨枕，分为有轨枕支承和无轨枕支承两大类。有轨枕支承的代表类型是德国的雷达系列，无轨枕支承的类型是日本的板式轨道系列。

（2）按轨枕的支承方式又分为轨枕支承式、轨枕嵌入式和轨枕埋入式三种类型。轨枕支承式按组成道床的材料分为混凝土道床板和沥青道床板两种，以德国的 BTD、ATD 和 GETRAC 为代表，主要用于城市地面轨道交通工程；轨枕嵌入式的代表是瑞士的弹性支承块（LVT）式和德国的弹性长枕类型无砟轨道结构，主要用于城市地下铁道工程；轨枕埋入式则以德国的雷达和旭普林（Züblin）系列无砟轨道为代表，是我国高铁无砟轨道引进的类型之一，即 CRTS Ⅰ 、CRTS Ⅱ 型双块式无砟轨道系统。

（3）按道床板是预制还是现浇分为预制道床板和现浇道床板两类，前者以日本的板式轨道和德国的博格板无砟轨系统为代表，是我国高铁引进的两种主要类型无砟轨道技术，即 CRTS Ⅰ 、CRTS Ⅱ 型板式无砟轨道系统。德国的博格板有承轨台，可视为短枕支承，和道床板融为一体，所以还具有轨枕埋入式的特征。

现浇道床板无砟轨道类型较多，包括轨枕埋入式、轨枕嵌入式、钢轨埋入式和整体道床等。

（4）按钢轨与轨枕或道床板的联结方式，分为有扣件联结和无扣件联结。前者以英国的 PACT 轨道系统为代表，后者以荷兰的 Edilon 嵌入式轨道系统为代表。

（5）按道床板主要材料划分，分为混凝土道床或沥青混凝土道床，两者以德国的 BTD 和 ATD 类型无砟轨道为代表。

（6）按道床或轨道板纵向连续性划分，分为连续整体道床或单元整体道床或轨道板。日本板式轨道板纵向不连接，是单元式结构；德国博格板在路基上需纵向连接，是纵连式轨道结构，但在桥梁则为单元式结构（我国引进后改进为纵连式结构）。

根据以上结构方案不同，可将无砟轨道进行分类，如图 5-1 所示。

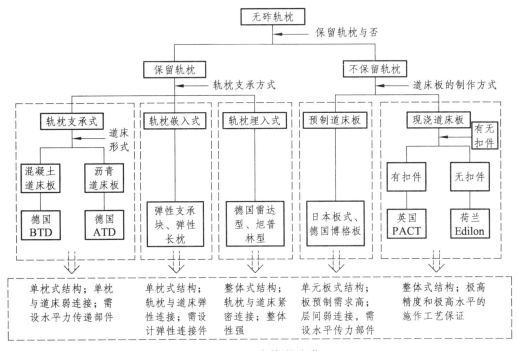

图 5-1　无砟轨道分类

（二）我国铁路无砟轨道类型

1. 无砟轨道结构选型

正线轨道结构类型一般客货共线铁路、重载铁路选择有砟轨道；设计速度 300 km/h 及以上高速客运专线一般选择无砟轨道；长度超过 1 km 的隧道及隧道群，一般选择无砟轨道。

无砟轨道结构类型选择应结合其技术、经济特征，针对不同项目的铁路等级、运营条件、工程和环境条件，进行经济技术比选，合理确定无砟轨道结构形式。

一般应符合下列规定：

（1）高速铁路无砟轨道宜采用板式、双块式结构形式。

（2）城际铁路无砟轨道宜采用双块式、板式结构形式，隧道内可采用弹性支承块式结构形式。

（3）客货共线铁路、重载铁路隧道内无砟轨道可采用弹性支承块式、双块式、轨枕埋入式等结构形式。

（4）道岔区无砟轨道宜采用轨枕埋入式结构形式，可采用板式结构形式。

2. 我国铁路无砟轨道类型

我国铁路无砟轨道在早期试验研究的基础上，通过引进、吸收日本板式、德国博格板式和雷达轨枕埋入式、瑞士弹性双块式等技术，经过再创新形成了 CRTS Ⅰ 型和 CRTS Ⅱ 型板式、CRTS Ⅰ 型和 CRTS Ⅱ 型双块式以及道岔区轨枕埋入式、道岔区板式、用于地铁及隧道内的弹性支承块式无砟轨道体系，又在总结和工程实践经验的基础上，自主研发了 CRTS Ⅲ 型板式无砟轨道。我国无砟轨道分类，如图 5-2 所示。

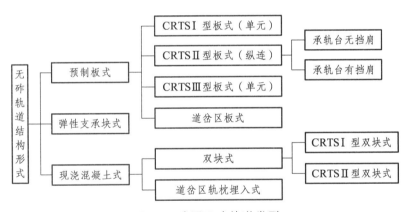

图 5-2　我国无砟轨道类型

由于 CRTS Ⅱ 型双块式无砟轨道的施工工艺复杂，后期反馈出现问题较多，最终没有出现在我国《高速铁路设计规范》（TB 10621—2014）的选型中。

1）CRTS Ⅰ 型板式无砟轨道

我国在日本板式轨道和遂渝线板式无砟轨道的基础上，通过技术再创新，重点解决了 ZPW2000 轨道电路的适应性，32 m、24 m 主型简支梁长的匹配性以及轨道部件和材料的国产化问题，形成了具有自主知识产权的 CRTS Ⅰ 型板式无砟轨道系统。该系统主要分三种板长，分别为 4 962 mm、4 856 mm 和 3 685 mm，宽 2 400 mm，厚度统一采用 1 900 mm，分平板型和框架型两种，如图 5-3 所示。轨道板之间设置凸形挡台传递纵向力，无须联结，配套使用 WJ-7 型扣件，已成功铺设于武广客运专线武汉综合试验段和哈大客运专线上。

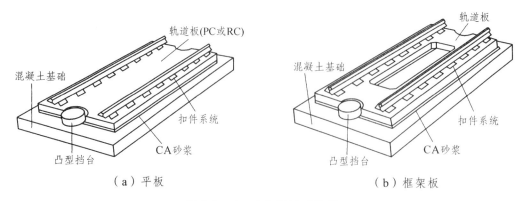

（a）平板   （b）框架板

图 5-3　CRTS I 型板式轨道

2）CRTS II 型板式无砟轨道

我国在博格板式轨道结构基础上，进行了 ZPW2000 轨道电路适应性、轨道部件和材料的国产化研究，形成了具有自主知识产权的 CRTS II 型板式无砟轨道系统。轨道板分标准板和异型板。标准板结构如图 5-4 所示。标准板长 6.45 m，宽 2.55 m，厚 0.2 m，为横向先张结构，每 65 cm 设 4 cm 深预裂缝。异型板包括补偿板、特殊板、小曲线半径板以及道岔板等，已成功铺设于京津城际客运专线和京沪高速铁路等线路上。

图 5-4　路基及隧道地段标准板结构组成示意图

3）CRTS III 型板式无砟轨道

为了适应中国铁路"走出去"战略的需要，打造中国无砟轨道的自身品牌，在总结既有无砟轨道研究与应用经验的基础上，结合无砟轨道技术再创新研究成果，我国铁路部门研发并铺设了具有完全自主知识产权的 CRTS III 型板式无砟轨道，如图 5-5、图 5-6 所示。

CRTS III 型板式无砟轨道是对既有无砟轨道的优化与集成，其主要创新点是：改变了板式轨道的限位方式，扩展了板下填充层材料，优化了轨道板结构，改善了轨道弹性及完善了设计理论体系，等等。

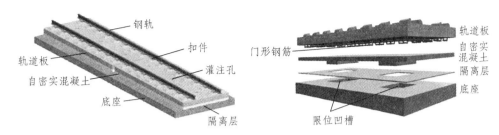

图 5-5　CRTSⅢ型板式无砟轨道

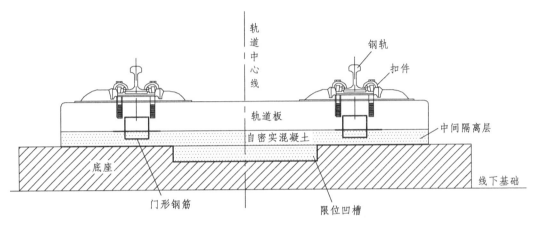

图 5-6　CRTSⅢ型轨道板结构横断面

（1）板下填充层材料。

CRTSⅢ型板式无砟轨道通过轨道板下两排 U 形筋，将内设钢筋网片的自密实混凝土与轨道板可靠连接成复合结构，结构整体性好，可以控制轨道板离缝、翘曲和板下填充层开裂；自密实混凝土与 CAM 填充层相比较，其工艺简单、性能稳定、耐久性好、成本低廉。

（2）板式轨道限位方式。

CRTSⅢ型板式无砟轨道采用板下 U 形筋 + 自密实混凝土 + 底座凹槽的限位方式，彻底取消了Ⅰ型板的凸台、Ⅱ型板的端刺限位方式，同时也取消了作为板下填充层材料用的 CA 砂浆，从而可简化施工工艺，减少环境污染，降低工程投资。

（3）轨道弹性。

轨道板改原用无挡肩板为有挡肩板，配套弹性不分开式扣件，有利于降低轨道刚度，提高轨道弹性。

4）CRTSⅠ型、Ⅱ型双块式无砟轨道

在客运专线无砟轨道再创新工作中，我国以德国雷达 2000 轨道（图 5-7）为原型，在遂渝线双块式无砟轨道试验段的基础上，对 ZPW2000 轨道电路的适应性、路基和桥隧基础上道床板的统一、轨道结构纵向连续性以及轨道材料的国产化等问题进行了重点研究，形成了具有自主知识产权的 CRTSⅠ型双块式无砟轨道，在路基和隧道地段可为纵连式或分块式，桥梁地段为分块式。

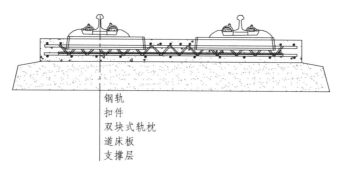

钢轨
扣件
双块式轨枕
道床板
支撑层

图 5-7　雷达 2000 型无砟轨道断面图

与此同时，对德国旭普林轨道结构进行了优化研究，形成了具有自主知识产权的 CRTS Ⅱ 型双块式无砟轨道。

两者轨道结构相似，均为水硬性支承层上连续铺设的双块埋入式无砟轨道。但德国雷达 2000 轨道和旭普林轨道的主要区别在于旭普林轨道采用的施工工艺是先浇筑道床板混凝土，然后通过振动法将轨枕压入混凝土中，直至达到精确的位置，需要精度和自动化程度高的复杂技术工装设备；而雷达轨道则与此相反，是先铺设双块式轨枕及道床板钢筋，再浇筑道床板混凝土。还有就是旭普林轨道双块式轨枕的钢筋桁架不外露，而雷达轨道的双块式轨枕钢筋桁架是外露的。

5）弹性支承块式无砟轨道

弹性支承块式无砟轨道是在双块式轨枕（或两个独立支承块）的下部及周围设橡胶或其他弹性复合材料套靴，在轨枕块底部与套靴间设橡胶弹性垫层，在套靴下灌筑混凝土而成型的一种无砟轨道结构形式。

这种轨道形式，又称弹性支承轨道或低振动轨道（LVT），最初由瑞士发明。

弹性支承块式无砟轨道由钢轨、扣件、短轨枕、橡胶包套、枕下胶垫、混凝土道床及混凝土底座等组成。短轨枕支承在微孔（或泡沫）橡胶垫上，用橡胶包套把橡胶垫套在短轨枕上，用水泥砂浆把短轨枕连同橡胶包套与道床混凝土粘牢。

图 5-8（a）是我国弹性支承块式轨道的断面图，图 5-8（b）是有关弹性支承块的构造详图。短轨枕为 600 mm × 300 mm × 220 mm 左右的 C50 级普通钢筋混凝土预制件。橡胶包套的作用主要是缓解列车横向冲击荷载，包套厚 7 mm，尺寸要求严格，与短枕接触的四周侧面设有沟槽，枕底接触面无沟槽。包套静刚度约为 140 ~ 160 kN/mm，使用寿命约 30 年，可维修或更换。

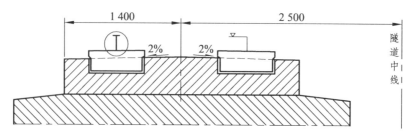

（a）秦岭隧道内弹性支承轨道断面图（单位：mm）

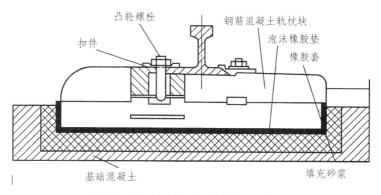

凸轮螺栓　　钢筋混凝土轨枕块
扣件　　　　　　　　　泡沫橡胶垫
　　　　　　　　　　　橡胶套
基础混凝土　　　　　填充砂浆

（b）弹性支承轨道短轨枕细部构造

图 5-8　弹性支承块式无砟轨道

混凝土道床断面尺寸约为 2 400 mm×300 mm，用 C30 级混凝土浇筑，按构造和工程经验配筋，可采用与普通混凝土支承块式无砟轨道相同的配筋。

第二节　无砟轨道构造

本节要求

（1）了解 CRTS Ⅰ 无砟轨道板的构造，掌握 CRTS Ⅰ 型板式无砟轨道的结构组成及主要技术要求。

（2）了解 CRTS Ⅱ 型无砟轨道板的构造，掌握 CRTS Ⅱ 型板式无砟轨道的结构组成及主要技术要求。

（3）了解 CRTS Ⅲ 型无砟轨道板的构造，掌握 CRTS Ⅲ 型板式无砟轨道的结构组成及主要技术要求。

（4）了解 CRTS Ⅰ 双块式轨枕的构造，掌握 CRTS Ⅰ 型双块式无砟轨道的结构组成及主要技术要求。

（5）了解岔区无砟轨道的结构组成及主要技术要求。

一、CRTS Ⅰ 型板式无砟轨道构造

我国的 CRTS Ⅰ 型板式无砟轨道是在日本高铁 A 型板式轨道技术基础上经过再创新研发，预制轨道板通过水泥沥青砂浆调整层铺设在现场浇筑的钢筋混凝土底座上，由凸形挡台限位，适应 ZPW2000 轨道电路的单元轨道板无砟轨道结构形式。

（一）CRTS Ⅰ 型板式无砟轨道结构横断面

CRTS Ⅰ 型板式轨道由钢轨、扣件、预制轨道板、乳化沥青水泥砂浆（CA 砂浆）、混凝土凸形挡台及底座板等部分组成，轨下设置充填式垫板，轨道板之间无联结。其路基地段结构横断面如图 5-9 所示，桥梁地段结构横断面如图 5-10 所示，隧道地段结构横断面如图 5-11 所示。

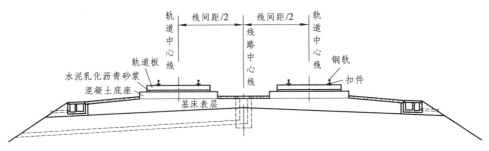

图 5-9　路基地段 CRTS I 型板式无砟轨道横断面示意图

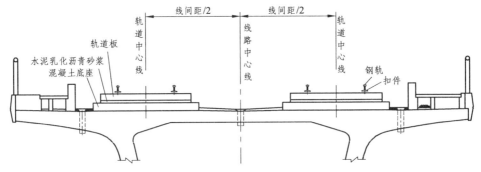

图 5-10　桥梁地段 CRTS I 型板式无砟轨道横断面示意图

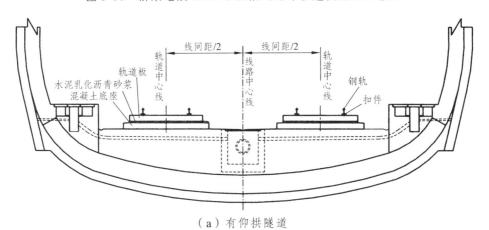

（a）有仰拱隧道

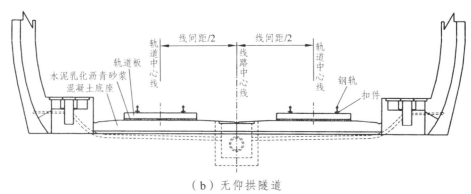

（b）无仰拱隧道

图 5-11　隧道地段 CRTS I 型板式无砟轨道横断面示意图

CRTS Ⅰ 型轨道板分为预应力平板（P）、预应力框架板（PF）和钢筋混凝土框架板（RF），如图 5-3 所示；按轨道板长度分为 4 962 mm、3 685 mm、4 856 mm 三种。预应力平板及预应力框架板采用双向后张、部分预应力混凝土结构；钢筋混凝土框架板采用普通钢筋混凝土结构；配筋按截面中心对称布置；轨道板内预埋扣件绝缘套管和轨道板起吊用套管，板面设置 20 mm 高的承轨台，有利于扣件周围排水及起道和焊轨作业。

考虑到 CRTS Ⅰ 型板式轨道在不同地区、不同环境的使用要求，设计了适用于不同线下基础的预应力平板、框架板、非预应力平板、框架板以及减振板等 Ⅰ 型板式无砟轨道结构。其中预应力平板主要用于寒冷地区，框架型主要用于温暖地区，实际应用中可根据不同地区气候环境条件进行选型。

（二）CRTS Ⅰ 型板式无砟轨道构造

1. 轨道板

1）轨道板的尺寸

预应力平板及预应力框架板混凝土强度等级为 C60，轨道板的尺寸是由轨道板所受的荷载及制造、装载运输、施工时的可操作性所决定的，如图 5-12 所示。

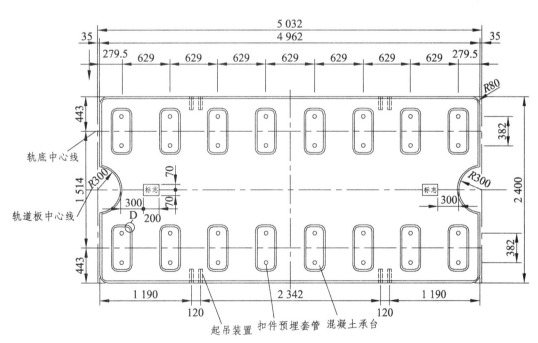

图 5-12 整体式轨道板（带 20 mm 厚承轨台）（单位：mm）

标准轨道板长度有 4 962 mm、3 685 mm、4 856 mm 三种。例如哈大客运专线标准轨道板包括 P4962、P4856、P4856A、P3685、P4962A 五种，异型轨道板主要包括 P4856B、P3685B、P5500 三种。

轨道板设计宽度为 2 400 mm，厚度不小于 190 mm。针对特殊环境气候条件（如严寒地区），考虑提高其抗冻性和耐久性，可以适当增大轨道板厚度。如哈大客运专线在桥梁和隧道段 CRTS I 型板的厚度即为 200 mm，并设承轨台（厚度为 20 mm）。

为配合设在底座上的圆形或半圆形凸形挡台，轨道板两端设置半圆形缺口。轨道板半圆缺口直径为 260 mm。

2）轨道板配筋

预应力筋采用低松弛无黏结预应力钢棒，采用护套包裹方式实现无黏结，护套原材料为改性挤塑型高密度聚乙烯树脂。预应力筋公称直径 13 mm，其抗拉强度不低于 1 420 MPa。纵向预应力筋对称于板横轴线布置，共 4 对 8 根；横向预应力筋沿板纵轴线布置，共 16 根。纵向预应力筋双端张拉，横向单向张拉，张拉端交错布置。

普通钢筋采用 ϕ12 的 II 级热轧带肋钢筋。纵向普通钢筋、箍筋和架立筋表面进行环氧树脂涂层处理。

3）轨道板绝缘

CRTS I 型无砟轨道为满足 ZPW2000 轨道电路的要求，轨道板内钢筋需进行绝缘处理。预应力钢棒采用防腐润滑脂及塑料套管隔离，且纵、横向不交叉；锚具绝缘则是通过纵向采用两块独立锚垫板实现，以保证预应力筋不形成闭合回路（注意：施工中要防止相邻两螺旋筋搭接形成回路）；预应力平板内纵向钢筋、4 号横向钢筋、箍筋、架立筋采用环氧树脂涂层钢筋，其余横向采用普通钢筋。

4）轨道板接地

无砟轨道接地装置是针对接触网闪络保护的接地措施。CRTS I 无砟轨道接地是利用无砟轨道板上层一根 ϕ16 光圆钢筋与横向构造钢筋焊接，并在轨道板纵向单侧预埋两个接地端子实现的，如图 5-13 所示，每 100 m 构成一个接地单元，并与综合接地系统单点等电位连接一次，实现对接近轨道人员及设备设施的安全防护。桥梁地段的无砟轨道接地连接至防护墙侧面的接地端子，隧道地段的无砟轨道接地连接至电缆槽侧壁的接地端子，路基地段无砟轨道连接至接触网支柱基础侧面的接地端子。

图 5-13 CRTS I 型轨道板接地端子

2. CAM 调整层

轨道板和底座板之间设置水泥乳化沥青砂浆充填层，它是 CRTS I 型板式无砟轨道的关键组成部分,其性能的好坏直接影响轨道系统的耐久性和日后的养护维修工作量。轨道系统要求充填层砂浆材料具有良好的力学性能、耐久性能和可施工性,并适于采用袋装灌注法施工。

CA 砂浆由水泥、乳化沥青、细骨料和其他添加剂等多种材料组成,主要起施工调整、缓和冲击等作用。

CAM 调整层标准厚度为 50 mm,最小厚度为 40 mm,最大厚度为 100 mm。

3. 凸形挡台及底座

凸形挡台预埋钢筋与底座上下钢筋网片焊接,与底座用 C40 级混凝土浇筑成一体,底座及凸形挡台钢筋不作绝缘处理,如图 5-14 所示。

1)凸形挡台

凸形挡台作为板式轨道的一个重要组成部分,其主要功能是限制轨道板的纵、横向位移,同时可以为轨道板铺设提供测量基准,如图 5-15 所示。

图 5-14　底座及凸形挡台钢筋　　　　图 5-15　施工后的底座及凸形挡台

凸形挡台与轨道板半圆形缺口相匹配,分圆形和半圆形,半圆形挡台一般设在桥梁的端部或板式轨道的末端。凸形挡台的半径一般采用 260 mm,高度为 250 mm。间隙一般为 40 mm,需充填弹性好、强度高的树脂材料,以缓冲轨道对凸形挡台的作用。

2)钢筋混凝土底座

混凝土底座是板式轨道的支承基础,其主要功能一方面是修正无砟轨道施工前下部基础的变形(如桥梁上拱、路基沉降)与施工偏差,另一方面是实现曲线地段板式轨道的超高设置。底座宽度需在保证结构强度的前提下,考虑板式轨道的施工设备和机具的使用,桥梁和隧道地段一般为 2.8 m,路基地段一般为 3.0 m;其厚度和配筋需根据下部基础的支承条件和预测变形(如桥梁的跨中挠度、路基承载力及不均匀沉降等)条件计算确定,桥梁和隧道地段基础相对较为坚实,厚度一般采用 200 mm,而路基地段则加厚至 300 mm。在缓和曲线地段,由于其超高是逐渐变化的,底座高度需根据超高变化情况合理设置。

路基、隧道地段底座在纵向每隔 2~4 块轨道板需设置一道伸缩缝,桥梁地段每隔

1 块轨道板需要设置一道伸缩缝，底座伸缩缝宽 20 mm，伸缩缝对应凸形挡台中心并绕过凸形挡台，伸缩缝下部采用聚乙烯发泡板填充，上部 50 mm 范围采用改性沥青软膏封闭；伸缩缝设在行车前进方向，如图 5-16 所示。

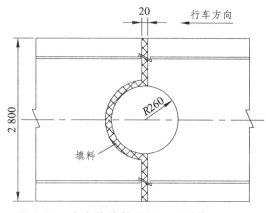

图 5-16　底座伸缩缝平面图（单位：mm）

（三）CRTS Ⅰ 型板式无砟轨道超高设置

超高一般在底座上设置，采用外轨抬高方式，并在缓和曲线区段按线性变化完成过渡，即从直缓点至缓圆点超高由 0 mm 直线递增至曲线设计超高值 h，从圆缓点至缓直点超高由设计超高值 h 直线递减至 0 mm。

超高设置需优先满足直通列车旅客舒适度要求，并兼顾低速跨线列车和中间站起停列车的旅客舒适度要求。同时，超高设置需考虑接触网电分相设置对列车运行速度的影响。

（四）CRTS Ⅰ 型板式无砟轨道的排水

路基地段 CRTS Ⅰ 型板式无砟轨道，线间路基面封闭层材料采用沥青混凝土，严寒地区，例如哈大客专改为 C25 纤维混凝土封闭。温暖地区排水可以采取集水井方式，如图 5-9 所示；寒冷地区线间排水设计考虑防冻要求，在保证横向排水管畅通、不会因冻胀影响底座结构安全的前提下，可以采取在底座内埋设横向排水管等措施，线间填筑级配碎石，表面混凝土封闭；严寒地区路基地段的 CRTS Ⅰ 型板式无砟轨道线间排水设计需结合气候条件、线下工程设计情况等系统研究，确保各结构物的安全可靠。

桥梁地段 CRTS Ⅰ 型板式无砟轨道，由于相邻底座板间伸缩缝过窄（一般为 20 mm）及凸形挡台的阻断作用，无横向排水通道，桥面泄水孔设计需采用三列排水方式，参考图 5-10 所示，对于严寒地区，排水管等需考虑防冻措施。

隧道段无砟轨道排水采用侧沟加中心排水沟方式，参考图 5-11。

二、CRTS Ⅱ 型板式无砟轨道

我国的 CRTS Ⅱ 型板式无砟轨道是在德国博格板式无砟轨道技术基础上经过再创

新研发，预制轨道板通过水泥沥青砂浆调整层，铺设在现场摊铺的混凝土支承层或现场浇筑的具有滑动层的钢筋混凝土底座（桥梁）上，适应 ZPW2000 轨道电路的连续轨道板无砟轨道结构形式。

轨道板分标准板和异型板。标准板结构如图 5-4 所示。标准板长 6.45 m，宽 2.55 m，厚 0.2 m，为横向预应力混凝土结构。

标准板纵向分 20 个承轨道台，承轨台设计适应于有挡肩扣件（VOSSLOH 扣件、WJ8C 扣件），承轨台作打磨处理，横向设 0.5%排水坡，经过打磨后确定了其在线路上的唯一位置属性，所以每一块板都有各自的顺序编号。异型板包括补偿板、特殊板、小曲线半径板以及道岔板，其中补偿板、特殊板、小曲线半径板均在标准板基础上发展变化而来，与标准板有着类似的结构特点，分别用于补偿调整线路长度、道岔前后过渡、曲线半径小于 1 500 m 地段。道岔板是单独设计的道岔区轨道板。

CRTSⅡ型板式无砟轨道是由预制轨道板相互连接的连续板结构。相邻轨道板端部通过张拉锁件将精轧螺纹钢筋连接在一起，接缝处设置横向钢筋笼，再浇筑混凝土填筑接缝，使轨道板形成纵连结构。

（一）路基上 CRTSⅡ型板式无砟轨道

1. 结构组成

路基上 CRTSⅡ型板式无砟轨道系统结构由钢轨、扣件、预制轨道板、砂浆调整层及混凝土支承层等部分组成，如图 5-17 所示。路基上 CRTSⅡ型板式无砟轨道的轨道板、支承层为纵向连续结构，整体性、稳定性好。直线地段路基基床表面设 0.5%的人字坡；曲线地段轨道各组成部分高度均不变，超高在基床表层设置。

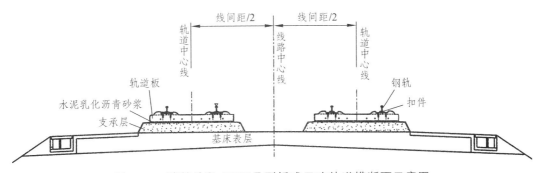

图 5-17　路基地段 CRTSⅡ型板式无砟轨道横断面示意图

与桥上 CRTSⅡ型轨道相比，路基上 CRTSⅡ型板不设滑动层、侧向挡块、硬泡沫塑料板、摩擦板、端刺。

2. 轨道板构造尺寸

CRTSⅡ型板式无砟轨道的轨道板为单向预应力混凝土结构，混凝土强度等级为 C55，横向设置预应力筋，采用先张法生产工艺，每块板混凝土用量 3.45 m³，板质量约 8.6 t，纵向通过 6 根 $\phi20$ 的精轧螺纹钢筋连接。每块标准轨道板上设 10 对扣件，扣件节点间距 0.65 m，相邻扣件节点间的板顶面设置深度为 40 mm 的预裂缝，相邻预裂缝距离为 0.65 m。路基、桥隧地段标准轨道板长 6.45 m，宽 2.55 m，厚 0.2 m。轨道板上设 1、2 型承轨台，如图 5-18 所示。

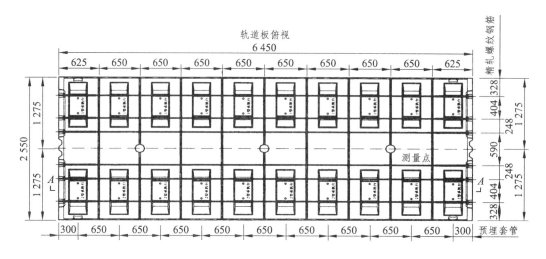

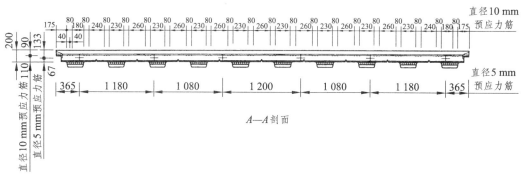

图 5-18　标准轨道板结构（单位：mm）

3. 轨道板的配筋与绝缘

轨道板横向配置 60 根 Φ10 预应力钢筋和 6 根 Φ5 预应力钢丝，采用先张法张拉。纵向配置 6 根 Φ20 精轧螺纹钢筋，用于轨道板的纵向连接。在纵、横向钢筋的上、下层分别配置一层钢筋网片。

钢筋交叉点处均应进行绝缘处理，除预应力筋外所有直径为 8 mm 的横筋采用环氧树脂涂层钢筋；直径为 5 mm 的预应力筋的交叉点通过安装在螺纹钢筋上的收缩软管绝缘；在接地端子附近，直径为 16 mm 的接地钢筋与横向钢筋间的绝缘处理，可根据钢筋焊接的实际情况增加绝缘垫片或采用塑料夹进行绝缘，保证钢筋绝缘性能符合相关要求。

4. 水泥乳化沥青砂浆调整层

水泥乳化沥青砂浆是由乳化沥青、水泥、细骨料、水和外加剂经特定工艺搅拌制得的具有特定性能的砂浆,其主要组成材料有乳化沥青、干料、水、减水剂、消泡剂。CRTS Ⅱ 型板式无砟轨道水泥乳化沥青砂浆充填层的主要功能是施工调整和约束轨道板。轨道系统要求充填层砂浆与轨道板、支承层与底座间良好黏结,具有良好的力学性能、可施工性和耐久性。砂浆调整层设计厚度为 30 mm。

5. 支承层

支承层位于砂浆充填层和基床顶层之间,起到传递荷载、扩散应力、协调变形、刚度过渡等作用。支承层顶面宽 2 950 mm,底面宽 3 250 mm,厚 300 mm,采用水硬性混合料或低塑性水泥混凝土。支承层顶面轨道板未覆盖区向外设置不小于 4% 的排水坡,起坡点距离轨道板边 50 mm。支承层每隔 5 m 左右设横向切缝,缝深约为厚度的 1/3。

6. 线间填筑

线间路基面采用 C25 混凝土封闭,厚度不小于 100 mm,混凝土封闭层纵向每 2.5 m 设置一条伸缩缝,缝宽 10 mm,深 25 mm。伸缩缝及接缝处采用聚氨酯密封胶填缝,具体以施工图为准。

7. 排 水

路基地段 CRTS Ⅱ 型板式无砟轨道,温暖地区直线地段可以采用经轨道板顶面向线路两侧横向排水的技术方案,即线间填充级配碎石和 C25 混凝土封闭层,利用轨道板表面横向排水坡进行横向排水,如图 5-19 所示;为降低造价,线间可以取消级配碎石和 C25 混凝土封闭层,采用集水井进行横向排水;曲线地段受轨道超高设计的影响,线间排水采用设集水井的横向排水技术方案。

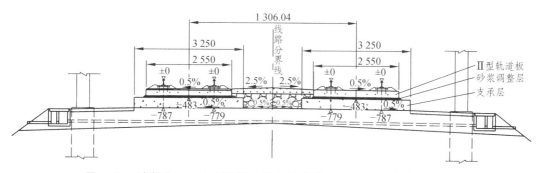

图 5-19 路基上 CRTS Ⅱ 型板式无砟轨道排水示意图(单位:mm)

8. 综合接地

与 CRTS Ⅰ 型板式轨道一样,CRTS Ⅱ 型板要求板间采用不锈钢钢缆连接,如图 5-20 所示,钢缆横断面积大于 200 mm^2;将轨道板在纵向上划分成长度不大于 100 m 的接地单元,每一单元用不锈钢缆与贯通地线单点 T 形连接一次,接地端子应靠近接触网支柱位置设置。

图 5-20　板间接地连接电缆

（二）桥梁上 CRTS Ⅱ 型板式无砟轨道

1. 结构组成

桥上 CRTS Ⅱ 型板式无砟轨道系统由钢轨、扣件、预制轨道板、砂浆调整层、连续底座、滑动层、侧向挡块等部分组成。直线地段轨道结构如图 5-21 所示，横断面如图 5-22（a）所示；曲线桥上横断面如图 5-22（b）所示。台后路基上设置摩擦板、端刺及过渡板，梁缝处设置高强度挤塑板。

图 5-21　桥上 CRTS Ⅱ 型板式无砟轨道组成

2. 轨道结构尺寸

轨道结构高度在直线地段为 679 mm，曲线超高 180 mm 地段轨道结构高度为 753 mm，其余超高地段，轨道结构高度按线性内插计算确定。超高在底座上设置。

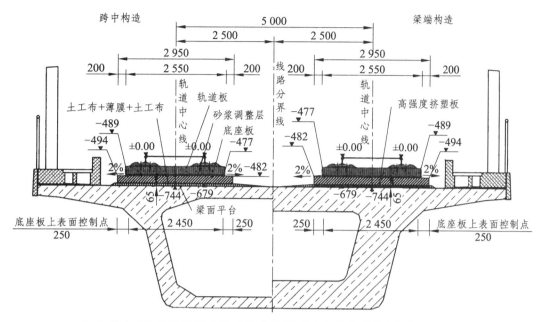

（a）桥上 CRTS Ⅱ 型板式无砟轨道横断面（直线地段）（单位：mm）

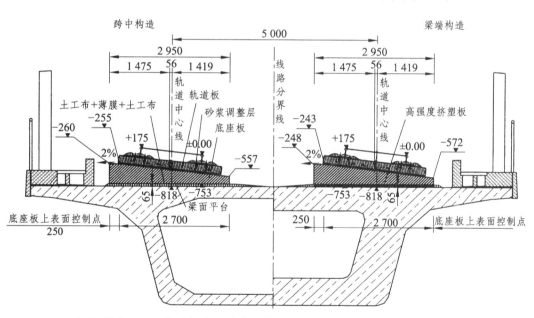

（b）桥上 CRTS Ⅱ 型板式无砟轨道横断面（曲线地段）（单位：mm）

图 5-22　桥上 CRTS Ⅱ 型板式无砟轨道横断面

　　轨道板宽度为 2 550 mm，厚度为 200 mm，标准轨道板长度为 6 450 mm，异型轨道板（补偿板）长度根据具体铺设段落合理配置。砂浆调整层设计厚度为 30 mm。

　　底座宽度为 2 950 mm，直线地段平均厚度为 200 mm，曲线地段根据超高设计情况计算确定，最大厚度约 500 mm，最小厚度约 180 mm。全桥纵向连续铺设。

3．底座的构造

底座是桥上 CRTS Ⅱ 型板式无砟轨道结构的主要受力构件，是纵贯全桥的连续钢筋混凝土板带结构，前后终点通过摩擦板和端刺与路基连为一体，梁上通过固定齿槽与梁体形成剪切连接，底座与梁面之间设两布一膜滑动层，与摩擦板之间设两层土工布，梁端设高强度挤塑板。其结构特点是形成纵向连续结构，轨道板可以连续铺设，减少了异型轨道板的规格和数量，改善了钢轨受力状况，取消了钢轨伸缩调节器，如图 5-23 所示。

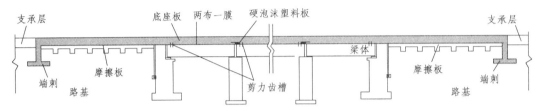

（a）桥上 CRTS Ⅱ 型板式无砟轨道底座结构示意图

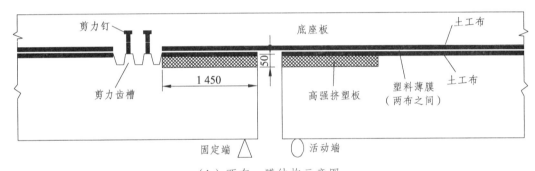

（b）两布一膜结构示意图

图 5-23　桥上底座板结构示意图（单位：mm）

底座宽 2 950 mm，采用 C30 混凝土浇筑。

底座板内采用 HRB500 级钢筋，一般地段的直线区域设置 58 根直径为 16 mm 的钢筋，曲线地段及特殊工点配筋量根据计算确定，最大钢筋直径为 20 mm，加强区段钢筋直径最大为 25 mm，按无绝缘设计。

4．排　水

桥上采用三列排水方式。支承层顶面轨道板未覆盖区向外设置 2% 的排水坡，起坡点距离轨道板边 50 mm。侧向挡块上表面向轨道外侧设置 2% 的排水坡。靠近防护墙一侧的两侧向挡块间至少应有一个泄水孔，确保梁面不积水。在有线路纵坡地段，泄水孔至较低侧向挡块间施作防水层时应做好排水反坡，保证泄水孔标高在两侧向挡块间最低。

5．台后摩擦板和端刺结构

为平衡桥梁底座混凝土纵向力，桥台后采用了摩擦板及端刺结构，作为桥梁与路基之间的过渡，如图 5-24 所示。摩擦板上轨道结构与桥梁上略有不同，底座混凝土与摩擦板之间采用单层土工布，底座板终端与端刺结构剪切连接。

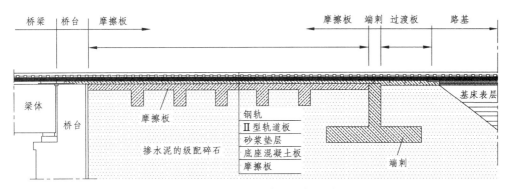

图 5-24　摩擦板与端刺结构示意图

摩擦板的作用是使桥上轨道的纵向力通过底座与摩擦板间的摩阻力由摩擦板传递给过渡段填料体，宽度一般为 9 m，厚度为 0.4 m，长度根据不同桥梁结构计算确定；端刺与底座板剪切连接，起到"锚固纵向力"的作用，即将过渡段终端的纵向力传递给后边的路基。

（三）隧道地段 CRTS Ⅱ 型板式无砟轨道

隧道地段 CRTS Ⅱ 型板式无砟轨道主要由钢轨、配套扣件、预制轨道板、砂浆调整层及混凝土支承层等部分组成，如图 5-25 所示。

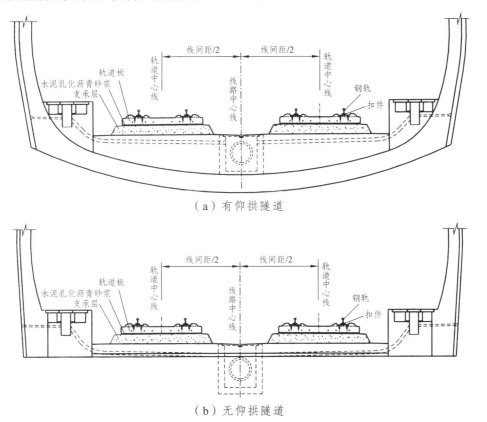

（a）有仰拱隧道

（b）无仰拱隧道

图 5-25　隧道地段 CRTS Ⅱ 型板式无砟轨道横断面示意图

轨道板全部采用长度 6 450 mm、宽度 2 550 mm 的标准轨道板，且连续铺设。水泥乳化沥青砂浆设计厚度为 30 mm。支承层结构与路基相同，直线地段厚度为 300 mm。支承层采用低塑性水泥混凝土时，曲线超高可在支承层设置；支承层采用水硬性混合料时，曲线超高应在仰拱回填层[有仰拱隧道，图 5-25（a）]或底板[无仰拱隧道，图 5-25（b）]上设置。支承层上设置假缝（伸缩缝），假缝间隔约 5 m。线间及线路两侧设排水沟，排水利用线路纵坡、集水井实现。

三、CRTSⅢ型板式无砟轨道

CRTSⅢ型板式无砟轨道是在总结几种国产无砟轨道技术和经验的基础上，研发的一种结构安全可靠、经济合理、施工方便、便于维修且具有自主知识产权的一种新型单元无砟轨道结构。

CRTSⅢ型板式无砟轨道由钢轨、扣件、预制轨道板、配筋的自密实混凝土、限位凹槽、中间隔离层（土工布）和钢筋混凝土底座等部分组成，轨道板之间不连接。路基地段轨道横断面如图 5-26（a）所示，桥梁地段轨道横断面如图 5-26（b）所示，路基地段轨道平纵面布置如图 5-27 所示，隧道地段轨道横断面如图 5-28 所示。在线路上每块轨道板均和设计里程一一对应。目前，我国 CRTSⅢ型无砟轨道实现了设计、制造、施工一体化、自动化和高精度化。

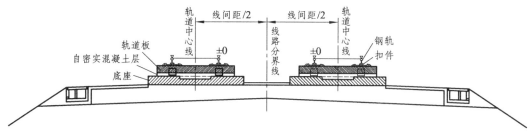

（a）路基地段 CRTSⅢ型板式无砟轨道横断面示意图

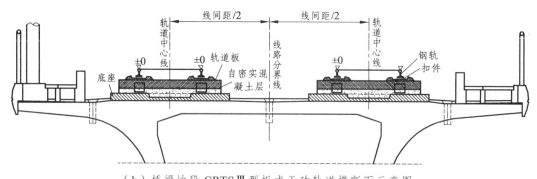

（b）桥梁地段 CRTSⅢ型板式无砟轨道横断面示意图

图 5-26 CRTSⅢ型板式无砟轨道横断面图

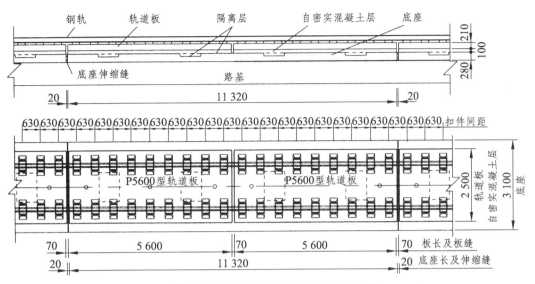

图 5-27　路基地段轨道平纵面布置示意图（单位：mm）

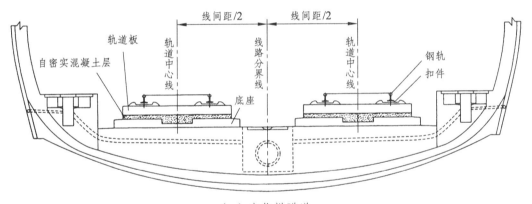

（a）有仰拱隧道

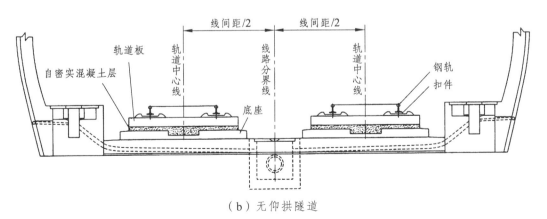

（b）无仰拱隧道

图 5-28　隧道地段 CRTS Ⅲ 型板式无砟轨道标准横断面示意图

（一）钢轨及扣件

1. 钢　轨

CRTSⅢ型板式无砟轨道采用 60 kg/m、100 m 定尺长、无螺栓孔 U71MnG 钢轨。

2. 扣　件

CRTSⅢ型板式无砟轨道采用有挡肩 WJ-8 型扣件系统。为减小轨道精调工作量，并为运营阶段养护维修提供充足的调整空间，曲线区段轨道板采用了模板挡肩调整技术，并可通过轨道板一维（水平）、二维（垂直和水平）可调模板承轨部位调整实现曲线轨道板的一次制造精度。

（二）轨道板

轨道板与自密实混凝土间的连接采用门形钢筋。在轨道板下设置门形钢筋，能使轨道板与自密实混凝土很好地连接为一整体结构，效果图如图 5-29 所示。

图 5-29　CRTSⅢ型轨道板三维效果图

1. 轨道板尺寸

轨道板宽度需满足结构设计及制造工艺要求，同时考虑传递列车荷载的有效范围，尽可能减少传递到板下结构的荷载应力及作用在板上的弯矩，轨道板设计宽度取 2 500 mm。

轨道板厚度主要由结构强度及配筋要求决定。成灌市域铁路、武汉城轨铁路板厚为 190 mm，沈丹盘营客专轨道板厚度为 210 mm，郑徐和京沈客专设计为 200 mm。

轨道板上设承轨台，高度为 38 mm。轨道板混凝土强度等级为 C60。如图 5-29 所示是盘营客专 P5600 标准轨道板型式尺寸图。

2. 轨道板配筋

成灌、武汉城轨、沈丹盘营客运专线轨道板采用的都是双向后张预应力结构，其预应力筋布置形式与 CRTSⅠ型轨道板相似，纵向预应力筋①纵向成对对称于中性层布置，共 4 对 8ϕ13 无黏结预应力钢棒；横向预应力筋对称沿中性层布置，共 12ϕ13 无黏结预应力钢棒。纵向预应力筋双端张拉，横向单向张拉，张拉端交错布置，预应力钢筋布置如图 5-30 所示。

在后张预应力轨道板规模化工程应用基础上，我国铁路相关部门又研发了双向先张预应力体系轨道板。其结构设计特点为：按部分预应力结构设计；采用混合配筋提高结构整体性；预应力筋端部设置锚固板减小预应力传递长度并防止轨道板劈裂；预应力筋端部不露出轨道板侧面，以提高结构耐久性。

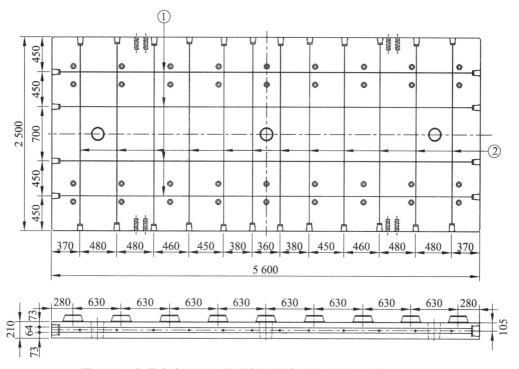

图 5-30　盘营客专 P5600 轨道板预应力筋布置图（单位：mm）

以 CRTS Ⅲ 型双向先张预应力轨道板 P5600 为例，如图 5-31 所示，考虑轨道电路和综合接地等相关接口，具体技术要求如下：

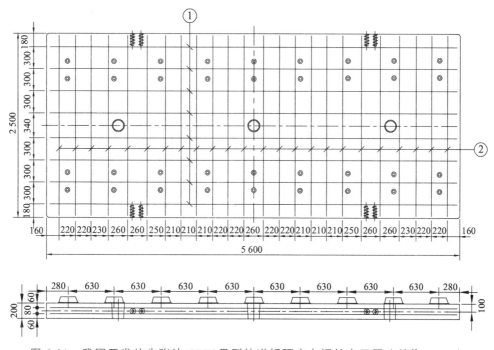

图 5-31　我国开发的先张法 CRTS Ⅲ 型轨道板预应力钢筋布置图（单位：mm）

（1）轨道板纵、横向均施加预应力。

（2）轨道板纵向预应力筋沿截面中心对称布置，共配置 16 根 ϕ10 mm，上下两层各 8 根，中心距为 80 mm；横向预应力筋沿截面中心布置，共配置 24 根 ϕ10 mm。

（3）轨道板顶面和底面对称配置 ϕ8 mmCRB550 或 HRB400 钢筋形成骨架。

（4）轨道板底面预留与自密实混凝土层连接的门形钢筋。

（5）普通钢筋采用热缩套管或环氧树脂涂层进行绝缘处理。

（6）轨道板内设置接地钢筋与两端接地端子相连，实现轨道结构综合接地。

3. 京沈客专轨道板布置示例

京沈客专路基地段设计了 P5600、P4925、P4925B、P4856、P3710 五种轨道板，P5600、P4925、P4925B、P3710 轨道板标准板缝为 70 mm，P4856 标准板缝为 80 mm，施工后板缝一般要求不大于标准板缝 − 10 mm 和 + 20 mm，个别短路基等困难地段施工后板缝要求不大于标准板缝 − 10 mm 和 + 40 mm，且各段落板缝设置均匀。

32 m 简支梁上设置 6 块轨道板与底座单元，轨道板布置为（1-P4925）+（4-P5600）+（1-P4925），板缝为 70 mm；24 m 简支梁上设置 5 块轨道板与底座单元，轨道板布置为（5-P4856），板缝为 80 mm。

隧道地段轨道板为 P5600、P4925 两种，板缝 70 mm。

（三）自密实混凝土和限位凹槽

轨道板和底座板之间设置自密实混凝土层，它是 CRTS Ⅲ 型板式无砟轨道的关键组成部分，其性能的好坏直接影响轨道系统的耐久性和日后的养护维修工作量。自密实混凝土层的主要功能是与轨道板形成复合板，通过与底座间设置的凹凸槽对轨道板进行纵横向限位，同时还具有施工调整等功能。轨道系统要求自密实混凝土材料应具有良好的力学性能、耐久性能和可施工性。

自密实混凝土层为单元结构，长度和宽度同轨道板，厚 90 mm（沈丹盘营客专为100 mm），采用强度等级为 C40 的自密实混凝土，配置单层 CRB550 级冷轧带肋钢筋焊网，如图 5-32 所示。对应每块轨道板范围自密实混凝土层设置两个凸台，与底座板上设置的凹槽相互结合，如图 5-5 所示。

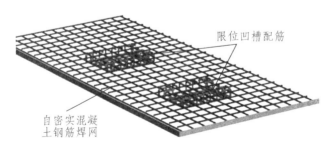

图 5-32　自密实混凝土配筋效果图

（四）隔离层

底座表面设置隔离层，便于特殊情况下轨道板的更换和维修；隔离层为 4 mm 厚的土工布。除凸台四周侧壁外，隔离层应覆盖自密实混凝土层范围，以实现自密实混凝土层与底座间的良好隔离。

（五）底　座

1. 底座的功能与尺寸

混凝土底座是板式轨道的支承基础，其主要功能一方面是修正无砟轨道施工前下部基础的变形（如桥梁上拱、路基沉降）与施工偏差，另一方面是实现曲线地段板式轨道的超高设置。底座宽度的设计需在保证结构强度的前提下，考虑板式轨道的施工设备和机具的使用，桥梁和隧道地段一般为 2.9 m，路基地段一般为 3.1 m；其厚度和配筋需根据下部基础的支承条件和预测变形（如桥梁的跨中挠度、路基承载力及不均匀沉降等）条件计算确定，桥梁和隧道地段基础相对较为坚实，厚度一般采用 180 ~ 200 mm，而路基地段则加厚至 280 ~ 300 mm。在缓和曲线地段，由于其超高是逐渐变化的，底座高度需根据超高变化情况合理设置。

底座对应自密实混凝土凸台位置设置凹槽，如图 5-6 所示，通过凸台和凹槽咬合进行轨道限位。凹槽尺寸为 700 mm × 1 000 mm，凹槽处加设配筋，限位凹槽周围（侧面）设置弹性垫层，弹性垫层应满足结构受力、变形和材料耐久性要求。

2. 底座的配筋

底座采用钢筋混凝土结构，混凝土强度等级为 C35，配置双层 CRB550 级冷轧带肋钢筋焊网，钢筋直径为 $\phi12$。

3. 底座伸缩缝设置

路基地段底座一般沿线路纵向每 2 ~ 4 块轨道板长度处设伸缩缝；桥梁地段底座沿线路纵向每块轨道板长度处设置伸缩缝；隧道地段沿线路纵向每 3 ~ 4 块轨道板长度处设置伸缩缝。伸缩缝宽 20 mm，采用聚苯乙烯泡沫塑料板填缝，顶部及侧边均采用聚氨酯封闭，路基地段混凝土基床伸缩缝和底座伸缩缝对齐设置。

4. 底座与基础的连接

路基地段底座与混凝土基床之间设置剪力筋连接（以施工图为准），底座施工前，轨道中心线 2.9 m 范围内混凝土基床应进行拉毛处理。

桥梁地段为保证无砟轨道结构与梁体的可靠连接，实现梁体与无砟轨道结构的变形协调，在混凝土底座范围内的桥面需预埋一定数量的连接套筒或预埋钢筋，其数量需根据底座承受的纵、横向力的大小计算确定。

隧道洞口附近温度变化较大，与隧道内部相比，底座结构在温度荷载作用下变形较大，为保证结构的稳定性和耐久性，隧道仰拱回填层需设置连接钢筋与底座相连。

对于地质条件好的Ⅰ、Ⅱ级围岩隧道，一般采用曲墙衬砌加钢筋混凝土底板的结构形式，衬砌底板设计厚度一般大于 300 mm，混凝土强度等级不低于 C35。CRTS Ⅲ型板式无砟轨道结构一般需设钢筋混凝土底座，而对于设底板结构的Ⅰ、Ⅱ级围岩隧道，可以将底座与隧道底板合并设置，这样不仅可避免隧道内混凝土的二次施工，且可以降低工程建设成本。曲线地段隧道底板的施工需系统考虑，隧道工程施工时根据线路设计要求，在底板上设置超高。

5. 底座超高设置

超高一般在底座上设置。超高设置需优先满足直通列车旅客舒适度要求，并兼顾低速跨线列车和中间站起停列车的旅客舒适度要求。同时，超高设置需考虑接触网电分相设置对列车运行速度的影响。

（六）排　水

1. 路基地段排水

路基地段 CRTSⅢ型板式无砟轨道，温暖地区可以采取集水井排水方式，如图 5-33所示；寒冷地区线间排水设计考虑防冻要求，在保证横向排水管畅通、不会因冻胀影响底座结构安全的前提下，可以采取在底座内埋设横向排水管等措施，如图 5-34 所示，线间填筑级配碎石，线间表面用混凝土封闭，每不大于 5 m 设置横向伸缩缝，伸缩缝采用嵌缝材料密封；严寒地区路基地段的 CRTSⅢ型板式无砟轨道线间排水设计需结合气候条件、线下工程设计情况等系统研究，确保各结构物的安全可靠。

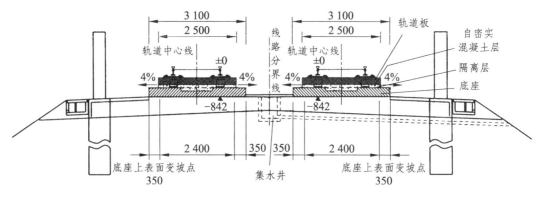

图 5-33　路基地段线间采用集水井方式排水示意（单位：mm）

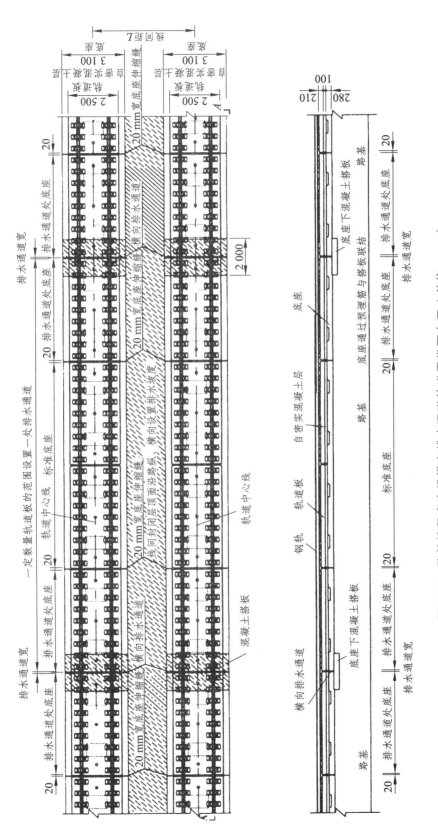

图 5-34　路基地段底座设横向排水通道轨道平纵面布置（单位：mm）

2. 桥梁和隧道地段排水

桥梁地段 CRTSⅢ型板式无砟轨道，由于相邻底座板间伸缩缝较窄，无横向排水通道，桥面泄水孔设计需采用三列排水方式，如图 5-35 所示，对于严寒地区，排水管需考虑防冻措施；隧道地段底座横向设置 4%排水坡，变坡点位于自密实混凝土边往里 50 mm 处，利用隧道排水设施排水，如图 5-36 所示。

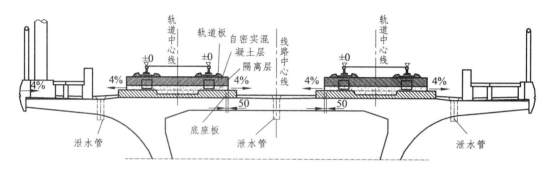

图 5-35　桥梁地段三列排水示意（单位：mm）

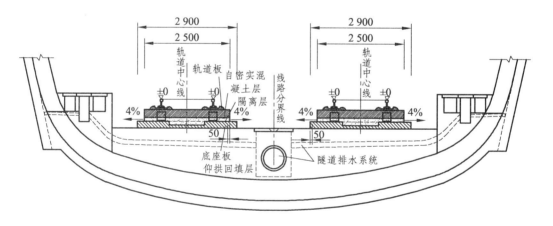

图 5-36　隧道地段排水示意（单位：mm）

（七）轨道绝缘与接地

轨道绝缘依靠轨道板内钢筋绝缘，自密实混凝土和底座钢筋不绝缘。轨道板内钢筋绝缘措施与 CRTSⅠ、CRTSⅡ型轨道板类似。

轨道板接地设计与 CRTSⅠ型板基本相同，板内设置 1 根直径 16 mm 的钢筋与板上层横向构造筋焊接，并预埋接地端子，如图 5-37 所示，通过等电位连接线将轨道板纵向连成不大于 100 m 的接地单元。各单元中部设不锈钢连接线，通过分支引接线与接触网支柱预留地线形成 T 形连接，如图 5-38 所示。

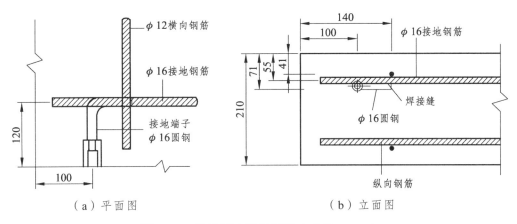

（a）平面图　　　　　　　　　　　（b）立面图

图 5-37　轨道板内接地端子（单位：mm）

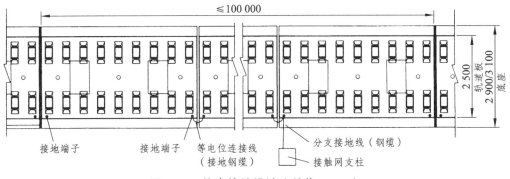

图 5-38　综合接地设计（单位：mm）

四、CRTS Ⅰ 型双块式无砟轨道

（一）结构组成

CRTS Ⅰ 型双块式无砟轨道是将预制的双块式轨枕组装成轨排，以现场浇筑混凝土方式将通过精确调整定位后的轨枕浇入均匀连续的钢筋混凝土道床内，从而一次性成型的轨道结构。

1. 路基地段 CRTS Ⅰ 型双块式无砟轨道

路基地段 CRTS Ⅰ 型双块式无砟轨道结构如图 5-39 所示，由钢轨、扣件系统、双块式轨枕、道床板、混凝土支承层等组成。

2. 桥梁地段 CRTS Ⅰ 型双块式无砟轨道

桥梁地段 CRTS Ⅰ 型双块式无砟轨道分为凹槽结构和凸台结构两种。凹槽结构由钢轨、扣件系统、双块式轨枕、道床板、底座与凹槽等组成，如图 5-40（a）所示；凸台结构由钢轨、扣件系统、双块式轨枕、道床板、梁面保护层与凸台等组成，如图 5-40（b）所示。两者的区别在于：前者道床以下为底座板与凹槽，后者道床板以下为梁面保护层和凸台，两者的施工工艺基本相同，本书以凹槽结构为例进行介绍。

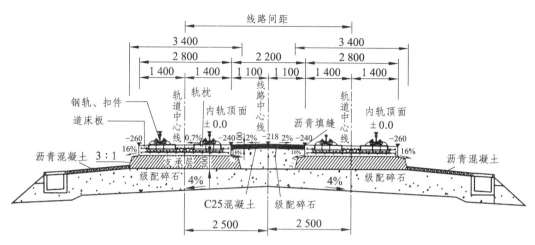

图 5-39　直线路基地段双块式无砟轨道横断面（单位：mm）

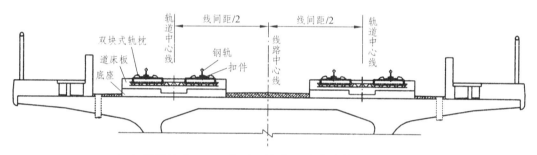

（a）桥梁地段 CRTS I 型双块式无砟轨道横断面示意图

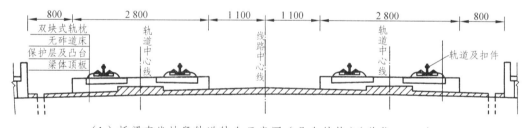

（b）桥梁直线地段轨道结合示意图（凸台结构）（单位：mm）

图 5-40　桥梁地段 CRTS I 型双块式无砟轨道结构

3. 隧道地段 CRTS I 型双块式无砟轨道

隧道地段 CRTS I 型双块式无砟轨道结构如图 5-41 所示，由钢轨、扣件系统、双块式轨枕、道床板、底座或垫层等组成。

无砟道床为纵向连接的钢筋混凝土结构，构筑在底座或垫层之上，彼此由预埋钢筋相连。一般情况下，有仰拱隧道设计在填充层上施作道床；无仰拱隧道则设计有钢筋混凝土底座板，底座板与道床等宽，无砟道床设置在底座上。

曲线超高采用外轨超高方式，路基地段在路基表层设置超高，桥梁地段在底座上设置超高，隧道地段在道床板上设置超高。

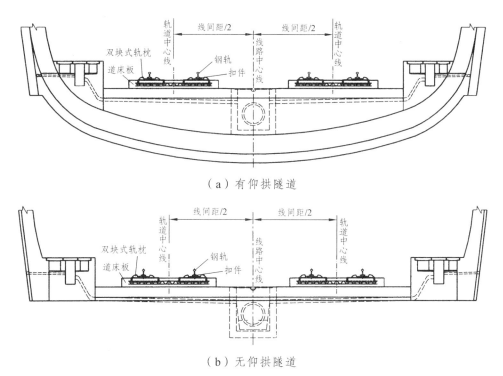

（a）有仰拱隧道

（b）无仰拱隧道

图 5-41　隧道地段 CRTS I 型双块式无砟轨道横断面示意图

（二）双块式轨枕

双块式混凝土轨枕是道床板结构的重要组成部分，为钢筋桁架连接两个混凝土支承块式结构，工厂化预制。双块式轨枕要具有足够的刚度，承轨部分要与相应扣件系统相匹配，为双块式无砟轨道的施工精度控制和扣件安装提供良好的接口。

双块式轨枕分为无承轨台（SK-1 型，图 5-42）和有承轨台（SK-2 型，图 5-43）两种类型。

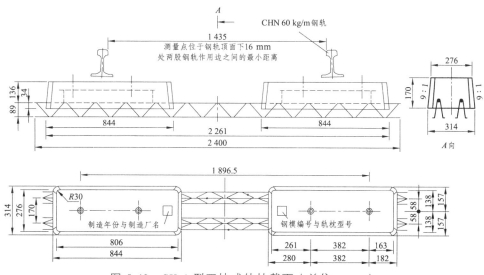

图 5-42　SK-1 型双块式轨枕截面（单位：mm）

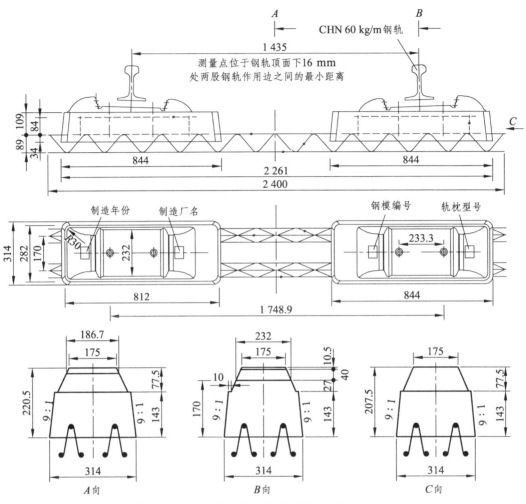

图 5-43　SK-2 型双块式轨枕截面（单位：mm）

（三）道床板

道床板为 CRTS Ⅰ 型双块式无砟轨道的主要承载结构，需根据具体的运营条件和环境条件，进行强度和裂纹宽度检算。道床板采用 C40 钢筋混凝土结构，现场浇筑。

1. 道床板的型式尺寸

1）道床板的厚度

我国 CRTS Ⅰ 型双块式无砟轨道道床板设计厚度均采用 260 mm。

2）道床板的宽度

路基、桥隧地段道床板宽度均为 2 800 mm。

3）道床板的长度

路基地段道床板一般为连续结构，也可设计成单元结构，例如兰新铁路二线（兰州至乌鲁木齐），道床板设计为一般地段均采用 19.5 m 单元式道床板，在路基合拢、路桥、路隧及岔区结构调整段可采用 10.8 m（3 个 3.6 m 小单元）～19.5 m 单元板进行配板；桥上道床采用分块式，长度一般为 4～7 m，相邻道床板板缝在 100 mm 左右，桥上每块道床板设两个棱柱形凸台，长×宽×高 = 1 022 mm×700 mm×110 mm；隧道地段道床板采用连续结构需在隧道结构缝处断开，采用单元结构，长度一般可参考桥梁上分块长度，具体以施工图为准。

2. 道床板的配筋及绝缘

道床板内配双层钢筋，纵横向钢筋、纵向钢筋与双块式轨枕桁架钢筋交叉点及纵向钢筋搭接处根据综合接地和轨道电路绝缘要求分别设置焊接接头或绝缘卡。混凝土浇筑前应进行轨道电路传输距离测试检查，满足相关要求后方可浇筑混凝土。纵横向钢筋均采用 HRB335 级热轧带肋螺纹钢筋。

1）路基地段道床板配筋

如图 5-44 所示是道床板上层钢布置示意图，一般上层设置 9 根 ϕ20 纵向钢筋，每两根轨枕间设置 2 根 ϕ16 横向钢筋，混凝土保护层厚度按照 50 mm 设计；下层设置 11 根 ϕ20 纵向钢筋，每两根轨枕间设 1 根 ϕ16 横向钢筋，底部保护层厚度为 40 mm。

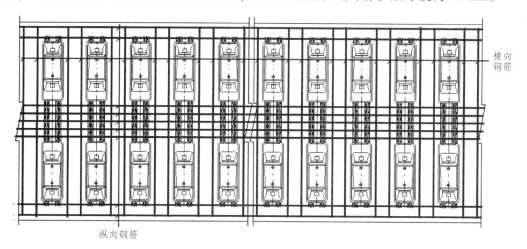

纵向钢筋   横向钢筋

图 5-44　道床板上层配筋图

2）桥梁地段道床板配筋

道床板上层设 9 根 ϕ20 纵向钢筋，下层设 12 根 ϕ20 纵向钢筋；在相邻轨枕间距内，上层设置 2 根 ϕ16 横向钢筋（每根钢筋距轨枕中心为 225 mm），下层横向钢筋布置与上层相同。道床板的上层钢筋架立在双块枕的桁架钢筋上，混凝土净保护层厚度侧面为 50 mm、底层为 40 mm，限位凸台钢筋的净保护层为 35 mm。道床板内钢筋按绝缘设计，除接地焊接点外，其余所有钢筋搭接、交叉处应设置绝缘卡，纵横断面钢筋配置如图 5-45 所示。桥梁地段道床板上层钢筋平面布置参考路基地段道床板上层钢筋布置，下层钢筋布置如图 5-46 所示。

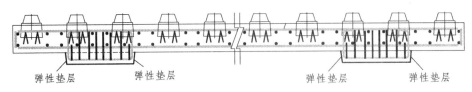

（a）纵断面

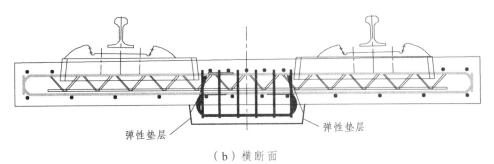

（b）横断面

图 5-45　桥梁道床板纵横断面钢筋布置示意图

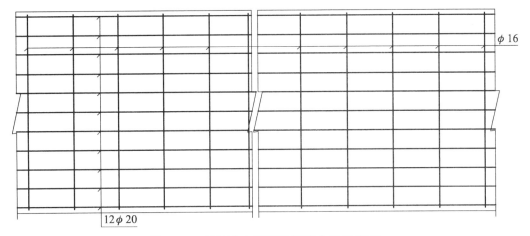

图 5-46　桥梁道床板下层钢筋布置示意图

3）隧道地段道床板配筋

隧道直线地段道床板配筋形式与路基地段相同。隧道洞口 200 m 范围内道床板上层设置 9 根 ϕ20 纵向钢筋，每两根轨枕间设置 2 根 ϕ16 横向钢筋，侧面混凝土保护层厚度按照 50 mm 设计；道床板下层设置 11 根 ϕ20 纵向钢筋，每两根轨枕间设 2 根 ϕ16 横向钢筋。底部保护层厚度为 30 mm。

隧道洞口 200 m 范围外道床板上层设置 7 根 ϕ20 纵向钢筋，每两根轨枕间设置 1 根 ϕ16 横向钢筋，侧面混凝土保护层厚度按照 50 mm 设计；道床板下层设置 7 根 ϕ20 纵向钢筋，每两根轨枕间设 1 根 ϕ16 横向钢筋。底部保护层厚度为 30 mm。

曲线地段道床板配筋形式如图 5-47 所示。

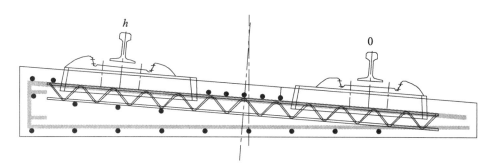

图 5-47　隧道曲线地段道床板横断面配筋示意图

3. 道床板的接地

1）路基、隧道地段道床板接地

道床板在纵向上划分成长度不大于 100 m 的接地单元，每一单元用一根不锈钢缆线与贯通地线单点 T 形连接一次。接地钢筋利用道床板上层 3 根结构钢筋，每单元内取 1 根 $\phi16$ 的横向结构钢筋作为横向接地钢筋。道床板接地端子应与公共接地端子对应设置。接地钢筋间采用焊接方式进行连接，焊接长度单面焊不小于 100 mm，双面焊不小于 55 mm，焊接厚度至少为 4 mm。

2）桥上道床板接地

桥上道床板内纵向接地钢筋与路基段相同，每块道床板内利用两根横向钢筋与纵向钢筋焊接，道床板间用一根不锈钢钢缆连接组成接地单元，单元长度不大于 100 m，每一单元用一根不锈钢缆线与贯通地线单点 T 形连接一次，如图 5-48 所示。

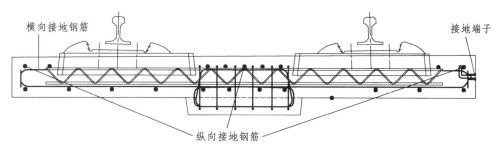

图 5-48　桥梁道床板接地横断面图

（四）支承层

一般情况下，在路基基床表层铺设水硬性混合料支承层，不便于机械化施工的地段可采用 C15 混凝土支承层。支承层宽度为 3 400 mm，厚度为 300 mm。混凝土支承层连续铺筑，并在不远于 5.2 m 设一处横向伸缩假缝，缝深 100 mm，伸缩假缝位置应通过测量在两轨枕的正中间设置，误差不超过 50 mm，避免伸缩假缝位置处于轨枕块的下方。支承层端部设置 16% 的排水坡，排水坡延伸到道床范围内 50 mm，防止雨水渗入，支承层侧面设置 3∶1 斜坡。

（五）底　座

桥上 CRTS I 型双块式无砟轨道基础为底座，采用 C40 钢筋混凝土结构，宽度为2 800 mm，厚度为 210 mm，长度与道床板一致。

桥上无砟轨道的混凝土底座直接浇筑在桥面上，并与桥面用预置连接钢筋连接。混凝土底座采用分块式结构，底座长度与宽度和道床板的长度与宽度相同，高度为210 mm。每块底座板上设置两个抗剪凹槽，凹槽内侧铺设弹性缓冲垫层。道床板与底座之间设置 4 mm 厚聚丙烯土工布中间层，如图 5-49 所示。

图 5-49　底座限位凹槽与隔离层

底座上下层纵横向钢筋采用 CRB550 级冷轧带肋钢筋焊接网片，工厂化生产；架立筋及端部 U 形筋采用 CRB550 级冷轧带肋钢筋，需通过现场绑扎。

（六）过渡段

1. 路桥、路隧过渡段

路桥、路隧过渡段在路基地段连续道床板两端设置端梁（长度 30 m 以下路基地段不设置端梁），30～100 m 长路基两端各设一个端梁，超过 100 m 长的路基两端各设两个端梁，如图 5-50 所示。

路基起终点至端梁后 20 m 范围内道床板下设置钢筋混凝土底座（长度 30 m 以下路基地段全段设置钢筋混凝土底座）。

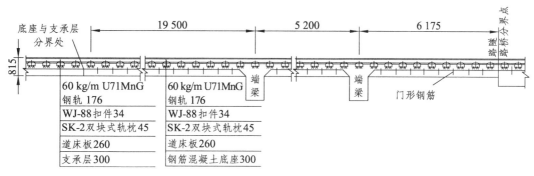

图 5-50　路桥、路隧过渡段端梁（单位：mm）

2. 桥隧过渡段

桥隧过渡段在隧道洞口每隔两根轨枕设置 1 排销钉，共设 8 排，每排 4 根。在交界处道床范围设置 20 mm 伸缩缝，并用树脂防水嵌缝胶封面，具体以施工图为准。

（七）排水设计

路基地段 CRTS Ⅰ 型双块式无砟轨道，温暖地区一般采取线间设集水井方式，寒冷地区建议采用经轨道顶面向线路两侧横向排水的技术方案，线间填筑级配碎石，表面用 C25 混凝土封闭。

桥梁地段 CRTS Ⅰ 型双块式无砟轨道由于道床板及底座间设有宽 100 mm 的间隔缝，可以作横向排水通道，桥面泄水孔设计需采用两列排水方式，对于寒冷地区，排水管等需考虑防冻措施。

隧道内直线地段通过 1% 单面坡流向线间排水沟槽内，曲线地段通过道床板面横坡排向中心水沟或线路两侧，线路两侧积水顺线路纵坡流向洞外。

五、CRTSⅡ型双块式无砟轨道

我国铁路郑西客运专线采用了 CRTSⅡ 型双块式无砟轨道系统。此系统是在德国旭普林无砟轨道基础上，结合中国国情创新的一种无砟轨道结构形式。

CRTSⅡ 型双块式无砟轨道采用机械振动嵌入法（机械法）施工，它是以现场先工序浇筑混凝土，后工序将预制的双块式轨枕以固定架方式通过机械振动法嵌入均匀连续的钢筋混凝土道床内，并适应 ZPW2000 型轨道电路的无砟轨道结构形式，如图 5-51 所示。

CRTSⅡ 型双块式无砟轨道由于需要专门的大型施工机械，对施工工艺要求高，施工质量不容易控制，与Ⅰ型双块式无砟相比无任何优势，所以在我国并未得到认可。

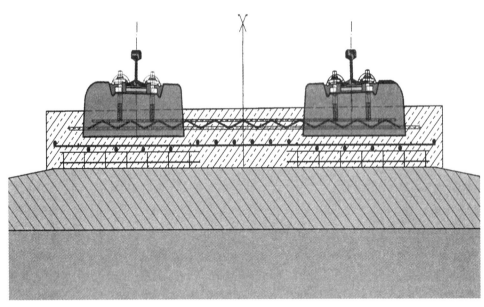

图 5-51　CRTS Ⅱ 型双块式无砟轨道示意图

六、岔区无砟轨道

国内外目前道岔区无砟轨道结构主要有板式和长枕埋入式两种形式，两者均能满足高速铁路平顺性、稳定性、列车运行安全性和舒适性的要求，但岔区无砟轨道结构宜根据线下工程特点并结合适应动力特性、施工质量、经济性及可维护性等方面进行合理选型。

（一）岔区板式无砟轨道结构

岔区板式无砟轨道的结构自上而下依次为道岔部件、预制道岔板、填充层与底座、基底处理层及线下基础等。根据岔区所在位置为路基或桥梁，填充层和基底处理在结构和施工工艺上存在一定差异。

岔区板式无砟轨道有底座单元式或连续式。当底座板采用单元结构时，调整层与底座间应设置隔离层，调整层与底座间设置限位凹槽，凹槽侧面设置弹性垫层；当底座采取连续结构时，路基地段调整层与道岔板之间采用门形钢筋连接，桥梁地段道岔板、沥青砂浆层和底座间采用植筋连接。

1. 路基上岔区板式无砟轨道

路基上板式岔区结构自上而下依次为道岔部件、预制道岔板、自密实混凝土底座（填充层）、混凝土垫层（基底处理）等。道岔板与底座间设置剪力筋，如图 5-52 所示。

混凝土垫层铺设在路基表层上，为素混凝土结构，厚度为 120 mm。

自密实混凝土底座设计厚度为 180 mm，钢筋混凝土结构，在中间布置一层HRB335 的钢筋。

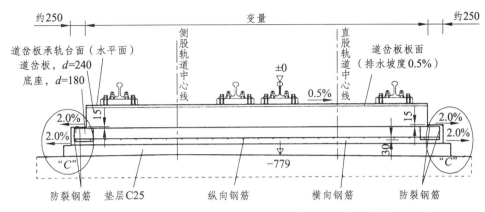

图 5-52　路基地段岔区板式无砟轨道结构横断面示意（单位：mm）

道岔板设计厚度为 240 mm，非预应力钢筋混凝土结构。

道岔板采取工厂化形式预制生产，一般限制质量为 10 t，宽度不大于 3.2 m。道岔板安装时纵向彼此无连接并预留一定宽度的伸缩缝，在铺设道岔前以沥青填缝。

2. 桥梁上岔区板式无砟轨道结构

桥梁上岔区板式无砟轨道结构自上而下依次为道岔部件、预制道岔板、水泥乳化沥青砂浆层（填充层）、钢筋混凝土底座板、"两布一膜"滑动层、防水层（基底处理）和侧向挡块等。

与桥上 CRTS Ⅱ 型板式无砟轨道一致，台后路基设置摩擦板和端刺。

道岔板厚度为 240 mm，其上设置 340 mm 宽、纵向间距 600 mm 的横向承台，承台表面水平；承台间的道岔板表面设置 0.5% 的横向排水坡及横向预裂缝，缝深 40 mm。

道岔板与连续底座板间填充厚度为 30 mm 的砂浆调整层，道岔板通过砂浆层和剪力销与底座板连接成整体，如图 5-53 所示。

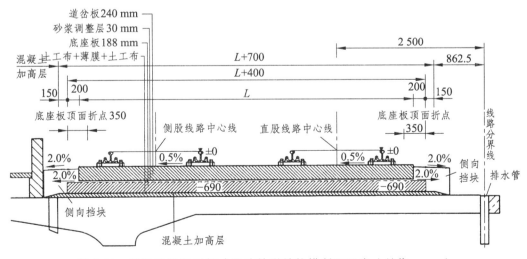

图 5-53　桥梁地段岔区板式无砟轨道结构横断面示意（单位：mm）

（二）岔区枕式无砟轨道

岔区枕式无砟轨道由道岔轨枕埋入式无砟轨道及两端相接的双块式轨枕地段组成。岔区枕式无砟轨道的结构自上而下依次为道岔部件、预制道岔轨枕、道床板、底座（素混凝土支承层或钢筋混凝土底座板）、基底处理层或线下基础等。

道床底座一侧根据电务设备要求设置安装平台。道床板根据电务设备要求设置横向凹槽，凹槽尺寸应满足所选用电务设备的实际需要。

1. 路基上岔区枕式无砟轨道结构

路基上岔区枕式无砟轨道自下而上的结构组成为支承层（或底座板）、道床板、道岔轨枕、道岔部件等，尖轨转辙机处轨道结构横断面如图 5-54 所示，心轨转辙机处轨道结构横断面如图 5-55 所示。

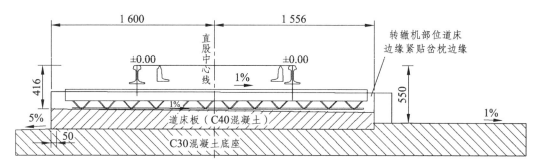

图 5-54　尖轨转辙机处轨道结构横断面（单位：mm）

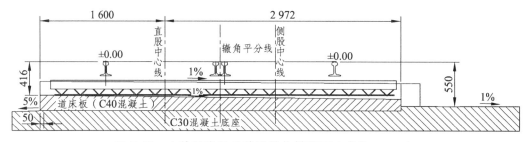

图 5-55　心轨转辙机处轨道结构横断面（单位：mm）

1）支承层或底座

岔区道床板下设置支承层或底座。

一般支承层设计采用 C15 混凝土。支承层在路基基床表层连续浇筑，厚度为 250 mm，宽度变化与道床板一致；其顶面（道床板范围内）要求拉毛或凿毛处理；支承层每隔 3.6 m 左右设置 1 处深度为 1/3 支承层厚度的横向假缝。

底座采用混凝土现场浇筑，厚度为 250 mm，长度同道床板，宽度根据道岔几何尺寸确定。底座宽出道床板部分顶面设置 5%的横向排水坡，起坡点位于道床板边缘内侧 50 mm 处。底座单元间设置 30 mm 宽伸缩缝。

2）道床板

路基上的道床板为钢筋混凝土分块结构，道床板厚度与轨道结构高度有关。哈大客运专线某处岔区轨道结构高度为 954 mm，道床板厚度达到 402 mm；京沈客运专线某处岔区轨道结构高度为 860 mm，道床板厚度为 368 mm，道床板宽度根据道岔外形尺寸确定。

道床板表面设置横向排水坡，将轨道系统范围内的水引到集水井或排水系统内。

3）道岔轨枕

道岔轨枕为底部带桁架钢筋的预应力预制岔枕。除安装转辙机的岔枕分左开向、右开向外，其余岔枕不分左右开向。

一根轨枕上均设置有扣件安装螺栓孔；为安装转辙机、密贴检查器，一些特殊轨枕（较普通岔枕厚）的两端还额外预留有多个 M24 螺栓孔，其安装位置在道岔区内是固定的，需要根据施工图确定。高速铁路常用的 18 号道岔岔枕最短 2.34 m、最长 4.63 m，共计 23 种；24 号道岔岔枕最短 2.34 m、最长 4.65 m，共计 27 种。18 号和 24 号道岔普通岔枕断面尺寸相同，其基本结构如图 5-56 所示。

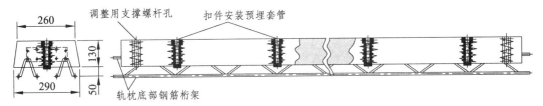

图 5-56　岔枕结构示意图（单位：mm）

4）转辙机平台

道岔道床外侧设计有钢筋混凝土转辙机平台等，具体位置、装置类型需根据施工图并结合现场实际确定，施工时间宜与道岔道床施工同期进行。

5）道岔部件

道岔主要由心轨、翼轨、尖轨、辙叉组件、间隔铁和扣件等部分组成，一般由生产厂家在出厂前进行预组装，再运输至施工现场精调安装。

2. 桥梁上枕式岔区结构

桥梁上枕式岔区自下而上结构组成为桥面混凝土保护层、底座板、滑动层、道床板、道岔轨枕、道岔部件等，如图 5-57 所示。

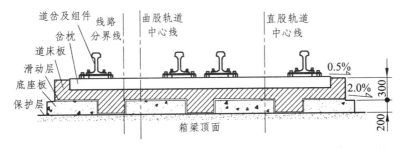

图 5-57　桥梁上岔区枕式无砟轨道结构横断面示意图（单位：mm）

1）底座板

桥梁地段的道岔区轨枕埋入式无砟轨道，需考虑道岔、桥梁相互作用。桥上道岔区底座采用 C40 钢筋混凝土在桥面现场浇筑而成，底座板与梁体通过预埋钢筋或预埋套筒相连，预埋钢筋或预埋套筒数量需根据强度检算确定。底座采用分块设计，底座长度与对应分块单元的道床板长度一致。底座板与道床板之间设置隔离层，通过设置限位凹槽结构实现轨道纵、横向力的传递。

2）滑动层

"两布一膜"滑动层（或称作"中间隔离层"）铺设在底座板上表面和凹槽底部，并在凹槽侧面粘贴橡胶垫板。滑动层和凹槽周围弹性垫板铺设完成后，接缝处用丁基胶带密封。

3）道床板

道床板为钢筋混凝土结构，道岔精调完成后在底座上分块浇筑而成，相邻两块混凝土道床板之间设置 100 mm 的伸缩缝。钢筋采用 HRB335 热轧带肋钢筋；混凝土强度为 C40。除纵横向接地钢筋间采用焊接外，道床板内纵向钢筋与横向钢筋、岔枕桁架钢筋交点处及纵向钢筋搭接处均设置绝缘卡。道床板表面设置横向排水坡。每块道床板设置两个纵向抗剪凸台和三个横向抗剪凸台。具体结构根据施工图确定。

4）转辙机平台

在转辙机区段的道床板由于转辙机拉杆净空的要求，必须在道床板设计中预留出相应的空间，预留坑槽的宽度、相应位置的轨枕间距、轨枕宽度、最外层钢筋的混凝土保护层厚度等均需根据转辙机拉杆的需要而定，同时要满足相关规范的要求。

5）道岔部件

道岔主要由心轨、翼轨、尖轨、辙叉组件、间隔铁等部分组成。扣件的种类和数量与道岔规格有关。道岔一般由生产厂家在出厂前进行预组装，再运输至施工现场精调安装。

第三节　无砟轨道扣件系统

本节要求

（1）能说出早期我国铁路无砟轨道扣件的主要类型并能根据结构图说出扣件的主要组成。

（2）能说出弹条Ⅱ型弹性分开式扣件结构特征。

（3）能对比总结出 WJ-1、WJ-2 扣件的异同点。

（4）能说出 WJ-7、WJ-8 扣件的适用范围和结构异同点。

我国从 20 世纪 60 年代开始无砟轨道的研究，采用过多种扣件形式，如 TF-M 型扣件、TF-Y 型弹性扣件、64-Ⅲ型扣件、秦岭隧道整体道床用弹性扣件、弹条Ⅰ、Ⅱ

型弹性分开式扣件、弹条Ⅲ型弹性分开式扣件、WJ-1 型扣件、WJ-2 型扣件等。随着我国铁路建设的快速发展，特别是针对客运专线大规模布网运营，研发了 WJ-7 型扣件和 WJ-8 型扣件，针对重载铁路和客货共线铁路无砟轨道研发了弹条Ⅶ型、WJ-12 型、WJ-13 型扣件。无砟轨道扣件类型见表 5-1。

表 5-1　无砟轨道扣件类型

铁路等级	无砟轨道结构类型	采用扣件类型
高速铁路	CRTS 双块式	WJ-7B、WJ-8B
	CRTS Ⅰ 型板式	WJ-7B
	CRTS Ⅱ 型板式	WJ-8
	CRTS Ⅲ 型板式	WJ-8B
城际铁路	CRTS 双块式	WJ-7B、WJ-8B
	CRTS Ⅰ 型板式	WJ-7B
	CRTS Ⅲ 型板式	WJ-8B
	弹性支承块式	弹性扣件
客货共线铁路重载铁路	CRTS 双块式	WJ-7A、WJ-8A
	弹性支承块式	弹条Ⅶ型扣件 预埋铁座式扣件
	长枕埋入式	WJ-12 型扣件（重载） WJ-13 型扣件（客货共线）

注：新型及其他类型扣件应符合相关技术标准及准入规定。

一、我国早期无砟轨道扣件简介

1. TF-Y 型弹性扣件

TF-Y 型弹性扣件主要适用于铺设 50 kg/m 钢轨、钢筋混凝土支承块式整体道床线路。

该扣件属分开式弹性扣件，由预埋塑料套管与螺纹道钉配合紧固铁垫板，采用楔形轨距块调整轨距，铁垫板上设有 T 形螺栓插入座，由 T 形螺栓紧固弹条扣压钢轨，如图 5-58 所示。

2. 预埋铁座可调式弹性不分开式扣件

可调式弹性扣件是为秦岭特长隧道内弹性支承块式无砟轨道上使用而研发的。它是一种预埋铁座、无挡肩、不分开、可调式弹条扣件。由 ω 形弹条、轨距挡板、绝缘轨距块、轨下胶垫、预埋铁座、T 形螺栓、平垫圈、盖形螺母及调高垫片等部件组成，如图 5-59 所示。

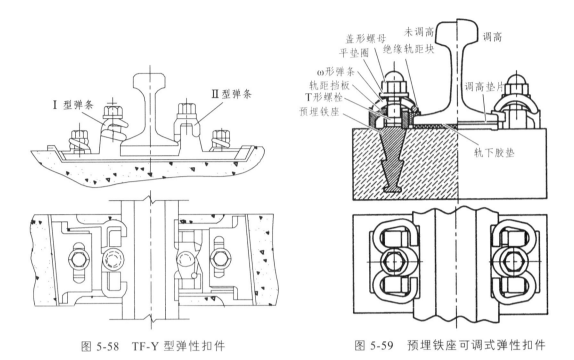

图 5-58   TF-Y 型弹性扣件   图 5-59   预埋铁座可调式弹性扣件

3. 弹条Ⅱ型弹性分开式扣件

弹条Ⅱ型弹性分开式扣件结构为带铁垫板的弹性分开式扣件。该扣件先期用于渝怀线鱼嘴 2 号隧道，后期也在个别隧道整体道床轨道中采用，如图 5-60 所示。

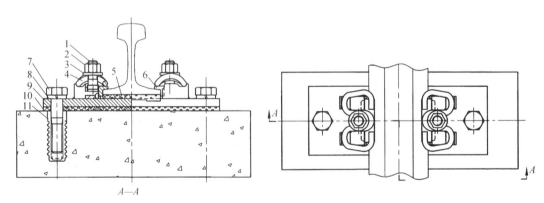

1—T 形螺栓；2—螺母；3—平垫圈；4—Ⅱ型弹条；5—轨下橡胶垫板；6—绝缘轨距块；
7—锚固螺栓；8—弹簧垫圈；9—铁垫板；10—铁垫板下橡胶垫板；11—绝缘套管。

图 5-60   弹条Ⅱ型弹性分开式扣件

其主要结构特征为：

（1）钢轨与铁垫板间及铁垫板与基础间均设橡胶垫板，双层减振。

（2）采用Ⅱ型弹条作为扣压件，也可安装Ⅰ型扣件 B 型弹条。

（3）铁垫板上设 T 形螺栓插入铁座，通过拧紧 T 形螺栓的螺母而紧固弹条。

（4）T形螺栓插入铁座与钢轨间设置轨距块以调整轨距，轨距调整量为 – 8 ～ + 4 mm。

（5）铁垫板上开有螺栓孔，锚固螺栓与预埋于混凝土基础中的绝缘套管配合紧固铁垫板，螺栓与铁垫板间设置弹簧垫圈。

（6）钢轨高低调整通过在轨下及铁垫板下垫入调高垫板实现，轨下调整量 10 mm，铁垫板下调整量 10 mm，总计可调整 20 mm。

4. WJ-1 型扣件

针对在九江长江大桥上无砟无枕预应力混凝土梁铺设无缝线路的工程特点，我国于 20 世纪 70 年代末研制了 WJ-1 型小阻力弹性扣件。如图 5-61 所示，WJ-1 型扣件为带铁垫板的弹性分开式扣件，属小阻力扣件。WJ-1 型扣件由预埋于混凝土短轨枕的塑料套管和锚固螺栓配合紧固铁垫板，铁垫板上设有 T形螺栓座，扣压件采用弹片形式，由 T 形螺栓紧固弹片扣压钢轨，轨下使用粘贴不锈钢板的复合胶垫以降低摩擦系数，铁垫板与承轨台间设置 5 mm 厚的绝缘缓冲垫板。扣件钢轨调高量为 40 mm，通过在铁垫板下和轨下垫入调高垫板实现。

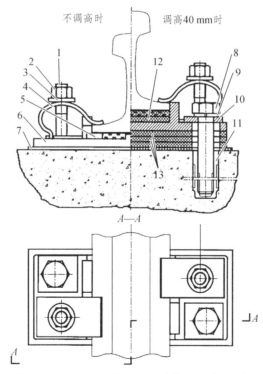

1—T 形螺栓；2—螺母；3—平垫圈；4—弹片；5—复合垫板；6—铁垫板；
7—绝缘缓冲垫板；8—锚固螺栓；9—重型弹簧垫圈；10—平垫块；
11—预埋套管；12—轨下调高垫板；13—铁垫板下调高垫板。

图 5-61　WJ-1 型扣件

5. WJ-2 型扣件

该扣件按 60 kg/m 钢轨设计，适用于要求钢轨高低和左右位置调整量大并铺设焊接长钢轨的预应力混凝土梁上无砟轨道结构，也属于小阻力扣件。WJ-2 型扣件已铺设在秦沈客运专线长枕埋入式无砟轨道结构上，经受了速度为 321 km/h 的高速列车试验，性能良好。

如图 5-62 所示，该扣件结构与 WJ-1 型扣件相似，只是将弹片扣压件改用弹条扣压件，该弹条设计扣压力为 4 kN，前端弹程为 11.5 mm。扣件主要设计参数与特点如下：

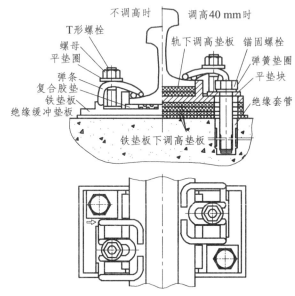

图 5-62　WJ-2 型扣件

（1）扣件调高量 40 mm，钢轨高低调整通过在轨下、铁垫板下垫入调高垫板实现，轨下调整量为 10 mm，铁垫板下调整量为 30 mm。

（2）扣件左右位置调整量为每轨 ± 10 mm，调整轨距通过移动带有长圆孔的铁垫板来实现，为连续无级调整。

（3）扣件设计最大承受横向力为 50 kN（疲劳荷载），混凝土承轨台不设挡肩。

（4）铁垫板上设置 1∶40 轨底坡。

（5）扣件节点刚度为 40 ~ 60 kN/mm。

（6）扣件 T 形螺栓的螺母不采用松紧搭配方式布置，要求松紧程度一致，使扣件均匀受力，T 形螺栓的螺母扭矩为 90 ~ 100 N·m。

（7）锚固螺栓拧紧扭矩为 300 N·m。

（8）预埋绝缘套管抗拔力大于 100 kN。

二、高速无砟轨道扣件

（一）WJ-7 型扣件

WJ-7 型扣件系统是为适应铺设各类无挡肩无砟轨道，满足客运专线扣件系统的技术要求而研发的一种无砟轨道扣件系统，是在原 WJ-1 型和 WJ-2 型无砟轨道扣件系统的基础上优化而成的。该扣件系统在桥上、隧道内和路基上的轨枕埋入式（双块式轨枕和长轨枕）和板式无砟轨道中均可应用。

1. 系统组成

如图 5-63 所示，扣件系统由 T 形螺栓、螺母、平垫圈、弹条、绝缘块、铁垫板、绝缘缓冲垫板、轨下垫板、锚固螺栓、重型弹簧垫圈、平垫块和定位于混凝土轨枕或轨道板的预埋套管组成。钢轨高低调整时采用调高垫板（轨下调高垫板或充填式调高垫板和铁垫板下调高垫板）。

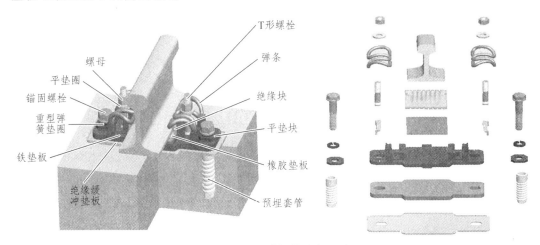

图 5-63　WJ-7 型扣件分解示意图

2. 结构特征

WJ-7 型扣件系统为带铁垫板的无挡肩弹性分开式结构，具有以下结构特征：

（1）混凝土轨枕或轨道板承轨槽不设混凝土挡肩，铁垫板上设置 1∶40 轨底坡，混凝土轨枕或轨道板承轨面为平坡，既可用于轨枕（双块轨枕、长枕）埋入式无砟轨道，又可用于轨道板无砟轨道，列车传来的横向荷载主要由铁垫板的摩擦力克服。

（2）钢轨轨底与铁垫板间设橡胶垫板，实现系统的弹性。通过更换不同刚度的轨下垫板可分别适应 350 km/h 客运专线和 250 km/h 客运专线（兼顾货运）的运营条件。

（3）铁垫板上设有 T 形螺栓插入座和钢轨挡肩，通过拧紧 T 形螺栓的螺母紧固弹条。配套设计的弹条比我国既有弹条弹程大（各种弹条弹程均为 14 mm），疲劳强度高，在采用较低刚度轨下弹性垫层时弹条的扣压力衰减小。

（4）铁垫板上钢轨挡肩与钢轨间设有绝缘块，用以提高扣件系统的绝缘性能。

（5）铁垫板与混凝土枕或轨道板间设绝缘缓冲垫板，缓冲列车荷载对混凝土枕或轨道板的冲击，同时提高系统的绝缘性能。绝缘缓冲垫板周边设凸肋并留有排水口，可有效地提高水膜电阻。

（6）同一铁垫板可安装多种弹条（常规扣压力弹条和小扣压力弹条），配合使用摩擦系数不同的轨下垫板（橡胶垫板或复合垫板）可获得不同的线路阻力，既可用于要求大阻力的地段，又可用于要求小阻力的地段，满足各种线路条件下铺设无缝线路的要求。

（7）铁垫板通过锚固螺栓与预埋于混凝土枕或轨道板中的绝缘套管配合紧固。预埋套管上设有螺旋筋定位孔，便于螺旋筋准确定位。混凝土枕或轨道板中的预埋套管中心对称布置，便于混凝土枕或轨道板的布筋设计。

（8）调整轨向和轨距时无须任何备件，通过移动带有长圆孔的铁垫板即可实现，为连续无级调整，可精确设置轨向和轨距且作业简单方便。

（9）钢轨高低位置调整量大，调整方式既可采用通常的调整垫板，也可采用充填式垫板实现无级调整，满足无砟轨道的使用要求。

（10）WJ-7 型扣件在钢轨接头处安装时无须特殊备件，不妨碍接头夹板的安装。

3. 配套轨枕或轨道板接口

扣件系统对轨枕或轨道板接口的技术要求主要是轨枕或轨道板中预埋套管的埋设位置和精度。另外，轨枕或轨道板不设轨底坡，主要适用于 CRTS I 型板、SK-1 型双块式轨枕、过渡段轨枕。接口尺寸如图 5-64 所示。

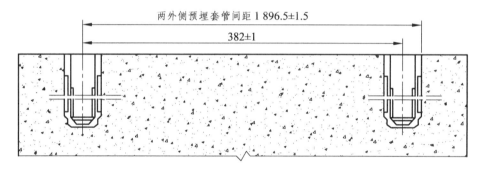

图 5-64　WJ-7 型扣件配套轨枕或轨道板接口（单位：mm）

4. 每组扣件零部件清单

WJ-7 型扣件弹条分两种，即 W1 型弹条（直径为 14 mm）和 X2 型弹条（直径为 13 mm），其中桥上采用小阻力扣件时使用 X2 型弹条。

轨下垫板分为 A、B 两类，A 类用于兼顾货运的高速铁路，B 类用于仅运行客车的高速铁路，每类又分为橡胶垫板和桥上采用小阻力扣件时配套使用的复合垫板。

绝缘块分 9 号和 10 号两种规格，正常安装时采用 9 号，当绝缘块与铁垫板挡肩缝隙大于 1 mm 时采用 10 号。

绝缘缓冲垫板按厚度分为 2 mm 和 6 mm 两种，正常安装时采用 6 mm 厚垫板，钢轨高低位置负调整时采用 2 mm 厚垫板。

调高垫板分轨下调高垫板和铁垫板下调高垫板两种，分别放置于轨下垫板与铁垫板之间和铁垫板与绝缘缓冲垫板之间。轨下调高垫板按厚度分为 0.5 mm、1 mm、2 mm、5 mm、8 mm 五种；铁垫板下调高垫板每片厚度为 8 mm。

每组扣件零部件清单见表 5-2。

表 5-2　每组扣件零部件明细清单

序号	名称		型号	数量	材料
1	T 形螺栓		T1	2	不低于 Q235A 性能的材料
2	螺母		CB/T 41，M24	2	不低于 Q235A 性能的材料
3	平垫圈		TB/T 1495.4	2	不低于 Q235A 性能的材料
4	弹条		W1/X2	2	60Si2MnA
5	绝缘块		WJ7	2	玻璃纤维增强聚酰胺 66
6	铁垫板		WJ7	1	QT450-10
7	绝缘缓冲垫板		WJ7	1	橡塑
8	轨下垫板	橡胶垫板	WJ7-A	1	天然或合成橡胶
			WJ7-B		
		复合垫板	WJ7-A		天然或合成橡胶/不锈钢板
			WJ7-B		
9	锚固螺栓		B1	2	不低于 Q235A 性能的材料
10	重型弹簧垫圈		GB/T 7244 ϕ30 mm	2	65Mn 或 60Si2Mn
11	平垫块		WJ7	2	QT450-10
12	预埋套管		D2	2	玻璃纤维增强聚酰胺 66
13	轨下调高垫板		WJ7	n	聚乙烯
14	铁垫板下调高垫板		WJ7	n	橡塑

注：数量 n 根据实际使用情况确定。

（二）WJ-8 型扣件

WJ-8 型扣件是为适应有挡肩无砟轨道，满足客运专线扣件系统的技术要求而研发的一种无砟轨道扣件系统。

该扣件系统是在原板式和双块式无砟轨道承轨槽尺寸和位置的限定条件下设计的，属带铁垫板的弹性不分开式扣件结构。

1. 系统组成

如图 5-65 所示，扣件系统由螺纹道钉、平垫圈、弹条、绝缘块、轨距挡板、轨下垫板、铁垫板、铁垫板下弹性垫板和定位于混凝土轨枕或轨道板的预埋套管组成。钢轨高低调整时采用调高垫板（分轨下调高垫板和铁垫板下调高垫板）。

2. 结构特征

（1）扣件系统为带铁垫板的弹性不分开式扣件，混凝土轨枕或轨道板承轨槽设混凝土挡肩，由钢轨传递而来的列车横向荷载通过铁垫板传递至轨距挡板，从而由混凝土挡肩承受横向水平力，降低了水平荷载的作用位置，使结构更加稳定。

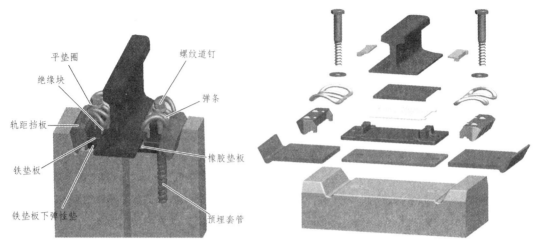

平垫圈
绝缘块
螺纹道钉
弹条
轨距挡板
铁垫板
橡胶垫板
铁垫板下弹性垫
预埋套管

图 5-65　WJ-8 型扣件分解示意图

（2）铁垫板上设挡肩，挡肩与钢轨之间设置工程塑料制成的绝缘块，不仅可以缓冲钢轨对铁垫板的冲击，而且大幅提高扣件系统的绝缘性能，尤其是提高系统在降雨时的绝缘电阻，特别是修改设计后，绝缘块增加了不同厚度的规格，可以实现每股钢轨左右位置 ±2 mm（轨距 ±4 mm）的微小调整。

（3）铁垫板与混凝土挡肩间设置工程塑料制成的轨距挡板，用以保持和调整轨距，同时起二次绝缘作用。

（4）扣件组装紧固螺纹道钉时，以弹条中肢前端接触轨底为准，避免了在钢轨与铁垫板间垫入调高垫板时弹条扣压力不足或弹条应力过大的问题。

（5）同一铁垫板可安装多种弹条（常规扣压力弹条和小扣压力弹条），配合使用摩擦系数不同的轨下垫板（橡胶垫板或复合垫板）可获得不同的线路阻力，既可用于要求大阻力的地段，又可用于要求小阻力的地段，满足各种线路条件下铺设无缝线路的要求。

（6）配套设计的弹条比我国既有弹条在结构上作了优化，使弹条弹程增大（各种弹条弹程均为 14 mm），提高了其疲劳强度，在采用较低刚度弹性垫层时弹条的扣压力衰减小。

（7）铁垫板下设弹性垫层，扣件系统具有良好的弹性，垫层采用长寿命热塑性弹性体材料制成。

（8）与 WJ-8 型扣件系统配套的既有混凝土轨枕或轨道板的承轨槽形式和尺寸无须变动，适应性强。

3. 配套轨枕或轨道板接口

WJ-8 型扣件系统配套 CRTS Ⅱ 型、CRTS Ⅲ 型轨道板和 SK-2 型双块式轨枕，配套轨枕或轨道板承轨槽尺寸、预埋套管的埋设位置和精度，如图 5-66 所示，轨枕或轨道板承轨面设 1 : 40 轨底坡，预埋套管顶面低于承轨面 0 ~ 1 mm。

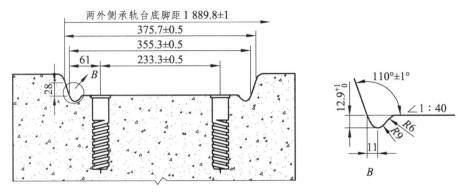

图 5-66　WJ-8 型扣件配套轨枕或轨道板接口（单位：mm）

4．每组扣件零部件明细清单

WJ-8 型扣件弹条分 W1 型和 X2 型两种，一般地段采用 W1 型，小阻力地段采用 X2 型，根据具体线路条件及无缝线路设计对钢轨纵向阻力的要求选用其中一种。

轨下垫板分橡胶垫板和复合垫板两种，一般地段采用橡胶垫板，小阻力地段采用复合垫板。轨下垫板厚度分为 2 mm、3 mm、4 mm、5 mm、6 mm 五种，正常安装 6 mm 厚垫板，根据钢轨高低位置情况可更换不同厚度垫板。

轨距挡板分 4、7、10 号三种规格，正常情况下使用 7 号，根据钢轨左右位置情况可调换使用。钢轨接头处采用接头轨距挡板。

绝缘轨距块分 7、8、9、10、11 号五种规格，正常情况下使用 9 号，根据钢轨左右位置情况可调换使用。钢轨接头处采用接头绝缘轨距块。

弹性垫板分 A 类和 B 类两种。A 类弹性垫板用于兼顾货运的高速铁路，B 类弹性垫板用于仅运行客车的高速线路。

螺纹道钉分 S2 型和 S3 型两种，一般采用 S2 型，在钢轨调高量大于 15 mm 时采用 S3 型。

调高垫板分轨下微调垫板和铁垫板下调高垫板两种，分别放置于轨下垫板与铁垫板之间、铁垫板下弹性垫板与轨枕或轨道板承轨面之间。轨下微调垫板按厚度分为 0.5 mm、1 mm、2 mm、5 mm 四种；铁垫板下调高垫板按厚度分为 10 mm 和 20 mm 两种，铁垫板下调高垫板由两片组成，成对使用。

每组扣件零部件明细清单见表 5-3。

表 5-3　每组扣件零部件明细清单

序号	名称	型号	数量	材料
1	螺纹道钉	S2/S3	2	优质碳素结构钢、合金结构钢或冷镦钢
2	平垫圈	TB/T 1495.4	2	不低于 Q235A 性能的材料
3	弹条	W1/X2	2	60Si2MnA
4	绝缘轨距块	WJ8	2	玻璃纤维增强聚酰胺 66

续表

序号	名称		型号	数量	材料
5	轨距挡板		WJ8	1	玻璃纤维增强聚酰胺66
6	轨下垫板	橡胶垫板	WJ8	1	天然或合成橡胶
		复合垫板	WJ8		天然或合成橡胶/不锈钢板
7	铁垫板		WJ8	1	QT450-10
8	铁垫板下弹性垫板		WJ8-A/B	1	弹性材料
9	预埋套管		D1	2	玻璃纤维增强聚酰胺66
10	轨下微调垫板		WJ8	N	聚乙烯
11	铁垫板下调高垫板		WJ8	N	聚乙烯

注：数量 N 根据实际情况确定。

三、客货共线铁路、重载铁路无砟轨道扣件

（一）弹条Ⅶ型扣件

1. 适用范围

弹条Ⅶ型扣件适用于铺设无挡肩预应力混凝土枕有砟轨道或弹性支承块式无砟轨道，最小曲线半径不小于 400 m，最大轴重 25～30 t。

2. 部件组成

弹条Ⅶ型扣件由 T 形螺栓、平垫圈、螺母、弹条、轨距挡板、绝缘轨距块、轨下垫板和预埋铁座组成，如图 5-67 所示。此外为了钢轨高低位置调整需要，还包括轨下调高垫板和轨距挡板下调高垫板，具体零部件型号见表 5-4。

3. 主要零部件规格

T 形螺栓分Ⅰ型和Ⅱ型两种，正常组装或调高量不大于 10 mm 时采用Ⅰ型，调高量大于 10 mm 时采用Ⅱ型。

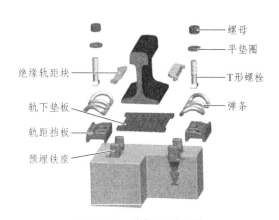

图 5-67 弹条Ⅶ型扣件

轨距挡板分两种型号，即 7 号和 11 号，标准轨距时外侧采用 7 号，内侧采用 11 号。

绝缘轨距块分Ⅰ型和Ⅱ型两种，分别配用 60 kg/m 和 75 kg/m 钢轨。Ⅰ型分 8 号、10 号、12 号、14 号和 16 号五种，标准轨距时外侧采用 14 号，内侧采用 10 号；Ⅱ型分 9 号、11 号、13 号和 15 号四种，标准轨距时外侧采用 13 号，内侧采用 11 号。

轨下调高垫板按厚度分为 1 mm、2 mm 和 5 mm 三种规格，放置于轨下垫板与承轨面之间或支承块承轨面之间。

表 5-4　每组扣件零部件清单

序号	名称	型号	数量	材料	质量或体积
1	螺母	M24	2	Q235A	0.224 kg
2	平垫圈	ϕ24	2	Q235A	0.138 kg
3	T 形螺栓	T2	2	Q235A	0.78 kg
4	弹条	W4	2	60Si2MnA	1.50 kg
5	轨距挡板	MG7	2	QT450-10	1.95 kg
6	预埋铁座	TZ5	2	QT450-10	3.80 kg
7	绝缘轨距块	G7	2	玻纤增强聚酰胺 66	140 cm^3
8	轨下垫板	P7A	1	热塑性聚酯弹性体	311 cm^3
9	轨下调高垫板	TD7	—	聚乙烯	34 cm^3/mm
10	轨距挡板下调高垫板	DTD7	—	聚乙烯	282 cm^3/5 mm

轨距挡板下调高垫板按厚度分为 5 mm 和 10 mm 两种规格，放置于轨下垫板与轨枕之间或者支承块承轨面上面。

（二）WJ-12 型扣件

1. 适用范围

WJ-12 型扣件适用于重载铁路双块式或长枕埋入式无砟轨道。

2. 部件组成

WJ-12 型扣件由 T 形螺栓、平垫圈、螺母、弹条、轨距挡板、绝缘轨距块、轨下垫板、铁垫板、铁垫板下弹性垫板、预设调高垫板和预埋铁座组成，此外为了钢轨高低位置调整需要，还包括轨距挡板下调高垫板，如图 5-68 所示。

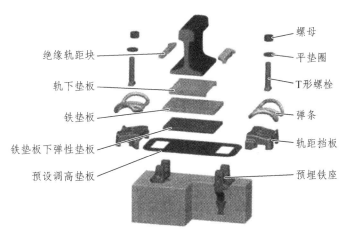

绝缘轨距块
轨下垫板
铁垫板
铁垫板下弹性垫板
预设调高垫板
螺母
平垫圈
T 形螺栓
弹条
轨距挡板
预埋铁座

图 5-68　WJ-12 型扣件

与弹条Ⅶ型扣件相比，WJ-12 型扣件零部件数量上增加了轨下铁垫板和铁垫板下弹性垫板，具体零部件规格型号见表 5-5。

表 5-5 每组扣件零部件清单

序号	名称	型号	数量	材料	质量或体积
1	螺母	M24	2	Q235A	0.224 kg
2	平垫圈	$\phi24$	2	Q235A	0.138 kg
3	T 形螺栓	T3	2	Q235A	0.90 kg
4	弹条	W5	2	60Si2MnA	2.26 kg
5	轨距挡板	WJ12	2	QT450-10	4.78 kg
6	预埋铁座	WJ12	2	QT450-10	6.80 kg
7	绝缘轨距块	WJ12	2	玻纤增强聚酰胺 66	170 cm^3
8	轨下垫板	WJ12	1	聚乙烯和醋酸乙烯共混	205 cm^3/6 mm
9	铁垫板	WJ12	1	Q252A	5 kg
10	铁垫板下弹性垫板	WJ12	1	热塑性聚酯弹性体	450 cm^3
11	轨距挡板下调高垫板	WJ12	—	聚乙烯	344 cm^3/5 mm
12	预设调高垫板	WJ12	1	聚乙烯	275 cm^3

3. 主要零部件规格

T 形螺栓分Ⅰ型和Ⅱ型两种，正常组装或调高量不大于 5 mm 时采用Ⅰ型，调高量大于 5 mm 时采用Ⅱ型。

轨距挡板分两种型号，即 31 号和 35 号，标准轨距时外侧采用 31 号，内侧采用 35 号。

绝缘轨距块规格型号与弹条Ⅶ型扣件轨距块相同。

轨下调高垫板按厚度分为 6 mm、7 mm、8 mm、9 mm、10 mm 和 11 mm 六种规格，正常安装时采用 6 mm。

轨距挡板下调高垫板按厚度分为 5 mm 和 11 mm 两种规格，放置于预设调高垫板和铁垫板之间。

（三）WJ-13 型扣件

1. 适用范围

WJ-13 型扣件适用于客货共线铁路、曲线半径不小于 600 m 的隧道内长枕埋入式无砟轨道。

2. 部件组成

WJ-13 型扣件由螺纹道钉、平垫圈、弹条、轨距挡板、挡板座、支承座、轨下垫板、铁垫板、铁垫板下弹性垫板和预埋套管组成，还可包括铁垫板下调高垫板。扣件的连接组装，如图 5-69 所示。

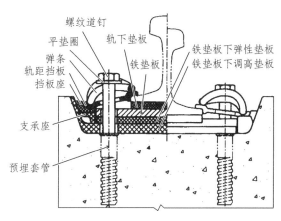

图 5-69　WJ-13 型扣件组装图

其具体零部件规格型号见表 5-6。

3. 主要零部件规格

轨距挡板分两种型号，即 24 号和 28 号。标准轨距时外侧采用 24 号，内侧采用 28 号。

挡板座分七种型号，即 10 号、11 号、12 号、13 号、14 号、15 和 16 号。标准轨距时外侧采用 14 号，内侧采用 12 号。

表 5-6　每组扣件零部件清单

序号	名称	数量	材料	质量或体积
1	螺纹道钉	2	优质碳素结构钢、合金结构钢或冷镦钢	约 1.50 kg
2	平垫圈	2	Q235A	约 0.138 kg
3	W1 型弹条	2	60Si2MnA	1.44 kg
4	Ⅳ型轨距挡版	2	Q235A	约 1.83 kg
5	WJ13 挡板座	2	玻纤增强聚酰胺 66	约 131 cm^3
6	WJ13 支承座	2	聚乙烯	约 212 cm^3
7	预埋套管 D1	2	玻纤增强聚酰胺 66	115 cm^3
8	WJ13 轨下垫板	1	聚乙烯和醋酸乙烯共混（EVA）	约 246 cm^3/8 mm
9	WJ13 铁垫板	1	Q235A	约 5.9 kg
10	WJ13 铁垫板下弹性垫板	1	热塑性聚酯弹性体（TPEE）或橡胶	约 600 cm^3
11	WJ13 铁垫板下调高垫板	—	聚乙烯	约 330 cm^3/10 mm

螺纹道钉分 S2 和 S3 型两种规格，在正常安装或当钢轨高低位置调整量不大于 15 mm 时采用 S2 型，当钢轨高低位置调整量大于 15 mm 时采用 S3 型。

轨下垫板按厚度分为 4 mm、5 mm、6 mm、7 mm、8 mm、9 mm、10 mm、11 mm、12 mm、13 mm 和 14 mm 十一种规格，正常安装时采用 8 mm。

铁垫板下调高垫板按厚度分为 10 mm 和 20 mm 两种规格，放置在铁垫板下弹性垫板与承轨面之间。

思考与练习

1. 按是否保留轨枕，无砟轨道分为哪几种类型？

2. 我国无砟轨道是怎样分类的？

3. CRTS Ⅰ 型、Ⅱ 型、Ⅲ 型轨道板的主要结构特点有何异同？

4. CRTS Ⅰ 型、Ⅱ 型、Ⅲ 型板式无砟轨道及 CRTS Ⅰ 型双块式无砟轨道在路基和桥梁上的结构有何异同？

5. CRTS Ⅱ 型双块式和 CRTS Ⅰ 型双块式无砟轨道有何异同？

6. 我国铁路各种类型无砟轨道曲线外轨超高是如何设置的？

7. 简述我国路基和桥梁地段岔区板式无砟轨道的结构组成。两者的主要区别是什么？

8. 简述我国路基和桥梁地段岔区枕式无砟轨道的结构组成。两者的主要区别是什么？

9. 我国铁路无砟轨道扣件都有哪些类型？

10. 简述我国无砟轨道扣件 WJ-7、WJ-8 的各自适用范围和结构异同点。

11. 简述弹条Ⅶ型扣件的适用范围和主要组成部件。

12. 简述弹条 WJ-12 型扣件的适用范围和主要组成部件。

第六章 普速铁路轨道设备维护

本章导读

普速铁路轨道设备沿袭历史长，技术迭代快。国铁、地铁、厂矿专用铁路发展不均衡。所以普铁维修实行 5 级分级管理，在保证线路设备安全性、可靠性、平顺性的前提下，坚持"预防为主、防治结合、修养并重"原则，贯彻"修理标准与线路等级匹配、投入产出经济合理"理念。

本章主要介绍：普速铁路维修的组织机构及职责，线路维修管理的机制、制度；铁路轨道设备检查的内容、方法，线路维修工作的分类、内容及作业计划；钢轨、轨枕、道床、道岔、无缝线路养护维修的基本知识和方法。

本章目标

了解线路维修工作的组织机构和维修工作的基本内容；掌握轨道设备静态检查方法，了解动态检查的内容及方法；掌握钢轨、轨枕、扣件、道床维修的基本知识和方法；了解曲线作业的主要内容，掌握曲线病害的整治方法；了解无缝线路铺设的主要工序、无缝线路养护维修的基本要求和维修工作的主要内容，掌握无缝线路故障处理的基本方法；掌握道岔的主要技术标准和主要病害的成因及防治方法。

本章重点

扣件安装、轨道调整、道岔检修。

第一节 普速铁路线路维修概述

本节要求

（1）了解普速铁路线路维修发展方向、组织机构及主要职责。

（2）了解线路设备分级管理、线路设备单元管理、线路设备天窗管理的内容，线路管理信息化的内容。

（3）掌握线路故障应急处置的基本要求和处置程序。

铁路线路在机车车辆动荷载、温度荷载作用及风、沙、雨、雪等自然条件影响下，会使包括轨道在内的线路设备产生劣化、变形、疲劳和伤损，从而影响线路设备强度、稳定性及列车运行的平稳性。为恢复线路设备，使其达到正常使用状态，以保证列车安全、平稳运行，必须对线路设备进行及时维修。

一、维修基本任务与发展方向

（一）维修基本任务

线路设备维修是根据线路设备变化规律，维持列车以规定速度安全和不间断地运行而对线路进行的日常维护和小规模修理。

线路设备修理的基本任务是通过实施科学合理和经济的维修策略，保持和恢复线路设备安全性、可靠性。

（二）维修发展方向

普速铁路线路维修发展方向是在满足线路设备安全性、可靠性、平顺性的条件下，不断提高线路设备修理的科学性和经济性，以实现线路设备全寿命周期成本最优的目标。其主要体现在以下几个方面：

（1）贯彻"修理标准与线路等级匹配、投入产出经济合理"理念，实行线路分级管理，以提高线路设备修理的科学性。

（2）坚持"预防为主、防治结合、修养并重"原则，周期修与状态修相结合，线路设备大修以周期修为主，日常维修以状态修为主。

（3）全面推进钢轨和道岔无缝化，新建、改建、大修，铁路正线采用 60 kg/m 钢轨跨区间无缝线路，重载铁路正线采用 60 kg/m 及以上钢轨无缝线路。

（4）积极推进技术装备标准化、简统化以及技术创新，优化设备结构，提高基础设施服役性能，使结构组成更合理，部件性能更佳，型号更统一，与铁路等级和运营条件更匹配。

（5）全面推广应用钢轨保护技术，采取钢轨打磨列车打磨、曲线上股钢轨侧面润滑及轨顶摩擦控制等措施，以及采用累计通过总质量与钢轨伤损率相结合确定钢轨大修周期方式，改善轮轨关系，从源头上减少轮轨动力作用对轨道的影响，以延长钢轨使用寿命。

（6）实行天窗修制度，推进检测、修理专业化，大力推广集中修。

（7）积极推进线桥结构现代化、施工作业机械化、企业管理科学化，利用现代检测监测技术，推进信息技术与线路设备维修管理的融合，利用大数据提升智能化分析水平，不断推进运营维护智能化。

二、组织机构及主要职责

（一）生产管理部门

工务段的管辖范围：正线线路延展长度不宜超过 1 200 km，特殊情况下由铁路局集团公司规定；山区铁路、管辖范围内有编组站或一等及以上车站时，管辖正线长度可适当减少。

线路车间的管辖范围：正线延展长度单线以 60~80 km 为宜，双线以 100~120 km 为宜。

工务段下设安全生产调度指挥中心和线路车间、重点维修车间、综合机修车间、探伤车间等。线路车间下设检查工区、维修工区、线路工区。

支线铁路可只设车间，不设或少设工区。

（二）主要职责

线路设备维修实行检养修分开制度，检养修分开的基本原则是实行独立检查以及专业化、机械化集中修理。

1. 工务段

安全生产调度指挥中心负责指挥和监控全段日常生产，掌握作业和设备安全信息；汇总分析设备检查、监控数据，跟踪设备病害和缺陷的调查、复核及处理情况；掌握全段日作业计划，对日作业计划进行审核、协调和过程监控；跟踪掌握工电自轮运转特种设备、专用车辆运行状态和路料运输情况；指挥、处理突发情况等。

线路车间作为组织维修生产的主体，组织制订车间年、月生产计划，周天窗维修计划以及日作业计划；组织设备检查、维护、验收；定期分析评价设备质量，跟踪考核维修、日常保持状态等。

重点维修车间作为段实施机械化修理和专业修理的主体，负责配合大型养路机械作业、集中修作业、钢轨和道岔焊接等工作。

综合机修车间负责养路机械维修保养、工具制作修理及线路配件修理、轨道车的运行及管理等工作。

探伤车间负责钢轨探伤工作。

线路工区负责线路巡查、临时补修、应急值守等。

维修工区负责采用小型养路机械进行线路成段和道岔成组维修、配合大型养路机械作业、轨道伤损部件更换、道床翻浆整治、线路和道岔钢轨打磨、道口翻修及季节性重点工作等。

检查工区负责线路的周期性设备静态检查、设备质量分析、作业验收和重点病害的调查、复核等。

各铁路局集团公司可结合实际情况，对上述分工作适当调整。

2. 中国国家铁路集团有限公司基础设施检测中心、铁路局集团公司工务检测所和大型养路机械运用检修段

中国国家铁路集团有限公司基础设施检测中心、铁路局集团公司工务检测所和大型养路机械运用检修段（或工务机械段）承担利用动态检测设备，包括轨道检查车、综合检测车、钢轨探伤车等，进行线路周期性检测和钢轨周期性探伤的工作。

大型养路机械运用检修段（或工务机械段）还承担利用大型养路机械对线路的修理的工作。

三、线路维修管理

（一）线路设备分级管理

1. 线路等级划分

根据线路允许速度、年通过总质量、在路网中的重要性以及客货运输特点等情况，将线路等级划分为 5 级，实行分级管理。

Ⅰ级：年通过总质量大于 50 Mt 或线路允许速度 120 km/h 以上的铁路正线。

Ⅱ级：年通过总质量大于 30 Mt 且不大于 50 Mt 或线路允许速度大于 100 km/h，但小于或等于 120 km/h 的铁路正线。

Ⅲ级：年通过总质量不大于 30 Mt 且线路允许速度不大于 100 km/h 的铁路正线。

Ⅳ级：支线铁路、到发线。

Ⅴ级：其他线路。

上述支线铁路是指从干线引出、为地区或企业服务，且不开行客车、对路网运输影响较小的尽头式铁路。其他不开行客车、对路网运输影响较小的铁路，报中国国家铁路集团有限公司工电部核备后也可列为支线铁路管理。

各铁路局集团公司可根据支线铁路的运输特点以及线路允许速度、年通过总质量、在路网中的作用和自然环境等具体情况，合理制定支线铁路固定设备维护、投入和工装配置等标准。

2. 线路设备维修周期

正线线路设备维修周期，由各铁路局集团公司按照分级管理的原则参照表 6-1 规定，结合线路大修和实际设备状况、线路条件、运输条件、自然条件及单元评价结果等具体情况确定。

表 6-1 线路设备维修周期

项目	线路维修等级				
	Ⅰ级	Ⅱ级	Ⅲ级	Ⅳ级	Ⅴ级
大型养路机械捣固维修	1～2 年	1.5～3 年	3 年	根据线路状态合理安排	
钢轨预防性打磨	直线及半径大于 1 200 m 的曲线地段，一般通过总质量 100 Mt 打磨一次（含多遍，达到设计廓形为止）。半径不大于 1 200 m 曲线地段，每 30～50 Mt 打磨一次，侧面磨耗、伤损严重地段可适当缩短打磨周期			根据钢轨状态合理安排	
扣件维修	2～3 年				

道岔和站线的维修周期，由铁路局集团公司规定。其中正线、到发线道岔维修周期宜与正线线路同步。

曲线上股钢轨侧面干式润滑的涂覆周期由铁路局集团公司规定。

无砟轨道精调整理，根据动静态检测结果合理安排。

（二）线路设备单元管理

线路设备单元管理是工务精细化管理方式之一，目的是对线路设备质量和状态进行精准评估，为开展设备状态修、等级修，科学合理制定设备维修计划提供数据支持。

1. 单元划分

按照有利于设备质量分析、评价，以及有利于指导设备维修的原则划分线路设备单元。

（1）直线线路单元：正线线路 200 m 线路为一个单元，站线线路一条股道为一个单元。

（2）曲线线路单元：正线曲线全长及其前后各 100 m 线路为一个曲线管理单元；S 形曲线及其夹直线作为一个曲线管理，第一条曲线外 100 m 至第二条曲线终点外 100 m 作为一个管理单元。

（3）道岔单元：正线一个站场一行别的一端（起止）道岔及其前后各 100 m 线路，应纳入一个道岔管理单元；道岔间线路不足 100 m 或有曲线时，应将该段线路或曲线纳入道岔单元；无缝道岔应以单组或相邻多组一次锁定的道岔及其间线路为一个管理单元。

2. 单元评价

（1）正线线路、道岔单元：以动态评价为主，静态评价为辅。动态评价以轨道质量指数（TQI）以及局部峰值（Ⅰ、Ⅱ级偏差）、车载式检查仪（Ⅱ级偏差）、便携式添乘仪（Ⅲ级偏差）峰值按不同权值计算作为评价指标；静态评价利用轨道检查仪检测超临时补修、超计划维修数据及静态人工检查数据进行评价。

（2）站线线路、道岔单元：利用静态检查数据进行评价，将轨道几何尺寸、联结零件、钢轨、路基、道床、轨枕状态等按不同权值计算作为评价指标。

（3）评价周期：每月评价一次。

（4）评价结果：正线线路、道岔，扣分 ≥41 分为红色单元，41 分>扣分 ≥20 分为黄色单元，扣分<20 分为绿色单元；站线线路、道岔，扣分 ≥100 分为红色单元，100 分>扣分 ≥50 分为黄色单元，扣分<50 分为绿色单元。

（三）线路维修天窗作业管理

1. 天　窗

天窗是指列车运行图中不铺画列车运行线或调整、抽减列车运行线为施工和维修作业预留的时间，按用途分为施工天窗和维修天窗。维修天窗作业项目是指作业开始前不需要限速，结束后须达到正常放行列车条件，并且在维修天窗时间内能完成的项目。纳入月度施工计划（含补充电文）的维修项目，在施工计划下达后，按施工项目管理程序组织实施。普速铁路维修按照作业复杂程度和设备影响范围，维修项目分为Ⅰ级维修和Ⅱ级维修，Ⅰ级维修作业负责人由车间（副）主任担当（Ⅰ级维修较多时，车间主任可委托车间干部担当），Ⅱ级维修作业负责人由工（班）长担当。凡影响营业线行车设备稳定、正常使用、行车安全的各种维修作业项目均应在天窗时间内进行。

2. 维修作业要求

维修作业，双线 V 形天窗区段一线作业时不得影响另一线行车设备的正常使用，涉及上下行渡线时由铁路局集团公司安排。同一区间当日安排有施工天窗时，维修作业应在施工天窗内等时长套用，不再单独安排维修天窗。车站不办理接发列车（含到达场、出发场不办理接发列车一端）的行车设备，在确保安全的前提下，维修作业由车站负责安排。车站驼峰设备检修实行"停轮修"，应利用交接班、调车作业间休等时间进行。机务、车辆、动车（所）段内有关行车设备的维修作业，在确保安全和不影响机车（动车组）出入、车辆取送的前提下，由机务、车辆、动车（所）段负责安排。

3. 维修天窗作业范围

维修天窗作业范围按单线铁路与双线铁路、电气化铁路与非电气化铁路划分为基本维修天窗作业区域和维修天窗作业单元。大站、多方向车站和运输较为繁忙的车站，按电务设备联锁关系并结合运输生产特性划分维修作业区域，维修作业在指定的维修作业区域内按规定进行。

4. 维修计划

维修计划实行周计划。维修日期、天窗时间由运输调度部门在月度施工计划文件中公布，具体维修作业计划由设备管理单位向有关车务段（直属站）提报，由车务段（直属站）负责审核、编制后，报调度所安排实施。运输部门及单位应根据天窗时间、天窗次数及施工、维修作业量，统筹考虑各区段运能、运量，实现均衡、合理安排行车设备维修天窗。设备管理单位应根据运行图天窗时间和施工计划，避免维修计划与施工计划冲突，制订维修作业计划，合理提报天窗点内维修作业，内容应包括作业项目、作业内容、作业区域、作业地点（包括具体的起讫里程，站内相关股道、道岔）、维修等级、作业负责人、日程安排、时间、登记要点车站、配合作业单位、影响范围、作业车运行区段等。

对突发性设备故障和灾害的紧急抢修及轨道状态超过临时补修标准和重伤设备处理等需临时封锁要点的施工，按下列程序办理：需临时封锁要点时，由设备管理单位向铁路局集团公司主管业务部门提出申请，主管业务部门审查，经分管运输副总经理（总调度长）批准后，由调度所安排施工；危及行车安全需立即抢修时，设备管理单位按规定采取措施，在"行车设备检查登记簿"内登记，通过车站值班员报告铁路局集团公司列车调度员，经调度所值班主任批准，发布调度命令进行抢修，设备管理单位同时通知配合单位和铁路局集团公司主管业务部门。

（四）应急处置

1. 处置原则

对各种故障及突发情况，应按照"以人为本、安全第一、预防为主、统一领导、集中指挥、归口负责、分级管理、分工协作、快速反应、紧急处置"的原则，在确保应急作业安全的前提下，进行快速、有效的处置，最大限度地减少损失和对铁路运输生产的影响。为此，一是要建立健全应急管理组织体系，明确各级管理职责，完善应急处置的工作制度和处置方案；二是要加强应急演练，增强职工应急处理能力，提高故障处理质量和效率；三是配齐相关应急备品及专用工具并做好日常管理，以备应急使用，确保能迅速、有序、有效地开展各项应急处置工作。

2. 基本要求

（1）设备管理单位接到行车设备故障的通知后，应在"行车设备检查登记簿"内签认，尽快组织修复。对暂时不能修复的，应登记停用内容和影响范围，并注明行车限制条件。

（2）沿线工务人员发现线路设备故障危及行车安全时，应立即连续发出停车信号和以停车手信号防护，还应迅速通知就近车站和工长或车间主任，并采取紧急措施修复故障设备；如不能立即修复时，应封锁区间或限速运行。必要时进入该区间的第一趟列车由工务部门工长或车间主任随乘。

（3）线路发生危及行车安全故障或自然灾害时的防护办法。

① 应立即使用列车无线调度通信设备通知车站值班员或列车司机紧急停车，同时在故障地点设置停车信号。

② 当确知一端先来车时，应急速奔向列车，用手信号旗（灯）或徒手显示停车信号。

③ 如不知来车方向，应在故障地点注意倾听和瞭望，发现来车，应急速奔向列车，用手信号旗（灯）或徒手显示停车信号。

设有固定信号机时，应先使其显示停车信号。

站内线路、道岔发生故障或自然灾害时，应立即通知车站值班员采取措施，防止机车、车辆通往该故障或自然灾害影响地点，同时按规定设置停车信号防护。

3. 处置程序

（1）当工务人员发现线路设备故障或自然灾害时：应立即按照《普速铁路工务安全规则》要求进行防护；迅速通知工长或车间主任，并采取紧急措施修复故障设备；必要时工务部门工长或车间主任随乘第一趟列车去故障现场，以便迅速组织和指挥抢修工作；工长或车间主任根据故障判断影响行车的程度，确定运行办法，并报告车站值班员或列车调度员；在工长或车间主任到达故障地点之前，列车运行办法由现场工务人员确定。

故障、自然灾害处置后，由现场负责人确定放行列车条件。

（2）接到列车调度员（车站值班员）设备故障或自然灾害通知时：铁路局集团公

司工务调度接到设备故障、自然灾害通知时，应及时通知相关领导及设备管理单位；设备管理单位接到铁路局集团公司或车站值班员设备故障、自然灾害通知时，应立即通知有关车间（班组），并向单位相关领导汇报。

车间（班组）按通知的故障、自然灾害类别或领导要求，携带工机具和材料赶赴现场，同时设置驻站防护、办理相关手续。

作业负责人确认设备故障或自然灾害后，立即向车站值班员（列车调度员）报告故障或自然灾害主要情况及影响范围、处置方案、行车限制条件。

故障或自然灾害处置后，由现场作业负责人确定放行列车条件。

四、线路维修管理信息化

设备管理部门应积极推进线路维修管理信息化，应用大数据、物联网、移动互联网、人工智能等信息技术，实现对线路设备技术状态、动静态检查数据、线路设备质量、安全生产计划和作业过程控制的动态管理，并及时掌握设备变化规律，预测设备发展趋势，为线路设备维修决策提供支撑，不断提高线路设备维修的科学性。

工务信息管理主要由工务安全生产管理信息系统、安全生产可视化调度系统和安全生产视频监控系统等组成。

工务安全生产管理信息系统主要用于采集和分析工务设备检测数据、管理数据，对轨道状态进行评定，对生产进行闭环管理和问题库管理，以确保安全生产有序可控。

安全生产可视化调度系统主要实现人员位置电子地图可视化、工作任务可视化、作业场景可视化。结合铁路工务实际，可以将集群对讲、定位技术与 MIS 工作流等技术相融合，形成基于地理信息的工务安全生产可视化调度系统。

安全生产视频监控系统主要实现对讲呼叫、人员定位、实时数据传输、作业人员轨迹回放等功能和施工现场监控、轨道车运行监控、重点设施监控、雨量信息监控、车载信息监控、自然灾害及异物侵限监测等功能。

第二节　铁路轨道设备检查

本节要求

（1）了解动态检查的内容及方法，了解静态检查的内容及周期。

（2）掌握轨道几何尺寸静态检查方法，了解轨道结构检查及方法。

轨道设备检查分静态检查和动态检查。静态检查指检查人员借助检查工具、设备对轨道几何尺寸及轨道设备进行的地面检查；动态检查指轨道检查车（轨检车）、车载式线路检查仪或便携式线路检查仪利用传感器或列车运行中的车体振动状态对线路平顺状态的检查，也包括利用车载巡检设备对线路外观的检查。

一、静态检查

检查工区根据检查周期要求，对轨距、水平（三角坑）、轨向、高低、爬行、钢轨接头状态、轨枕状态、联结零件状态、防护栅栏状态、线路外部环境及根据季节特点需要检查的项目等，携带符合规定标准的计量器具进行全面检查。对动态不良地段应综合分析后进行针对性检查。周期性的轨道几何尺寸检查以轨道检查仪检查为主、人工检查为辅。

人工检查时应采用"一看、二量、三划、四记、五统计分析"的方法。

一看：看轨向，高低，空吊板，失效轨枕，伤损零部件，道口铺面和标桩、防护栅栏缺损，以及外部环境，等。检查高低时 25 m 钢轨以 2 节轨、12.5 m 钢轨以 3 节轨下蹲一次为宜。

二量：人工检查时，按规定位置全面检查测量轨距、水平、轨向（正矢）、高低、爬行和轨缝等。

三划：划出撬位（撬头、撬尾、改道范围）、拨道方向及严重空吊板等标识，见表 6-2。

表 6-2 作业划撬标识

序号	项目	划撬符号	划撬地点	示意
1	起捣	→ ←	需捣固线路一侧	在该范围内捣固
2	改道	↑——↑	需改道线路一侧	按标识方向改道
3	拨道	↑	轨枕面中部	按标识方向拨道
4	垫片	+ 3 ↑₁₅	需垫调高垫板一侧	垫入 3 mm 调高垫板，长度 15 m
5	调整垫片	− 5 + 3	需调整调高垫板一侧	撤去 5 mm 调高垫板，垫入 3 mm 调高垫板
6	撤垫片	/	需撤调高垫板一侧	撤去全部调高垫板

四记：将检查结果记入线路检查记录簿、道岔检查记录簿、曲线正矢检查记录簿和无缝线路爬行观察记录簿中，并记录工作量。记录时，轨距、水平（三角坑）、轨向（支距）、高低均记实际误差数，曲线正矢记实际测量值，曲线轨距、水平应记扣除加宽和超高值后的误差数。

五统计分析：当日检查后，检查工区应对检查结果以不同符号标出各类偏差级别，按里程（股道）别、道岔别，分别统计其数量和工作量，录入工务安全生产管理信息系统，作为编制维修作业计划的依据，并对照以往记录，分析变化原因及其规律，以便采取防治对策。

（一）轨道几何形位检查

轨道几何形位检查包括轨距、水平（三角坑）、轨向、高低（空吊）、轨底坡。轨道几何形位检查分为人工检查和用轨道检查仪检查。

1. 人工检查

1）轨　距

轨距在钢轨头部内侧顶面下 16 mm 范围内测量。

测量轨距时，轨距尺必须置于与钢轨垂直的位置。为避免因位置不正确而发生错误，应把轨距尺固定端紧靠在一股钢轨的内侧一点上，另一端做少量的前后移动，再读取并记录最小的读数。接头处以轨缝两端不利值为准。检查轨距时，除检查误差是否超限外，还应注意轨距变化率是否符合规定。曲线轨距误差，应扣除规定的加宽值，但最大轨距（含加宽值和偏差）不得超过 1 456 mm。有关轨距加宽和最大轨距内容见第二章。

2）水平（三角坑）

水平检查部位应与轨距检查部位相对应，接头处以轨缝两端不利值为准。

测量水平以左股钢轨为基准股，左股高于右股为正；曲线地段以上股高为正，反之为负；道岔以外直股、导曲线上股高为正，反之为负。检查前应先在两股钢轨同一位置上采用将轨距尺调转 180°的方法，检验水平是否存在误差，检查时要减去误差值。

三角坑偏差不含曲线超高顺坡造成的扭曲量，检查三角坑时基长为 6.25 m，但在延长 18 m 的距离内无超过规定偏差的三角坑。复核动态三角坑病害时，应包含曲线超高值。

3）轨　向

线路或道岔的轨向，直线要直、曲线要圆顺。

检查直线轨向用 10 m 弦线，配小钢尺和 10～30 mm 见方的垫块。

测量直线轨向时，先跨一股钢轨目视前方（一般为 15～25 m）找出轨向不良的位置，在该处前后将 10 m 弦线紧贴钢轨头部内侧，拉紧弦线，用尺在弦线范围内任意点量出最大矢距，即为该处轨向值。钢轨有反弯时，不得将弦线置于钢轨外侧（非导向边）量取轨向值，可用垫块垫于钢轨导向边，量取读数与垫块厚度的差值即为轨向值。

正线曲线正矢（轨向），通常用 20 m 弦线紧贴外股钢轨内侧在踏面下 16 mm 处测量。缓和曲线正矢应按计划正矢点检查，圆曲线正矢可按正矢点逐点检查，也可按照任意点检查。

站线内曲线不设缓和曲线，其圆顺度用 10 m 弦线测量其正矢进行检查，头尾不得有反弯。

测量曲线正矢时，要注意以下事项：

（1）尽可能在无雨且风力较小时测量。

（2）弦线要拉紧，用力均匀。

（3）读数时，视线、弦线、量尺三者应保持垂直；读弦线靠钢轨一侧的数据。

（4）量取 3 遍取平均值。

（5）钢轨有侧面磨耗时，不得加垫垫块。

（6）正矢值小于 3 mm 且有反弯或钢轨有水容易吸附弦线时，应加垫垫块。

检查道岔支距时应使用支距尺，将支距尺搭轨板搭在直股基本轨上，并使搭轨板一侧与支距点标记对正，移动游框即可测量实际支距尺寸。

尖轨跟端至辙叉前趾范围内的各点支距应符合设计图规定。旧杂型道岔，无支距数据时，导曲线圆度可用 5 m 弦线测量其正矢。

4）高　低

高低是指一股钢轨踏面在垂直面上的不平顺程度。

检查高低，先俯身目视找出轨面不良处所，在该处两端轨面上，用 10 m 弦线按在置于轨面的垫块上，拉紧弦线，用尺量出弦线至钢轨顶面最大（低洼时）或最小（突起时）距离，此距离与垫块高度的差数，即为高低值。考虑弦线的垂度误差，当弦粗大于 0.5 mm，检查低洼时可加 1 mm，检查突起时可减 1 mm；当弦粗不大于 0.5 mm，检查低洼时读弦线上差数，检查突起时读弦线下差数。

2. 轨道检查仪检查

轨道检查仪简称轨检仪，是一种高精度、轻便式、全数字化的轨道检查系统，能够精确自动检测、记录、输出轨距、水平、三角坑、轨距递减率、左右轨向、左右高低等轨道几何形位参数，与道尺、弦绳等人工检查方法相比，可以大大提高轨道检查的效率，减轻检查人员的劳动强度，改善工作条件。

操作程序：拼装仪器→设好防护→抬上轨道→初始化仪器操作系统→开始检查→结束检查→抬下轨道→撤除防护→导出数据→关闭电源→拆机装箱→借助计算机分析→生成三级超限报告。

（二）轨道结构检查

1. 钢轨接头

（1）测量轨缝要查出最不利值，夏天查最小值，冬天查最大值。用楔形轨缝尺冬天从轨缝最大处插入，夏天从轨缝最小处插入。有肥边时还要记录肥边值，以便及时处理，预防肥边顶死产生掉块或出现"红光带"。

（2）检查接头轨面错牙时，用钢平尺平放在较高一端轨面上，量取较低一端轨面至钢平尺底面距离，即为上下（行车面）错牙数值。

（3）检查轨距线内侧错牙时，将钢平尺紧贴轨头内侧较突出一端，量取另一端至钢平尺外面距离，即为左右（作用边）错牙数值。

（4）检查接头相错可用方尺测量检查，直线以左股为准，曲线以外股为准。将方尺短边紧贴钢轨，长边与另一股钢轨端面对齐，基准股钢轨端部到方尺边的距离，即为钢轨接头相错量。

2. 轨道加强设备

线路爬行量用位移观测仪检查。无位移观测仪时，以位移观测桩为依据，检查时将弦线垂直于钢轨分别放在两个观测桩顶的固定位置上，拉紧后看钢轨外侧标注的标记与弦线之间距离，即为爬行量的大小。

有缝道岔爬行量，用方尺或支距尺在端面测量，两根尖轨尖端端面相对的错位量即为尖轨爬行量，左右基本轨前端端面相对的错位量即为基本轨爬行量。

无缝道岔爬行量，用位移观测仪按桩测量。

3. 联结零件

联结零件以目视观察结合工具检查和计量器具检测。扭矩、离缝用计量器具检查，其他项目用目视观察和工具检查。

（1）弹条扣件查中部前端下颚离缝、Ⅲ型弹条小圆弧内侧与预埋铁座端部距离，扣板（弹片）式扣件查扭力矩。

（2）轨距挡板、挡板座（绝缘轨距块）或浮离道钉检查，直观检查是否裂损，必要时可用小锤敲击或拆下检查；螺纹道钉检查锈蚀和涂油质量，必要时拆下检查。

（3）接头螺栓拧紧程度，用扭力扳手检查其扭矩，检测时应先在被测螺母做初始位置标记，再略松螺母后回紧到原位置，凡未达到规定扭矩值（或未发出响声）仍能转动螺母时即为不合格。

4. 轨　枕

1）轨枕伤损

混凝土枕采用塞尺或用刻度放大镜检查裂缝情况。

木枕用"看""量""敲""钎"的方法。看腐朽、劈裂和机械磨损情况判断其整体状态；机械磨损严重，削平过多的，要在轨底附近量其厚度；锤敲击木枕，耳听木枕的腐朽情况，并用测钎探明其影响范围和程度。

2）轨枕偏斜

轨枕偏斜是指轨枕相对于两股钢轨内侧轨底的垂直偏差值。检查轨枕偏斜用方尺短边紧贴于一股钢轨头部内侧，使方尺长边与另一股钢轨头部内侧和轨枕一边之交点重合，检查方尺与轨枕边的偏差值。

3）轨枕间距偏差

轨枕间距偏差是指轨枕中心线离开标准位置的距离或相邻轨枕间隔距离与规定值之差，检查位置在两股钢轨的内侧轨底边。

5. 空吊板

空吊板的多少，是反映捣固质量好坏的标准。连续检查 50 头，正线、到发线不得超过 8%，其他站线不得超过 12%。

观测轨枕与道砟之间的磨损痕迹和道砟与道砟之间颜色的差别，以及钢轨底与垫板或承轨台间的离缝，判断空吊数量与程度。

6. 道　口

检查道口铺面板有无破损、是否跳动，与轨面高差、板间隙，护轨轮缘槽宽度、深度、杂物。

检查栏杆门是否启动灵活、油漆清晰、红牌红灯正确有效，高度和关闭后两端间隙；护桩是否齐全有效、油漆清晰、根数符合要求；标志标线是否齐全、清晰、醒目、符合标准要求。

7. 钢轨外观及表面伤损

采用巡检设备与人工巡查相结合的方式对钢轨外观进行检查，人工巡查可结合线路设备静态检查和巡检进行。发现钢轨擦伤、剥离裂纹、波浪形磨耗、锈蚀及其他伤损时，应及时进行复核、处理，并对检查结果做好记录。外观尺寸用 1 m 钢尺和塞尺检查。详细见本章第四节"钢轨检查及维护"相关内容。

8. 桥上护轨

检查护轨与基本轨头部间净距、护轨顶面与基本轨顶面高差，采用钢卷尺、钢直尺测量，先眼看后尺量；检查联结零件状况，梭头状况。

9. 道　床

检查有砟道床断面尺寸、道砟状况、道床不洁程度和排水情况。检查无砟道床裂缝、离缝、缺损、粉化、失效、排水情况，弹性支承块空吊，橡胶套靴和块下垫板老化、歪斜、压溃、失效；裂缝情况先眼看后尺量，用塞尺或刻度放大镜检查。

10. 标志标记

检查线路标志及信号标志是否符合通用参考图的规定，是否齐全并保持完整、位置正确、标志鲜明。

（三）道岔检查

1. 作业准备

检查和校正工具：检查轨距尺、支距尺和检验卡是否有效，使轨距、水平检测误差不大于 ±1 mm。

2. 基本作业

（1）确定道岔直、曲基准股：在检查水平时，直股以直外股为基准股，导曲线以上股为基准股。基准股较高时记为"＋"号，反之为"－"号。

（2）目视道岔方向和高低：站在道岔外 30～50 m 处，面向道岔，先看道岔方向，后看道岔前后高低，必要时可用弦线测量。如有超限或其他危及行车安全的处所，应填写在检查记录簿补修栏内。

（3）按顺序检查道岔轨距和水平：用轨距尺在规定的部位逐处检查，先检查轨距，后检查水平，将各部位几何尺寸误差值记录在检查记录簿轨距、水平栏内；同时检查并记录道岔查照间隔、护背距离。在道岔检查过程中，应随时注意检查其他可能危及行车安全的病害，以及钢轨、尖轨、辙叉、夹板伤损情况。如有超限或其他危及行车安全的病害，应填写在检查记录簿补修栏内。

检查固定辙叉查照间隔和护背距离及轨距时，为防止出现因轨距尺架空而出现检测块的检测位置高于轨顶下 16 mm 的现象，宜将轨距尺固定端置于辙叉一侧，活动端置于护轨一侧。

（4）检查支距：可由两人协作配合，在规定的支距检查点上，用支距尺检查支距值，填写在检查记录簿导曲线支距栏中。如有超限，还应填写在检查记录簿补修栏内。

（5）检查道岔爬行：用方尺在基本轨前接头处检查两接头的相错量，用方尺在尖轨尖端或尖轨跟端检查尖轨的直角相错量，并填写在检查记录簿记事栏内。如有相错量超过 20 mm 的处所，还应填写在检查记录簿补修栏内。

（6）检查岔后连接曲线正矢：用 10 m 弦线（另安排两人拉弦线）和钢直尺，在外股钢轨踏面下 16 mm 处，测量连接曲线正矢，圆曲线内可测量任意点正矢。如有超限，应填写在检查记录簿补修栏内。

（7）检查道岔主要部位尺寸：检查尖轨的动程和开程、尖轨尖及竖切部分密贴情况、尖轨跟端间隔铁尺寸、辙叉部位轮缘槽宽度、辙叉前后开口尺寸等，并由此分析轨距和方向等超限原因。

3. 检查要求

（1）检查项目和部位必须完整、无遗漏，检查位置必须准确，要将超限处所全部查出来，记录准确无误。在轨距递减、递增变化点检查部位，按规定位置偏差不得超过 100 mm。支距检查部位的位置偏差不得超过 10 mm。

（2）检查数据值正确，轨距、水平、高低、方向、支距和正矢测量误差不得超过 ±1 mm。

（3）检查顺序规范合理，位置正确。

（4）对超限处所的范围判定正确。

（5）准确判断各种病害产生原因、作业位置、工作项目和工作量。

4. 结构检查

道岔结构检查方法与线路轨道结构检查方法大致相同，不作重复，以下仅介绍道岔重点项目。

（1）加强转辙部位和可动心轨辙叉道岔下列各部件的检查：

① 防松螺母位置、扭矩和上下螺母间隙。

② 滑床板及护轨垫板弹片、弹片销钉、弹性夹、短心轨转向轴线顶铁的位置、方向和间隙。

③ 钢枕位置、钢枕塑料垫板及胶垫位置、钢枕立柱螺栓扭矩、钢枕上垫板位置。

④ 长心轨与短心轨联结螺栓扭矩。

（2）尖轨和基本轨有无轧伤、掉块、裂纹。

（3）尖轨与转辙器联结螺栓有无松动脱落。

（4）尖轨与基本轨离缝。

（5）尖轨与基本轨顶铁有无松动、脱落，有无顶死。

（6）辊轮有无松动、脱落、刮擦痕迹。

（7）绝缘接头轨缝大小，有无铁屑、轨端肥边，绝缘拉杆有无松动，绝缘片有无破损。

（8）轨件磨耗，辙叉轮缘槽有无剥落掉块、肥边。

（9）护轨磨耗情况和高度、纵向位置。

（10）尖轨与基本轨、辙叉轮缘槽、护轨轮缘槽有无异物。

二、动态检查

（一）检查内容及周期

1. 检查内容

轨道动态不平顺的检查项目为轨距、水平、轨向、高低、三角坑、复合不平顺、轨距变化率、车体垂向振动加速度和车体横向振动加速度等，轨道巡检项目为钢轨外观、扣件和道床外观等。

2. 检查周期及方式

（1）轨道检查车对允许速度大于 120 km/h 的线路每月检查不少于 2 遍（含中国国家铁路集团有限公司轨道检查车检查），对年通过总质量不小于 80 Mt 的正线 15～30 d 检查 1 遍，对年通过总质量为 25 ～ 80 Mt 以内的正线每月检查 1 遍，对年通过总质量小于 25 Mt 的正线每季检查 1 遍，对状态较差的线路可适当增加检查遍数。

（2）车载式线路检查仪对年通过总质量不小于 25 Mt 或允许速度不小于 120 km/h 线路每天检查不少于 1 遍。

（3）登乘机车、动车组列车或其他旅客列车尾部对线路进行全面检查，每月不少于一次。

（二）检查方法

1. 轨道检查车

轨道检查车是安装有轨道检测系统的特种用途车辆，用于检查轨道几何状态，评定线路动态质量，指导线路维修，实现轨道科学管理。

通过轨道检查车对轨道周期性地动态检测，能够全面掌握线路质量状态，指导工务维修人员有针对性地养护维修，减少维修的盲目性，降低维修成本；能够及时发现危及行车安全的轨道病害，消除安全隐患；能够科学地评价不同区段线路质量状态，检验维修作业效果，为各级管理部门进行线路质量管理和检查考核提供重要依据。

轨道检查车以检查报告和检测波形的形式输出检测结果，其基本格式规范统一，包括 Ⅰ、Ⅱ、Ⅲ、Ⅳ 级轨道几何不平顺偏差报告，曲线报告，公里小结报告，区段总结报告，轨道质量指数（TQI）报告，以及包含基本项目和扩展项目的轨道不平顺波形图谱。

2. 线路检查仪

1）车载式线路检查仪

车载式线路检查仪是指安装在部分机车、动车组上对工务设备状态进行实时、实速检查和监测的工务检测设备。

车载式线路检查仪通过密集采样机车（或动车组）车体振动情况，结合机车数据（车型、速度、里程、线名）生成反映线路平顺状态的数据，实时动态监测线路状况，及时发现线路不良处所；出现严重超限病害时实时语音报警，并通过 GPRS/GSM 网络将超限病害信息实时发送到地面接收装置及相关人员手机；配套软件综合处理超限数据，生成各类报告、图表等，为线路养护维修提供科学依据。

车载式线路检查仪的轨道监测结果仅作为对线路临时补修工作的指导和轨检车（综合检测列车）检测的补充手段，不作为判断事故的依据。

2）便携式线路检查仪

便携式线路检查仪，是通过检测机车（含动车组）和车辆车体晃动间接检查线路平顺状态的智能仪器。它通过高精度双轴加速度传感器动态采集机车（含动车组）和车辆车体晃动产生的振动信号，利用系统集成的 GPS（全球定位系统）模块精确定位，实时计算列车运行速度，或通过蓝牙模块与车载式线路检查仪共享机车运行数据等资源，动态调整晃车门限，自动分析和记录晃车结果。将量化反映轨道平顺状态的数据，进行实时存储、显示、打印等，并对超限处所进行声光报警。

第三节　线路维修工作内容

本节要求

了解线路维修工作分类，掌握线路计划维修、临时补修工作内容。

线路设备维修遵循"预防为主、防治结合、修养并重"的原则，根据线路设备变化规律，合理安排维修计划，有效预防和整治线路病害，有计划地补偿线路设备损耗，保持线路设备完整和质量均衡，延长设备使用寿命，以取得较好的技术经济效益。线路设备维修项目原则上按状态评价结果安排修理。

一、维修工作分类

线路设备维修分为计划维修与临时补修。

计划维修：根据线路及其各部件的变化规律，依据维修周期，结合设备状态评价，以大型养路机械为主要作业手段，全面调整和改善轨道空间线形线位，消除轨道结构病害，恢复道床弹性，更换失效轨枕和联结零件，调整轨道几何尺寸，消除钢轨轨头病害，达到钢轨目标廓形，以及其他各结构部件的修理等为主要内容的单项或多项修理，以恢复线路完好技术状态。

临时补修：以小型养路机械为主要作业手段，对轨道几何不平顺超过临时补修容许偏差管理值及其他不良处所进行的临时性整修，以保证行车安全和平稳。

二、计划维修主要内容

（1）大型养路机械捣固维修：

① 对线路、道岔（钢轨伸缩调节器）平面和纵断面进行测设及优化，通过全面起道、拨道、改道、捣固、稳定，调整几何形位，改善道床弹性。混凝土枕地段，捣固前撤除所有调高垫板。

② 调整道岔（钢轨伸缩调节器）各部尺寸，拨正曲线，调整超高。

③ 整治道床翻浆冒泥，清筛枕盒和边坡不洁道床，补充道砟，整理道床。

④ 更换、方正和修理轨枕。

⑤ 调整轨缝，整修、更换和补充轨道加强设备，整治爬行，锁定线路、道岔。

⑥ 矫直、焊补、打磨钢轨，综合整治接头病害。

⑦ 全面整修、更换和补充联结零件并除锈涂油。

⑧ 全面整修护轨。

⑨ 整平路肩，清理弃土，清除道床杂草和路肩大草。

⑩ 整修道口及其排水设备。

⑪ 补充、修理并刷新标志、标记，回收旧料。

⑫ 其他病害的预防和整治。

（2）钢轨打磨列车打磨：

钢轨（包括道岔和钢轨伸缩调节器）打磨分为预打磨、预防性打磨和修理性打磨。

预打磨是对铺设上道后新钢轨的打磨，去除脱碳层，消除焊缝不平顺和运输、施工中产生的初始缺陷。

预防性打磨是对钢轨进行的周期性打磨，按目标廓形打磨钢轨，消除已产生的表面裂纹，减缓曲线钢轨侧面磨耗，预防产生波浪形磨耗、剥离掉块、肥边等病害，延缓滚动接触疲劳裂纹产生和发展。

修理性打磨（或铣磨）是对已产生病害钢轨进行修理，减缓波浪形磨耗，消除钢轨表面的擦伤、肥边和表面裂纹等病害。

打（铣）磨列车对成段钢轨或整组道岔（钢轨伸缩调节器）进行修理；小型钢轨打磨机对焊缝、道岔（钢轨伸缩调节器）打磨列车打磨受限区等进行打磨修理，并做好廓形平顺连接。

（3）扣件维修：对扣件进行全面检查、整正、紧松补缺、除锈涂油、螺纹道钉改锚等。

（4）有砟轨道精调整理：根据轨道动、静态几何尺寸检测数据，成段对有砟轨道几何尺寸进行调整。

（5）无砟轨道精调整理：根据轨道动、静态几何尺寸检测数据，对无砟轨道进行全面、系统的调整，使轨道静态几何状态符合标准要求。

（6）无砟道床维修：主要是对无砟道床伤损进行修补和道床结构损坏进行修复。

（7）整治道床翻浆冒泥，均匀道砟，整理道床。

（8）整治绝缘接头病害。

（9）调整轨缝，修理、补充轨道加强设备，锁定线路。

（10）焊补钢轨、高锰钢辙叉，采用小型养路机械打磨钢轨、焊缝、尖轨、辙叉，整治钢轨接头病害。

（11）无缝线路应力放散、调整、锁定。

（12）更换伤损钢轨、道岔（钢轨伸缩调节器）轨件，钢轨焊复。

（13）曲线上股钢轨侧面润滑及钢轨顶面摩擦控制。

（14）更换、修理轨枕。

（15）成段整修护轨。

（16）修补达到 II 级及以上伤损的无砟道床。

（17）整修防沙设备，整治冻害。

（18）整修道口，清除道床杂草和路肩大草。

（19）补充、修理并刷新标志、标记。

（20）季节性工作及其他工作。

三、临时补修主要内容

（1）整修轨道几何不平顺超过临时补修容许偏差管理值的处所。

（2）更换或处理折断、重伤钢轨及焊缝。

（3）更换达到更换标准的伤损夹板，更换折断的接头螺栓、道岔护轨螺栓、可动心轨凸缘与接头铁联结螺栓、可动心轨咽喉和叉后间隔铁螺栓、长心轨与短心轨联结螺栓、钢枕立柱螺栓等。

（4）处理不良绝缘接头。

（5）调整严重不良轨缝。

（6）更换或整治失效无砟道床。

（7）整修严重不良的道口设备。

（8）处理线路其他故障。

（9）其他需要临时补修的工作。

第四节　钢轨检查与维护

本节要求

（1）了解钢轨伤损标准和钢轨伤损分类，能根据钢轨伤损标准对钢轨伤损进行分级。

（2）了解钢轨检查内容和方法，掌握钢打磨的概念，了解钢轨维护的内容和方法。

一、钢轨伤损标准

钢轨伤损是指钢轨在使用过程中发生裂纹、折断、磨耗及其他影响和限制钢轨使用性能的病害。在复杂的运营条件下，钢轨的伤损是不可避免的。伤损的原因很复杂，既有钢轨生产中产生的缺陷，又有运输、铺设和使用过程中的问题。

为做好钢轨检查、监视、更换和日常管理工作，将钢轨伤损程度划分为轻伤、重伤和折断三类。轻伤钢轨是虽有伤损，但仍具有足够的强度，尚能继续正常使用的钢轨。重伤钢轨是因伤损而强度大为减弱，不得继续使用的钢轨。

钢轨伤损分为钢轨头部磨耗、轨端或轨顶面剥落掉块、钢轨顶面擦伤、钢轨低头、波浪形磨耗、钢轨表面裂纹、钢轨内部裂纹、钢轨变形、钢轨锈蚀九大类。

1. 钢轨轻伤和重伤标准

钢轨轻伤和重伤标准见表 6-3。探伤人员、线路（检查）工长认为钢轨有伤损时，也可判为轻伤或重伤。

表 6-3　钢轨轻伤和重伤标准

伤损项目	伤损程度					
	轻伤			重伤		
	$v_{max}>$ 160 km/h	160 km/h$\geqslant$ $v_{max}>$120 km/h	$v_{max}\leqslant$ 120 km/h	$v_{max}>$ 160 km/h	160 km/h$\geqslant$ $v_{max}>$120 km/h	$v_{max}\leqslant$ 120 km/h
钢轨头部磨耗	磨耗量超过表 6-4 所列限度之一者			磨耗量超过表 6-5 所列限度之一者		
轨端或轨顶面剥落掉块	长度超过 15 mm 且深度超过 3 mm	长度超过 15 mm 且深度超过 3 mm	长度超过 15 mm 且深度超过 4 mm	长度超过 25 mm 且深度超过 3 mm	长度超过 25 mm 且深度超过 3 mm	长度超过 30 mm 且深度超过 8 mm
钢轨顶面擦伤	深度超过 0.5 mm	深度超过 0.5 mm	深度超过 1 mm	深度超过 1 mm	深度超过 1 mm	深度超过 2 mm
钢轨低头	超过 1 mm	超过 1.5 mm	超过 3 mm	超过 1.5 mm	超过 2.5 mm	超过 3.5 mm
	用 1 m 直尺测量最低处矢度，包括轨端轨顶面压伤和磨耗在内					
波浪形磨耗	谷深超过 0.3 mm	谷深超过 0.3 mm	谷深超过 0.5 mm			
钢轨表面裂纹				有	有	有
	包括螺孔裂纹、轨头下颚水平裂纹（透锈）、轨腰水平裂纹、轨头纵向裂纹、轨底裂纹等（不含轮轨接触疲劳引起的轨顶面表面或近表面的鱼鳞裂纹）					
钢轨内部裂纹				有	有	有
	包括核伤（黑核、白核）、钢轨纵向裂纹等					
钢轨变形				有	有	有
	轨头扩大、轨腰扭曲或鼓包等，经判断确认内部有暗裂					
钢轨锈蚀				经除锈后，轨底厚度不足 8 mm 或轨腰厚度不足 14 mm		经除锈后，轨底厚度不足 5 mm 或轨腰厚度不足 8 mm

2. 钢轨折断标准

钢轨折断是指发生下列情况之一者：

（1）钢轨全截面断裂。

（2）裂纹贯通整个轨头截面。

（3）裂纹贯通整个轨底截面。

（4）允许速度不大于 160 km/h 区段钢轨顶面上有长度大于 50 mm 且深度大于 10 mm 的掉块，允许速度大于 160 km/h 区段钢轨顶面上有长度大于 30 mm 且深度大于 5 mm 的掉块。

二、钢轨伤损类型

1. 钢轨头部磨耗

钢轨磨耗分为垂直磨耗和侧面磨耗，垂直磨耗发生在轨头表面与车轮踏面接触面，是正常的；侧面磨耗产生在轨头钢轨工作边一侧，主要发生在小半径曲线的外股钢轨，如图 6-1 所示。

图 6-1　钢轨侧面磨耗（外轨）

钢轨磨耗的轻伤标准见表 6-4，重伤标准见表 6-5。

表 6-4　钢轨头部磨耗轻伤标准

轨型/（kg/m）	总磨耗/mm				垂直磨耗/mm				侧面磨耗/mm			
	$v_{max}>$160 km/h 正线	160 km/h $\geqslant v_{max}>$120 km/h 正线	$v_{max}\leqslant$120 km/h 正线及到发线	其他站线	$v_{max}>$160 km/h 正线	160 km/h $\geqslant v_{max}>$120 km/h 正线	$v_{max}\leqslant$120 km/h 正线及到发线	其他站线	$v_{max}>$160 km/h 正线	160 km/h $\geqslant v_{max}>$120 km/h 正线	$v_{max}\leqslant$120 km/h 正线及到发线	其他站线
75	9	12	16	18	8	9	10	11	10	12	16	18
75 以下~60	9	12	14	16	8	9	9	10	10	12	14	16
60 以下~50			12	14			8	9			12	14
50 以下~43			10	12			7	8			10	12
43 以下			9	10			7	7			9	11

注：① 总磨耗＝垂直磨耗＋1/2侧面磨耗。
② 垂直磨耗在钢轨顶面宽 1/3 处（距标准工作边）测量。
③ 侧面磨耗在钢轨踏面（按标准断面）下 16 mm 处测量。

表 6-5　钢轨头部磨耗重伤标准

轨型 /（kg/m）	垂直磨耗/mm			侧面磨耗/mm		
	$v_{max}>$ 160 km/h 正线	160 km/h≥ $v_{max}>120$ km/h 正线	$v_{max}≤120$ km/h 正线及到发线 及其他站线	$v_{max}>$ 160 km/h 正线	160 km/h≥ $v_{max}>120$ km/h 正线	$v_{max}≤$ 120 km/h 正线及到发线 及其他站线
75	10	11	12	12	16	21
75 以下~60	10	11	11	12	16	19
60 以下~50			10			17
50 以下~43			9			15
43 以下			8			13

2. 轨端或轨顶面剥落掉块

轨端或轨顶面剥落掉块，如图 6-2 所示，是轮轨接触疲劳和冲击荷载作用下的伤损。由于剥落掉块造成的轨顶面严重不平顺，使钢轨及轨道受力恶化，零部件破损、轨枕失效、道床翻浆冒泥等病害出现并迅速发展。因此，当这种伤损发展到一定程度时，按重伤进行处理。

图 6-2　轨端或轨顶面剥落掉块

3. 钢轨顶面擦伤

钢轨顶面擦伤是由于机车运行操作不当，机车车轮在钢轨上打滑，轮轨间的剧烈摩擦产生轨顶面局部高温，在常温下迅速冷却后形成的钢轨顶面马氏体组织。这种金相组织易产生脆裂造成严重剥落掉块，并且裂纹也会向下发展成核伤。

4. 钢轨低头

钢轨轨头磨耗和轨端变形形成了钢轨低头,这种伤损一般在轻型钢轨上发生较多。

5. 波浪型磨耗

波浪型磨耗是指钢轨踏面因磨耗而形成的有规律性的不平顺，波长 30~80 mm 者称为波纹磨耗，80 mm 以上者为波浪磨耗，如图 6-3 所示。波浪型磨耗会使轮轨之间作用力和轨道振动增大，对轨道的破坏性也增大，列车运行速度越高，相互作用越大，破坏性也更大。

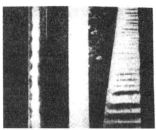

图 6-3　钢轨波形磨耗

6. 钢轨表面裂纹

钢轨表面裂纹分为两种：一种表面裂纹是非轮轨接触面裂纹，如螺栓孔裂纹、轨头下颚水平裂纹（轨头下颚透锈是轨头下颚水平裂纹因氧化而生锈的结果）、轨腰水平裂纹、轨头纵向裂纹、轨底裂纹等，如图 6-4 所示。这些钢轨表面裂纹往往会导致钢轨折断、揭盖，钢轨出现这些裂纹应判为重伤，发现后应立即处理。

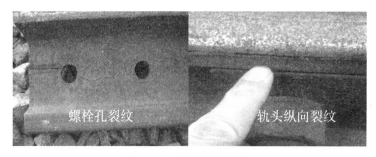

图 6-4　钢轨表面裂纹

7. 钢轨内部裂纹

钢轨内部裂纹是指以非金属夹杂物为疲劳源在钢轨运营受力过程中在钢轨内发生和发展的裂纹（如白核，图 6-5）以及以接触疲劳形成的表面裂纹如鱼鳞裂纹、斜裂纹为疲劳源向钢轨内扩展的裂纹（如黑核，图 6-6）。现场经验表明，核伤引起断轨的临界尺寸很难掌握，发现时必须按重伤处理。

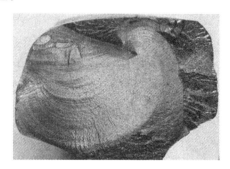

图 6-5　白核　　　　　　　　　图 6-6　黑核

8. 钢轨变形

钢轨变形是指钢轨在轧制中非金属夹杂物沿轧轨方向延展，后在钢轨上道运营中产生裂纹并扩大、扭曲、鼓包等。

这种状态表明钢轨强度已大大削弱，应做更换处理。

9. 钢轨锈蚀

钢轨锈蚀减少了钢轨的金属断面积，降低了钢轨强度，并且锈蚀坑的细裂纹往往会成为疲劳裂纹的扩展源。钢轨锈蚀主要发生在易受盐碱浸蚀的地段和隧道内。

普通线路和无缝线路缓冲区的重伤和折断钢轨应及时更换。换下的重伤和折断钢轨应有明显的标记，防止再用。

三、钢轨检查

钢轨检查的目的是获取钢轨伤损的信息，为钢轨维护修理提供依据。检查方法有人工检查和探伤仪（车）检查。

1. 钢轨外观及表面伤损检查

钢轨外观及表面伤损检查项目、工具及方法见表6-6。

表6-6　钢轨外观及表面伤损检查方法

序号	检查项目	检查工具	检查方法
1	焊接接头平直度	平直尺、塞尺、直度测量仪	人工检查，用直度测量仪检测；或用1 m平直尺测量，焊缝应位于平直尺中心，用塞尺测量平直尺与钢轨间隙
2	钢轨磨耗	钢轨轮廓（磨耗）测量仪	人工检查，目视读数
3	钢轨廓形	钢轨轮廓（磨耗）测量仪	人工检查，仪器自动检测
4	轨面光带	钢板尺	人工检查，记录光带宽度、中心位置等
5	钢轨表面剥落掉块	钢板尺、涡流探伤仪	人工检查或仪器检测
6	钢轨擦伤及硌伤	钢板尺、卷尺、深度尺	人工检查，记录面积、深度、中心位置等
7	波浪形磨耗	钢轨直度测量仪、波磨测量仪	人工检查和仪器自动检测
8	锈蚀	钢板尺、卷尺、游标卡尺	人工检查，目视读数

2. 钢轨探伤检查

钢轨内部缺陷（核伤）需用专用探伤设备检查，主要有小型钢轨探伤仪和大型钢轨探伤车，探测内容包括钢轨母材和焊缝。

3. 钢轨伤损标记

凡探伤检查发现的伤损钢轨应作标记，见表6-7，并按要求做好记录。

表 6-7　钢轨伤损标记

伤损种类	伤损范围及标记		说明
	连续伤损	一点伤损	
轻伤	|←△→|	↑△	用白色油漆作标记
重伤	|←△△△→|	↑△△△	

四、钢轨维护

钢轨维护主要通过优化设计钢轨廓形、合理打磨、结合钢轨润滑和轨顶摩擦系数控制措施，改善轮轨关系，延长钢轨使用寿命，降低钢轨折断风险和铁路运营成本。同时，要高度重视对钢轨的保护，加强对钢轨运输、装卸、存放、铺设及维护全过程的管理，防止造成钢轨变形、锈蚀、磕碰和外伤。

1. 钢轨打磨

1）钢轨预打磨

钢轨预打磨是对铺设上道后新钢轨的打磨，目的是去除脱碳层、消除焊缝不平顺和运输、施工中产生的初始缺陷。新线和成段铺设的新钢轨应在轨道精调或精确捣固完成后按照设计廓形进行预打磨，钢轨顶面打磨量宜为 0.2~0.3 mm。钢轨预打磨应在新钢轨上道使用后尽快进行，一般不宜超过 10 Mt 通过总质量。

2）钢轨预防性打磨

钢轨预防性打磨是对钢轨进行的周期性打磨，目的是预防钢轨表面病害的产生，消除已产生的表面裂纹，延长表面裂纹再次产生和发展的周期，减缓曲线上股侧磨，预防波磨、剥离掉块、肥边等。预防性打磨钢轨顶面切削量一般不大于 0.3 mm。应根据钢轨廓形和表面状态的观测数据，结合钢轨滚动接触疲劳伤损（RCF）确定合适的打磨周期。直线及半径大于 1 200 m 的曲线地段，一般 100 Mt 通过总质量打磨一次（含多遍，达到设计廓形为止）。

半径小于等于 1 200 m 的曲线地段，每 30~50 Mt 打磨一次，轨面伤损严重地段可适当增加一次。

3）钢轨修理性打磨

钢轨修理性打磨（或铣磨）是对已产生病害钢轨进行修理，目的是去除钢轨表面的波磨、擦伤、肥边和表面裂纹等病害。疲劳裂纹、剥离掉块、波磨深度或肥边宽度超过 0.3 mm 等伤损时应进行修理性打磨（或铣磨）。

打磨方案应根据钢轨表面状态、疲劳裂纹、廓形、侧磨等情况，结合设计廓形分别制定。波磨地段在修理性打磨或更换新轨后，应按特殊设计的方案进行预防性打磨。

运营中的钢轨首次打磨时，应合理确定打磨遍数，一次打磨到位，达到设计廓形。

钢轨表面疲劳裂纹深度、剥离掉块深度、肥边宽度、轨顶设计切削量等大于 0.5 mm 的地段，以及隧道内钢轨打磨时，优先采用铣磨车修理。

应加强钢轨表面状态的日常检查，发现顶面光带严重不良时，应适时安排打磨作业，消除病害。

2. 钢轨侧面润滑及顶面摩擦系数控制

车轮和钢轨的接触面有两处，分别是钢轨轨距角与车轮轮缘、轨顶（踏面）与车轮踏面，轮轨接触面摩擦系数直接影响车辆与轨道间的相互作用关系和轮轨磨耗、疲劳伤损的大小，通过轮轨接触面摩擦管理可以有效地降低轮轨磨耗，延长其寿命，改善接触工况，降低噪声振动，降低运行和维护成本。

1）钢轨侧面润滑

钢轨侧面润滑是通过人工或地面固定装置或车载装置将润滑剂涂敷在钢轨轨头内侧面和轨距角，用以降低摩擦系数、减少轮轨磨损。

2）钢轨顶面摩擦系数控制

通过涂敷装置将摩擦调节剂涂敷在钢轨顶面，提供轮轨间适宜的摩擦系数，从而降低轨道横向力，延缓滚动接触疲劳。

3. 钢轨焊补

随着铁路列车运行速度的提高和轴重的增加，钢轨伤损日趋严重。这些伤损钢轨除一些使用时间长、裂纹发展较为严重，已扩展至相当深度达到重伤的钢轨不宜再修复外，一般都可以进行焊补修复，在保证行车安全的前提下，延长钢轨使用寿命，节约养修成本，提高经济效益。

1）普通钢轨焊补

允许速度不大于 120 km/h，经探伤确认内部无伤损并且无表面重伤的钢轨允许焊补，修复伤损。

2）高锰钢辙叉焊补

高锰钢辙叉按相关电弧焊补工艺要求，可在线上或线下对未裂断辙叉出现的表面磨耗、裂纹、压溃、掉块及铸造缺陷进行电弧焊补，修复伤损。辙叉任何部位出现断裂时不允许焊补，同一部位焊补不应超过 3 次。

4. 钢轨保护措施

（1）要加强对钢轨运输到铺设及维护全过程管理，特别是施工中严禁使用铁锤和其他钢质工具击打钢轨，尤其是轨底。

（2）严禁履带式施工机械碾压钢轨，确保钢轨表面不受伤害。

（3）高度重视钢轨的存放，存放场地必须平整、稳固，不得使钢轨产生变形，以保证钢轨的高平直度。

（4）严禁在钢轨（道岔轨件）的任何部位擅自钻孔，严禁在钢轨（道岔轨件）的任何部位刻痕、焊接附件。其他专业需在钢轨上钻孔或加装设备时，必须征得工务设备管理部门同意，并有工务人员现场监督。钢轨钻孔位置应在螺栓孔中心线上，且必须倒棱。两螺栓孔净距不得大于孔径的 2 倍。

第五节　轨枕及扣件的铺设与轨道几何形位调整

本节要求

（1）了解轨枕铺设的数量及要求，了解轨枕的使用条件、修理方法，掌握轨枕失效和严重伤损标准。

（2）掌握扣件安装的方法，掌握应用扣件进行轨距、水平、高低调整的方法。

一、轨枕铺设

（一）每千米铺设数量

每千米铺设的数量与运营条件（运量、轴重和行车速度）和线路设备（钢轨类型、道床厚度等）有关。每千米数量多，轨枕布置密，传递到道床上的单位面积压力相对地减少，但是轨枕间隔小了，也不便于捣固。所以轨枕的铺设数量应保证在最经济条件下，轨道具有足够的强度和稳定性。

对于运量大、速度高的线路，轨枕应布置得密一些，以减少路基、基床、轨枕和钢轨的应力及振动，保持线路轨距和方向的正确性。

对于木枕线路，每千米最多为 1 920 根，混凝土枕最多为 1 840 根，每千米轨枕最少为 1 440 根。在 1 440～1 920 根之间，轨枕每千米根数的级差为 80 根，分别有 1 920 根、1 840 根、1 760 根、1 680 根、1 600 根、1 520 根、1 440 根。新Ⅱ型枕铺设数量为 1 760 根/km；Ⅲ型枕铺设数量，无缝线路为 1 667 根/km，标准轨线路为 1 680 根/km。

符合下列条件之一的正线铺设新Ⅱ型混凝土枕或木枕地段，线路设备大修时应增加轨枕配置数量：

（1）下列地段应增加轨枕的铺设数量：

① 半径小于或等于 800 m 的曲线地段（含两端缓和曲线）。

② 坡度大于 12‰的下坡地段。

当以上条件重合时，只增加一次。

（2）轨枕加强地段每千米增加的轨枕数量和最多铺设根数应符合表 6-8 的规定。

表 6-8　每千米增加的轨枕数量和最多铺设根数

轨 枕 类 型	新Ⅱ型混凝土枕	木 枕
每千米增加的轨枕数量	80	160
每千米最多铺设根数	1 840	1 920

注：铺设Ⅲ型混凝土枕的线路不需增加轨枕铺设根数。

（二）轨枕的布置

标准轨线路轨枕布置如图 6-7 所示：

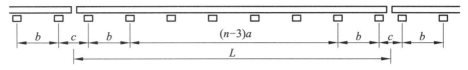

a 为中间轨枕间距，b 为过渡轨枕间距，c 为接头轨枕间距。

图 6-7　轨枕布置

各类钢轨的轨枕间距见表 6-9。

表 6-9　每千米轨枕配置根数及间距

轨型	钢轨长度 /m	每千米配置根数	每节钢轨配置根数	木枕/mm			混凝土枕/mm		
				c	b	a	c	b	a
75 kg/m、60 kg/m 或 50 kg/m	12.5	1 600	20	440	594	640	540	587	635
		1 680	21	440	544	610	540	584	600
		1 760	22	440	524	580	540	569	570
		1 840	23	440	534	550	540	544	544
		1 920	24	440	469	530	—	—	—
	25.0	1 600	40	440	537	635	540	579	630
		1 680	42	440	487	605	540	573	598
		1 760	44	440	497	575	540	549	570
		1 840	46	440	459	550	540	538	544
		1 920	48	440	472	525	—	—	—
43 kg/m 或 38 kg/m	12.5	1 440	18	500	604	720	500	604	720
		1 520	19	500	604	675	500	604	675
		1 600	20	500	564	640	500	564	640
		1 680	21	500	559	605	500	559	605
		1 760	22	500	541	575	500	541	575
		1 840	23	500	504	550	500	504	550
		1 920	24	500	513	523	—	—	—
	25.0	1 440	36	500	622	705	500	622	705
		1 520	38	500	617	665	500	617	665
		1 600	40	500	599	630	500	599	630
		1 680	42	500	554	600	500	554	600
		1 760	44	500	569	570	500	569	570
		1 840	46	500	537	545	500	537	545
		1 920	48	500	509	522	—	—	—

非标准长度钢轨的轨枕配置根数和间距，比照表 6-9 的规定，通过计算采用接近值，但 *a* 值不得比标准大 20 mm。

无缝线路长轨节下轨枕间距要均匀，铝热焊缝若轨底不打磨应距枕边 70 mm 以上。

线路上轨枕位置应用白油漆标在沿里程增大方向左股钢轨内侧轨腰上，曲线地段标在外股钢轨内侧轨腰上。轨枕应按标记位置铺设，并应与线路中线垂直。

（三）轨枕的使用条件

（1）使用木枕（含木岔枕）应遵守下列规定：

① 木枕宽面在下，顶面与底面同宽时，应使树心一面向下。

② 接头处应使用质量较好的木枕。

③ 木枕铺设前应捆扎。

④ 使用新木枕，应预先钻孔，孔径为 12.5 mm，有铁垫板时孔深应为 110 mm，无铁垫板时孔深应为 130 mm。使用螺纹道钉时，应比照普通道钉办理。

⑤ 改道用的道钉孔木片规格应为长 110 mm、宽 15 mm、厚 5 ~ 10 mm，并应经过防腐处理。

（2）使用混凝土枕应遵守下列规定：

① 正线轨道采用混凝土枕，轨枕类型根据表 1-1 选择。

② 曲线半径小于 300 m 的地段应铺设小半径曲线用混凝土轨枕。

③ 设有护轨的地段应铺设 Ⅲ 型混凝土桥枕。

④ 正线道岔应采用混凝土岔枕。

⑤ 混凝土电容轨枕和电气绝缘节轨枕的设置应满足轨道电路要求。

（四）轨枕失效标准

1. 混凝土枕（含混凝土宽枕、混凝土岔枕及短轨枕）

（1）明显折断。

（2）纵向通裂。

① 挡肩顶角处缝宽大于 1.5 mm。

② 纵向水平裂缝基本贯通（缝宽大于 0.5 mm）。

（3）横裂（或斜裂）接近环状裂纹（残余裂缝宽度超过 0.5 mm 或长度超过 2/3 枕高）。

（4）挡肩破损，接近失去支承能力（破损长度超过挡肩长度的 1/2）。

（5）严重掉块，影响钢轨或扣件正常安装及使用，或影响轨枕其他正常使用功能。

2. 木枕（含木岔枕）

（1）腐朽失去承压能力，钉孔腐朽无处改孔，不能持钉。

（2）折断或拼接的结合部分离，不能保持轨距。

（3）机械磨损，经削平或除去腐朽木质后，允许速度大于 120 km/h 的线路，其厚度不足 140 mm，其他线路不足 100 mm。

（4）劈裂或其他伤损，不能承压、持钉。

（五）混凝土枕严重伤损标准

（1）横裂裂缝长度为枕高的 1/2 ~ 2/3。

（2）纵裂：

① 两螺栓孔间纵裂（挡肩顶角处缝宽不大于 1.5 mm）。

② 纵向水平裂缝基本贯通（缝宽不大于 0.5 mm）。

（3）挡肩破损长度为挡肩长度的 1/3 ~ 1/2。

（4）严重网状龟裂和掉块。

（5）承轨槽压溃，深度超过 2 mm。

（6）钢筋（或钢丝）外露（钢筋未锈蚀，长度超过 100 mm）。

（7）斜裂长度为枕高的 1/2 ~ 2/3。

（六）线路上轨枕的修理

（1）用削平、捆扎、腻缝等方法修理木枕。

（2）用环氧树脂修补局部破损的混凝土枕。

（3）用锚固法修理松动或失效的螺纹道钉。

（4）扣件安装与轨道几何尺寸调整

（七）旧轨枕分类及处理

旧轨枕分为三类，一类为再用轨枕，是可不经修理或稍加修理即能使用的轨枕；二类为待修轨枕，是经过修理才能再用的轨枕；三类为废轨枕，是不能修理再用的轨枕。

从线路上更换下来的旧轨枕，应及时回收，分类堆码，集中存放，合理使用。

二、扣件安装与轨距调整

（一）弹条Ⅰ型、Ⅱ型扣件安装与轨距调整

1. 扣件安装

（1）锚固螺纹道钉，锚固质量应符合要求。

（2）螺纹道钉锚固后清除轨枕承轨槽内的泥污和螺纹道钉周围的锚固剂，并在锚固孔表面和螺纹道钉的圆台上表面以下四周均匀涂刷绝缘防锈涂料（树脂基锚固剂除外）。

（3）清除轨底的泥污。

（4）铺设轨下垫板。轨下垫板应放正，垫板凸出边缘应扣住轨枕承轨台，防止垫板移动和错位。

（5）铺设钢轨。

（6）按挡板座与轨距挡板配置表根据轨距调整量选择挡板座和轨距挡板完成安装。以弹条Ⅱ型扣件配 XⅡ型和Ⅲₐ型轨枕为例，见表 6-10。表中所列轨距挡板和挡板座号码系正常情况下的配合。如因轨枕、钢轨及扣件制造偏差所用号码配置不合轨距要求时，可根据实际情况予以调整。挡板座应放平并与轨枕挡肩和承轨面密贴。轨距挡板后端应落入挡板座圆弧槽内，前端下表面应与轨底上表面密贴，下颚不能爬上轨底，如图 6-8 所示。

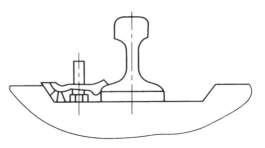

图 6-8　轨距挡板安装示意

表 6-10　弹条Ⅱ型扣件轨距调整配置（配 XⅡ型和Ⅲₐ型轨枕）

轨型/（kg/m）	轨距调整量/mm	左股钢轨				右股钢轨			
		外侧		内侧		内侧		外侧	
		挡板座号码	轨距挡板号码	轨距挡板号码	挡板座号码	挡板座号码	轨距挡板号码	轨距挡板号码	挡板座号码
60	− 12	6	10	6	0	0	6	10	6
	− 10	6	10	6	0	2	6	10	4
	− 8	4	10	6	2	2	6	10	4
	− 6	4	10	6	2	4	6	10	2
	− 4	2	10	6	4	4	6	10	2
	− 2	2	10	6	4	2	10	6	4
	0	4	6	10	2	2	10	6	4
	+ 2	2	6	10	4	2	10	6	4
	+ 4	2	6	10	4	4	10	6	2
	+ 6	0	6	10	6	4	10	6	2
	+ 8	0	6	10	6	6	10	6	0

注：75 kg/m 钢轨参照 60 kg/m 执行。

（7）轨枕位置要正确。若因轨枕偏移，一侧轨距挡板颚部爬上轨底顶面，另一侧轨距挡板颚部离开轨底，如图 6-9 所示，则需松开扣件，抬道串枕，予以调整。

（8）在螺纹道钉上部螺纹处涂油后安装弹条、平垫圈、螺母，拧紧螺母，使弹条中部前端下颚与轨距挡板刚好接触，不应过紧或过松。

弹条中部前端下颚与轨距挡板离缝不应大于 1 mm，Ⅰ型弹条参考扭矩为 80 ~

100 N·m、Ⅱ型弹条参考扭矩为 100 ~ 120 N·m；在半径小于 600 m 的曲线地段，应在弹条中部前端下颚与轨距挡板刚好接触后将螺母加拧 1/4 圈，Ⅰ型弹条参考扭矩为 120 ~ 150 N·m、Ⅱ型弹条参考扭矩为 140 ~ 170 N·m。在现场安装前，先取 10 组扣件进行安装，以测出弹条安装到位的实际扭矩，再按照实际扭矩的均值进行安装。

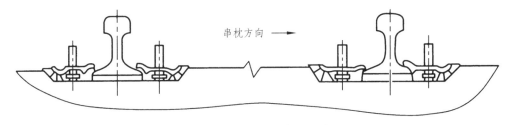

图 6-9　轨枕摆放位置示意

以上是弹条Ⅱ型扣件配ⅩⅡ型和Ⅲ_a型轨枕，还有弹条Ⅰ型扣件配ⅩⅡ型和Ⅲ_a型轨枕、弹条Ⅰ型扣件配既有Ⅰ型和Ⅱ型轨枕、弹条Ⅱ型扣件配既有Ⅰ型和Ⅱ型轨枕三种配置，其挡板座与轨距挡板配置表可查相关规范或技术手册。

2. 养护维修

（1）发现有轨枕空吊、高低和水平不平顺或三角坑时，应及时进行起道捣固。如遇有少量高低和水平不平顺难以进行起道捣固作业时，可安放调高垫板，调高垫板的总厚度不应大于 10 mm，数量不宜超过 2 块。

（2）发现轨距或轨向不合适时，可参照挡板座与轨距挡板配置表通过更换合适号码的轨距挡板或挡板座进行调整。

（3）使用中弹条中部前端下颚与轨距挡板离缝不宜大于 2 mm，扣件松弛时应及时复拧。

（4）使用中如发现扣件部件损坏应及时更换。

（5）螺母和螺纹道钉应定期进行涂油作业。

（6）在进行大型养路机械起道捣固作业前，应将调高垫板全部撤除。

（二）弹条Ⅲ型扣件安装与轨距调整

1. 扣件安装

（1）使用本扣件不能在轨下安设调高垫板，以免造成弹条残余变形甚至折断。

（2）清除两预埋铁座间轨枕承轨面的泥污和预埋铁座孔内的砂浆，清除轨底的泥污。

（3）铺设轨下垫板。将轨下垫板放在两预埋铁座之间，使轨下垫板两侧的槽口中心线与预埋铁座中心线对齐，如图 6-10 所示。

（4）铺设钢轨。

（5）按表 6-11 安设绝缘轨距块，使轨距块的边耳扣住预埋铁座，如图 6-11 所示。

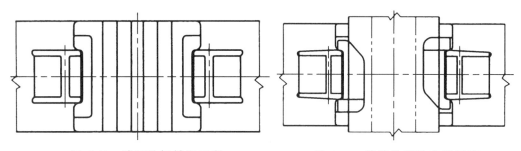

图 6-10　跪下垫板铺设示意　　　　图 6-11　绝缘轨距块安装示意

表 6-11　弹条 Ⅲ 型扣件绝缘轨距块配置

轨型/（kg/m）	轨距调整量/mm	左股钢轨		右股钢轨	
		外侧	内侧	内侧	外侧
60	−8	13	7	7	13
	−6	13	7	9	11
	−4	11	9	9	11
	−2	11	9	11	9
	0	9	11	11	9
	+2	9	11	13	7
	+4	7	13	13	7

（6）表 6-11 中所列绝缘块系正常情况下的配置。如因轨枕、钢轨及扣件制造偏差，所用号码配置不合轨距要求时，可根据实际情况予以调整。当绝缘轨距块不能安装入位时，不能猛烈敲击使其入位。

（7）安装弹条。安装弹条前，使钢轨、轨下垫板和轨枕承轨面之间以及绝缘轨距块扣压钢轨面与钢轨轨底上表面密贴。采用专用工具安装弹条，弹条中肢入孔位置要放平、放正，如图 6-12 所示。安装时不宜生拉硬扳，用力要适中，支点与加力点要正确。弹条安装到位时弹条小圆弧内侧与预埋铁座端部相距约 8~10 mm，如图 6-13 所示。

图 6-12　弹条安装示意

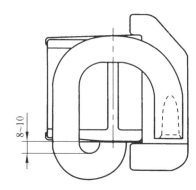

图 6-13　弹条安装到位示意（单位：mm）

2. 养护维修

（1）发现有轨枕空吊、高低、水平不平顺或三角坑时，及时进行起道捣固，不能在轨下安设调高垫板。

（2）钢轨与绝缘轨距块、绝缘轨距块与预埋铁座间缝隙较大时，通过更换合适号码绝缘轨距块的方式进行调整，安装绝缘轨距块时不能用锤或其他工具猛烈敲击使其入位。

（3）使用中若发现扣件部件损坏应及时更换。

（4）轨距调整通过更换合适号码绝缘轨距块实现。钢轨高低位置调整通过起道或落道作业实现。

（5）无缝线路应力放散时，采用专用工具将弹条卸下，取出绝缘轨距块，如图 6-14 所示。应力放散结束后，检查轨下垫板和绝缘轨距块位置是否正确，如有错位，调整后再安装弹条。

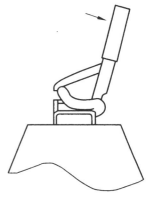

图 6-14　弹条拆卸示意

（三）弹条Ⅰ型调高扣件安装与水平、高低调整

弹条Ⅰ型调高扣件铺设、养护维修要求与弹条Ⅰ型扣件相同，采用调高垫板来调整钢轨水平、高低，允许最大调高量为 20 mm。

（四）弹条Ⅳ型扣件安装与轨距调整

1. 扣件安装

弹条Ⅳ型扣件安装，如图 6-15 所示。

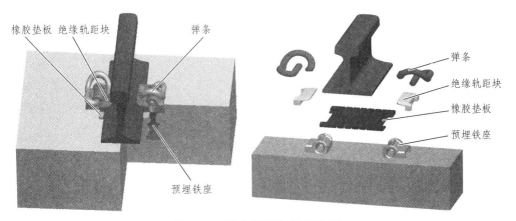

图 6-15　弹条Ⅳ型扣件组装图

使用本扣件不能在轨下安设调高垫板，以免造成弹条残余变形甚至折断。

（1）清除两预埋铁座间轨枕承轨面的泥污和预埋铁座孔内的砂浆，清除轨底的泥污。

（2）铺设橡胶垫板。将橡胶垫板放在两预埋铁座之间，橡胶垫板两侧的槽口中心线与预埋铁座中心线宜对齐。

（3）铺设钢轨。

（4）按表 6-12 安设轨距块，轨距块的边耳扣住预埋铁座，如图 6-15 所示，钢轨与轨距块、轨距块与预埋铁座间缝隙之和大于 1 mm 时调换不同号码轨距块，不能猛烈敲击使其入位。

表 6-12　弹条Ⅳ型扣件轨距块配置

轨距调整量/mm	左股钢轨		右股钢轨	
	外侧	内侧	内侧	外侧
− 8	13	7	7	13
− 7	12	8	7	13
− 6	12	8	8	12
− 5	11	9	8	12
− 4	11	9	9	11
− 3	10	10	9	11
− 2	10	10	10	10
− 1	9	11	10	10
0	9	11	11	9
+ 1	8	12	11	9
+ 2	8	12	12	8
+ 3	7	13	12	8
+ 4	7	13	13	7

（5）安装弹条。安装弹条前，钢轨、橡胶垫板和轨枕承轨面之间以及轨距块扣压钢轨面与钢轨轨底上表面密贴。采用专用工具安装弹条，弹条中肢入孔位置要放平、放正，如图 6-16 所示。安装时不宜生拉硬扳，用力要适中，支点与加力点要正确。如遇到个别弹条就位困难时，在使用安装工具的同时可用小锤轻敲弹条尾部，使弹条小圆弧内侧与预埋铁座端部相距 8～10 mm。

2. 养护维修

（1）发现有轨枕空吊、高低和水平不平顺或扭曲时，及时进行起道捣固，不能在轨下安设调高垫板，以免造成弹条残余变形甚至折断。

（2）钢轨与轨距块、轨距块与预埋铁座间缝隙较大时，通过更换不同号码轨距块的方式进行调整，安设轨距块不能用锤或其他工具猛烈敲击使其入位。

（3）使用中若发现扣件部件损坏应及时更换。

（4）钢轨轨距和轨向调整通过更换不同号码轨距块实现。钢轨高低位置调整通过起道或落道作业实现。

（5）无缝线路应力放散时，采用专用工具将弹条卸下（图 6-16）。应力放散结束后，检查橡胶垫板和轨距块位置是否正确，如有错位，调整后再安装弹条。

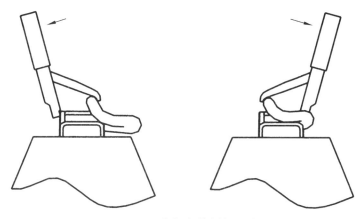

图 6-16　弹条安装拆卸示意

（五）弹条 V 型扣件安装与轨距调整

弹条 V 型扣件组装如图 6-17 所示。

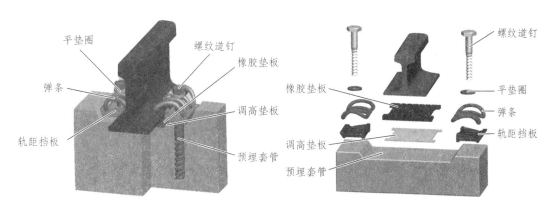

图 6-17　弹条 V 型扣件组装图

1. 扣件安装

铺设轨下垫板，将垫板放在承轨面的中间位置，垫板的凸缘扣住承轨面。

（1）铺设钢轨。按表 6-13 安设合适规格的轨距挡板，轨距挡板放置在轨下垫板两边耳之间，不能压住轨下垫板，如图 6-17 所示。钢轨与轨距挡板间缝隙大于 1 mm 时调换轨距挡板，不能猛烈敲击使其入位。

（2）安放弹条，将螺纹道钉套上平垫圈，螺纹部分涂满铁路专用防护油脂（也可预先在套管内注入油脂），然后拧入套管，紧固弹条。弹条紧固不宜过紧或弹条中部前端下颚与钢轨间隙过大，W2 型弹条和 X3 型弹条紧固扭矩分别为 130 ~ 170 N·m 和

80～110 N·m（现场润滑状态差异可能使紧固扭矩存在偏差）。在钢轨接头处，当在小号码轨距挡板上安装 W2 型和 X3 型弹条有困难时，安装 A 型弹条。

检查轨距和轨向，如不符合要求，则调换不同号码的轨距挡板。

表 6-13　弹条 V 型扣件轨距挡板配置

轨距调整量/mm	左股钢轨		右股钢轨	
	外侧	内侧	内侧	外侧
−8	8	2	2	8
−7	7	3	2	8
−6	7	3	3	7
−5	6	4	3	7
−4	6	4	4	6
−3	5	5	4	6
−2	5	5	5	5
−1	4	6	5	5
0	4	6	6	4
+1	3	7	6	4
+2	3	7	7	3
+3	2	8	7	3
+4	2	8	8	2

2. 养护维修

（1）发现有轨枕空吊、高低和水平不平顺或扭曲时，及时进行起道捣固，如遇有少量高低和水平不平顺难以进行起道捣固作业时，在轨下垫板和轨枕之间安放调高垫板，并使其边耳卡住轨距挡板。调高垫板不得放在轨下垫板上，放入的调高垫板总厚度不得大于 10 mm，调高垫板的数量不得超过两块。

（2）如因轨下垫板压缩残余变形等引起扣件松弛应及时复拧。

（3）使用中弹条紧固不应过紧或弹条中部前端下颚与钢轨间隙不应过大。

（4）使用中钢轨与轨距挡板间隙不宜大于 1 mm。轨距挡板与承轨槽挡肩密贴，间隙不宜大于 1 mm。如间隙较大则更换不同号码的轨距挡板予以调整。

（5）使用中如发现扣件部件损坏应及时更换。

（6）预埋套管中需有一定的防护油脂，油脂性能需符合相关规定，避免泥污和杂物进入预埋套管。

（7）在进行大型养路机械起道捣固作业前，应将调高垫板全部撤除。

第六节　道床病害与线路冻害防治

本节要求

（1）了解道床变形过程，掌握道床一般病害种类及成因及整治措施。

（2）了解道床冻害的分类及防治措施，了解冻害垫板作业的基本要求。

一、道床病害

道床病害主要有道床脏污、道床沉陷、道床翻浆三种。

（一）道床脏污

造成道床脏污的原因有以下几方面：

（1）道床原始脏污，主要是生产过程中产生的细小颗粒或在运输过程中被污染。

（2）运营过程中逐渐形成脏污，主要是散装货物如煤、砂、矿、水泥粉末等，以及风刮入的尘埃和沙土。

（3）荷载作用下，道砟本身的机械磨损产生的粉化物等。随着时间的延长，道床的不洁率将逐渐增加，道砟孔隙逐渐被堵塞，阻碍道床的正常排水。

道床由脏污发展成板结，可使道床失去弹性，加剧轨道的状态变化和设备损坏，必须尽快整治。所以当脏污率达到一定程度时，需对道床状态进行检测和评估，道床板结时，水的浸入会发生翻浆冒泥，需破底清筛，必要时应更换为新道砟。

（二）道床沉陷

道床沉陷使道砟陷入路基，导致路基土壤挤压变形，或形成各种式样的道砟袋、道砟陷槽，如不及时整治，在列车不断冲击下，日久将扩展成道砟箱。

道床沉陷的原因有以下几方面：

（1）道床脏污，积水排不出去，在黏土路基地段会使路基顶面软化，道砟逐渐压入路基内，形成道床沉陷。

（2）道床捣固不实，存在小坑，随着列车振动，小坑逐渐扩大，形成道床沉陷。

（3）道床厚度不足，或在非渗水土路基地段未按规定铺砂垫层，道砟压入路基面内形成道砟陷槽造成道床沉陷。

整治道床沉陷，除有计划地彻底清筛道床外，在日常工作中，要加强排水，加强捣固，必要时要增设横向盲沟。

（三）道床翻浆

道床翻浆主要是道床脏污和道床沉陷没有得到及时整治，在列车不断冲击下造成的。

预防道床翻浆的主要措施：清筛道床，经常保持道床清洁，做好道床排水工作。如产生路基翻浆时，可加铺道床砂垫层或土工格栅；在多雨地区还可在路基面上铺设氯丁橡胶板，防止地面水渗入路基土体或铺设渗滤布以防止路基面泥浆上冒；对路基面翻浆严重地段也可采用路基面换土的办法。

二、线路冻害及防治

严寒地区，铁路线路冻害是分布很广而常见的病害。冻害不仅会加速道床的脏污和道砟陷槽的发展，而且会促使路基发生其他病害，影响路基的稳定性。同时，冻害还会使轨道的工作条件恶化，特别是频繁地更换冻害垫板，大大缩短了轨枕和联结扣件的使用寿命，频繁松紧扣件也容易造成无缝线路应力不均。

冻害的存在，不仅增加了线路养护维修的劳动力，提高了运营维护成本，而且会使线路质量下降。严重的冻害，甚至危及行车安全。

因此，严寒地区铁路，应做好冻害防治工作，包括"春融乱道"防治，是线路养护维修一项十分重要的工作。

（一）冻害的形式

冻害按不均匀冻胀所形成的局部差异，从线路纵断面上区分，其外部表现形式主要有驼峰状（冻峰）、凹谷状（冻谷）、阶梯状（冻阶）三种。

按发生的位置深浅，冻害表现为道床冻害、表层冻害、深层冻害和寒冻裂缝。另外在多年冻土地区，还会产生一些特殊的病害，如路基融沉、边坡滑坍、冰锥、冻胀丘等。

（二）冻害防治

1. 冻害调查

冻害防治首先要做好冻害调查。冻害调查工作应包括两个部分：一是从外貌方面调查研究冻害的发生发展过程，即冻害发生的部位、形状、长度、起落日期、历年冻害的高低等；二是通过钻探、挖探等方法，观察土层的土质种类、厚度、水文地质、冻土结构等。所有这些调查项目都可为分析冻害产生原因，确定整治方案，以及具体设计提供可靠的资料。

冻害调查要在每年冬季冻害达到最高峰而不再变动时，对冻害的性质、位置、冻起高度、冻起延长、垫道延长、冻起股别、冻起日期、回落日期、地下水位及地表排水等情况进行调查，建立冻害档案。

2. 冻害防治

调查分析冻害形成原因和发生发展的规律是正确采取防治措施的基础，冻害的防治措施必须是以消除局部病害地段的冻害高度为目的。防治冻害，实质上是消除病害地段两相邻区段冻胀值的差值，或使这一差值在一定距离内缓慢变化，使线路具有符合要求的纵坡。所以，采取的措施绝不是为了消除冻害处所存在的冻胀值，而不考虑该值与相邻区段冻胀值的差别。

采取防治冻害措施时，必须首先考虑排水、疏干路基，然后考虑其他措施的配合。因为水不仅是产生冻害的原因，而且还会降低路基强度，引起其他路基病害。采取防治措施时，还要做到因地制宜，尽量就地取材。而在工程设计中，则要做到对症下药、持久有效、经济合理。

（1）对道床冻害，首先应坚持执行道床轮筛制度，按照脏污发展规律，确定合理的轮筛周期，保持道床整洁。如是道砟陷槽，则应根据实际需要进行整治，可排除积水、切断补给水来源或固结陷槽。

（2）路基冻害中大多数属于表层冻害。路基表层冻害的防治措施多种多样，减少或消除路基土体的冻胀为重点，基本可分为排水及隔水、改土、隔温及注盐四类。

在这四类中有些措施已为国内外在防治冻害时所常用，如设置地面排水设施、地下排水设施，换同样土，设砂垫层、炉渣垫层、炉渣盖板及高抬道，等。

（3）防治路基深层冻害主要是整治地下水，原则上以换填土的办法为主。

（三）冻害垫板作业

冬季由于道床冻结，不能用起道捣固的办法找平轨道，而是应用垫板的办法对冻胀引起的轨面局部大高差按要求进行顺坡，从而保证列车安全、平稳运行。

垫板作业时，应注意以下事项：

（1）在冻害上涨时，要以冻害较高的一股为基准股，然后根据水平和轨距把另一股垫好、改好。曲线上必须先垫外股，后垫里股，以防造成超高不够或反超高。

（2）冻害回落时，直线上先撤冻害较少的一股钢轨，曲线上则必须先撤里股。

（3）因冻害回落而撤换垫板时，根据垫板厚度，也要做出新的 10 m 平台和两端顺坡。

（4）垫板时，要使用安全木楔。安全木楔要有专人负责，防止夹伤手脚，确保人身安全。

（5）所有冻害整修均应纳入维修或施工天窗，严禁天窗外作业。

（6）冻害回落时，要及时撤出与调整冻害垫板，做好顺坡，并经常保持轨道几何尺寸在计划维修容许偏差限度以内。

第七节　有砟轨道曲线维护

本节要求

（1）了解曲线轨道维护作业的内容和方法。

（2）了解曲线轨道病害的成因及防治方法。

一、曲线轨道维护作业内容和方法

曲线由于列车离心力的作用，较直线受到更大的横向力作用，是铁路线路的薄弱环节之一。因此，做好曲线日常维护维修，不仅要求轨道几何尺寸经常处于良好状态，保证列车安全、平稳地运行，同时还要尽量减少钢轨磨耗（侧面磨耗）、轨枕破损，延长设备的使用寿命。

在曲线日常维护维修工作中，必须按照普高速铁路线路修理规则的规定，贯彻"预防为主、防治结合、修养并重、严检慎修"原则，全面合理地安排计划维修和临时补修，做到"无病防病，有病根治"，经常保持曲线圆顺、超高合理。

（一）拨道作业

曲线拨道，是根据计算的各测点拨量，将钢轨向里或向外拨动，进而达到恢复曲线圆顺状态的目的。

（1）曲线两端直线轨向不良时，一般事先拨正；两曲线间直线段较短时，可与两条曲线同时计算拨正。

（2）曲线头尾方向不良时，应结合曲线正矢测量一并调查，一直量至方向满足要求处所，通常量至两点正矢为零结束。也可采用仪器测出或目视调查出曲线头尾偏离切线值，在拨道计算时同步计算，以便在同一天窗点内一次解决。

（3）拨道时，除注意线路两旁建筑物的限界要求外，还要考虑拨道后轨缝变化情况。因为曲线向上挑时曲线伸长，向下压时曲线缩短，曲线的伸长或缩短，普通线路是通过轨缝的变化而实现。所以，在拨道之前一定要调查轨缝情况，并计算拨道后轨缝是否满足规定的要求。如果不能满足轨缝标准的要求，应先调整轨缝。

（4）在无缝线路地段，曲线往上挑或往下压，钢轨的伸长或缩短，没有轨缝可以进行调节，会使钢轨的内应力发生变化。为此，在拨道计算时，必须做到正负拨量相等；同时，测量正矢的轨温和拨道时的轨温，要尽量相同，一般相差不超过 ± 5 ℃，并且最好在锁定轨温时测量正矢和进行拨道。

（5）拨道量超过 10 mm 时，应扒开拨动方向外侧轨枕头的道砟；拨道量超过 20 mm 时，还应先撤下防爬支撑和松动防爬器。

（6）拨道量不超过 20 mm 时，可采用两台拨道器前后相错不超过 1 孔放置；当拨道量超过 20 mm 时，用 3 台拨道器呈倒"品"字放置，拨动前方放置两台，后方一台放中间。

（7）如拨道量过大时，可分几次拨道，电气化区段要联合供电部门配合作业。

（8）在拨道作业中还要注意做到拨、改、弯相结合。如果是硬弯、拨道也不行，则用直轨器整治，切不能硬拨硬改。在木枕线路上，拨道前应打紧打靠浮离道钉，以防止轨距变化。

（9）拨道器不得放置在绝缘接缝和铝热焊缝中间。

（10）拨道量大产生较大回弹时，可松开接头螺栓和拨道后股钢轨的扣件，放散轨排整体框架结构的应力，减少钢轨回弹。

（11）采用 10 m 弦测量计算 5 m 点拨道量拨道，且拨道量较大须用三台拨道器拨道时，不得采用连续每个测点依次拨道，尤其是木枕线路必须采用隔点拨道法，避免拨道时带动前方 5 m 测点和后方已拨测点跟动过量。

（12）采用流水拨道前，必须要对应测点设固定观测点或打桩，量出测点到钢轨的原始距离，以控制实际拨道量。

（13）开通线路要全面检查正矢、轨距、水平、高低、三角坑和顺坡长度，消灭超临时补修病害和Ⅱ级及以上复合病害，使各项作业达到验收标准。

（14）拨道后，必须回填道床、夯实拨离一侧的枕端道床并恢复堆高，以减少过车回弹量和保证横向阻力不受严重衰减。

（15）拨道量较大或工作量较大的曲线，安排次日天窗对正矢、水平、高低进行全面回检，确保达到作业验收标准，见表 2-20。

（二）日常维护作业

曲线是线路的一个薄弱环节，线形变化较快。日常维护的重点是：保持曲线圆顺，超高合理，提高轨道框架阻力，减轻钢轨磨耗（侧面磨耗），延长设备使用寿命。在日常养护维修作业中，必须抓住重点进行综合整治。

（1）加强对曲线综合检查，对曲线头尾的"鹅头"和反弯一定要调查清楚，以便在调整计算时一并解决。

（2）轨距经常发生变化的曲线，可加设轨距杆或轨撑。曲线改道时，要先测量正矢，发现个别测点正矢过大或过小，可利用改道机会进行调整。

（3）提高起道质量，加强捣固工作。为防止动态水平、三角坑和水平振动加速度出分，直缓（ZH）点对水平时要比计划超高做高 1~2 mm，圆缓（YH）点对水平时要比计划超高做低 1~2 mm，捣固要按标准作业。

（4）曲线的彻底锁定和保持方向有密切关系，可根据不同条件，在曲线两端外适当长度的直线上，增加防爬设备，以控制整条曲线的爬行。

（5）为增加道床横向水平移动的阻力，稳定曲线线形，可采取加宽（堆高）外股砟肩办法。在加宽时，要经济合理地使用道砟。

（6）在行车速度不断提高的情况下，许多缓和曲线，限于地形条件不能延长，因而超高顺坡距离较短。为减小或避免列车从直线进入圆曲线时，由于离心力所引起的急剧冲击，造成列车摇晃、钢轨磨损，可在缓和曲线前方直线上，加高缓直点的超高3~4 mm，然后向直线一定距离（至少 5 m）内进行顺坡。

（7）及时轮筛道床、做好排水工作，经常保持路基干燥，对保持曲线方向、稳定线形有重要作用。曲线超高的设置使道床有横向坡度，所以在轮筛时，要注意曲线下股道床的轮筛质量，使排水畅通。

（8）严格执行无缝线路轨温条件，严禁超温作业。

（三）竖曲线作业

由于竖曲线是连接两个坡度的曲线，从远处目视会产生视觉错误，通常在维护时会产生把"低洼"抬高或把"高点"顺长的习惯性错误，造成曲线内有多段折线的短坡，导致竖曲线变形，列车运行颠簸。

竖曲线维护要设置竖曲线标志，现场标注竖曲线各项技术数据，设置控制点，标注各控制点标高。引入高速铁路轨道状态控制的经验，逐步建立轨道精测网，应用轨道精测网实行轨道几何形位控制。在维修调查时以轨道精测网制订轨道静态调整方案。未建立轨道精测网区段在线路维修起道前要加密抄平，每 5 m 抄平一次，保证曲线圆顺。

起道时要从竖曲线中部往两端看道，起道量要严格按控制点标高起道，本着"宁低勿高"的原则适量起道，并加强捣固。

线路检查时要按控制标高与前后标高的代数差来决定是否作业及作业工作量，杜绝凭经验"看平起平"的传统方法。

二、曲线轨道病害防治

（一）曲线"鹅头"及反弯

曲线方向不良多数发生在曲线头尾，曲线头尾向上股凸出或凹进，通常称之为"鹅头"或反弯。

1. 原因分析

（1）动力冲击：列车由直线进入曲线或由曲线驶向直线时，惯性力的冲击，造成"鹅头"或反弯。

（2）养护不当：如常年凭经验目视拨道，目视时一般均习惯往上挑，从而破坏了直缓（缓直）点的正确位置；即使用绳正法拨道，如方法不正确（由曲线中点向两头拨）也有可能破坏直缓（缓直）点的正确位置。

（3）道床横向阻力不够。道砟储备不足或不均也是原因之一。

2. 防治措施

（1）在测量正矢时，可以向直线方向多量几点，并量到正矢是零为止。对曲线头尾的"鹅头"和反弯一定要调查清楚，以便在调整计算时一并解决。

（2）为预防"鹅头"或反弯的发生，应设置合适的缓和曲线长度及超高和轨距加宽递减。

（3）在曲线计划维修时，一定要用绳正拨道法进行计算，并进行全面拨道。

（4）为避免拨道作业中产生的一些误差赶到一头，可分别从曲线两端拨起，逐渐拨到曲线中央汇合。

（5）在小半径曲线头尾，应保持有足够的道床厚度和宽度，并加强道床夯实，使轨道方向稳定。

（二）钢轨接头"支嘴"

曲线上钢轨接头处"支嘴"多发生在小半径曲线上，特别是相对式接头的曲线上。

1. 原因分析

（1）钢轨硬弯。由于种种原因，造成钢轨存在硬弯。

（2）接头道床阻力不足。曲线上存在道床肩宽和厚度不足、不坚实，从而造成接头道床阻力不足。

（3）接头结构强度不足。例如轨枕失效、螺栓松动、夹板弯曲或强度不足、接缝不良等多种因素都可以造成接头结构强度不足，从而加剧"支嘴"病害。

2. 防治措施

（1）调换"支嘴"接头处的里外口夹板，矫直硬弯钢轨。矫直硬弯钢轨是根本性的方法，也是最有效的方法。

（2）加强钢轨接头处的轨道结构。补充和夯实道床，控制轨道的横向移动；必要时，木枕地段可在接头五孔按联排锁定方式加装防爬支撑，或在钢轨接头处换铺分开式扣件以加强接头处轨道结构。

（3）根据曲线横向移动的规律和"支嘴"大小，局部加宽和堆高曲线外股砟肩；作业时可分层夯实，以增加道床的阻力。

（4）消灭失效轨枕，加强捣固，消灭空吊。

（5）恢复道床弹性，加强日常维护。

（三）接头坍砟

1. 原因分析

（1）车轮对接头的动力冲击。车轮冲击是主要原因，但无法消除。

（2）轨缝偏大。大轨缝加大了车轮冲击力，对轨道结构破坏力加大。

（3）钢轨病害。如肥边不及时切除会造成掉块、马鞍形磨耗，低头加大了车轮冲击力，对轨道结构破坏力加大。

（4）弹性不足。接头处道床板结、翻浆或道床边坡结成硬壳，造成道床弹性不足，会加大接头振动力。

（5）维护方法不当。例如捣固不良，往往在造成钢轨接头形成坍砟后，不但会使轨枕悬空，而且会加速钢轨和联结零件的伤损，反过来会形成更大的破坏效应，如轨枕破损失效、钢轨低塌或螺孔裂纹和螺纹道钉磨损拔起、铁垫板折断等。

2. 防治措施

（1）消灭钢轨初始病害。加强接头钢轨初始病害的检查和预防，对钢轨肥边、低头、马鞍形磨耗、掉块等伤损要及时打磨；对接头错牙、"支嘴"要及时整治，做到预防在先。

（2）恢复道床弹性。破底清筛接头处五孔道床，消灭板结或清挖冒浆，换铺洁净道砟。清筛时，要做到清筛一根、捣固一根、夯实一孔。

（3）恢复接头弹性：木枕线路为增加接头弹性，必要时可在铁垫板下加垫 8 mm 厚橡胶垫板或在轨枕下加橡胶套垫，混凝土枕可垫 14 mm 厚高弹性胶垫。

（4）强化接头结构。更换失效轨枕，更换伤损磨耗（侧面磨耗）的联结零件，接头螺栓扭矩必须达到规定数值。必要时可更换高强度接头螺栓。

（5）加强线路锁定，消灭大轨缝。

（6）加强接头捣固，消灭空吊。

（四）钢轨磨耗（侧面磨耗）

1. 原因分析

钢轨磨耗（侧面磨耗）是列车轮缘与钢轨导向边产生"磨盘现象"而造成的，钢轨磨耗（侧面磨耗）速率除与钢轨材质、通过总质量和日常养护维修质量有关外，还与车辆特征包括导向力、冲击角和转向架的旋转刚度等有关。因此，钢轨磨耗（侧面磨耗）是不可消除的，工务部门的主要任务是减缓钢轨侧面磨耗、防治钢轨不均匀侧面磨耗。

钢轨平面位置不正确是造成钢轨不均匀磨耗（侧面磨耗）的主要原因。超高过大或过小会引起钢轨的偏载和轮轨的不正常接触；轨底坡不正确，使钢轨顶面与车轮踏面不相吻合，钢轨在偏压下会加速磨耗（侧面磨耗）。钢轨廓形不良会加剧轮轨相互作用与蠕滑，加剧钢轨磨耗（侧面磨耗）。曲线日常养护维修不良，对钢轨磨耗（侧面磨耗）也产生直接的影响。曲线方向不圆顺、轨距超限以及缓和曲线递减距离不够，均会使车轮与钢轨的内接情况恶化，增加行车的阻力与摇晃，使钢轨造成磨耗（侧面磨耗）或加剧磨耗（侧面磨耗）。

2. 防治措施

（1）在重载大运量区段或小半径曲线区段，应推广应用合金钢轨或淬火钢轨，以提高钢轨的耐磨性。

（2）正确设置曲线外轨超高。为适应行车的实际情况，定期测速核对超高，并应注意观察钢轨的侧面磨耗，分析超高是否合适。资料显示，当实际超高比设计超高低约 10% 时，有利于减磨。

（3）钢轨打磨是减缓钢轨磨耗（侧面磨耗）的重要措施。根据廓形测量数据和变化规律，有计划地安排钢轨预防性打磨，改善轮轨的相互作用并使蠕滑最小化。

（4）轨底坡的调整，可以用楔形橡胶垫板解决。轨底坡的大小与钢轨磨耗（侧面磨耗）有密切关系，所以要注意观察轮轨接触情况，发现不相吻合时，要及时调整轨底坡，使车轮的重心落在钢轨顶面中央位置上，以增加轮轨接触面积。

（5）定期涂覆干式润滑剂。涂干式润滑剂是减轻钢轨磨耗（侧面磨耗）收效较好的措施，可以明显延长钢轨使用寿命。

（6）加强日常维护。经常保持曲线状态良好，保持方向圆顺、轨面平顺、轨距不超限，是减轻列车摇晃、减缓钢轨不均匀磨耗（侧面磨耗）的重要措施。

（7）定期测量钢轨磨耗（侧面磨耗）和检查曲线日常维护情况，分析钢轨磨耗（侧面磨耗）原因，掌握钢轨磨耗（侧面磨耗）规律，以便及时采取有效减磨措施。

第八节　无缝线路铺设及养护维修

本节要求

（1）掌握无缝线路养护维修的一般要求及特殊地段无缝线路维修的特点。

（2）掌握应力放散和应力调整的概念和作业方法，能正确计算放散量和锯轨量。

（3）了解各种诱发胀轨跑道的原因，并能正确选择预防胀轨跑道的相应措施。

（4）掌握重伤钢轨的处理方法和钢轨折断后的紧急处理、临时处理、永久处理的具体操作方法和要求，并能针对相应故障选择正确的处理措施。

一、无缝线路养护维修的一般要求

为了保持无缝线路有足够的强度、稳定性及良好的轨道状态，防止胀轨跑道和断轨事故，确保行车安全，在无缝线路养护维修工作中，除遵守普通线路有关规定的要求外，还须遵守针对无缝线路特点所提出的一些要求和规定。

1. 根据线路锁定轨温制订维修计划

无缝线路养护维修工作的关键在于保持足够大的线路阻力值，使其在设计最大升降温幅度范围内，能保证线路的稳定性或不因为意外断轨使轨缝拉得过大影响行车安全。而线路维修作业会不同程度地降低线路阻力值，因此维修作业要选择在合适的温度环境下进行，使线路能提供的阻力始终大于作业时的温度压力或拉力。所以对工务维修部门来说，应根据季节特点、锁定轨温情况和线路状态，合理安排全年维修计划，使维修作业与轨温条件相适应。即：在气温较低的季节安排在锁定轨温较低地段进行综合维修；在气温较高的季节，安排在锁定轨温较高地段进行综合维修；理想的是安排在轨温接近实际锁定轨温（零应力轨温）的季节。

2. 高温季节原则上不安排影响线路稳定的作业

无缝线路的维修作业，一方面会使轨道的平顺性有所改善，但另一方面由于扰动了道床，降低了道床阻力，也会使轨道的稳定性随之降低，在作业之后道床阻力需经过一段时间才能恢复正常。为保持轨道在作业中和作业后应有的稳定程度，应按不同的作业项目和作业范围，严格掌握作业轨温条件。因此，高温季节应不安排影响线路稳定性的作业。如必须进行综合维修或成段经常保养等影响线路稳定的作业时，应有计划地先放散后作业，保持线路稳定。

在高温季节应结合季节特点、生产组织等具体情况合理统筹安排一些维修重点工作和工作量较大的单项工作，如矫直钢轨硬弯、打磨钢轨、焊补钢轨等工作。更换钢轨或夹板可在低温季节进行。

3. 无缝线路维修计划，宜以单元轨条为单位安排作业

普通无缝线路是"长轨条 + 缓冲区"的结构，因此维修计划应以每段长轨条为单位安排作业。区间和跨区间无缝线路设计和施工是以单元轨条为单位，每个单元轨条线路质量状态和锁定轨温基本一致，其维修的周期也大致相同，所以跨区间及全区间无缝线路应以单元轨条为单位安排计划。长轨条或单元轨条遇到跨工区管理时，由两工区协同安排。长轨条或单元轨条较长时可依次逐月安排。

4. 掌握实际锁定轨温，严格按轨温条件作业

在无缝线路上进行维修作业时，必须处理好锁定轨温与作业轨温之间的关系。为此必须严密监测与掌握轨温的变化和钢轨的位移情况，分析锁定轨温有无变化，根据实际锁定轨温制定作业对策，这样才能保证作业中轨道状态无异状和作业之后线路状态确实得到改善。同时要严格执行"维修作业半日一清，临时补修作业一撬一清"和"作业前、作业中、作业后测量轨温"制度，并注意做好以下各项工作：

（1）在维修地段要备足道砟，为维修中起道、堆高砟肩和补充缺砟之用，目的在于保持道床阻力和轨道稳定。

（2）起道之前应先拨正或改正线路方向，以保证起道作业之后线路状态稳定。

（3）起拨道机不得安放在铝热焊焊缝处，以防断轨。

（4）列车通过之前，起道地段要顺坡捣固，拨道地段要顺撬拨顺，这是为了保证作业中通过列车时，轨道具有一定的平顺性，以防过车时诱发胀轨跑道，确保行车安全。

（5）扒开的道床，要及时回填夯实，以保证作业后的道床具有足够的阻力，以防作业后因轨温上升而胀轨。

"一准、二清、三测、四不超、五不走"的作业经验是铁路工务维修部门在多年的养护维修工作实践中总结出的宝贵经验，在保证无缝线路稳定性方面起到了很好的作用，应坚持贯彻执行。

一准：要准确掌握实际锁定轨温。

二清：综合维修、成段保养的作业半日一清；零星保养、临时补修一撬一清。

三测：作业前、作业中、作业后测量轨温。

四不超：作业不超温，扒砟不超长，起道不超高，拨道不超量。

五不走：扒开道床未回填不走，作业后道床未夯拍不走，未组织回检不走，线路质量未达到作业标准不走，发生异常情况未处理好不走。

5. 无缝线路作业轨温条件

（1）《普速铁路线路修理规则》规定，在无缝线路上作业时，必须遵守表 6-14 和表 6-15 的作业轨温条件。

表 6-14　混凝土枕无缝线路维修作业轨温条件

作业项目及作业量		连续扒开道床不超过 25 m，起道高度不超过 30 mm，拨道量不超过 10 mm	连续扒开道床不超过 50 m，起道高度不超过 40 mm，拨道量不超过 20 mm	扒道床、起道、拨道与普通线路相同
线路条件	直线及 $R \geqslant$ 2 000 m	+ 20 ℃	+ 15 ℃ − 20 ℃	± 10 ℃
	800 m$\leqslant$ R<2 000 m	+ 15 ℃ − 20 ℃	+ 10 ℃ − 15 ℃	± 5 ℃
	300 m$\leqslant R$<800 m	+ 10 ℃ − 15 ℃	+ 5 ℃ − 10 ℃	—

注：作业轨温范围按实际锁定轨温计算。

表 6-15　混凝土枕无缝线路维修作业轨温条件

序号	作业项目	按实际锁定轨温计算				
		− 20 ℃以下	− 20 ℃～− 10 ℃	− 10 ℃～+ 10 ℃	+ 10 ℃～+ 20 ℃	20 ℃以上
1	改　道	与普通线路同	同　左	同　左	同　左	禁　止
2	松动防爬设备	同时松动不超过 25 m	同　左	与普通线路同	同时松动不超过 12.5 m	禁　止
3	更换扣件或涂油	隔二松一，流水作业	同　左	同　左	同　左	禁　止
4	方正轨枕	当日连续方正不超过 2 根	隔二方一，方后捣固，恢复道床，逐根进行（配合起道除外）	与普通线路同	隔二方一，方正后捣固，恢复道床，逐根进行（配合起道除外）	禁　止
5	更换轨枕	当日不连续更换	当日连续更换不超过 2 根（配合起道除外）	与普通线路同	当日连续更换不超过 2 根（配合起道除外）	禁　止
6	更换接头螺栓或涂油	禁　止	逐根进行	同　左	同　左	禁　止
7	更换钢轨或夹板	禁　止	同　左	与普通线路同	禁　止	禁　止
8	不破底清筛道床	逐孔倒筛夯实	同　左	同　左	同　左	禁　止
9	处理翻浆冒泥（不超过 5 孔）	与普通线路同	同　左	同　左	禁　止	禁　止
10	矫直硬弯钢轨	禁　止	同　左	同　左	与普通线路同	同　左
11	更换胶接绝缘接头	禁　止	同　左	拧紧两端各 50 m 范围扣件后，再进行更换	禁　止	同　左

（2）混凝土枕（含混凝土宽枕）无缝线路，当轨温在实际锁定轨温减 30 ℃以下时，伸缩区和缓冲区禁止进行维修作业。

（3）木枕地段无缝线路作业轨温按表 6-14 和表 6-15 规定减 5 ℃，当轨温在实际锁定轨温减 20 ℃以下时，禁止在伸缩区和缓冲区进行维修作业。

（4）在跨区间无缝线路上的无缝道岔尖轨及其前方 25 m 范围内进行维修作业时，作业轨温范围为实际锁定轨温 ± 10 ℃。

（5）使用大型养路机械作业时，一次起道量小于 30 mm，一次拨道量小于 10 mm 时，作业轨温不得超过实际锁定轨温 ± 20 ℃；一次起道量在 31 ~ 50 mm，一次拨道量在 11 ~ 20 mm 时，作业轨温不得超过实际锁定轨温 – 20 ℃ ~ + 15 ℃。

二、特殊地段无缝线路养护维修的特点

1. 无缝道岔

（1）道床保持饱满，扣件保持紧固状态，轨下基础稳定、纵向无爬行、横向无横移，要求岔首、岔尾最大爬行量不超过 10 mm，最大横移量不超过 4 mm。

（2）高温和低温季节，加强对从限位器至岔前 60 m 范围内，尤其是两组对接道岔的夹直线（长度小于 12.5 m）范围内的线路状态检查，做好防止胀轨和断轨工作。

（3）加强联结零件、钢轨接头螺栓的养护和紧固，防止尖轨爬行相错。

（4）根据线路实际状态及时安排维修，消除几何尺寸超限和方向不良，整治和处理钢轨病害。

2. 桥上无缝线路

（1）严格按桥上无缝线路设计文件要求布置小阻力扣件，保持扣件布置方式和扣件紧固程度。采用扭力扳手校核每个扣件扭矩，使扣件扭矩达到要求。

（2）对于需调高的扣件，不得在轨底和复合橡胶垫板之间加垫调高垫层。发现复合橡胶垫板失效，如不锈钢板脱落或锈蚀，应及时更换。

（3）单根抽换桥枕，允许作业轨温为实际锁定轨温 – 20 ℃ ~ + 10 ℃，最大抬道量不超过 60 mm。

（4）上盖板油漆、更换铆钉，成段更换、方正桥枕，允许作业轨温为实际锁定轨温 – 15 ℃ ~ + 5 ℃。

（5）对桥上钢轨焊缝应加强检查，发现伤损应及时处理。

（6）高温和低温季节，加强对桥梁活动端附近无缝线路状态的检查。

（7）桥上无缝线路应定期测量轨条的位移量，并做好记录。固定区位移量超过 10 mm 时，应分析原因，及时整治。

3．小半径曲线无缝线路

（1）高温和低温季节，不安排起道、拨道等影响线路稳定的作业，避免引起胀轨或正矢缩小。

（2）经常保持曲线道床饱满，尤其曲线道床外侧肩宽、砟肩堆高要符合要求。

（3）经常保持曲线圆顺、正矢良好，对焊缝"支嘴"、接头错牙等病害应及时进行整治。

（4）对扒砟、起道、拨道等严重影响线路稳定的维修作业，应严格按照作业轨温条件进行作业，作业后必须及时回填和夯拍道床，而且在作业前后要测量正矢并密切注意变化。

（5）加强线路锁定，拧紧扣件。如有轨道加强设备，应使其保持正常良好状态。

4．大坡道上无缝线路

（1）应特别注意轨道爬行，作业后要加强线路锁定，拧紧扣件，保持规定扭矩，保持枕盒内道床饱满和密实，监视并防止变坡凹形断面附近线路方向变化和纵向爬行，做好爬行观测桩记录。

（2）经常保持变坡点竖曲线的圆顺。

（3）拧紧接头螺栓扣件，保持正确轨缝，防止缓冲区轨缝挤严或超过构造轨缝。

5．钢轨伸缩调节器

（1）明确钢轨伸缩调节器的结构特点是尖轨锁定、基本轨可伸缩。

（2）定期测量轨温和钢轨伸缩调节器的伸缩量，发现伸缩异常、伸缩故障应及时处理。

（3）定期检查尖轨与基本轨的密贴状态，每隔 1 m 检查几何状态，要求达到规定标准。

（4）发现钢轨轨头肥边、擦伤应及时打磨和处理。

6．钢轨胶接绝缘接头

（1）加强接头前后三根轨枕的捣固，不应出现空吊板和坑洼。

（2）发现胶层起皮、脱落、微裂纹及端板破损，应及时修补。

（3）发现扣件轨距挡板或螺栓靠近钢轨胶接绝缘接头的夹板或螺栓，发现道砟堆积过高埋住轨底等使钢轨胶接绝缘接头绝缘电阻下降的因素，应及时排除。

（4）定期用音频选频电频表检查漏电电流和漏电电压（只有在脱开信号设备的情况，用万用表测量绝缘电阻才可能有效测得真实值），并保留检查记录，一有漏电征兆，分析原因。

（5）钢轨端若出现肥边及时用角磨机打磨消除。

（6）胶接绝缘接头拉开时，应立即复紧两端各 50 m 线路的扣件，限速不超过 160 km/h，并应尽快修复。绝缘失效时，应立即更换或处理。

三、无缝线路应力放散与调整

无缝线路在施工或运营过程中，要想改变原锁定轨温，就要在轨温适当时将中间扣件、防爬设备松开，采取措施使钢轨伸缩，释放内部应力，再重新锁定，这一作业称为无缝线路应力放散。在某种情况下，固定区的温度应力不一定均匀，为使其均匀，就需要在固定区或局部地段松开扣件及防爬设备，使钢轨内部应力相互调整，这一作业称为无缝线路应力调整。

（一）需进行应力放散或调整的几种情况

（1）由于条件限制未能在设计锁定轨温范围内锁定，或左右两条长轨节的实际锁定轨温，速度 160 km/h 及以下铁路超过 5 ℃，速度 160 km/h 及以上铁路超过 3 ℃；跨区间和全区间无缝线路两相邻单元轨条的锁定轨温差超过 5 ℃，同一区间内单元轨条最低最高轨温相差 10 ℃ 以上。

（2）冬季断轨再焊，改变了原锁定轨温。

（3）由于铺设和作业不当，使固定区和无缝道岔严重不均匀位移，位移量超过 10 mm，及无缝道岔第一限位器顶死或两股尖轨相错量超过 20 mm。

（4）长轨条产生不正常的伸缩。

（5）由于处理线路故障或施工需要，改变了原锁定轨温。

（6）由于各种原因，原锁定轨温不清楚或不准确。

（7）夏季轨向严重不良，碎弯较多。

（二）应力放散

无缝线路的应力放散，必须通过长轨条克服阻力，使长轨条伸缩来改变长轨条的长度实现。一般采用滚筒配合撞轨法，或滚筒结合拉伸配合撞轨法。

轨下支垫滚筒是为减小阻力，分段撞轨是为促使钢轨释放温度力，拉伸是为补偿温差。在轨温低于锁定轨温的情况下放散时，为把轨温提高到设计锁定轨温的水平，就要使用拉伸器拉伸长轨条。放散时究竟采用哪种放散方法，视具体情况而定。沿钢轨全长范围内放散量要均匀，总放散量要达到计算数值，确保放散之后的锁定轨温准确可靠，达到预计锁定轨温。

1. 滚筒配合撞轨法

该法是在设计锁定轨温范围内封锁线路，拆除扣件，每隔一定距离撤除枕上橡胶垫板，同时垫入滚筒，配合适当撞轨，使长轨条正常伸缩，达到自由状态（零应力状态），然后撤出滚筒，装好橡胶垫板、扣件，锁定线路。

2. 滚筒结合拉伸器配合撞轨法

该法是在轨温低于锁定轨温时，用滚筒配合撞轨法放散，使长轨条达到自由状态，然后使用钢轨拉伸器拉伸长轨条，拉伸到位后锁定线路。滚筒宜采用有轴承结构的滚筒，根据计算和现场实际观测，使用轴承式滚筒放散，每 1 km 对锁定轨温的影响为 0.7 °C 左右。

跨区间或全区间无缝线路的应力放散，应按管理单元进行，既有线按计划开口，然后用上述方法放散应力。临时恢复线路时，可插入不短于 6 m 的钢轨，用冻结接头过渡，在适当轨温条件下，按设计锁定轨温恢复原结构。

（三）应力调整

无缝线路的应力调整，一般采用碾压法，即在调整地段适当松动扣件和防爬器，利用列车慢行碾压，将应力调整均匀。这种方法简单易行，适用于单元轨节内一部分应力大、一部分应力小的局部调整，通过调整使应力正负抵消达到平衡。应力调整无须改变原轨条长度，故需在轨温接近实际锁定轨温的条件下进行。有条件时，也可采用滚筒调整法，即封锁线路，在调整地段松开扣件和防爬器，在长轨条下垫入滚筒，用撞轨器振动钢轨使应力调整均匀。在进行应力调整前，应将长轨条两端伸缩区或调整段两端牢固锁定，使之形成如同预施应力之锚固端，在应力调整中不改变伸缩区的应力分布状况。

（四）放散与锯轨量计算

应力放散计算包括：放散量、预留轨缝及锯轨量。

1. 放散量计算

总放散量为：

$$\Delta L = \alpha L(t_2 - t_1) \tag{6-1}$$

式中　ΔL ——放散量（mm）；

　　　α ——钢的线膨胀系数（°C^{-1}）；

　　　L ——需要放散的钢轨长（包括与前一单元轨节焊联末端拆开扣件的长度）（mm）；

　　　t_1 ——新锁定轨温（放散作业完成后长轨重新锁定时的轨温，°C）；

　　　t_2 ——原锁定轨温（新铺设无缝线路为设计锁定轨温，°C）。

计算各临时位移观测点的放散量时，上式中取 L 为相应位移观测点至轨节固始端的长度（包括与前一单元轨节焊联末端拆开扣件的长度）。

既有无缝线路放散作业时，关键是如何确定 t_2。因为经列车长时间碾压后，钢轨爬行，不仅要考虑原锁定轨温因不均匀爬行量影响，还有可能因钢轨长时间碾压后，出现塑性变形，使原锁定轨温降低。

$$t_2 = t_{原锁} \pm \Delta t \qquad (6\text{-}2)$$

式中　$t_{原锁}$——上一次放散作业时的锁定轨温（℃）；

　　　Δt——固定区始、终点爬行量差值换算的轨温变化（℃），其值为

$$\Delta t = \frac{l_{始} - l_{终}}{\alpha L'} \qquad (6\text{-}3)$$

式中　L'——固定区长度（mm）；

　　　$l_{始}$、$l_{终}$——固定区始（以列车运行方向为始端）、终点爬行量（mm）。

$l_{始} > l_{终}$ 说明由于纵向拉力使钢轨拉长了，原锁定轨温 t_2 提高了；反之 $l_{终} > l_{始}$，说明 t_2 下降了。

2. 锯轨量计算

1）普通无缝线路锯轨量计算

普通无缝线路长轨条两端缓冲区需要换上适当的钢轨调整轨缝，而备用轨多为标准轨或标准缩短轨，因此往往需要锯轨，其锯轨量为：

$$\lambda_{锯} = \Delta L + \left(\sum a_{预} - \sum a_{原} \right) \pm b \qquad (6\text{-}4)$$

式中　$\sum a_{预}$、$\sum a_{原}$——缓冲区预留轨缝总和（mm）、原轨缝总和（mm），预留轨缝按式（3-20）和式（3-21）计算，原轨缝实测得到；

　　　b——整治线路爬行时钢轨的移动量（mm），如与应力放散方向相反，b 为正，反之为负。

2）跨区间无缝线路锯轨量计算

既有线区间无缝线路或跨区间无缝线路放散是以单元轨条为单位的，按计划开口，拉伸量（放散量）用式（6-1）计算，锯轨量计算式与式（6-4）类似，但一般没有钢轨爬行移动量 b，如图 6-18 所示：

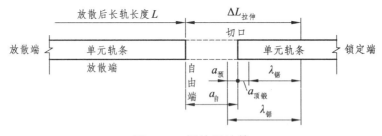

图 6-18　锯轨量计算

根据图 6-18，很容易得到：

$$\lambda_{锯} = \Delta L_{拉伸} - a_{自} + a_{预} \qquad (6\text{-}5)$$

式中　$\Delta L_{拉伸}$——总拉伸量（放散量）（mm）。

$a_{自}$——放散端单元轨条放散应力后（自由状态）轨端与锁定端单元轨条端部之间轨缝（mm）。

$a_{预}$——放散端单元轨条按计算拉伸锯轨后轨端与下一单元轨端焊联的预留轨缝（mm），铝热焊连接时，一般预留（25±2）mm，符号取"+"；移动闪光焊时为顶锻量，根据试验确定，符号取"−"。

测量放散钢轨尾端（自由端）与下一个单元轨节之间的距离 $a_{自}$ 时，应在扣除应留的轨缝宽度后，与计算的拉伸量对比，以最终确定锯轨量，并按锯轨的操作程序锯轨。

四、胀轨跑道原因及其防治措施

在第三章第二节的"无缝线路稳定性"内容中，我们知道保持无缝线路稳定的因素主要是道床横向阻力和轨道框架刚度，使其丧失稳定的因素则主要是温度压力和轨道原始弯曲。无缝线路的稳定性就是建立在温度压力与线路阻力相互平衡基础上的。温度压力增加，轨道的原始不平顺增大，或道床横向阻力和轨道框架下降，都可能导致胀轨跑道。另外，列车运行时轮轨间横向力作用也是打破这种平衡的一个不利因素。

（一）诱发胀轨跑道的原因

诱发胀轨跑道的因素主要有以下几点：

（1）钢轨不正常的收缩及严重不均匀位移，使局部实际锁定轨温过低，则高温季节造成局部温度压力过大。

（2）在进行线路修理时，超温、超长、超高等违章作业，或是作业后的道床阻力、结构强度未能恢复到应有程度，降低了维护轨道稳定的线路阻力，破坏了原有平衡。据统计分析，在过去的胀轨跑道中，70%以上都发生在作业中或作业后的当天或第二天。

（3）线路设备状态不良，尤其是道床不符合标准，阻力严重下降。

（4）扣件压力不足，道钉浮离，造成轨道框架刚度降低，从而增大了胀轨的可能性。

（5）线路方向严重不良，钢轨碎弯多，增加了轨道原始不平顺。

（二）预防胀轨跑道的主要措施

防胀工作一定要抓好设备状态、施工作业、巡检看守、技术管理四个主要环节。

（1）要经常保持设备状态完好，特别是要重视道床工作。提高道床横向阻力是增强无缝线路稳定性的有效措施。道床必须保持均匀、饱满、坚实、清洁，无翻浆冒泥和坍砟松散现象，对道口和道岔前后、曲线头尾、无砟桥头、制动区段等，应重点补充道砟，必要时可加宽和堆高砟肩。要及时整治方向不良病害，在高温季节矫直钢轨硬弯，因为方向是否良好与线路稳定性关系最大，同一矢度的硬弯（死弯）比活弯要坏。在春秋两季，还要加强扣件拧紧和防爬设备整正工作。

（2）在大中修时，对于影响道床稳定性的施工作业，必须在锁定轨温范围内进行，否则必须先放散后施工。养护维修作业要严格执行"一准、两清、三测、四不超、五不走"制度；要根据无缝线路的特点，科学地安排维修计划，锁定轨温偏低的，要在低温月份维修。在高温季节，不能做影响线路稳定性的工作，扒、捣、填、夯等作业要紧密衔接。复线地段要逆列车运行方向进行作业。

（3）要加强观测和检查工作。在温差变化较大或高温季节时，要加强检查。大中修施工地段要严格执行"巡养防"制度，发现线路异状时，要派人看守。高温天气，注意检查轨道状态，要把方向变化作为重点，并认真检查钢轨爬行情况。对于容易出现附加残余爬行力地段，更要经常检查。

（4）要加强技术管理工作，准确地掌握锁定轨温。要定期测量爬行量和轨缝值，以积累资料进一步掌握无缝线路的变化规律。凡锁定轨温不明、不准或轨温变化的，应于设计锁定轨温范围内放散应力，然后重新锁定。若由于条件限制，不能在设计锁定轨温范围内锁定线路时，比如低温铺设，一定要在铺设后的第一个夏季到来之前进行应力放散。

（5）发现胀轨跑道预兆时，应及时回填夯实道床，并拧紧扣件、打紧防爬设备，禁止任意拨道、锯轨或调整轨缝作业。曲线地段，可将下股较多的道砟运往上股轨枕头均匀堆放。必要时，应及时采取限速或封锁措施。

（6）加强防胀备品管理，确保防胀备品到位。每年四月底前要对工区防胀信号、备品、抢修机具等进行一次全面检查，缺少和损坏的及时修复补充。

（三）胀轨跑道的处理

（1）当线路出现连续碎弯并有胀轨迹象时，必须加强巡查或派专人监视，观测轨温和线路方向的变化。若碎弯继续扩大，应采取限速或封锁措施，进行紧急处理。线路稳定后，恢复正常行车。

（2）作业中如出现轨向、高低不良，起道、拨道省力，枕端道砟离缝等胀轨迹象时，必须停止作业，并及时采取防胀措施。

（3）无论作业中或作业后，发现线路轨向不良，用 10 m 弦线测量两股钢轨的轨向偏差，当平均值达到 10 mm 时，必须设置移动减速信号，并采取夯拍道床、填满枕盒道砟和堆高砟肩等措施；来不及设置移动减速信号的，现场防护员应显示黄色信号旗（灯），指示列车限速运行，及时报告车站值班员限速地点和限速值，并安排人员在车站登记；当两股钢轨的轨向偏差平均达到 12 mm 时，必须立即设置停车信号，及时通知车站，并采取钢轨降温、切割等紧急措施，消除故障后方可放行列车。

（4）发生胀轨跑道后，必须立即拦停列车，采取浇水或喷洒液态二氧化碳的方法降低轨温然后拨道，或切割钢轨、插入不短于 6 m 短轨等方法，恢复线路，首列放行列车速度不超过 15 km/h，并派专人看守、整修线路，逐步提高行车速度。

五、钢轨折断预防及处理

无缝线路钢轨折断，多数发生在冬季，钢轨伤损多数发生在焊缝处所，尤其是铝热焊接头。存在焊接缺陷的接头，在冬季巨大温度拉应力、列车动弯应力及其他附加力的作用下，当超过钢轨强度时，就会发生折断。钢轨折断时断缝将被拉开，对行车安全构成严重威胁。因此，必须做好钢轨防断工作。

（一）钢轨断裂的原因

（1）焊缝缺陷，尤其是铝热焊缝，容易出现夹砂、夹渣、气孔等缺陷，使强度下降而折断，这几乎占线路上钢轨总折断率的80%。

（2）焊缝处疲劳强度和断裂性能低，特别是铝热焊其强度只有母材的70%左右，随着铺设时间的增长和通过总质量的增大，疲劳断裂增多。

（3）焊缝处外观尺寸不符合标准，加大了列车的附加冲击，例如，左右、高低错牙，或者经过一段时间运行后，出现鞍形磨损或低焊缝等，造成焊缝附近不平顺，加速了焊缝的断裂。

（4）线路不均匀爬行，造成局部锁定轨温过高，加大了温度拉应力。

（5）养护维修不当，造成空吊板、暗坑等病害，增加了附加动力影响。

（6）超过大修换轨周期，钢轨疲劳，强度减弱。

（二）预防焊缝断裂的措施

（1）提高焊接工艺，采用新技术，提高铝热焊质量，做好焊后的热处理。

（2）加强线路养护，做好防爬锁定，提高轨道的设备质量。

（3）做好钢轨维修养护，对不良焊缝要有计划地进行打磨、修补和综合整治。

（4）做好钢轨的检查探伤工作，及时发现轻、重伤钢轨并及时进行处理，尽量减少断轨的出现。

（三）对重伤钢轨及钢轨折断的处理

1. 重伤钢轨的处理

探伤检查发现钢轨重伤时，应及时切除重伤部分，实施焊复。探伤检查发现钢轨焊缝重伤时，应及时组织加固处理或实施焊复。发现重伤不待断裂即切除重焊非常重要，因钢轨的重伤部位随时有折断的可能，不及时处理将危及行车安全。对重伤焊缝的焊复工作需要一定的准备工作，一般不能在发现后立即完成，因此对重伤焊缝可进行加固处理。加固处理一般使用膙包夹板进行，按照膙包夹板的孔距在钢轨腹部中和轴上钻孔，然后安装膙包夹板，若要恢复正常速度，必须保证不少于4个螺栓，并使螺栓扭力矩达到900 N·m。

2. 钢轨折断后的处理

一旦发现钢轨折断（包括焊缝），应设置停车信号防护，及时通知车站，根据具体情况分三级处理：

1）紧急处理

当钢轨断缝不大于 50 mm 时，应立即进行紧急处理。在断缝处上好夹板或臌包夹板，用急救器固定，在断缝前后各 50 m 拧紧扣件，并派人看守，限速 5 km/h 放行列车。当断缝小于 30 mm 时，放行列车速度为 15～25 km/h。有条件时应在原位焊复，否则应在轨端钻孔，上好夹板或臌包夹板，拧紧接头螺栓，然后可适当提高行车速度。

2）临时处理

钢轨折损严重或断缝大于 50 mm，以及紧急处理后，不能立即焊接修复时，应封锁线路，切除伤损部分，在两锯口间插入长度不短于 6 m 的同型钢轨，轨端钻孔，上接头夹板，用 10.9 级螺栓拧紧。在短轨前后各 50 m 范围内，拧紧扣件后，按正常速度放行列车，但不得大于 160 km/h。

临时处理或紧急处理时，应先在断缝两侧轨头非工作边做出标记，标记间距离约为 8 m，并准确丈量两标记间的距离和轨头非工作边一侧的断缝值，作好记录。

3）永久处理

对紧急处理或临时处理的处所，应及时插入短轨进行焊复，恢复无缝线路轨道结构。

采用小型气压焊或移动式接触焊时，插入短轨长度应等于切除钢轨长度加上 2 倍顶锻量。先焊好一端，焊接另一端时，先张拉钢轨，使断缝两侧标记的距离等于原丈量距离减去断缝值加顶锻量后再焊接。

采用铝热焊时，插入短轨长度等于切除钢轨长度减去 2 倍预留焊缝值。先焊好一端，焊接另一端时，先张拉钢轨，使断缝两侧标记的距离等于原丈量距离减去断缝值后再焊接。在线路上焊接时的轨温不应低于 0 ℃，放行列车时，焊缝处轨温应降至 300 ℃ 以下。

（四）道岔钢轨折断紧急处理

发生道岔尖轨、基本轨、心轨或翼轨折断时应立即封锁线路，进行紧急处理。

（1）断缝位于尖轨与基本轨、可动心轨与翼轨密贴段范围外，且能加固时，处理方法和放行列车条件同线路钢轨折断处理。

（2）断缝位于尖轨与基本轨、可动心轨与翼轨密贴段范围以外，且不能加固时，或断缝位于尖轨与基本轨、可动心轨与翼轨密贴范围内，且直股或曲股之一可单独放行列车时，根据现场实际情况，确认道岔开向，由工务部门紧固，电务部门确认尖轨及心轨密贴状态，道岔应现场加锁或由控制台单锁（具体加锁办法由铁路局集团公司规定），限速放行列车，并派人看守、检查、确认；直股和曲股均不能放行列车时，应进行永久处理。

第九节　道岔及钢轨伸缩调节器养护维修

> **本节要求**

（1）了解道岔维修工作的内容，掌握主要技术标准。

（2）掌握道岔常见病害整治方法，了解工电联合整治内容和管理要求。

（3）了解钢轨伸缩调节器维护的内容。

道岔和钢轨伸缩调节器都是轨道的薄弱环节，也是影响线路通过能力的重要环节。特别是道岔结构复杂，零部件多，受冲击力更大，易于变形、磨耗造成病害，而且产生病害的原因错综复杂。

道岔和钢轨伸缩调节器状态的好坏，直接影响行车平稳性和安全。因此，必须做好道岔和钢轨伸缩调节器的日常维护，预防病害的发生，经常保持其状态良好。

普速铁路道岔和钢轨伸缩调节器的养护维修应贯彻"预防为主，防治结合，修养并重"的原则，按照线路等级管理和设备单元管理的要求，开展道岔和钢轨伸缩调节器设备的等级修、状态修，提高道岔和钢轨伸缩调节器维护的科学性；积极采用大型养路机械进行道岔和钢轨伸缩调节器养护维修作业，不断提高养护维修质量，延长设备养护维修周期和使用寿命。

一、主要内容

1. 道岔计划维修

（1）根据道岔及其各部件的变化规律和特点，按周期对道岔进行全面检查，结合修理周期和状态评估，合理安排道岔各结构部件的单项修理，以恢复道岔完好技术状态。道岔维修以大型养路机械为主要手段，主要包括对道岔进行大型养路机械全面捣固，钢轨预打磨、预防性或修理性打磨，联结零件的整正和涂油，等。

大型养路机械捣固作业应包括对道岔及其前后线路平、纵断面进行全面测设和优化，通过全面起道、拨道、捣固、稳定，调整几何形位，改善道床弹性，全面整正或更换胶垫等工作。

钢轨预防性打磨是指运用钢轨保护技术对钢轨进行廓形检测和设计，按照设计周期进行钢轨全面打磨，改善轮轨接触关系，消除表面裂纹源，恢复设计廓形。新道岔钢轨上道后累计通过总质量不超过 20 Mt 时进行预打磨，预防性打磨按照设计周期进行。

（2）根据道岔动静态检测、道岔状态变化情况及设备单元状态评价结果，对道岔进行有计划、有重点的养护，以保持道岔质量处于均衡状态。道岔保养作业以状态修为主，以养路机械为主要作业手段，主要包括以调整几何尺寸为主的局部起拨改道、扣件紧松补缺、钢轨焊缝和道岔轨件打磨修理等作业，按周期对联结零件进行全面检查、整正、紧松补缺和除锈涂油等。

2. 道岔临时补修

对道岔几何尺寸超过临时补修允许偏差管理值处所或伤损失效的道岔部件进行临时性整修或更换，以保证行车安全和舒适。

二、主要标准（含 200 km/h）

（一）道岔轨道静态几何尺寸允许偏差管理标准

道岔静态几何状态应保持在计划维修管理值标准，道岔大修、计划维修和临时补修作业后的质量应达到作业验收管理值标准；超过临时补修管理值的应及时进行整修。

（二）轨道动态不平顺管理标准

轨道动态检测是利用轨道检查车在运行情况下对轨道状态进行动态检测，目的是及时了解和掌握线路局部不平顺（峰值管理）和线路区段整体不平顺（均值管理）的动态质量，指导线路养护维修工作。轨道检查车对轨道动态局部不平顺（峰值管理）检查的项目为轨距、水平、高低、轨向、三角坑、车体垂向振动加速度和车体横向振动加速度七项。各项偏差等级划分为四级：Ⅰ级为日常保持标准，Ⅱ级为计划维修标准，Ⅲ级为临时补修标准，Ⅳ级为限速标准。

线路区段整体不平顺（均值管理）的动态质量用轨道质量指数（TQI）评定。对轨道质量指数（TQI）超过管理值的线路，应有计划地安排维修或保养，对轨道检查车查出的Ⅲ级超限处所应及时处理，对查出的Ⅳ级超限处所立即限制行车速度并及时处理。

（三）道岔结构养护标准

（1）单开道岔轨距及各部间隔尺寸、轮缘槽宽，见第四章第四节相关内容。

（2）导曲线支距与超高。

导曲线支距按道岔标准图或设计图设置，在导曲轨与基本轨工作边之间测量。允许速度不大于 120 km/h 的线路，导曲线可根据需要设置 6 mm 的超高，并在导曲线范围内按不大于 2‰顺坡。

（3）正线道岔（直向）与曲线超高顺坡终点之间的直线段长度：线路允许速度大于 160 km/h 时不应小于 70 m，困难条件下不应小于 30 m；线路允许速度为 120（不含）~160 km/h 时不应小于 40 m，困难条件下不应小于 25 m；线路允许速度小于等于 120 km/h 时不应小于 20 m。

站线道岔与曲线或道岔与其连接曲线之间的直线段长度不应小于 7.5 m，困难条件下不应小于 6 m。轨距加宽递减率不应大于 2‰，困难条件下不应大于 3‰。

连接曲线半径不应小于道岔导曲线半径。连接曲线超高不应大于 15 mm，顺坡坡率不应大于 2‰。

（4）尖轨、可动心轨有下列伤损或病害时，应及时修理或更换：

① 尖轨尖端与基本轨或可动心轨尖端与翼轨间隙大于 1 mm，短心轨与叉跟尖轨尖端间隙大于 1.5 mm。

② 尖轨、可动心轨侧弯造成轨距不符合规定。

③ 尖轨、可动心轨顶面宽 50 mm 及以上断面处，尖轨顶面低于基本轨顶面、可动心轨顶面低于翼轨顶面 2 mm 及以上。

④ 尖轨、可动心轨顶面宽 50 mm 及以下断面处，尖轨顶面高于基本轨顶面、可动心轨顶面高于翼轨顶面 2 mm 及以上。

⑤ 尖轨、可动心轨工作面伤损，继续发展，轮缘有爬上尖轨、可动心轨的可能。

⑥ 内锁闭道岔两尖轨相互脱离时，分动外锁闭道岔两尖轨与连接装置相互分离或外锁闭装置失效时。

⑦ 其他伤损达到钢轨轻伤标准时。

（5）基本轨有下列伤损或病害，应及时修理或更换：

① 曲股基本轨的弯折点位置或弯折尺寸不符合要求，造成轨距不符合规定。

② 基本轨垂直磨耗：50 kg/m 及以下钢轨，正线上超过 6 mm，到发线上超过 8 mm，其他站线上超过 10 mm；60 kg/m 及以上钢轨，在允许速度大于 120 km/h 的正线上超过 6 mm，其他正线上超过 8 mm，到发线上超过 10 mm，其他站线上超过 11 mm（33 kg/m 及其以下钢轨由铁路局集团公司规定）。

③ 其他伤损达到钢轨轻伤标准时。

（6）道岔和调节器尖轨或基本轨伤损时，宜同时更换尖轨和基本轨。如单独更换尖轨时，在更换前应校核尖轨几何尺寸，更换后应进行基本轨、尖轨顺坡打磨，保证换后符合技术标准。

（7）道岔护轨螺栓、可动心轨咽喉和叉后间隔铁螺栓、长心轨与短心轨联结螺栓、钢枕立柱螺栓、可动心轨凸缘与接头铁联结螺栓、合金钢组合辙叉间隔铁螺栓必须齐全、作用良好，折断时必须立即更换。同一部位同时有两条螺栓或可动心轨凸缘与接头铁螺栓有一条缺少或折损时，道岔应停止使用。

（8）道岔各种零件应齐全、作用良好，缺少时应及时补充。有下列伤损或病害时，应有计划地进行修理或更换：

① 各种螺栓、连杆、顶铁和间隔铁损坏、变形或作用不良，顶铁和轨腰离缝大于 2 mm。

② 滑床板损坏、变形或滑床台磨耗大于 3 mm。

③ 轨撑损坏、松动，轨撑与轨头下颚或轨撑与垫板挡肩离缝大于 2 mm。

④ 护轨垫板折损。

⑤ 钢枕和钢枕垫板下胶垫及防切垫片损坏、失效。

⑥ 弹片、销钉、挡板损坏。弹片与滑床板挡肩离缝、挡板前后离缝大于 2 mm，销钉帽内侧距滑床板边缘大于 5 mm。

⑦ 其他各种零件损坏、变形或作用不良。

（9）辊轮系统及其部件应满足以下要求：

① 辊轮安装与调整应符合铺设图要求，各零部件应保持齐全。

② 尖轨在闭合状态下，尖轨轨底与辊轮的间隙应为 1～2 mm；尖轨在斥离状态下，尖轨轨底与滑床台上表面的间隙应为 1～3 mm。

③ 辊轮槽排水孔应保持畅通。

④ 辊轮上、下部分联结螺栓松动、折断、缺失、破损时应及时修理或更换。

（10）高锰钢整铸辙叉轻伤标准（含可动心轨辙叉中高锰钢整铸翼轨、叉跟座）：

① 辙叉心宽 40 mm 断面处，辙叉心垂直磨耗（不含翼轨加高部分）：50 kg/m 及以下钢轨，正线上超过 4 mm，到发线上超过 6 mm，其他站线上超过 8 mm；60 kg/m 及以上钢轨，在允许速度大于 120 km/h 的正线上超过 4 mm，其他正线上超过 6 mm，到发线上超过 8 mm，其他站线上超过 10 mm；可动心轨宽 40 mm 断面及可动心轨宽 20 mm 断面对应的翼轨垂直磨耗（不含翼轨加高部分）超过 4 mm。

② 辙叉顶面和侧面的任何部位有裂纹。

③ 辙叉心、辙叉翼轨面剥落掉块，在允许速度大于 120 km/h 的线路上长度超过 15 mm，且深度超过 1.5 mm；在其他线路上长度超过 15 mm，且深度超过 3 mm。

④ 钢轨探伤人员或线路（检查）工长认为有伤损的辙叉。

（11）高锰钢整铸辙叉重伤标准（含可动心轨辙叉中高锰钢整铸翼轨、叉跟座）：

① 辙叉心宽 40 mm 断面处，辙叉心垂直磨耗（不含翼轨加高部分）：50 kg/m 及以下钢轨，正线上超过 6 mm，到发线上超过 8 mm，其他站线上超过 10 mm；60 kg/m 及以上钢轨，在允许速度大于 120 km/h 的正线上超过 6 mm，其他正线上超过 8 mm，到发线上超过 10 mm，其他站线上超过 11 mm；可动心轨宽 40 mm 断面及可动心轨宽 20 mm 断面对应的翼轨垂直磨耗（不含翼轨加高部分）超过 6 mm（33 kg/m 及以下钢轨由铁路局集团公司规定）。

② 垂直裂纹长度（含轨面部分裂纹长度）超过表 6-16 所列限度者。

表 6-16　垂直裂纹　　　　　　　　　　　单位：mm

项目	辙叉心		辙叉翼
	宽 0～50 mm	宽 50 mm 以后	
一条裂纹长度	50	50	40
两条裂纹相加	60	80	60

③ 纵向水平裂纹长度超过表 6-17 所列限度者。

表 6-17　纵向水平裂纹　　　　　　　　单位：mm

项　目	辙叉心	辙叉翼	轮缘槽
一侧裂纹长度	100	80	200
一侧裂纹发展至轨面（含轨面部分裂纹长度）	60	60	—
两侧裂纹贯通（指贯通长度）	50	—	—
两侧裂纹相对部分长度	—	—	100

④ 叉趾、叉跟轨头及下颚部位裂纹超过 30 mm。

⑤ 叉趾、叉跟浇注断面变化部位斜向或水平裂纹长度超过 120 mm；或虽未超过 120 mm，但裂纹垂直高度超过 40 mm。

⑥ 底板裂纹向内裂至轨腰，并超过轨腰与圆弧的连接点。

⑦ 螺栓孔裂纹延伸至轨端、轨头下颚或轨底，两相邻螺栓孔裂通。

⑧ 辙叉心、辙叉翼轨面剥落掉块长度超过 30 mm，且深度超过 6 mm。

⑨ 钢轨探伤人员或线路（检查）工长认为有影响行车安全的其他缺陷。

（12）合金钢组合辙叉的垂直磨耗比照高锰钢整铸辙叉办理，其他伤损比照钢轨轻重伤标准办理。

辙叉有轻伤时，应加强检查观测，达到重伤标准时应及时更换。

（13）可动心轨道岔的普通钢轨接头应使用 10.9 级螺栓，扭矩应保持 $700\sim900$ N·m。

可动心轨道岔的长心轨实际尖端至翼轨趾端的距离（简称尖趾距离），容许误差：12 号为 $^{+10}_{0}$ mm，18 号为 $^{+15}_{0}$ mm，30 号及以上为 $^{+25}_{0}$ mm。

（14）护轨侧面磨耗分轻伤和重伤两类，见表 6-18。护轨侧面磨耗达到重伤标准时应及时更换。

表 6-18　护轨侧面磨耗轻伤和重伤标准

道岔直向允许通过速度/（km/h）	轻伤/mm	重伤/mm
$v_{max}>120$	8	10
$v_{max}\leqslant120$	10	12

注：磨耗在平直段中点量取。

三、道岔常见病害整治

道岔设备较一般线路构造复杂，列车通过时纵横向冲击力大，容易产生病害。为了保持道岔几何形位及各部件处于良好状态，必须分析病害成因及产生规律，有针对性地采取有效预防和整治措施，提高养护维修质量。

（一）道岔方向不良

造成道岔方向不良的原因很多，主要有道岔的铺设位置不正确、维修作业方法不合理、忽视道岔的整体维修等。

预防整治措施：

（1）做好道岔前后 50 m 线路的整体维修，经常保持轨面平、方向顺。在整治道岔病害时，先做好线路前后方向，再进行道岔方向的整正。

（2）做好直股基本轨方向，拨好道岔位置。

（3）弯好曲基本轨曲折点，做好轨距加宽递减。转辙部分轨距变化多，递减距离短，要正确弯好曲基本轨曲折点，方能保证转辙部分的轨距和方向正确。

（4）检查确认基本轨既有弯折量，按标准做好弯折段长度和矢量。

（5）加强捣固作业，除按照普通轨道对手工捣固的规定进行捣固外，还应根据道岔构造的特点进行适当加强。

（6）补充夯实道床，道岔转辙部分设置转辙杆、连接杆，各轨枕孔道床应比岔枕顶面低 50～60 mm，并夯实道床。

（7）加强各部分零件的养护维修，充分发挥各种扣件固定钢轨位置的作用。及时补充、更换与整修零件，消灭"三道缝"（即基轨底边与滑床台槽边有 1 mm 以上缝隙、基本轨下颚与轨撑缝隙超过 0.5 mm、轨撑与滑床板挡肩有 1 mm 以上缝隙），防止基本轨横向移动。

（二）道岔爬行

线路爬行是线路上的严重病害，是线路上"百病之源"。由于道岔本身的构造特点和弱点，爬行对道岔的危害更大。接头轨缝挤瞎或拉大，就会造成钢轨及其零部件的严重磨损甚至折断，拉弯道钉与扣件，拉斜、拉坏岔枕，破坏道岔轨距和方向等一系列病害，并影响转辙器、活动心轨钝角辙叉和可动心轨辙叉的密贴及锁闭。

造成道岔爬行的主要原因是道岔前后线路防爬锁定不良，或道砟捣固不实、夯实不好，各部联结件不紧或失效，等。

预防整治措施：

（1）按规定在道岔及其前后线路上安装足够的、有效的防爬设备。

（2）加强捣固，填满夯实道床。

（3）整修尖轨跟端双头螺栓，及时更换磨损失效螺栓或套管，同时堆焊、整平磨损的间隔铁、夹板和螺栓孔。

（4）加强联结零件的养护维修，发现松弛和失效零件，及时紧固或更换。

（5）消灭大轨缝，更换长度不足的短轨，消除因爬行而拉大的轨缝，补足并上紧防爬设备。

（三）尖轨与基本轨不密贴或较长距离不密贴

尖轨与基本轨不密贴或较长距离不密贴主要是尖轨加工或基本轨弯折误差过大和安装不当造成的。

预防整治措施：

（1）对刨切长度不足的尖轨再作刨切，顶铁与补强板螺栓可作打磨、焊补或更换。

（2）调整扳道器或转辙机及尖轨拉杆位置，使其在同一水平线上。

（3）拨正基本轨方向，矫正弯折点的位置和矢度；打磨基本轨内侧肥边，打靠道钉，消除假轨距；调直尖轨或基本轨，拨正方向，改好轨距。

（4）调整连接杆的长度，改变尖轨耳铁的孔位或者加入绝缘垫片，误差较大时更换尖轨耳铁或方钢。

（四）尖轨跳动

当车辆通过转辙器时，尖轨跟部受外力作用而致尖轨跳动，但不同道岔跳动的程度各不相同，尤其是长度为 6.25 m 以下的尖轨，此种病害更为明显。

引起尖轨跳动的主要原因是：尖轨跟部联结零件磨耗，特别是间隔铁、夹板、尖轨螺栓孔和双头螺栓磨耗；跟部桥型垫板和防跳卡铁等缺少、失效；捣固不均匀，岔枕弯曲，有吊板；跟部接头错牙，尖轨中部滑床板拱腰，尖轨拱腰，等。

预防整治措施：

（1）焊补或更换间隔铁、夹板，更换磨耗的双头螺栓。

（2）增补整修跟部桥型垫板和防跳卡铁，加强尖轨跟部捣固，消除吊板处所，使轨底坚实，强度均衡。

（3）消灭接头高低、左右错牙，整治拱腰滑床板，整治拱腰尖轨。

（五）尖轨轧伤与侧面磨耗

尖轨轧伤多发生在尖轨尖端断面比较薄弱部分，当轧伤的长度和深度达到一定程度时，车轮就有爬上尖轨的危险。轧伤范围一般发生在距尖轨尖端 1 000 mm 长度以内，300 mm 内较为明显，轧伤垂直深度很少超过 20 mm，曲股尖轨多于直股尖轨。

尖轨轧伤与侧面磨耗产生的原因主要是：尖轨与基本轨不密贴或假密贴，尖轨与滑床板不密贴，尖轨跳动；尖轨顶铁过短，基本轨垂直磨耗偏差；尖轨前部顶面受车轮踏面和轮缘的轧、挤、碾作用。

预防整治措施：

（1）按照尖轨与基本轨不密贴、与滑床板不密贴和尖轨跳动等病害的整治办法，进行综合整治。

（2）尖轨顶面有肥边时，进行打磨；尖轨顶铁过短时，加长顶铁，使尖轨尖端不离缝。

（3）将垂直磨耗偏差的基本轨与轧伤的尖轨同时更换。

（4）导曲线可根据需要，设置 6 mm 的超高，在导曲线范围内按不大于 2‰顺坡。

（六）尖轨拱弯

尖轨拱弯是指尖轨拱腰和尖轨侧向弯曲。尖轨拱弯在号码较小、尖轨较短的道岔上较为普遍。

尖轨拱弯产生的原因主要是：尖轨刚度较小，尖轨尖端和跟端道床捣固不实；尖轨尖端和跟端所受冲击力大于中间部分，尖轨在制造和运输装卸过程中形成的拱弯。

预防整治措施：

（1）加强捣固，做好水平，消灭空吊板，特别要使尖轨尖端和尖轨跟端保持良好的平顺性，消灭跟端低洼现象。

（2）保持连接杆伸入基本轨轨底部分的间隙在 1~2 mm，以发挥其防止尖轨跳动的作用。

（3）采用气体火焰调直、烘炉加热调直或采用专用机械整平尖轨拱腰。

（4）拆开两侧尖轨，直接矫直侧弯或更换钢轨。

（七）尖轨与滑床板不密贴

尖轨与滑床板不密贴病害会使列车通过时尖轨上下跳动，尖轨与基本轨离缝，容易轧伤尖轨，还会使滑床板和尖轨跟端螺栓受到损伤，道岔扳动也不灵活。

尖轨与滑床板不密贴产生的原因主要是：尖轨拱腰，滑床板弯曲，岔枕变形和岔枕吊板，滑床台磨耗或塌陷；基本轨有小反，捣固不实。

预防整治措施：

（1）按整治尖轨拱腰和尖轨跳动的办法进行整治。

（2）更换标准型滑床板，抽换变形的岔枕或翻转使用，焊补滑床台，切实做好捣固。

（八）导曲线轨距扩大

导曲线轨距扩大产生的原因主要是列车通过导曲线时，产生离心力、横向推力以及车轮冲击钢轨，致使道钉浮离，配件松动，钢轨发生小反。

预防整治措施：

（1）在导曲线外侧设轨撑，可隔一根轨枕或连续设置；增设连二铁板或轨距杆。

（2）在导曲线外股接头处安装桥型垫板，防止接头"支嘴"，减小轨距扩大。

（3）整治轨撑离缝，消除假轨距；岔枕钉孔填木楔后再钉道钉，严重腐朽的岔枕须更换。

（4）混凝土岔枕要消除扣件挡肩和轨底边的离缝，使其达到足够的扭力矩。

（九）辙叉垂直磨耗和压溃

辙叉垂直磨耗和压溃产生的原因主要是心轨降低值不符合要求，造成动载和磨耗增加；另外，辙叉心处的岔枕经常发生吊板，引起排水不良、翻浆冒泥，也加重了翼轨、心轨的严重磨耗和损伤。

预防整治措施：

（1）针对辙叉底部存在的空洞和吊板，加强辙叉底部的捣固，特别是叉心和辙叉前后接头处的捣固。

（2）在辙叉底岔枕顶面垫胶垫，以缓冲受力，延长辙叉和岔枕使用寿命。

（3）为了保持辙叉的整体稳定性，锰钢整铸辙叉与岔枕间需用螺纹道钉固定。

（4）钢轨组合辙叉底部和前后接头，应铺设大垫板和接头桥型垫板，用竖螺栓扣板把辙叉固定在垫板上，如 AT 型道岔那样，加强辙叉的整体稳定性。

（5）在辙叉部位的岔枕上，安设特制铁座，用弹条Ⅰ型扣件固定辙叉位置。弹性扣件扣压力大，既可防止辙叉横移，又可防止纵爬，对稳固辙叉可以取得较好的效果。

（6）定期检测心轨降低值，对超限处所，及时安排打磨，确保过渡段平顺。

四、工电联合整治

工电联合整治道岔设备，对保障运输安全，减少道岔故障，特别是工电结合部故障具有重要作用。因此，应合理安排工电联合整治道岔周期，严格执行工电联合整治道岔的要求，确保工电联合整治道岔的质量，使道岔及转换设备处于良好状态。

（一）道岔工电结合部设备管理分工

（1）道岔钢轨、辙叉、轨枕、滑床板、垫板、连接杆、拉杆、间隔铁、限位器、防跳限位装置、轨撑、顶铁、挡砟板、联结零配件、连接销、螺栓、岔枕上用于安装道岔安装装置的螺栓孔，提速道岔钢岔枕与钢轨联结螺栓的绝缘垫板及绝缘套管，心轨牵引点处连接铁（拉板）及其联结螺栓等由工务部门负责维修管理。

（2）道岔转辙机、密贴检查器、锁闭装置、导管装置、动作杆、表示杆、防踩板、安装装置（含绝缘），可动心轨道岔的锁闭板、锁闭板绝缘垫片及锁闭板与钢枕的联结螺栓，心轨牵引点拉板安装外锁闭的方孔及安装转辙机托板的螺栓，CN 道岔下拉装置、辙叉夹紧杆、辙叉连接柄及其紧固件由电务部门负责维修管理。

（3）工务设备上用于安装电务设备的螺栓孔由电务部门负责检查，道岔钢岔枕与钢轨联结螺栓的绝缘垫板及绝缘套管由电务部门负责测试，发现失效时通知并配合工务部门修复。

（4）锰钢辙叉上的导电销由电务部门负责日常检查、工务部门负责维护；电务部门发现导电销脱落或无法安装跳线时，应通知并配合工务部门焊修。

（5）道岔辊轮安装、固定、维护由工务部门负责，辊轮调整由电务部门负责。辊轮及其部件缺失、脱落或破损时，由工务部门准备材料并安装恢复，电务部门负责调整。

（6）钢轨绝缘等工电结合部设备管理分工：

① 分体式绝缘接头夹板及螺栓由工务部门负责维护，其保证电气特性的绝缘部分由电务部门负责维护。工务、电务部门发现绝缘接头不良需分解检查或更换时，应联合整治。

② 胶接绝缘和本克拉绝缘接头、轨距拉杆、地锚拉杆由工务部门负责维护，其保证电气特性的绝缘部分由电务部门负责测试，测试发现绝缘部分存在问题时由工务部门负责维修。

工务、电务部门发现绝缘接头不良时，应联合整治。

（二）工电联合整治管理要求

（1）工务、电务部门要按周期开展联合检查和整治道岔工作。根据检查结果，共同确认联合整治道岔的地点和数量，研究、制订联合检查整治方案和计划，组织完成联合整治道岔任务。

（2）工务、电务部门凡涉及道岔结合部的作业，须提前通知对方，按照"谁提出、谁登记"的原则进行施工登记要点。工务部门在道岔尖轨前基本轨接头至尖轨跟端和可动心轨翼轨趾端至长心轨跟端处进行起、拨、改等维护作业，影响电务设备正常使用时，必须提前以配合通知单形式通知电务部门配合，电务人员不到位不得进行作业。作业完毕，电务部门进行检查试验，试验良好后，工务、电务部门共同销记。

（3）工务、电务部门在日常的设备养护维修中发现结合部存在问题时，要及时填写配合作业通知单通知对方，加强配合，共同解决问题。

（4）联合整治道岔要严格执行作业标准化，确保作业效率和作业质量。凡经联合整治的道岔应达到"工电联合整治道岔项目及要求"的规定。

五、道岔常见故障处理

普速道岔常见故障有道岔无表示、红光带、轨件折断等。道岔无表示、红光带的处理方法见本书第七章关于高速铁路道岔养护维修的相关部分；有缝道岔轨件折断可直接更换，无缝道岔轨件折断可按以下要求进行处理：

（1）尖轨损坏不能继续使用时，应首先钉固另一股尖轨，保证有一股线路正常行车。同时立即切割拆除尖轨，换入轨端带螺栓孔尖轨，在尖轨跟端用夹板和螺栓联结，临时恢复通车。临时处理后尽快安排用轨端无螺栓孔的尖轨进行焊接，恢复道岔正常状态。

（2）基本轨损坏不能继续使用时，在切割拆除基本轨后，先换入轨端带螺栓孔的基本轨，两端用夹板和螺栓联结，临时恢复通车。然后安排换入轨端无螺栓孔的基本轨，用铝热焊焊接，进行永久处理。

（3）辙叉损坏时，应拆除辙叉进行更换，必要时可先换入一根短轨开通直股，然后再换入新辙叉，开通线路。

（4）岔内钢轨折断时，参照无缝线路断轨处理方法办理。

六、钢轨伸缩调节器维护

钢轨伸缩调节器是由基本轨、尖轨、扣件系统、轨枕等部件组成，通过基本轨与尖轨之间的纵向相对位移，大幅减少桥梁与无缝线路纵向相互作用力的轨道设备。钢轨伸缩调节器是线路设备的薄弱环节，因此要加强钢轨伸缩调节器的日常检查和维护，以掌握其结构特点和变化规律，确保钢轨伸缩调节器经常保持良好状态。

（一）技术要求

钢轨伸缩调节器用钢轨应选用在线热处理对称及非对称断面钢轨，并应满足以下技术要求：

（1）平面曲线和竖曲线地段不应设置钢轨伸缩调节器。

（2）钢轨伸缩调节器应采用基本轨伸缩、尖轨锁定的结构。

（3）基本轨始端、尖轨尖端至最近梁缝边的距离均不应小于 2 m。

（4）护轨伸缩接头的最大伸缩量应与钢轨伸缩调节器设计伸缩量一致。

（5）接续线钻孔位置应避开基本轨伸缩范围。

（6）钢轨伸缩调节器及其前后线路扣件类型和螺栓扭矩应符合设计要求。

（7）基本轨应按设计设置伸缩零点。

（8）当梁缝设置梁端伸缩装置时，应采用上承式梁端伸缩装置，并与钢轨伸缩调节器形成一体化结构。

（9）钢轨伸缩调节器尖轨尖端至梁缝应采用可滑动扣件。

（10）钢轨伸缩调节器产品应满足现行《客货共线铁路钢轨伸缩调节器》（TB/T 3518）的各项规定。

（二）养护维修作业

（1）应加强钢轨伸缩调节器养护维修，使其保持尖轨锁定、基本轨可伸缩状态，防止尖轨爬行或基本轨异常伸缩。

（2）钢轨伸缩调节器所有螺栓扭矩应达到设计要求；单向钢轨伸缩调节器应加强尖轨及其后 50～100 m 范围内钢轨的锁定，该范围内如有小阻力扣件，小阻力扣件按照设计扭矩拧紧。

（3）不得对基本轨、尖轨及其所焊连的钢轨进行张拉或顶推作业。

（4）定期观测并分析基本轨伸缩量、焊缝位置与气温关系，发现伸缩故障应及时消除。

（5）及时打磨尖轨或基本轨肥边。

（6）尖轨相对于基本轨降低值偏差超过 lmm，无降低段的尖轨顶面低于基本轨顶面时，应及时进行处理。

（7）焊接接头质量应满足相关规定。

（8）每季对基本轨轨撑螺栓、尖轨轨撑扣件涂油一次；不得对尖轨轨撑贴合面和台板顶面进行涂油或使油污落入。

（9）钢轨伸缩调节器轨件伤损标准及处理同道岔。

（10）梁端伸缩装置按相关规定维护。

（11）有下列情况之一时，应及时修理或更换护轨：

① 护轨与尖轨（基本轨）间净距偏差超过 10 mm。

② 护轨高于尖轨（基本轨）5 mm 或低于尖轨（基本轨）25 mm。

（12）按周期用打（铣）磨列车对钢轨伸缩调节器进行修理；小型钢轨打磨机具对钢轨伸缩调节器打磨列车打磨受限区域等进行打磨修理，并做好廓形平顺连接，严禁使用手砂轮打磨。对于成段钢轨表面伤损深度大于 0.5 mm 的情况，宜采用铣磨车作业。

思考与练习

1. 简述我国普速铁路维修发展的方向。

2. 什么叫"天窗""施工天窗""维修天窗"？

3. 简述线路发生危及行车安全故障或自然灾害时的防护办法。

4. 简述人工检查时"一看、二量、三划、四记、五统计分析"的方法。

5. 简述轨距、水平、直线轨向、高低的静态检查方法。

6. 空吊板如何检查？

7. 简述道岔检查作业的内容。

8. 简述临时补修的内容。

9. 什么是轻伤钢轨？什么是重伤钢轨？某线路钢轨顶面擦伤深度 1.2 mm，如何判断是轻伤钢轨还是重伤钢轨？

10. 钢轨打磨分为几类？分别解释之。

11. 简述轨枕失效标准。

12. 弹条Ⅱ型扣件，配ⅩⅡ型轨枕，现将轨距由 1 431 mm 增加到 1 437 mm 如何配置扣件？

13. 弹条Ⅳ扣件能否使用调高垫板调整钢轨高低？为什么？

14. 弹条Ⅴ型扣件使用调高垫板调整钢轨高低最大调高量是多少？如何配置垫板？

15. 道床一般病害分为几种？如何整治？

16. 冻害垫板作业时，需注意哪些事项？

17. 简述竖曲线维护要点。

18. 解释无缝线路维修"一准、二清、三测、四不超、五不走"的经验。

19. 某型钢轨拉伸器油缸的最大行程为 380 mm，最大拉力为 700 kN，试计算 60 kg/m 钢轨的最大可拉伸温差和最大可拉伸钢轨长度。

20. 某段无缝线路锁定轨温为 27 ℃，由于破底清筛，线路产生爬行，左股钢轨观测资料见表 6-19，试计算各观测桩之间钢轨的实际锁定轨温。

表 6-19　某线路左股钢轨爬行量资料

爬行量/mm	28	6	30	2	8
桩号	1	2	3	4	5
桩距/m		100	574	574	100	

第七章 高速铁路轨道设备维护

本章导读

高速铁路线路设备维护应遵循高可靠性、高稳定性、高平顺性的高标准要求，更应树立"预防为主、防治结合、严检慎修"的维修理念。

本章主要介绍高速铁路线路维护的管理要求及组织机构、维修工作内容和作业计划，高速铁路线路有砟轨道及无砟轨道的钢轨、道岔、道床等设备及零部件的动静态检查、维修的基本知识和方法。

本章目标

了解高铁线路维护管理要求及组织机构，了解无砟道床、道岔静态检查及维护的主要内容和方法；了解钢轨维护和有砟轨道主要单项作业的内容；掌握无缝线路维修的基本内容和无砟轨道扣件轨距、高低调整的方法。

本章重点

无砟轨道扣件安装与轨道调整、道岔检查及维护。

第一节　高速铁路线路维护管理要求及组织机构

本节要求

（1）了解高速铁路线路设备"高可靠性、高稳定性、高平顺性"维护管理要求的内涵。

（2）正确理解高速铁路线路养护"严检慎修"的理念。

（3）了解高速铁路线路维修组织机构及其主要职责和高速铁路基础设施养护管理的主要内容。

高速铁路线路维修的基本任务是按照"预防为主、防治结合、严检慎修"的原则，根据线路状态的变化规律，合理安排养护与维修，做到精确检测、全面分析、精细修理，以有效预防和整治病害，保持线路设备状态完好，保证列车以规定速度安全、平稳、舒适和不间断地运行，并实现线路设备使用周期内成本最优的目标。

一、高速铁路线路维护管理要求及养护理念

（一）高速铁路线路维护管理要求

高速铁路线路设备维护管理要求：高可靠性、高稳定性、高平顺性。

高可靠性：工务设备适应高速度、高密度的行车需要，能够保证高速列车行车安全和秩序，具有更高的抵御自然灾害和突发事件的能力。

高稳定性：强化线路设备结构，降低设备故障率，延长维修周期，减少维修工作量。

高平顺性：轨道几何尺寸精度高，轨道结构经常处于良好状态，以保证高速列车运行的安全、平稳、舒适。

（二）高速铁路线路养护理念

高速铁路线路养护应树立"严检慎修"的理念，主要体现在以下几个方面：

（1）突出设备检查，做到精确检测。严格设备检查，线路设备检查应以动态检查为主，动、静态检查相结合，结构检查与几何尺寸检查并重。

（2）强调科学评定，做到全面分析。在做好线路检查的基础上，由专业技术人员对检测资料进行全面分析，建立和完善高铁线路动静态评价系统，科学合理地评定线路状态，确保基础质量均衡。

（3）严格审批制度，做到精细修理。合理制订维修作业方案和计划，经过逐级审批后实施，并对作业效果进行追踪考核，杜绝盲目动道、随意作业，提高作业针对性和效率。

二、高速铁路线路维修组织机构及其主要职责

我国高速铁路工务设备维护实行检、修分开的管理制度，实行专业化和属地化管理，本着"资源综合、专业强化、集中管理"和"精干、高效"的原则，建立高速铁路线路维修管理机构。

（1）铁路总公司作为铁路工务资产的所有者，负责工务设备资产的管理，负责工务设备安全、管理、检查、修理等费用的及时投入，以保证高速铁路工务设备状态良好，满足运输安全的需要。

（2）中国国家铁路集团有限公司基础设施检测中心（以下简称基础设施检测中心）、铁路局集团公司工务检测所和大型养路机械运用检修段（工务机械段）受委托利用综合检测列车、钢轨探伤车对线路进行周期性检测和钢轨周期性探伤。

（3）铁路局集团公司应依据委托运输管理协议和相关规定做好高速铁路工务设备的安全生产管理，保持工务设备状态良好，使之符合相关安全规定和技术标准。

工务段主要负责全段线路技术、设备维护管理，组织制订和落实年度分月设备周期检修计划，定期分析评价设备质量，跟踪评价、考核养护维修质量，组织应急处置。

车间作为组织维修生产的基本单位，主要负责维护所辖线路设备，组织落实设备

检查、巡视、验收制度，定期分析评价设备质量，组织制订月生产计划和周、日维修计划，及组织计划的实施，跟踪考核养护维修质量，做好应急处置工作。

（4）大型养路机械运用检修段或工务机械段等受委托承担利用大型养路机械对线路进行修理的任务。

（5）设置高铁基础设施段，实行高速铁路维修生产"工、供、电"一体化。

为满足高铁生产力发展的需要，提升基础设施的效率，优化铁路运输布局，中国国家铁路集团有限公司颁布《关于进一步深化高速铁路综合维修生产一体化站段改革的指导意见（铁办〔2019〕19 号）》（以下简称《指导意见》），在高铁营业里程不超过2 000 km、且管辖半径一般不大于 500 km 的铁路局集团公司原则上设置 1 个基础设施段。基础设施段负责高铁基础设备设施日常巡视检查、检测监测、养护维修、故障应急、营业线施工管理、路外环境检查等工作，包括高铁线路、桥隧、信号、牵引供电、电力设备管理。基础设施段设 6 个综合科室，并按"技术 + 生产"重组机构，设立生产技术中心，分为专业维修技术中心和生产调度监控中心，在车间设置上主要分为综合维修车间、电力车间、车载设备车间和机修车间。

设置基础设施段的目的在于厘清权责界限实现专业管理贯通，统筹生产计划实现检修周期匹配，优化机构组织实现"检养修"分开、"运检修"分离，突出集约高效，资源综合利用，建立"一体化管理、集中化组织、专业化维修"的管理体系。

三、高速铁路基础设施养护管理

高速铁路基础设备管理应在不断总结运营管理经验的基础上，应用先进的企业管理理论完善高速铁路线路设备养护管理体系，建立健全安全、生产、技术等管理制度，提高线路养护维修技术水平。

1. 安全管理

高速铁路安全管理贯彻"安全第一、预防为主、综合治理"的方针，构建铁路安全风险管控和安全隐患排查治理双重预防机制，坚持从管理源头上入手，突出抓好基础建设、过程控制、应急处置等环节，建立和完善工务各项技术标准、管理标准、作业标准，加强职工队伍建设，夯实安全基础。针对各类工务安全风险，制定相应的预防措施并认真组织落实，根据可能发生安全问题的苗头和征兆，及时采取防范措施，降低安全风险，防止和减少损失；健全和规范安全隐患排查治理机制，定期排查安全隐患，健全安全隐患库，闭环治理安全隐患，保障铁路运输安全。

2. 生产管理

生产管理着重抓好"检查、计划、作业、验收"四个环节。工务段（基础设施段）应全面贯彻"预防为主、预防与整治结合、严检慎修"的原则，认真抓好四个环节，合理安排检、修的劳力比例，提高有效劳动，以保证设备质量均衡完好。

在抓好四个环节的基础上，还应本着精简内业、讲究实效的原则，建立和健全各项技术图表（包括设备备料示意图、设备病害揭示、作业计划揭示、安全生产揭示牌），各种技术台账（包括钢轨台账、道床台账、道岔台账、曲线台账、无缝线路台账等），各种记录簿、表（包括线路和道岔检查记录簿、质量验收记录表等），以及各种制度（包括岗位责任制、安全生产制度等）。

3. 技术管理

高速铁路基础设施技术管理包括工务、供电、信号等设施、设备的技术标准、技术规章、技术资料、标准化管理等。高速铁路基础设施技术管理的主要任务，就是要全面掌握基础设施、设备的技术状态及其发展和变化规律，并通过一系列技术管理手段，监督控制生产全过程，提高作业质量，使各项设施、设备经常处于完整良好状态。

四、高速铁路基础设施维护信息管理

积极推进管理信息化，建立基于大数据手段的高速铁路基础设施信息管理体系，实现对线路设备、供电设备、信号设备的技术状态、动静态检查数据、设备质量、安全生产计划和作业过程控制的动态管理，并及时掌握设备变化规律，预测设备发展趋势，为各项设备维修决策提供支撑，不断提高设备维修的科学性。

第二节　线路设备检查

本节要求

（1）了解高速铁路线路设备动静态检查的内容及周期。
（2）掌握扣件、道岔、调节器检查项目，了解无砟道床检查项目及周期。
（3）了解设备动静态检查方法，掌握无砟道床伤损分级方法。

线路设备检查是高速铁路作业的一个重要组成部分，检查的结果是维修作业的主要依据。为了掌握高速铁路线路设备状态，必须对线路设备进行周期性全项目系统检查和评估。

检查应坚持"动态检查为主，动、静态检查相结合，结构检查与几何尺寸检查并重"的原则，积极采用先进的线路检查设备，提高线路检查质量和效率。

一、检查内容及周期

（一）动态检查

1. 检查内容及周期

1）检查内容

线路动态检查包括：轨道动态不平顺的检查，其检查项目为轨距、水平、轨向、

高低、扭曲、复合不平顺、车体垂向振动加速度、车体横向振动加速度、轨距变化率等；轨道巡检，其检查项目为钢轨外观、扣件、道床外观等。

2）检查周期及方式

（1）综合检测列车每 10～15 d 检查 1 遍。

（2）探伤车对正线钢轨每年检查不少于 7 遍，冬季适当缩短检查周期。

（3）车载式线路检查仪每天对线路检查不少于 1 遍。

（4）利用便携式线路检查仪添乘检查线路每月不少于 2 遍。

（5）巡检设备检查线路每半年不少于 1 遍。

2. 特殊时段设备检查

高温季节，工务段（基础设施段）安排专业技术人员进行线路添乘检查，重点添乘检查大跨度连续梁、有砟无砟结合部、钢轨伸缩调节器、轨道结构严重伤损等地段；低温季节，应安排专业技术人员进行添乘检查，重点添乘检查钢轨伤损、钢轨伸缩调节器、轨道结构严重伤损等地段。

（二）静态检查

1. 检查内容及周期

1）检查内容

线路周期性静态检查包括轨道几何尺寸、轨道结构、无缝线路和道岔及调节器位移、焊缝平直度、钢轨外观及伤损、标志标识等。

2）检查周期及方式

扣件系统检查周期见表 7-1。

表 7-1　扣件系统检查周期

序号	检查项目	检查周期	检查方式及工具
1	扣件安装状态、部件缺损、预埋件等	1 遍/半年	人工巡查、巡检
2	弹条紧固状态（弹条 V 型扣件、WJ-7、WJ-8、W300-1 型扣件）	1 遍/半年	每千米连续抽查 50 个，塞尺、扭力矩扳手
3	钢轨、绝缘轨距块、轨距挡板间隙	1 遍/半年	每千米连续抽查 50 个，塞尺、扭力矩扳手
4	无螺栓弹条扣压力（弹条 IV 型、FC 型扣件）	1 遍/半年	每千米连续抽查 50 个，塞尺、扭力矩扳手
5	弹条扣压状态（SFC 型扣件）	1 遍/半年	每千米连续抽查 50 个，塞尺、扭力矩扳手
6	锚固螺栓扭矩（WJ-7、SFC 型扣件）	1 遍/半年	扭力矩扳手
7	弹性垫板刚度	1 次/年	3 块/50 km，抽检

道岔每月检查 1 遍，每周对道岔结构及联结零件至少巡视检查 1 遍，正线尖轨各控制断面相对于基本轨高差、心轨各控制断面相对于翼轨高差每季度检查 1 遍。道岔检查周期见表 7-2。

表 7-2　高铁道岔设备检查周期

序号	检查项目	检查周期	检查方式及工具
1	轨距、水平、支距、高低、轨向		全面检测；轨距尺、支距尺、弦线、钢板尺或轨道测量仪等
2	斥离尖轨非工作边与基本轨工作边最小间距		全面查看，重点检测；钢板尺、卡钳、宽度尺等
3	查照间隔		全面查看，重点检测；轨距尺
4	护轨轮缘槽宽度		全面查看，重点检测；钢板尺、卡钳
5	尖轨与基本轨、心轨与翼轨、短心轨和叉跟尖轨间隙、尖轨与滑床台、心轨与滑床台间隙，尖轨与顶铁、心轨与顶铁间隙		全面查看，重点检测；塞尺
6	辊轮状态		全面查看，重点检测；辊轮专用安装、调整、检测工具
7	滑床台与基板脱焊及台面磨耗情况		全面查看，重点检测；塞尺、游标卡尺、卡钳等
8	扣件状态		全面查看，重点检测；扭力矩扳手、塞尺等
9	弹性夹、拉簧状态	1遍/月	全面查看，重点检测；弹性夹专用安装、调整、检测工具
10	弹性铁垫板、弹性基板等各种垫板状态		全面查看，抽检
11	限位器、间隔铁、顶铁、轨撑、接头铁、连杆等联结螺栓松动、变形或损坏情况		全面查看，重点检测；扭力矩扳手、塞尺、宽度尺、游标卡尺等
12	尖轨防跳限位装置与斥离尖轨（标准开口）间隙，尖轨防跳顶铁与密贴尖轨间隙，心轨防跳顶铁、卡铁、间隔铁与心轨间隙		全面查看，重点检测；塞尺、宽度尺、钢板尺、游标卡尺、卡钳等
13	尖轨相对于基本轨、心轨相对于翼轨的伸缩位移；两尖轨相对伸缩位移		全面查看，重点检测；方尺、支距尺、钢板尺等
14	轮轨接触面（光带）检查，重点检查尖轨与基本轨共同受力部位接触面（位置、塑性变形、磨耗等）		全面查看，重点检测；钢板尺、钢轨轮廓（磨耗）测量仪等
15	其他零件损坏、变形或缺失情况		全面查看
16	标志标识松动、不清晰、缺损		全面查看
17	尖轨各控制断面相对于基本轨高差	1遍/季	全面检测，降低值测量仪
18	心轨各控制断面相对于翼轨高差		

调节器检查周期见表 7-3。

表 7-3 调节器检查周期

序号	检查项目	检查周期	检查方式及工具
1	轨距、水平、高低、轨向	1 遍/月	全面检测；轨距尺、钢板尺、弦线或轨道测量仪等
2	尖轨与基本轨、扣件、轨撑间隙		
3	扣件、垫板、轨撑状态		全面查看，重点检测；人工巡检或扭矩扳手、塞尺等
4	其他零件损坏、变形或缺失情况		
5	尖轨控制断面相对于基本轨高差	1 遍/季	全面检测；降低值测量仪

无砟道床检查周期见表 7-4。

表 7-4 无砟道床检查周期

序号	检查项目	检查周期	检查方式及工具
1	CRTS I 型板式：预应力轨道板的锚穴状态及周围混凝土裂缝、砂浆层破损及离缝、梁端凸形挡台及周围树脂状态、底座以及与路基面混凝土封闭层的离缝冒浆、轨道板掉块、伸缩缝、排水通道等	1 遍/半年	人工巡检，钢板尺、塞尺
2	CRTS II 型板式：轨道板、砂浆层、支承层（底座板）、侧向挡块、宽窄接缝裂缝、缺损，轨道板上拱、砂浆层离缝、轨道板灌浆孔混凝土凸起、剪力筋窜出、高强度挤塑板、滑动层、排水通道等		人工巡检，钢尺、钢板尺、塞尺
3	CRTS III 型板式：轨道板混凝土裂缝、锚穴封端封锚砂浆与轨道板离缝、轨道板混凝土缺损及锚穴封端脱落、底座及伸缩缝状态、隔离层状态、自密实混凝土层裂缝、排水通道等		人工巡检，钢尺、钢板尺、塞尺
4	双块式：轨枕裂缝、掉块、道床板裂缝、轨枕块与道床板之间离缝、道床板与支承层/底座板之间离缝、支承层裂缝、支承层与路基基床表层之间冒浆、排水通道等		人工巡检，钢板尺、塞尺
5	岔区轨枕埋入式：岔枕裂缝及周围的界面裂缝、道床板（支承层）的横向贯通裂缝及道床板与支承层/底座离缝、排水通道等		人工巡检，钢板尺、塞尺
6	岔区板式：道岔板裂缝、路基地段道岔板与自密实混凝土离缝、桥梁地段道岔板与水泥沥青砂浆离缝、侧向挡块裂缝、高强度挤塑板、滑动层、排水通道等		人工巡检，钢尺、钢板尺、塞尺
7	未处理的无砟轨道 II 级伤损处所	1 遍/季	人工巡检，钢尺、钢板尺、塞尺

对无缝线路、道岔及调节器钢轨纵向位移每季度全面观测 1 次。

对标志标识的松动、清晰度、破损情况每月至少检查 1 遍。

2. 重点设备及病害检查

对道岔、调节器、大跨度桥梁、过渡段和沉降等重点地段的线路设备，应在昼间进行巡视，每年应不少于 1 遍。

对道岔的结构及联结零件巡视每周不少于 1 次。

对严重的轨道结构病害，钢轨或道岔部件伤损，钢轨波磨且弹条出现折断的地段，路基不均匀沉降地段，其他影响线路稳定性和平顺性等病害要加密检查。国家铁路集团有限公司、铁路局集团有限公司制定专项检查措施的重点设备病害按照专项检查措施执行。

二、动态检查方法

动态检查是指通过综合检测列车、线路检查仪、线路巡检系统等设备对线路设备状态进行检测。

（一）综合检测列车

综合检测列车检查是线路动态质量检查的主要手段，用于检查轨道几何状态，评定线路动态质量，指导线路维修，实现轨道养护的科学管理。

轨道动态检测项目包括轨距、轨距变化率、高低、轨向、水平（超高）、扭曲（三角坑）、复合不平顺、曲率、车体加速度、构架加速度、轴箱加速度等。

综合检测列车以检查报告和检测波形的形式输出检测结果，包括：Ⅰ、Ⅱ、Ⅲ、Ⅳ级轨道几何不平顺偏差报告、曲线报告、公里小结报告、区段总结报告、轨道质量指数（TQI）报告以及轨道不平顺波形图谱。

（二）线路检查仪

线路检查仪是通过检测机车/动车组车体垂向和横向加速度间接检查线路平顺状态的仪器。通过线路检查仪对轨道进行周期性的动态检测，能够及时发现危及行车安全的轨道病害，是综合检测列车动态检测的辅助补充检测手段。

（三）线路巡检系统

目前，我国轨道状态巡检系统安装在钢轨探伤车上，能够对轨道表面状态和轨旁设备进行图像采集、自动图像识别处理、视觉图像伤损归类和视觉伤损报表输出，检测速度可达到 160 km/h。视觉检查监视系统分为车载数据采集系统和地面数据分析系统两大部分。车载数据采集系统采用高清线阵 CCD 动态扫描轨道并通过连续拼接形成连续数字图像，可满足 1.6 mm 采样间隔下 160 km/h 的检测速度。地面数据分析系统能够对图像进行浏览、智能识别、设置特征信息管理及进行数据报表统计等，对输入的采集图像文件能够自动识别后输出钢轨、扣件、轨道板等基础设施缺陷的统计表和图片。地面数据分析系统可实现钢轨表面擦伤、钢轨红光带、扣件缺失、扣件错位、扣件折断、异物等缺陷的自动识别功能。钢轨表面擦伤的面积测量精度为横向 2 mm、纵向 3 mm。

另外，对于超声检测系统发现的疑似钢轨表面状态不良的情况，也可调取对应的钢轨表面图像做辅助判断和验证。例如，在超声检测系统整体检测状况良好的情况下突然出现连续 0°底波消失，但钢轨头部和钢轨轨腰均没有反射，这时可能钢轨轨头水平劈裂，也可能钢轨顶面有覆盖物。通过调取钢轨表面图像做辅助判断就可以确定钢轨是否有严重伤损。

三、静态检查方法

轨道在机车车辆动力作用下，在风、沙、雨、雪和温度变化等自然条件影响下，不可避免地产生相应的劣化、变形和内部伤损。对线路设备已经发生的永久变形和内部伤损，可以通过量具和人工目测等检查方法，判断和确定其变形程度和伤损状况。

（一）轨道不平顺检查

目前，轨道不平顺检查采用的量具主要是数显式轨距尺、轨道检查仪、轨道测量仪及激光长弦等。

1. 数显式轨距尺

数显式轨距尺（图 7-1）按准确度分为 0 级、1 级、2 级三个等级。0 级轨距尺适用于允许速度不大于 350 km/h 的线路，1 级轨距尺适用于允许速度不大于 250 km/h 的线路，2 级轨距尺适用于允许速度不大于 160 km/h 的线路。

图 7-1　数显轨距尺

2. 轨道检查仪（轨检仪）

轨道检查仪（图 7-2）按准确度分为 0 级、1 级两个等级。0 级轨道检查仪适用于允许速度不大于 350 km/h 的线路，1 级轨道检查仪适用于允许速度不大于 200 km/h 的线路。轨道检查仪能够精确自动检测、记录、输出轨距、水平、三角坑、轨距递减率、左右轨向、左右高低等轨道几何形位参数，与道尺、弦绳等人工检查方法相比，可以大大提高轨道检查的效率，减轻检查人员的劳动强度，改善工作条件。

图 7-2　轨道检查仪

3. 轨道检测小车（轨检小车）

轨道检测小车[图 7-3（a）]是一种检测静态轨道不平顺的便捷工具。它采用电测传感器、专用便携式计算机等先进检测和数据处理设备，可检测高低、水平、扭曲、轨向等轨道不平顺参数。

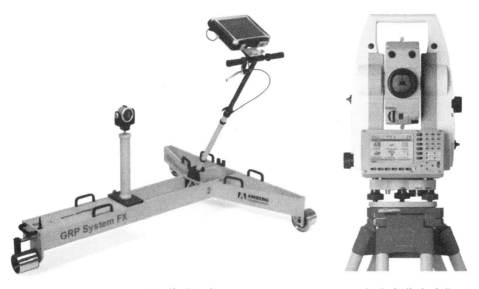

（a）轨检小车　　　　　　　　　　　　（b）智能全站仪

图 7-3　轨检小车与智能全站仪

小车轨检系统主要由手推式轨检小车和分析软件包两大部分组成。它既可单独测量轨道水平、轨距等相对几何参数，也可配合智能全站仪[图 7-3（b）]通过联测 CPⅢ轨道测量控制网来实现平面位置和高程的绝对定位测量，如图 7-4 所示。

测量外业完成后，系统能产生轨道几何测量的综合报表。用户可根据需要定义报表的输出界面，选择性地输出轨道位置、轨距、水平、轨向（短波和长波）、高低（短波和长波）等几何参数。

图 7-4　轨检小车与全站仪配套进行轨道测量

4. 激光长弦轨道检查仪

激光长弦轨道检查仪是用于测量轨道内部几何参数的测量设备。它采用静态激光弦测法，利用激光长弦作为测量基准，测量轨道的轨向（正矢）、高低；同时通过其他传感器测量单元，全面测量轨距、超高（水平）、扭曲（三角坑）、里程等轨道静态几何参数。

激光长弦轨道检查仪由激光发射小车、激光接收小车及一部平板电脑组成，发射小车和接收小车配套使用实施测量，平板电脑与接收小车之间通过蓝牙传输数据，如图 7-5 所示。

图 7-5　激光长弦轨道检查仪

激光长弦轨道检查仪，可直接检测出轨向、高低的长波不平顺，具有精度高、测量速度快、生成数据报表方便快捷等特点，为检测轨道长波不平顺提供了新的手段，适用于高速铁路、客运专线轨道的养护维修。

（二）无砟道床检查

目前，我国高速铁路铺设的无砟道床有预制板式和现浇混凝土式两大类共六种结构形式，即 CRTS Ⅰ 型板式、CRTS Ⅱ 型板式、CRTS Ⅲ 型板式、双块式以及道岔区轨枕埋入式和板式无砟道床。

1. 一般要求

（1）工务段（基础设施段）每半年根据无砟道床检查情况进行质量分析，及时掌握无砟道床状态、变化规律和病害发展趋势，指导无砟道床维修。车间负责组织对无砟道床进行周期性静态检查，建立病害问题库，并根据无砟道床伤损程度分轻重缓急安排整修。

（2）工务段（基础设施段）要建立 CRTS Ⅱ 型板式无砟轨道张拉锁张拉和宽接缝混凝土浇筑时的气温，双块式无砟轨道路桥、路隧过渡段支承层和道床板混凝土浇筑时的气温等技术资料台账。

（3）工务段（基础设施段）根据连续型无砟轨道结构的施工资料、日常检查资料和以往作业情况，提出夏季检查重点地段并加强检查。

（4）工务段（基础设施段）要及时掌握管内高温天气情况，当预报气温达到历史极端气温及以上或连续 5 d 以上气温超过 37 ℃ 时，应全天停止影响基础和轨道稳定的作业（应急处置等特殊情况除外），并及时采用巡检系统或人工检查方式对无砟轨道状态进行全面检查。CRTS Ⅱ 型板式无砟轨道宽接缝和路基地段双块式无砟轨道道床板浇筑施工时气温低于 10 ℃ 的地段检查周期不超过 10 d，同时每日高温时段要安排添乘检查。

（5）检查人员发现砂浆填充层与轨道板、底座（支承层）以及道床板与支承层离缝超过 3 mm，线路高低或方向偏差超过 3 mm/10 m，轨道板及宽接缝混凝土表面剥离掉块等情况要及时向段报告，段接到报告后，主管副段长要组织分析，查明原因，及时处置，必要时可采取限速或封锁措施，确保行车安全。

（6）对 CRTS Ⅰ 型板式无砟轨道温度跨度大于或等于 48 m 桥梁梁端凸台与填充树脂、底座，CRTS Ⅱ 型板式无砟轨道温度跨度大于或等于 48 m 桥梁梁端底座进行加强检查。

（7）无砟道床伤损形式及伤损等级判定按《高速铁路无砟轨道线路维修规则》执行。无砟道床伤损病害须拍照存档。

2. 检查方法

以 CRTSⅢ型板式无砟道床为例，其检查方法见表7-5。

表 7-5　CRTSⅢ型板式无砟道床检查方法

序号	检查项目	检修工具	检查方法
1	预应力轨道板裂缝	钢板尺、塞尺、裂缝检查仪（包括比对卡、读数显微镜、裂缝宽度仪等）	用钢板尺测量裂缝的长度，用塞尺、裂缝检查仪测量裂缝的宽度
2	轨道板混凝土缺损	钢板尺	用钢板尺测量轨道板缺损的长度、宽度和深度，目视轨道板是否露筋
3	锚穴封端封锚砂浆与轨道板离缝	钢板尺	测量破损长度和深度
4	锚穴封端脱落	钢板尺、塞尺、裂缝检查仪（包括比对卡、读数显微镜、裂缝宽度仪等）	用钢板尺测量裂缝的长度，用塞尺、裂缝检查仪测量裂缝的宽度
5	自密实混凝土层裂缝	钢板尺、塞尺、卷尺	用钢板尺和卷尺测量离缝的长度和深度，采用塞尺测量离缝的宽度
6	支承层（底座）裂缝	钢板尺、塞尺、裂缝检查仪（包括比对卡、读数显微镜、裂缝宽度仪等）	用钢板尺测量裂缝的长度，用塞尺、裂缝检查仪测量裂缝的宽度
7	底座缺损	钢板尺	用钢板尺测量底座缺损的长度、宽度和深度，目视底座是否露筋
8	伸缩缝嵌缝材料失效	钢板尺、卷尺	用钢板尺测量失效嵌缝材料宽度，用卷尺测量长度；用钢卷尺测量嵌缝材料碎裂、脱落、开裂的长度
9	轨道板灌浆孔混凝土凸起	钢板尺	采用钢板尺测量灌浆孔混凝土凸起高度

注：长度、宽度和深度均为最大值。

四、无砟道床的伤损分类及判定标准

无砟道床伤损等级分为Ⅰ级、Ⅱ级、Ⅲ级。对Ⅰ级伤损应做好记录，对Ⅱ级伤损应列入维修计划并适时进行修补，对Ⅲ级伤损应及时修补。

以 CRTSⅢ型板式无砟道床伤损形式及伤损等级判定标准为例，见表7-6。

表 7-6　CRTS Ⅲ 型板式无砟道床伤损形式及伤损等级判定标准

伤损部位	伤损形式	判定项目	评定等级			备注
			Ⅰ	Ⅱ	Ⅲ	
预应力轨道板	裂缝	宽度/mm	0.1	0.2	0.3	掉块、缺损或封端脱落应适时修补
	锚穴封离缝	宽度/mm	0.2	0.5	1.0	
底座	裂缝	宽度/mm	0.2	0.3	0.5	
底座伸缩缝	离缝	宽度/mm	1.0	2.0	3.0	路基、隧道地段
自密实混凝土层	离缝	宽度/mm	0.5	1.0	1.5	掉块、缺损或剥落应适时修补
		横向深度/mm	20～50	50～100	≥100	
		对角长度/mm	20～30	30～50	≥50	
	裂缝	宽度/mm	0.2	0.5	1.0	

第三节　高速铁路轨道维修工作内容与工作计划

本节要求

（1）了解维修工作分类和维修工作内容、维修工作计划。

（2）掌握维修工作一日作业标准化的内容。

一、维修工作分类

高速铁路线路维修工作分为周期检修、经常保养和临时补修。

周期检修是指根据线路及其各部件的变化规律和特点，对钢轨、道岔、扣件、无砟道床、无缝线路及轨道几何形位等按相应周期进行的全面检查和修理，以恢复线路完好技术状态。铁路局集团公司可根据线路设备状态、线路条件、运输条件和自然条件等具体情况调整维修周期，并报中国国家铁路集团有限公司核备。

经常保养是指根据动、静态检测结果及线路状态变化情况，对线路设备进行的经常性修理，以保持线路质量经常处于均衡状态。

临时补修是指对轨道几何尺寸超过临时补修容许偏差管理值或轨道设备伤损状态影响其正常使用的处所进行的临时性修理，以保证行车安全和舒适。

二、维修工作内容

维修工作主要内容见表 7-7。

表 7-7　维修工作内容

类别	有砟轨道	无砟轨道
周期检修	（1）线路设备质量动态检查。 （2）轨道几何尺寸静态检查。 （3）扣件、轨枕、道床状态检查。 （4）钢轨探伤。 （5）无缝线路钢轨位移、钢轨伸缩调节器（以下简称调节器）伸缩量的周期观测和分析。 （6）沉降地段轨道状态观测和分析。 （7）精测网检查、复测。 （8）根据线路、道岔、调节器状态，对线路平面、纵断面进行测设和优化，全面起道、拨道、改道、捣固、稳定，调整几何形位，清筛枕盒不洁道床和边坡，改善轨道弹性。 （9）采用打磨列车对钢轨进行预打磨、预防性打磨和修理性打磨。 （10）联结零件成段涂油、复拧。 （11）其他周期性检修的工作	（1）线路设备质量动态检查。 （2）轨道几何尺寸和扣件螺栓扭矩静态检查。 （3）钢轨探伤。 （4）采用打磨列车对钢轨进行预打磨、预防性打磨和修理性打磨。 （5）联结零件成段涂油、复拧。 （6）根据刚度变化情况，成段更换弹性垫板。 （7）有计划地对无砟道床进行检查及修补。 （8）无缝线路钢轨位移、钢轨伸缩调节器伸缩量的周期观测和分析。 （9）对沉降量较大地段的轨道状态进行周期观测和分析。 （10）精测网检查、复测
经常保养	（1）对轨道质量指数（*TQI*）超过管理值或成段轨道几何尺寸超过经常保养容许偏差管理值的区段进行修理。 （2）无缝线路应力调整或放散。 （3）根据钢轨表面伤损、光带及线路动态检测情况，对钢轨进行修理。 （4）整修焊缝。 （5）整修伤损的扣件、道岔及调节器等轨道部件。 （6）更换、方正和修理轨枕。 （7）整治道床翻浆冒泥，补充道砟，整理道床。 （8）疏通排水，清除道床杂草。 （9）整治冻害。 （10）精测网维护。 （11）修理、补充和刷新线路标志、标识。 （12）根据季节特点对线路进行重点检查。 （13）其他需要经常保养的工作	（1）对轨道质量指数（*TQI*）超过管理值的区段或轨道几何尺寸超过经常保养容许偏差管理值的处所进行整修。 （2）根据钢轨表面伤损、光带及线路动态检测情况，对钢轨进行修理。 （3）整修焊缝。 （4）整修伤损扣件、道岔及调节器等轨道部件。 （5）无缝线路应力调整或放散。 （6）修补达到Ⅱ级及以上伤损的无砟道床。 （7）疏通排水。 （8）精测网维护。 （9）沉降地段轨道状态观测和分析。 （10）修理、补充和刷新标志、标识。 （11）根据季节特点对线路进行重点检查。 （12）其他需要经常保养的工作
临时补修	（1）及时整修轨道几何尺寸超过临时补修容许偏差管理值的处所。 （2）处理伤损钢轨（含焊缝）和失效胶接绝缘接头。 （3）更换伤损失效的扣件、道岔及调节器等轨道部件。 （4）更换伤损的道岔护轨螺栓、可动心轨咽喉和叉后间隔铁螺栓、长心轨与短心轨联结螺栓等。 （5）处理线路故障。 （6）其他需要临时补修的工作	（1）及时整修轨道几何尺寸超过临时补修容许偏差管理值的处所。 （2）处理伤损钢轨（含焊缝）和失效胶接绝缘接头。 （3）更换伤损的道岔护轨螺栓、可动心轨咽喉和叉后间隔铁螺栓、长心轨与短心轨联结螺栓等。 （4）更换伤损失效的扣件、道岔及调节器等轨道部件。 （5）更换或整治失效无砟道床。 （6）处理线路故障。 （7）其他需要临时补修的工作

三、线路作业计划

（一）线路作业计划分类及内容

1. 线路作业计划分类

线路作业计划包括年度检修计划、月维修计划、周（旬）计划、日计划。

2. 线路作业计划内容

1）年度检修计划

铁路局集团公司年度检修计划主要包括年度分线设备质量控制指标、设备周期性检查、设备整治（主要是大机作业计划）、重点单项任务（主要是更改专项计划等）等内容。

段年度作业计划包括年度设备质量控制指标、设备周期性检查、设备整治、线路外观整治、安防设施整治、重点单项任务等内容。

2）月作业计划

段月作业计划包括铁路局集团公司下达的年度计划分月工作任务、周期检修和经常保养任务、月周期检查的临时补修任务。

3）周（旬）作业计划

车间周（旬）作业计划包括月度生产任务、周（旬）工作任务、临时性重点任务。

4）日作业计划

车间（班组）日计划包括周（旬）计划任务、突发性临时重点任务。

（二）作业计划编制

1. 年度检修计划编制依据

铁路局集团公司根据《高速铁路无砟轨道线路维修规则》《高速铁路有砟轨道线路维修规则》等相关规定及上年设备状态评定情况、中国国家铁路集团有限公司下达的更改专项计划等编制年度检修计划。

段根据铁路局集团公司下达的年度检修计划、历年的养护维修经验及设备病害情况等编制年度作业计划。

2. 月作业计划编制

段、车间编制月作业计划，其依据：一是上级下达批准的年度分月任务，包括周期检修和经常保养的任务；二是月周期检查的临时补修工作量；三是日常检查出的问题库的整治处理；四是其他生产用工时；五是可能发生的病事假和非生产工时。

车间在每月下旬召集各班组对本月安全生产情况进行总结分析，根据上级下达的年度分月任务、月周期检查的临时补修任务、日常检查出的问题库的问题、其他生产用工时、可能发生的病事假和非生产工时等情况编制月作业计划。

车间月计划应由车间主任负责审核，并在月底前报送工务段，由主管副段长审批，车间应按审批意见组织实施。

3. 周（旬）作业计划编制

车间根据段月度生产任务、临时性重点工作、天窗计划编制周（旬）作业计划。

周（旬）计划是完成月计划的基础，车间、相关工区每周（旬）召开周（旬）例会。结合月度生产任务、临时性重点工作、天窗计划编制周（旬）计划，周（旬）计划应详细到每日工作内容和具体责任人。

4. 日作业计划编制

车间根据周（旬）作业计划，当日天窗、人员、工机具、气候条件编制日作业计划。

日计划是兑现周（旬）计划的基础，是每天工作的具体安排，必须做到作业项目清楚，人员分工明确，并应认真贯彻日作业标准化，严格执行单项作业技术标准。

日计划应包括工作地点、作业项目等内容，派工单应包括工作地点、作业项目、计划工作量、参加人员、工机具、材料等内容。

（三）作业标准化

线路维修作业要认真贯彻作业标准化，维修工作一日作业标准化应注意做好以下几项工作。

1. 作业前

（1）按日计划在派工单上公布作业项目和分工，准备并确认工机具、备品和材料数量及状态。人员、出库工机具材料及时做好登记。

（2）布置当日工作计划（地点、项目、工作量）、质量要求以及安全措施和注意事项。根据分工到库房领取工机料具并登记。

（3）按规定办理登记签认手续，联系有关单位配合作业。

（4）进作业门前应确认作业命令，对人员、工机具、材料进行清点登记。

2. 作业中

（1）按规定设置现场防护员。

（2）听从作业负责人统一指挥，上道前和跨越线路时应严格遵守"一停、二看、三通过"和"手比、眼看、口呼"的规定。

（3）严格按照作业方案及安全技术措施组织作业。

（4）严格执行规章制度，实行安全生产，杜绝违章作业。

（5）作业完毕，作业负责人组织进行质量回检和清场。

3. 作业后

（1）组织作业人返回作业门，清点登记人员、工机具材料，撤除防护并销记。

（2）返回工区后清点工机具材料并整理入库，对号定位，堆码整齐。

（3）召开班后小结会，分析当日安全、质量、数量、纪律等情况，进行评比。

第四节　无砟轨道扣件安装、轨道几何形位调整与维修

本节要求

掌握 WJ-7 型、WJ-8 型扣件安装及轨距、高低调整和维修的方法。

有砟轨道通过道砟和扣件调整轨道的几何形位。无砟轨道没有道砟，调整几何形位只能通过扣件实现。本节只介绍 WJ-7、WJ-8 扣件的安装及轨道调整。

一、WJ-7 型扣件

（一）扣件安装

（1）铺设绝缘缓冲垫板，使垫板孔与预埋套管孔对中。安放铁垫板，使轨底坡朝向轨道内侧（按铁垫板上的箭头方向），使铁垫板的螺栓孔中心与预埋套管中心对正。

（2）将平垫块放在铁垫板上，并使平垫块距圆孔中心较长一侧朝内。将锚固螺栓套上弹簧垫圈，并将螺纹部分涂满铁路专用防护油脂（也可预先在套管内注入油脂），旋入预埋套管中。在锚固螺栓拧紧前调整铁垫板位置，使铁垫板上标记线与平垫块上的标记线对齐。将轨下垫板安放在铁垫板承轨面上。

（3）铺设钢轨。将 9 号绝缘块安放在钢轨和铁垫板挡肩之间，钢轨与绝缘块、绝缘块与铁垫板挡肩间缝隙之和大于 1 mm 时更换为 10 号绝缘块，不应猛烈敲击使其入位。

（4）安放 T 形螺栓（将 T 形螺栓头部插入铁垫板底部后旋转 90°，然后上提使 T 形头完全嵌入槽中）、弹条、平垫圈和螺母，在 T 形螺栓的螺纹部分涂油，然后紧固弹条。弹条紧固不宜过紧或弹条中部前端下颚与绝缘块间隙不应过大，W1 型弹条和 X2 型弹条紧固扭矩分别为 100～140 N·m 和 70～90 N·m（现场润滑状态差异可能使紧固扭矩存在偏差）。

（5）检查轨距和轨向，如不符合要求，松开锚固螺栓，用改道器横向挪动铁垫板予以调整。

当铁垫板被平垫块阻卡时，将平垫块调头使用。确认轨距和轨向合适后，以 300～350 N·m 的扭矩拧紧锚固螺栓。检查钢轨空吊、高低和水平，如不符合要求，用轨下调高垫板进行钢轨高度调整。此时松开弹条，提升钢轨，在轨下垫板下垫入调高垫板，再拧紧弹条。

（二）扣件养护维修

（1）发现钢轨空吊和高低、水平不平顺时，应及时垫入调高垫板。

（2）锚固螺栓扭矩为 300～350 N·m，弹条紧固不宜过紧或弹条中部前端下颚与绝缘块间隙不应过大，扣件松弛的应及时复拧。

（3）对 T 形螺栓定期进行涂油，防止螺栓锈蚀。预埋套管中需有一定的防护油脂，油脂性能需符合相关规定，避免泥污和杂物进入预埋套管。

（4）使用中如发现扣件部件损坏应及时更换。保持扣件清洁，防止缓冲垫板排水口堵塞。

（5）当需要进行轨向和轨距调整时，松开锚固螺栓，用改道器移动铁垫板，如铁垫板被平垫块阻卡时将平垫块调头使用。确认轨距和轨向合适后，重新拧紧锚固螺栓。绝缘块与钢轨或铁垫板挡肩间缝隙较大时，通过更换不同号码绝缘块方式进行调整。

（6）在运营期间如因基础上拱或下沉引发钢轨高低和水平不平顺时，按表 7-8 在轨下和铁垫板下垫入调高垫板。

表 7-8　WJ-7 型扣件高低调整调高垫板设置　　　单位：mm

钢轨高低调整量	绝缘缓冲垫板厚度	轨下微调垫板总厚度	铁垫板下调高垫板厚度
−4	2	0	0
−3	2	1	0
−2	2	2	0
−1	2	3	0
0	6	0	0
+1～+7	6	1～7	0
+8	6	0	8
+9～+15	6	1～7	8
+16	6	0	2×8
+17～+26	6	1～10	2×8

二、WJ-8 型扣件

（一）扣件安装

（1）在承轨台中间位置铺设铁垫板下弹性垫板，使弹性垫板孔与预埋套管孔对中。安放铁垫板，使铁垫板的螺栓孔中心与预埋套管中心对正。

（2）在铁垫板中间位置安放轨下垫板，使轨下垫板的凸缘扣住铁垫板。

（3）按表 7-9 安设合适规格的轨距挡板，使轨距挡板的圆弧凸台安放在轨枕或轨道板承轨槽底脚的凹槽内，在接头夹板处采用接头轨距挡板。轨距挡板与承轨槽挡肩宜密贴，间隙不宜大于 1 mm。

表 7-9　WJ-8 型扣件钢轨左右位置调整配置

单股钢轨左右位置调整量/mm	钢轨外侧		钢轨内侧	
	轨距挡板号码	绝缘轨距块号码	绝缘轨距块号码	轨距挡板号码
− 5	10	11	7	4
− 4	10	10	8	4
− 3	10	9	9	4
− 2	7	11	7	7
− 1	7	10	8	7
0	7	9	9	7
+ 1	7	8	10	7
+ 2	7	7	11	7
+ 3	4	9	9	10
+ 4	4	8	10	10
+ 5	4	7	11	10

（4）铺设钢轨，安放绝缘轨距块，钢轨与绝缘轨距块、绝缘轨距块与铁垫板挡肩间缝隙之和大于 1 mm 时调换绝缘轨距块，不能猛烈敲击使其入位。接头夹板处采用接头绝缘轨距块。

（5）安放弹条，将螺纹道钉套上平垫圈，螺纹部分涂满铁路专用防护油脂（也可预先在套管内注入油脂），然后拧入套管，紧固弹条。弹条紧固不宜过紧或弹条中部前端下颚与绝缘轨距块间隙不宜过大，W1 型弹条和 X2 型弹条紧固扭矩分别为 140～180 N·m 和 90～120 N·m（现场润滑状态差异可能使紧固扭矩存在偏差）。

（6）检查钢轨空吊、高低和水平，如不符合要求，按表 7-10 更换不同厚度轨下垫板或放入适当厚度的调高垫板。

表 7-10　WJ-8 型扣件高低调整调高垫板设置　　　　　单位：mm

高低调整量	轨下垫板厚度	轨下微调垫板总厚度	铁垫板下调高垫板厚度
− 4～− 1	2～5	0	0
0	6	0	0
+ 1～+ 6	6	1～6	0
+ 7～+ 10	3～6	0	10
+ 11～+ 16	6	1～6	10
+ 17～+ 20	3～6	0	20
+ 21～+ 26	6	1～6	20

（7）检查轨距和轨向，如不符合要求，按表 7-9 调换不同号码的绝缘轨距块和轨距挡板。

（二）扣件养护维修

（1）发现钢轨空吊和高低、水平不平顺时，及时垫入调高垫板。

（2）弹条紧固不宜过紧或弹条中部前端下颚与绝缘轨距块间隙不宜过大，扣件松弛及预埋套管中需有一定的防护油脂时，油脂性能需符合相关规定，避免泥污和杂物进入预埋套管。

（3）使用中如发现扣件部件损坏应及时更换。

（4）当需要进行轨向和轨距调整时，按表 7-9 通过更换不同号码绝缘轨距块或轨距挡板进行调整。

（5）在运营期间如因基础变形引发钢轨高低和水平不平顺时，按表 7-10 更换不同厚度轨下垫板或在轨下铁垫板下垫入调高垫板，铁垫板下调高垫板每对由两片组成，从侧面插入。铁垫板下调高垫板不能摞叠使用。钢轨调高量大于 15 mm 时，采用 S3 型螺纹道钉。钢轨复位后检查轨向和轨距，必要时予以调整。

第五节　有砟轨道维护作业

> **本节要求**
>
> （1）了解线路大机精确作业的内容，重点了解工务段配合的工作内容。
> （2）掌握起道、捣固、拨道、改道作业的目的，了解作业程序。
> （3）了解有砟轨道扣件整修、涂油作业的内容。

一、配合线路大机作业

高速铁路有砟轨道线路周期检修、成段保养应采用大型养路机械进行全面起拨道、捣固，并进行稳定。使用大型养路机械进行作业前，应利用精测网对作业地段的线路平面、纵断面进行全面测设和优化，计算确定作业量，制订合理的作业方案，并严格按方案进行作业。

（一）准备工作

（1）工机具材料：精确测量设备、轨距尺、弦线、照明工具、上砟工具、小型捣固机械、捆扎线等。

（2）方案制订、申报、审批与协调。

由工务段负责制订方案并向工务处申报，审批通过后交工务机械段一份。

施工前，工务段与各施工配合单位（工务机械段，相关电务段、供电段、车务段等）签订施工安全、配合协议，提前组织召开大机施工协调会。每周组织电务、供电等单位对下周施工计划进行协调，确定周施工计划，明确配合事宜。施工后组织召开施工点评会，对每日施工进行小结，分析当日施工存在的问题，提出整改措施，明确次日施工的施工区间、作业地段、封锁时间及相关要求、注意事项等。

（二）配合作业内容

（1）大机捣固前，由工务段提前对需要作业的地段进行精确测量。

（2）测量工作完成后进行线路平、纵断面优化设计，调整各点的起、拨道量，数据应包括作业里程、起道量、拨道量。拨道量按照大机作业方向，向左拨量标为负值，向右拨量标为正值。

（3）工务段提前向工务机械段提供作业地段的平纵断面资料，包括平面曲线起止里程、超高、缓和曲线长、曲线半径、方向（按大机作业方向标明左右）、曲线长度、线路坡度表、竖曲线半径、切线长、变坡点里程等内容，以及优化后的线路平、纵断面设计资料。

（4）道床补砟。工务段应提前对作业地段进行调查，结合测量数据、现场道床缺砟状态综合确定补砟数量；对起道量较大地段应加大补砟量，确保捣固作业前道砟满足大机作业要求。

（5）工务机械段与工务段技术人员共同对资料输入、数据转换、顺坡设置、作业里程等情况进行核对。

（6）工务段应将检校点测量数据标注清楚、准确。用油漆在钢轨上做好标记，并在轨枕上标明该点的起、拨道量（包括拨道方向）及具体里程，对拨量方向改变点也要进行放样标记，以供核对。标记时，将曲线要素位置、竖曲线起终点和变坡点等关键点在钢轨上用油漆标记清楚。在捣固过程中，工务段应与工务机械段联合检查校核。

（7）作业后15 d内，工务段根据检查车检查情况对大机作业质量进行动态验收评价。

二、起道、捣固、拨道、改道作业

（一）起道捣固作业

起道捣固作业是在线路维修中，为恢复线路平顺性，调整有砟轨道的水平、高低、三角坑，整治线路坑洼、下沉，增加道床厚度而实施的局部或全部抬高轨道和捣实枕下道床的作业。

起道捣固作业，一般用起道器起道，振动镐捣固或人工捣固，振动镐捣固如图7-6所示。

作业程序：扒道床→基准股起道→基准股捣固→非基准股起道→非基准股捣固→全面捣固→夯拍道床→外观整理→作业回检。

图 7-6　振动镐捣固

（二）拨道作业

拨道作业是在线路养护维修中，为恢复线路方向对轨道框架实施的拨动作业，如图 7-7 所示。

图 7-7　拨道作业

1. 直线拨道

作业程序：标注实际拨道量→数据复核（测量拨道量）→扒道床→架设弦线（位置同数据复核点）→拨道作业→作业复核→夯拍道床→作业回检。

2. 曲线拨道

作业程序：标注拨道量→测量线间距→扒道床→拨道作业→作业复核→夯拍道床→作业回检。

（三）改道作业

改道作业是为了改正超限或接近超限的轨距及其变化率，消除扣件离缝以及线路方向不良而实施的轨距调整作业，如图 7-8 所示。改道作业通过调整扣件实现。

图 7-8　改道作业

1. 改道作业程序

（1）检查划撬：对作业地点前后各 100 m 的线路一枕一查，对检查出轨距不良地段用弦线复核，直线以轨向较好的一股为基准股，曲线结合正矢确定基准股，根据轨距确定整治方案。

（2）拆卸扣件：使用改道工具拆卸扣件、轨距块，一次连续拆卸扣件不得超过 6 根轨枕，将拆卸下来的扣件及轨距块放在轨枕面上，同步对窜动的胶垫进行更换、整正。

（3）调整轨距：先利用弦线对基准股进行改道，再利用轨距尺结合轨距改正另外一股。使用专用撬棍拨动钢轨，放入合适的轨距块，将轨距调整到位，严禁敲击钢轨；同步安装扣件。

2. 道岔改道

CZ 系列道岔普通垫板区域通过旋转偏心绝缘套（偏心 4 mm）来实现钢轨左右位置、轨距 −4～＋4 mm 的调整，滑床板区域通过采用滑床板端头的挡肩（成对）组合移动滑床板（其上孔为长圆孔）进行调距，可实现轨距 −4～＋4 mm 的调距量。

客专系列道岔普通垫板区域通过轨距块和缓冲调距块来实现钢轨左右位置、轨距 − 4 ~ + 2 mm 的调整，滑床板及护轨垫板区域通过采用缓冲调距块进行调距，可实现轨距 − 4 ~ + 2 mm 的调距量。轨距块及缓冲调距块号码配置见表 4-28。

CN 系列道岔通过调整片和椭圆衬套来实现钢轨左右位置、轨距调整，钢轨左右位置调整量为 − 6 ~ + 6 mm，偏心距为 0 ~ 12 mm，以 1 mm 为 1 级的调整。

3. 复核轨距

对作业地点的轨距复核，确保轨距容许误差符合标准，轨距变化率不得大于 1/1 500。

4. 回收旧料

对作业后更换下的废旧材料进行回收。

5. 作业回检

作业后对作业地点前后各 50 m 范围进行回检，并填写作业日志。

（四）捣固作业

捣固作业是通过捣镐或捣固机械使枕底道砟均匀密实，以达到轨道平顺且弹性良好的作业。

1. 振动镐捣固（图 7-6）

振动镐捣固作业程序：准备工作→捣固作业→质量回检→安全下道。

准备工作包括：工机具准备，如扒砟器、扣件复紧工具、振动镐、照明工具等；检查设备状态是否良好，备品是否齐全；捣固前做好复紧扣件、扒道床、起道等工作。

捣固作业中为加强轨底，先将镐头放在轨底处捣固，再向两边移动进行捣固，最后向轨底中间方向捣固，如图 7-9 所示。

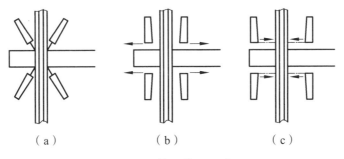

（a）　　　　　　（b）　　　　　　（c）

图 7-9　捣固位置示意

2. 小型液压捣固机捣固

小型液压捣固机如图 7-10 所示。

作业程序：准备工作→捣固作业→回检下道。

图 7-10 小型液压捣固机

1）准备工作

小型液压捣固机捣固作业准备工作包括：工机具准备，小型液压捣固机、起道器、轨距尺、弦线、扒（上）砟工具、照明工具等；检查设备状态是否良好；提前做好线路测量、数据标注、扒道床、架好起道器、镐窝位置提前加砟等。

2）捣固作业

根据测量数据，将线路起道到位。

液压捣固机两台一组，两名操作手紧密配合，按作业负责人的要求进行捣固。两机同时捣固一根轨枕时，应动作一致，一起下插、一起夹实、一起张开，以提高捣固质量和效率，保证左右两股钢轨水平。

3）回检下道

捣固完成后，按照作业验收标准对捣固作业质量进行回检验收；作业结束后，吊装液压捣固机，做到工完料净。

三、道床作业

捣固作业完成后，应整理道床，包括回填道床并夯实，以增强线路稳定性。

整理后的道床应饱满、均匀，回填后应夯实，坡脚整齐，无杂草。

道床整理作业后应及时清除轨枕、钢轨、扣件上的道砟。

四、扣件整修与涂油作业

为了保持扣件作用良好，便于安装和拆卸，扣件螺栓应根据锈蚀、损伤的变化规律，有计划地对轨枕扣件进行整修与涂油工作。

1. 做好扣件调查工作

扣件调查工作包括零部件损坏、预埋套管损坏、有螺栓弹条（弹条Ⅴ型）中肢前端离缝超过 1 mm、无螺栓弹条（弹条Ⅳ型、FC型）不能保持应有的扣压力、橡胶垫板压溃或变形（两侧压宽合计，厚度为 10 mm 的橡胶垫板超过 20 mm）丧失作用、轨距挡板严重磨损、钢轨与轨距挡板、轨距挡板与承轨槽挡肩离缝超过 1 mm 等各种扣件不良或损坏数量的统计。

2. 整修作业

作业负责人应根据作业范围，认真做好工作量调查，对需要调整的扣件及轨距应画好符号，并安排计划进行综合整治。

在整正扣件时，根据轨距需要整正对面股扣件。轨距小时，加大内侧扣板号码和相应减小外侧号码；轨距大时，减小内侧扣板号码和相应加大外侧扣板号码。

在整修轨距挡板、弹条扣件作业中，如遇轨下胶垫缺损、歪斜或挤坏窜出，应同时进行更换或整正。

完工前，对作业地段的扣件须认真检查并复紧一遍。

3. 扣件涂油

扣件涂油应按流水作业方法进行，并应选用铁路专用防腐油脂进行。

作业程序：松卸扣件（"隔二卸一"）→清扫除锈→涂油→安装扣件→作业回检。

作业注意事项：

（1）螺栓涂油后 2 ~ 4 d，应全面复紧一遍扣件。

（2）作业中如发现扣板严重磨损、胶垫损坏及弹条折断时，应在涂油作业的同时进行更换。

（3）弹条Ⅴ型扣件套管涂油应使用专用防护油脂，在注入预埋套管中或在螺纹道钉螺纹部分均匀涂抹油脂，涂油后紧固弹条时应使用扭矩扳手检查。

第六节　钢轨维护

> **本节要求**
>
> （1）了解高速铁路钢轨轻、重伤评判标准，掌握钢轨折断标准。
> （2）了解钢轨检查的主要内容及要求。
> （3）掌握钢轨打磨的基本要求和钢病害整治限度。

高速铁路对钢轨的使用性能提出了更高的要求，为此我国高速铁路钢轨生产采用了"精炼""精轧""精整""质量自动检测"和"长尺化"等五大技术，使钢轨质量实现了高洁净、高平直、高精度、长定尺的标准。但这些只是给了高速铁路轨道钢轨一个好"出身",钢轨从出厂到铺设投入使用,中间要经过装卸运输、焊接、铺轨施工等各个环节,还要长期承受风、雨、雪及温度升降等各种自然力的作用和列车反复荷载的冲击,所以难免会产生各种病害。

因此,在各个环节做好钢轨防护工作,预防和整治钢轨病害,对改善轮轨匹配关系,延长钢轨使用寿命都显得非常重要。

在第六章"普速铁路轨道设备维护"中,我们已介绍了普速铁路轨道钢轨的检查和维护方面的知识和方法,基本都适用于高速铁路钢轨,所不同的是技术标准和作业要求更高、更严一些。

一、钢轨伤损标准

钢轨伤损按程度分为轻伤、重伤和折断三类。

1. 钢轨轻伤和重伤评判标准(表 7-11 ~ 表 7-13)

表 7-11 钢轨轻伤和重伤评判标准

伤损项目		伤损程度		备注
		轻伤	重伤	
钢轨头部磨耗		磨耗量超过表 7-12 所列限度之一者	磨耗量超过表 7-13 所列限度之一者	
轨顶面擦伤		200 ~ 250 km/h;深度大于 0.5 mm	200 ~ 250 km/h;深度大于 1 mm	
		250(不含)~ 350 km/h;深度大于 0.35 mm	250(不含)~ 350 km/h;深度大于 0.5 mm	
剥离掉块		—	有	
波形磨耗		—	谷深≥0.2 mm	
焊接接头低塌		0.2 mm<低塌<0.4 mm	低塌≥0.4 mm	1 m 直尺测量
钢轨表面裂纹		—	出现轨头下颚水平裂纹(透锈)、轨腰水平裂纹、轨头纵向裂纹、轨底裂纹等	不含轮轨接触疲劳引起的轨顶面表面或近表面的鱼鳞裂纹
超声波探伤缺陷	焊接及材质缺陷	焊接缺陷或钢轨内部材质缺陷未达到判废标准,但与判废标准差值小于 6 dB	焊接缺陷或钢轨内部材质缺陷达到判废标准	
	内部裂纹	—	横向、纵向、斜向及其他裂纹和内部裂纹造成的踏面凹陷(隐伤)	
钢轨锈蚀		—	经除锈后,轨底厚度不足 8 mm 或轨腰厚度不足 12 mm	

注:谷深为相邻波峰与波谷间的垂直距离。

表 7-12　钢轨头部磨耗轻伤标准　　　　　　　　　　　单位：mm

名称	总磨耗	垂直磨耗	侧面磨耗
区间钢轨、导轨	9	8	10
基本轨、翼轨	7	6	8
尖轨、心轨、叉跟尖轨	6	4	6

注：① 总磨耗 = 垂直磨耗 + 1/2 侧面磨耗。
　　② 对于导轨、翼轨及尖轨、心轨、叉跟尖轨全断面区段，垂直磨耗在钢轨顶面宽 1/3 处（距标准工作边）测量；对于尖轨、心轨、叉跟尖轨机加工区段，垂直磨耗自轨头最高点测量。
　　③ 侧面磨耗在钢轨踏面（按标准断面）下 16 mm 处测量。
　　④ 磨耗影响转换设备安装时，按重伤处理。
　　⑤ 基本轨、翼轨、尖轨、心轨磨耗会影响密贴及轨件高差，磨耗的轻重伤标准应较区间钢轨严格。

表 7-13　钢轨头部磨耗重伤标准　　　　　　　　　　　单位：mm

名称	垂直磨耗	侧面磨耗
区间钢轨、导轨	10	12
基本轨、翼轨	8	10
尖轨、心轨、叉跟尖轨	6	8

2. 钢轨折断标准

钢轨折断是指发生下列情况之一者：

（1）钢轨全截面断裂。

（2）裂纹贯通整个轨头截面。

（3）裂纹贯通整个轨底截面。

（4）钢轨顶面上有长度大于 30 mm 且深度大于 5 mm 的掉块。

二、钢轨外观及表面伤损检查

（1）应采用巡检设备与人工巡视相结合的方式对钢轨外观进行检查。人工巡视检查每年不少于 1 遍。发现钢轨擦伤、鱼鳞裂纹、磨耗、锈蚀及其他伤损时，应进行复核。

（2）对磨耗达到轻伤的钢轨、道岔及钢轨伸缩调节器，应使用钢轨轮廓（磨耗）测量仪每季度至少检查 1 遍。

（3）对达到轻伤的锈蚀钢轨应使用专用卡尺每季度至少检查 1 遍。

（4）对剥离裂纹、表面裂纹和擦伤，每季度检查 1 遍，必要时进行涡流和磁粉探伤。涡流探伤主要用于曲线区段钢轨表面及近表面缺陷，特别是表面斜裂纹检查。磁粉探伤主要用于焊后焊接接头和道岔钢轨表面及近表面缺陷检查。道岔磁粉探伤主要部位是尖轨全长的轨顶面、轨腰外侧面和轨底上表面、心轨的轨顶面以及高锰钢铸造翼轨的轨顶面和轨腰外侧面。磁粉探伤方法依据《无损检测磁粉检测　第 1 部分：总则》（GB/T 15822.1—2005）进行。

（5）对正线钢轨现场焊焊缝平直度，应使用钢轨平直度测量仪每年至少检查 1 遍。对低塌达到轻伤的焊接接头，每季度至少检查 1 遍。

（6）应对钢轨外观及表面伤损检查结果做好记录。

三、伤损钢轨管理

（1）线路上伤损钢轨应按表 6-7 所示做好标记。

（2）对伤损钢轨应加强检查，并判定伤损发展情况。

（3）下道的重伤钢轨应严格管理，防止重伤钢轨重新上道。

四、钢轨探伤信息管理

1. 钢轨伤损信息管理

（1）铁路局集团公司应健全、完善伤损钢轨数据库，并建立伤损钢轨计算机统计分析系统。

（2）工务段（基础设施段）应建立健全台账和报表，定期进行钢轨伤损分析。

（3）钢轨探伤检测单位应制定钢轨探伤进度示意图、钢轨伤损分析管理图、探伤工作日志、钢轨伤损记录簿和重伤钢轨登记簿。

（4）钢轨探伤检测单位应建立探伤数据回放制度，对探伤车和数字式探伤仪检测数据应进行二次回放分析。

2. 探伤设备信息管理

（1）应建立健全钢轨探伤设备和器材台账。

（2）探伤仪检修及复验后测试结果应进行记录和备案。

五、钢轨维护技术

高速铁路钢轨维护主要是通过打磨保持钢轨廓形，预防接触疲劳、波磨等病害的产生，及时消除轨面伤损，提高轨面平顺性，改善轮轨匹配关系，提高列车运行品质，延长钢轨使用寿命。同时，高速铁路应更加高度重视对钢轨的保护，除采取与普速铁路相同的钢轨保护措施外，对其他专业在钢轨上钻孔或加装设备提出了更严格的要求：其他专业需在钢轨上钻孔或加装设备时，必须经铁路局集团公司工务部门同意，并在工务部门配合下施工或委托工务部门施工。该要求的目的是控制其他专业在钢轨上随意钻孔而造成钢轨废孔，以及为了确保钢轨钻孔质量，尤其螺栓孔必须倒棱，以防止钢轨螺栓孔裂纹的产生。以下主要介绍钢轨打磨技术。

（一）基本要求

（1）高速铁路钢轨打磨分为预打磨、预防性打磨和修理性打磨，钢轨打磨应以预防性打磨为主、修理性打磨为辅。

① 预打磨：对铺设上道的新钢轨进行打磨，目的是去除轨面脱碳层，消除钢轨在生产、焊接、运输和施工过程中产生的表面缺陷，优化轨头廓形，改善焊接接头平顺性。

② 预防性打磨：对钢轨进行的周期性打磨，目的是修复轨头廓形，预防滚动接触疲劳、波浪（波纹）磨耗等病害的产生。

③ 修理性打磨：对已产生病害钢轨的打磨，目的是修正轨头廓形，消除滚动接触疲劳裂纹、波浪（波纹）磨耗及擦伤等病害。

（2）钢轨打磨应根据打磨前钢轨状态，在满足目标廓形、保持打磨深度和消除病害的前提下使打磨切削量最小。

（3）新线建设铺设上道的新钢轨应及时安排钢轨预打磨。开通运营后，根据钢轨状态及时安排预防性打磨和修理性打磨；更换上道的新钢轨应及时安排预打磨。

（二）打磨技术要求

1．钢轨打磨的周期和时机

（1）新线建设铺设上道的新钢轨预打磨应在轨道精调完成后进行。

（2）已开通运营的高速铁路，预防性打磨周期按通过总质量和运行状态确定，原则上每 30～50 Mt 通过总质量进行一次钢轨预防性打磨，一般不宜超过 2 年。

（3）对重复出现动车组抖车、构架横向加速度报警且光带不良，或出现超过表 7-14 规定的钢轨伤损地段，应及时进行修理性打磨。当钢轨顶面连续或多处擦伤深度不大于 0.5 mm 时使用打磨车打磨，深度大于 0.5 mm 时使用打磨车打磨或铣磨车铣磨。

表 7-14　钢轨病害整治限度

钢轨病害	限度		测量方法
	200～250 km/h	250（不含）～350 km/h	
光带不良	光带宽度成段超过 40 mm 或连续出现周期性宽窄变化		车载或人工钢板尺检测光带宽度，弦线等测量光带变化
轨顶面擦伤	深度大于 0.5 mm	深度大于 0.35 mm	直尺、深度尺测量
表面局部微细疲劳裂纹（鱼鳞纹）	肉眼可见	肉眼可见	目视
波形磨耗	钢轨表面有周期性波磨且平均谷深超过 0.04 mm（车载检测）或最大谷深达到 0.08 mm（手工检测），波长不大于 300 mm	钢轨表面有周期性波磨且平均谷深超过 0.04 mm（车载检测）或最大谷深达到 0.08 mm（手工检测），波长不大于 300 mm	测试精度 0.01 mm 及以上，且测试长度不小于采样窗长度

2. 钢轨打磨廓形

（1）铺设标准 60 kg/m 钢轨允许运行除动车组以外客车的区段，以及铺设 60 N 钢轨的区段，钢轨打磨的目标廓形为 60 N 廓形。铺设标准 60 kg/m 钢轨仅运行动车组的区段，钢轨打磨的目标廓形为设计廓形，如图 7-11 所示。

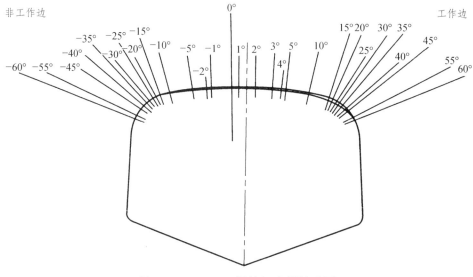

图 7-11　60 kg/m 钢轨打磨设计廓形

（2）半径小于 2 800 m 的曲线地段应采用 60 N 廓形或根据钢轨伤损特点单独进行打磨廓形设计。

（3）钢轨修理性打磨应先消除病害，再修正轨头廓形。钢轨应严格按目标廓形打磨，同一线路的钢轨打磨目标廓形应一致。

3. 钢轨打磨深度

（1）预打磨：

轨顶中心区域（−1°～+3°）最小打磨深度不小于 0.2 mm。其中道岔打磨以保证轨头廓形为主，打磨深度可适当减少。

（2）预防性打磨：

轨顶中心区域不小于 0.1 mm。

（3）修理性打磨：

① 光带修形后轨头达到目标廓形。

② 波磨钢轨打磨后符合波磨打磨验收标准。

③ 擦伤钢轨打磨后轨面硬度不高于邻近母材轨面硬度 50 HB。

④ 钢轨鱼鳞纹应消除。

4. 打磨面粗糙度

打磨面粗糙度应不大于 10 μm。

5. 打磨平面最大宽度

（1）轨顶纵向中心线两侧 10 mm 区域为 10 mm，10～25 mm 区域为 7 mm，其余打磨区域为 5 mm。

（2）沿钢轨纵向 100 mm 范围内，打磨平面宽度最大变化量不应大于打磨平面最大宽度的 25%。

6. 其　他

（1）打磨后轮轨接触光带：直线和曲线下股钢轨应基本居中，宽度为 20～30 mm；曲线上股钢轨应偏向内侧。

（2）钢轨打磨后应无肥边、无疲劳裂纹、无连续发蓝带。

（3）道岔打磨区域应与两端线路的钢轨打磨区域相衔接，重叠打磨区域不得小于 10 m。

第七节　道岔及钢轨伸缩调节器维护

本节要求

（1）了解高速道岔养护维修分类和维修主要内容，掌握结构养护标准。

（2）了解高速道岔养护维修的主要特点和日常养护作业的内容，掌握常见病害的种类及成因，了解预防整治措施。

（3）了解高铁道岔工电联合整治的内容，掌握高铁道岔需要应急处理的几种故障。

高速铁路道岔养护维修应按照"预防为主、防治结合、严检慎修"的原则，根据线路状态的变化规律，合理安排养护维修，做到精确检测、全面分析、精细修理，以有效预防和整治病害。

一、主要内容

（一）高速道岔养护维修分类

高速道岔维修工作分为周期检修、经常保养和临时补修。

（1）周期检修是指根据道岔及其各部件的变化规律和特点，对道岔的钢轨、扣件、无砟道床、各部联结零部件及轨道几何形位等按相应周期进行的全面检查和修理，以恢复道岔完好技术状态。

（2）经常保养是指根据动、静态检测结果及状态变化情况，对道岔设备进行的经常性修理，以保持道岔质量经常处于均衡状态。

（3）临时补修是指对几何尺寸超过临时补修容许偏差管理值或道岔设备伤损状态影响其正常使用的处所进行的临时性修理，以保证行车安全和舒适性。

（二）高速道岔养护维修主要内容

1. 周期检修基本内容

（1）道岔设备质量动态检查。

（2）道岔几何尺寸静态检查。

（3）道岔结构状态检查。

（4）钢轨探伤。

（5）采用打磨列车对道岔钢轨进行预防性打磨或修理性打磨。

（6）联结零件涂油、复拧。

（7）根据刚度变化情况，更换弹性垫板。

（8）对道床进行检查及整修。

（9）道岔钢轨位移的周期观测和分析。

（10）对沉降量较大地段的道岔状态进行周期观测和分析。

（11）精测网检查、复测。

2. 经常保养基本内容

（1）对几何尺寸超过经常保养容许偏差管理值的处所进行整修。

（2）根据钢轨表面伤损、光带及动态检测情况，对钢轨进行修理。

（3）整修焊缝。

（4）整修伤损扣件、联结零部件等轨道部件。

（5）方正、更换轨枕。

（6）整治道床翻浆冒泥，补充道砟，整理道床；修补达到Ⅱ级及以上伤损的无砟道床。

（7）疏通排水，清除道床杂草。

（8）精测网维护。

（9）沉降地段轨道状态观测和分析。

（10）修理、补充和刷新标志、标识。

（11）根据季节特点对道岔进行重点检查。

（12）其他需要经常保养的工作。

3. 临时补修基本内容

（1）及时整修几何尺寸超过临时补修容许偏差管理值的处所。

（2）处理伤损钢轨（含焊缝）和失效胶接绝缘接头。

（3）更换伤损的道岔护轨螺栓、可动心轨咽喉和叉后间隔铁螺栓、长心轨与短心轨联结螺栓等。

（4）更换伤损失效的扣件及轨道部件。

（5）处理道岔设备故障。

（6）其他需要临时补修的工作。

二、主要标准

（一）轨道动态不平顺管理标准

动态不平顺是指轨道不平顺的动态反映，主要通过综合检测列车进行检测。轨道动态不平顺管理分为峰值管理和均值管理。动态不平顺检测项目有轨距、水平、轨向、高低、扭曲、复合不平顺、车体垂向振动加速度、车体横向振动加速度、轨距变化率等。各项偏差等级划分四级：Ⅰ级为经常保养标准，Ⅱ级为舒适度标准，Ⅲ级为临时补修标准，Ⅳ级为限速标准。线路区段整体不平顺（均值管理）的动态质量用轨道质量指数（TQI）评定。

对综合检测列车发现的Ⅲ级及以上偏差处所，应及时安排临时补修；对轨道质量指数（TQI）超过管理值的区段和超过经常保养偏差管理值的处所，应安排经常保养；对车辆动力学指标超限处所，应及时分析原因，安排整修；对Ⅳ级偏差处所，或Ⅲ级偏差且车辆动力学指标超限处所应立即限速。

（二）静态容许偏差管理标准

道岔静态容许偏差管理值，按照作业验收、经常保养、临时补修和限速（160 km/h）进行管理。轨道静态几何尺寸容许偏差管理值中：作业验收管理值为周期检修、经常保养和临时补修作业后的质量检查标准；经常保养管理值为轨道应经常保持的质量管理标准；临时补修管理值为应及时进行轨道整修的质量控制标准；限速管理值为保证列车运行平稳性和舒适性，需进行限速的控制标准。

（三）车辆动力学指标管理标准

车辆动力学指标包括脱轨系数、轮重减载率、轮轴横向力，横向力和垂向力通过综合检测列车的测力轮对来测量。

车辆动力学指标管理值见表 7-15。

表 7-15　车辆动力学指标管理值

项目	脱轨系数 Q/P	轮重减载率 $\Delta P/\overline{P}$	轮轴横向力 H/kN
管理值	≤0.8	≤0.8	≤$10 + P_0/3$

注：① Q 为轮轨横向力；P 为轮轨垂向力；$\overline{P}$ 为平均静轮重；ΔP 为轮轨垂向力相对平均静轮重的减载量；P_0 为静轴重；
　　② 间断式测力轮对的轮重减载率按双峰值评定。

（四）结构养护标准

（1）应根据线路允许速度等运营条件采用相应的可动心轨无缝道岔，道岔各部尺寸按标准图或设计图办理。

（2）查照间隔（心轨工作边至护轨头部外侧的距离）不得小于 1 391 mm，测量位置按设计图纸规定。

（3）护轨轮缘槽宽度为 42 mm。容许误差为 – 1 ~ + 3 mm，斥离尖轨非工作边与基本轨工作边的最小距离不小于 63 mm。

（4）岔后到发线连接曲线半径不应小于该道岔导曲线半径，超高不应大于 15 mm，顺坡率不应大于 2‰。

（5）尖轨、心轨、叉跟尖轨出现以下不良状态或伤损时，应进行修理或更换：

① 尖轨尖端与基本轨或可动心轨尖端与翼轨间隙大于 1 mm，短心轨与叉跟尖轨尖端间隙大于 1.5 mm。

② 尖轨、可动心轨侧弯，造成轨距不符合要求，或尖轨与基本轨、可动心轨与翼轨间隙超过 2 mm。

③ 尖轨、可动心轨拱腰，造成与滑床台间隙超过 2 mm。

④ 尖轨相对于基本轨降低值、心轨相对于翼轨降低值偏差超过 1 mm，且对行车平稳性有影响。

⑤ 尖轨与心轨因扭转或磨耗等造成光带异常，且对行车平稳性有影响。

⑥ 尖轨、心轨、叉跟尖轨肥边大于 1 mm。

⑦ 其他伤损达到钢轨轻伤标准。

（6）基本轨、翼轨、导轨和护轨出现以下不良状态或伤损时，应进行修理或更换：

① 弯折点位置或弯折尺寸不符合要求。

② 高锰钢摇篮出现裂纹。

③ 其他伤损达到钢轨轻伤标准。

（7）防跳限位装置与斥离尖轨（标准开口）间隙应为 3 ~ 5 mm，尖轨防跳顶铁与密贴尖轨间隙应为 2 ~ 4 mm，心轨防跳顶铁、卡铁、间隔铁与心轨间隙应为 2 ~ 4 mm。

（8）道岔扣件系统及其零部件应满足以下要求：

① 道岔扣件系统安装与调整应符合铺设图要求,各零部件应保持齐全,作用良好。

② 应使用铁路专用防腐油脂定期对螺栓涂油，螺栓保持润滑状态。

③ 不得对转辙器滑床台涂油，辙叉滑床台可涂固体润滑剂。各部位螺栓涂油时不得污染橡胶垫板、弹性铁垫板和弹性基板。

④ 扣件有以下伤损情况，应及时更换：

a. 岔枕螺栓、T 形螺栓折断或严重锈蚀。

b. 调高垫板损坏。

c. 弹性铁垫板或弹性基板的橡胶与铁件间严重开裂。

d. 弹条、弹性夹、拉簧、弹片等损坏或不能保持应有的扣压力。弹性夹离缝、弹片与滑床板挡肩离缝、挡板前后离缝大于 2 mm。

e. 轨距块、挡板、缓冲调距块、偏心锥等严重磨损。

f. 套管失去固定螺栓的能力。

g. 垫板、滑床板、护轨垫板的焊缝开裂。

h. 滑床板损坏、变形或滑床台磨耗大于 3 mm。

i. 弹性垫板静刚度值超过设计上限的 25%。

j. 橡胶垫板、弹性铁垫板或弹性基板压溃、变形或作用不良。

（9）辊轮系统及其部件应满足以下要求：

① 辊轮安装与调整应符合铺设图要求，各零部件应保持齐全，作用良好。

② 闭合状态下，辊轮与尖轨轨底边缘间的空隙应为 1～2 mm；辊轮顶面应高于滑床台上表面 1～3 mm；CN 系列道岔有一个辊轮压在尖轨下，与尖轨轨底边缘间的空隙应为 1～2 mm。

③ 辊轮槽排水孔应保持畅通。

④ 辊轮上、下部分联结螺栓松动、折断、缺失或辊轮转动不灵活、破损时应立即修理或更换。

（10）其他零部件应满足以下要求：

① 其他零部件安装应符合铺设图要求，缺少时应及时补充。

② 应使用铁路专用防腐油脂定期对螺栓涂油，螺栓保持润滑状态。

③ 间隔铁、限位器的联结螺栓、护轨螺栓、长短心轨联结螺栓、接头铁螺栓必须齐全，作用良好，折断时必须立即更换。同一部位同时有两条螺栓（或接头铁螺栓有一条）缺少或折损时，道岔应停止使用。

④ 顶铁、心轨防跳铁、尖轨防跳限位装置等各部件的联结和固定螺栓变形、损坏或作用不良时应进行修理或更换。

⑤ 尖轨防跳限位装置、心轨防跳顶铁和心轨防跳卡铁损坏或作用不良时应进行修理或更换。

（11）无缝道岔应满足以下技术要求：

① 道岔应铺设在无缝线路固定区，正线道岔除胶接绝缘接头外，其他接头应全部焊接。

② 无缝道岔的设计锁定轨温应与两端区间无缝线路设计锁定轨温一致，且应满足跨区间无缝线路允许温降和允许温升要求，道岔各联结件应牢固可靠。

③ 无缝道岔尖轨尖端伸缩位移、可动心轨尖端伸缩位移应满足相关维修规则的要求，超过允许值应分析原因，并及时调整。

④ 应加强桥上及隧道口附近无缝道岔检查和锁定，防止碎弯和爬行。

⑤ 应按规定利用钢轨位移观测桩进行位移观测，及时分析锁定轨温变化及钢轨位移情况。应加强尖轨和心轨位移观测，防止转换卡阻。

三、主要特点

（1）实行"方案修"：秉承"严检慎修"的理念，作业前必须制订方案并实行严格的等级管理、分级审批制度，作业必须严格按批准的方案执行，严禁擅自变更。

（2）实行"天窗修"：高速铁路严格执行"施工不行车，行车不施工"的天窗修制度，在天窗以外，任何人员不得进入栅栏以内。

（3）轨道长、短波不平顺控制：在高速行车条件下，必须对激振频率为 1 Hz 左右的具有谐振波长特征的轨道不平顺进行严格控制；对应于 350 km/h 的不平顺，采用

120 m 弦长进行管理；对应于 250 km/h 的不平顺，采用 70 m 弦长进行管理。同时，在高速行车条件下，幅值微小的轨面不平顺也可能引起轮轨强烈的冲击振动，产生很大的轮轨作用力，加剧轨道不平顺，恶化轨道几何状态。因此，对高速道岔轨道长、短波不平顺均应进行严格控制。

（4）注重道岔轮轨关系控制：我国高速道岔设计轮载过渡范围为尖轨顶宽 20 ～ 50 mm，当尖轨与基本轨顶面高差低于设计值时，易导致行车平稳性变差，造成晃车现象。因此，尖轨相对于基本轨降低值、心轨相对于翼轨降低值偏差超过 1 mm，且对行车平稳性有影响时，应进行修理或更换。

（5）重视轨道刚度维护：轨道刚度影响高速列车的运行舒适性，甚至安全性。弹性垫板静刚度超过标准要求时，应进行更换。

（6）实行"上线登销记制度"：在进行行车设备施工、维修、处理故障和恢复时应与行车调度员或车站值班员办理相关手续。

（7）实行"机具材料管理制度"：机具材料必须有允许上线许可、粘贴反光标识、统一编号、统一存放，实行上道前状态检查、上下道机具数量确认和专人管理等制度。

（8）实行"确认车确认制度"：每日作业天窗结束后，开行确认列车，对线路环境、轨道状态进行检查确认。

（9）建立"设备故障应急处理机制"：制订设备故障应急处理预案，建立科学的高速铁路快速应急处理机制，实现对事故、故障、灾害等情况的快速处理。

四、日常养护作业

（一）有砟高速道岔起道捣固作业

（1）采用小型养路机械对道岔的水平、高低和三角坑偏差进行调整，恢复道岔平顺性。

起道捣固作业应遵循"先整体、后局部，先高低、后水平，先基准轨、后非基准轨"的原则。捣固前，要拧紧岔枕螺栓，防止吊板；捣固后，要上足道砟，确保作业质量。

（2）作业主要机具：液压起道机、内燃捣镐、扳手、扭力扳手、九齿叉、三齿耙、轨距尺、L 形道尺、照明设备等。

（二）有砟高速道岔拨道作业

（1）采用拨道机整正道岔轨向不良处所，调整道岔横向位移和轨向偏差，恢复其平面线型。作业时应遵循"保证直股，兼顾曲股，转辙器及辙叉部位少动，道岔前后线路顺接"的原则。如果同时有其他作业项目，应先捣固、后拨道、再改道，防止无效作业。

（2）作业主要机具：液压拨道机、内燃捣镐、扳手、扭力扳手、轨距尺、弦绳、照明设备等。

（三）有砟高速道岔改道作业

（1）改道是整治轨距、轨向、轨距变化率等偏差的作业，改道作业应同步整修失效或不良的道岔扣件。为防止钢轨内倾或外翻，应注意扣件拧紧的顺序，连续6块板及以上改道作业时，在调整好扣件后，不能连续紧固钢轨单侧扣件，要每隔2~3根轨枕，先把内外侧螺栓交替拧紧后再紧固其他扣件，以免影响改道效果使轨距变化。

（2）作业主要机具：改道器、小撬棍、轨距尺、支距尺、扳手、扭力扳手、弦绳、钢卷尺、直钢尺、轨温计、尖嘴钳、照明设备等。

（四）无砟高速道岔高程调整作业

（1）高程调整通过更换不同规格的调高垫板实现。高程调整前，对调整区段进行精确测量，并同步调查既有调高垫板型号，精确制订每个承轨台调高方案。现场作业时，按照调高方案先将基准股调整到位，再调整另一轨。当调高量超过15 mm时，应使用加长B型岔枕螺栓。

（2）作业主要机具：起道器、撬棍、扳手、扭力扳手、电子轨距尺、照明灯具等。

（五）无砟高速道岔平面调整作业

（1）通过调换轨距块（轨距调整片）和缓冲调距块（偏心锥）来实现。平面调整前，对调整区段进行精确测量，并同步调查既有轨距块（轨距调整片）和缓冲调距块（偏心锥）型号，精确制定每个承轨台调整量。现场作业时，按照调整方案先将基准轨调整到位，再调整另一轨。道岔支距调整时，先将道岔直股调整到位，根据支距值调整导曲线上股，再根据轨距调整导曲线下股。调整前先整治转辙部位、可动心轨部位离缝及框架尺寸偏差，以消除精确测量中出现假轨距。对于CN系列道岔，按照先改正直尖轨轨向，再利用轨距加宽式轨辙器（FAKOP）加宽改正转辙部分直基本轨轨向。

（2）作业主要机具：改道器、撬棍、扳手、扭力扳手、支距尺、电子轨距尺、照明灯具等。

（六）尖轨、基本轨以及辙叉更换

1. 更换尖轨、基本轨

高速道岔尖轨出现伤损需要更换时，为使尖轨和基本轨相匹配，满足尖轨相对于基本轨的降低值，宜同时更换尖轨和基本轨，施工需电务及供电部门配合。

1）更换伤损尖轨的程序

更换尖轨一般采用2台16 t或25 t轨道吊车在邻线配合施工。主要步骤为：拆卸扣件及电务设备→切割旧尖轨→吊出旧尖轨放在线路外安全地点→吊进新尖轨和保护轨→新尖轨准确定位→安装紧固扣件→焊接尖轨后连接轨→几何尺寸全面检查、调整→打磨焊缝及探伤→电务部门安装、调试。

2）同步更换尖轨和基本轨的程序

同步更换尖轨和基本轨一般采用 2 台 16 t 或 25 t 轨道吊车在邻线配合施工。主要步骤为：拆卸扣件及电务设备→切割旧尖轨→吊出旧尖轨放在线路外安全地点→切割旧基本轨→吊出旧基本轨放在线路外安全地点→吊进新基本轨→新基本轨准确定位→吊进新尖轨和保护轨→新尖轨准确定位→安装紧固扣件→焊接前后基本轨连接轨→焊接尖轨后连接轨→几何尺寸全面检查、调整→打磨焊缝及探伤→电务部门安装、调试。

线路开通后首列限速不超过 160 km/h，之后恢复常速。

3）作业主要机具

更换尖轨、基本轨作业使用的主要机具有吊机、扳手、扭力扳手、支距尺、电子轨距尺、电子平直仪、钢卷尺、撬棍、抬杠、焊磨工具、倒棱器、切割机、钻孔机、回流线。

2. 更换辙叉

高速道岔辙叉轨件出现伤损需更换时，施工需电务部门拆除相关设备，供电部门停电及轨道吊车配合。

1）更换伤损辙叉的程序

更换辙叉一般采用 2 台 16 t 或 25 t 轨道吊车在邻线配合施工。主要步骤为：切割连接轨→拆除扣件及电务设备→轨道吊车将伤损辙叉吊出存放在两线间→新辙叉吊入→辙叉准确定位→紧固扣件→焊接前后钢轨→几何尺寸全面检查、调整→电务部门安装、调试→焊缝探伤。其中辙叉准确定位是关键控制点。

线路开通后首列限速不超过 160 km/h，之后恢复常速。

2）作业主要机具

更换辙叉作业使用的主要机具有吊机、扳手、扭力扳手、支距尺、电子轨距尺、电子平直仪、钢卷尺、撬棍、抬杠、焊磨工具、倒棱器、切割机、回流线。

五、常见病害整治

（一）光带不良

1. 产生原因

光带不良产生的原因很复杂。轨面不平顺、轨头扭曲变形，尤其是焊接接头对轨错牙、扭曲；岔区尖轨、心轨设有 1∶40 轨顶坡，而连接其前后的钢轨设置在带有轨底坡的铁垫板上，两者的衔接很难做到一致；以上因素都会产生光带不良，也是造成岔区晃车的重要因素。

2. 预防整治措施

消除光带不良的主要途径是钢轨打磨，分为大型养路机械打磨和人工打磨两种。

一般在高速铁路精调以后、开通运营之前，通过钢轨预打磨，可"修正"钢轨廓形，消除光带不良，确保轮轨接触面的一致性。人工打磨时，打磨机应由两人配合作业：一人负责推动打磨机，控制打磨机的平衡及倾斜度，使砂轮能磨及缺陷部位；另一人负责控制打磨质量及观看轨面弧度，同步控制电源开关。开始时，要坚持"哪里光亮打哪里"的基本原则；打磨中，要同步观看磨削火花情况判断轨面平顺度；打磨后，打磨区域轨道顶面形状与前后钢轨必须一致，光带宽窄相同。打磨一周后要进行复查，通过对车辆碾压后的光带进行观察，光带有偏斜的再打磨调整，直至光带纵向是一条直线为止。其实，光带不良整治工作要体现综合养护要求，不能一味地打磨，有时还要进行轨距和方向的配合整治。

（二）不密贴

1. 产生原因

不密贴病害一般分为尖轨与基本轨不密贴、可动心轨与翼轨不密贴、尖轨与滑床板不密贴等三种情形。其产生的主要原因：一是道岔在运营过程中，由于轨距、轨向变化，尖轨、基本轨的变形，导致缝隙的产生；二是道岔爬行，左右尖轨相错，曲基本轨弯折矢度或弯折位置不正确；三是道岔顶铁过长，电务转辙机动程不标准或推、拉力不均，导致不密贴的产生；四是尖轨不直，基本轨或尖轨有肥边，造成尖轨与基本轨、可动心轨与翼轨不密贴或假密贴；五是尖轨拱腰、基本轨轨底不落槽、滑床台磨耗或超限，直接导致尖轨与滑床板不密贴。

2. 预防整治措施

一是严格控制两基本轨的框架尺寸，采用拨、改、弯等方法调直基本轨方向，调整好曲基本轨的弯折矢距；二是抓好工电联合整治工作，利用不同厚度的轨距块和调整片，对尖轨与基本轨、心轨与翼轨进行调试，确保尖轨动程、开程尺寸正确，各连接杆件拉力均匀；三是加强结构病害的整治，打磨尖轨及长、短心轨的肥边；四是整治或更换超标的拱腰尖轨和磨耗超限滑床板，并加强后期的养护工作，消除存在的离缝病害；五是对转辙部分、辙叉心这类重点薄弱处所，日常作业加强检修，保持其状态良好。

（三）鱼鳞纹和掉块

1. 产生原因

钢轨产生鱼鳞纹和掉块的原因有：曲尖轨接触应力过大；叉跟尖轨受力面较小，局部接触应力过大。

2. 预防整治措施

鱼鳞纹以预防为主，在鱼鳞纹出现早期，对于曲尖轨可以使用精磨机进行打磨；对于叉跟短尖轨鱼鳞纹可以使用手持砂轮机等设备进行打磨。打磨以消除钢轨表面鱼鳞纹为标准，不得对叉跟尖轨进行深度打磨。

（四）焊接不平顺

1. 产生原因

焊接不平顺大多是钢轨焊接不良造成的，因为焊接标准执行不严等多种因素，导致接头存在方向、高低等病害。现场普遍存在的是焊缝偏高问题，在岔区钢轨件更换后容易产生。

2. 预防整治措施

严格控制焊接时对轨上拱度和平顺度；采用精磨机进行精细打磨，不合格接头必须重新处理。焊接打磨时，轨头内侧工作边平直度要求控制在 −0.2 ~ 0 mm，轨顶面平直度要求控制在 0 ~ +0.2 mm，以改善轮轨接触关系，减少钢轨件作用面不平顺对列车的影响。

（五）曲尖轨侧磨

1. 产生原因

产生曲尖轨侧磨的原因有：尖轨存在方向、空吊等病害；列车侧向过车时，列车离心力造成曲尖轨存在固有磨耗；尖轨母材硬度不够。

2. 预防整治措施

消除转辙部位的方向、空吊等病害；提高尖轨硬度和耐磨性能，使用在线热处理尖轨，减缓磨耗速率；当尖轨作用边侧磨量超过 6 mm 时，应对尖轨进行更换。更换尖轨时，原则上曲尖轨与直基本轨应同步更换，以确保尖轨与基本轨密贴良好。考虑到技术经济因素，如果基本轨无磨耗或磨耗量较小，可以单根更换尖轨，但必须保证新换尖轨与基本轨密贴良好，降低值不超标。

（六）尖轨降低值超差

1. 产生原因

产生尖轨降低值超差的原因有：尖轨制造公差超标，顶面不平顺；滑床板（台）制造公差超标；CN 系列道岔滑床台与基板间胶垫压溃变形；尖轨或基本轨伤损更换时未按组件更换。

2. 预防整治措施

对于局部尖轨断面高引起的尖轨降低值超标处所可用小型养路机械打磨修理；CN系列道岔可通过更换特制滑床台（根据尖轨降低值偏差值特制不同厚度滑床台），其主要步骤为电务部门拆除动作杆→拆除卡簧→将尖轨拨至斥离状态并抬高→取下旧滑床台→换上新滑床台→将尖轨拨至闭合状态安装卡簧→测量尖轨降低值→调整尖轨辊轮高度→几何尺寸全面检查、调整→电务部门安装、调试；客专线系列道岔则通过更换不同厚度基本轨轨下橡胶垫板进行调整，但需要注意的是降低了基本轨下橡胶垫板时要用相应厚度的铁垫片垫实滑床板卡口与基本轨轨脚上的间隙，以免损坏滑床板；当降低值调整量大于 2 mm 时，应更换尖轨与基本轨组件。

（七）间隔铁水平螺栓折断

间隔铁水平螺栓折断主要发生于 CN-6118AS 道岔 105 号枕间隔铁水平联结螺栓处。

1. 产生原因

CN-6118AS 道岔 105 号枕螺栓是连接长心轨与翼轨间隔铁的水平螺栓，温度变化使得翼轨和心轨位移不一致，产生纵向剪力，导致螺栓断裂。

2. 预防整治措施

一是修改间隔铁的联结方式，改善受力状态；二是当温度变化较大时，设备管理单位加强检查，如发现折断及时更换。

六、工电联合整治

工电联合整治是消除工电结合部设备病害、提高道岔设备运用质量的有效方式，是减少设备故障、保障行车安全的重要举措。工电结合部范围包括可动心轨道岔尖轨、基本轨全长、可动心轨翼轨趾端至长心轨跟端。工务部门负责紧固各类螺栓锁定道岔，控制道岔各部分框架及几何尺寸，打磨尖轨、基本轨、心轨、翼轨肥边，保证尖轨、心轨静态密贴状态良好；电务部门负责尖轨、可动心轨各牵引点的动程控制与调整，检测各部分的绝缘性能，保证道岔转换灵活、密贴状态良好；高速道岔工电结合部主要病害有竖切不靠、无表示、卡阻、红光带和 CN 系列道岔下拉装置失效等。

（一）工务部门的重点

（1）调整线形线位及各部间隔尺寸，调整轨距、高低、水平、轨向等轨道几何尺寸。调整转辙部位框架尺寸，配合调整尖（心）轨密贴、动程和开程。

（2）整修更换、补充缺损的各种螺栓螺帽。

（3）方正道岔。整治基本轨硬弯、曲折点矢度不良和尖轨拱腰、硬弯、翘头。

（4）打磨钢轨件光带异常、肥边。

（5）其他（影响道岔技术状态的需电务部门配合）项目。

（二）电务部门的重点

（1）配合工务部门对道岔道床进行捣固前转换设备的拆除。

（2）配合工务部门调整检查各部滑床板辊轮，确保其作用良好。

（3）配合工务部门整治顶铁间隙符合标准。

（4）整治外锁装置安装质量，尤其是 CN 系列道岔安装、连杆销接支架，确保其符合标准。

（5）整治各牵引点动程、开口尺寸、锁闭量达标。

（6）同工务部门联合整治克服道岔虚假开口。

（7）联合消除影响道岔密贴的结合部病害。

（8）对 CN 系列道岔液压下拉装置安装质量进行整治。

（9）道岔设备和相关轨旁设备的紧固及防松。

（三）联合整治高速道岔的管理

1. 联合计划编制

工务、电务部门应在每年底联合编制次年的年度联合整治检查计划。年度联合整治检查计划必须覆盖所有道岔，其中正线道岔、客车进路上的道岔、大站咽喉关键道岔、病害频发道岔按照每年不少于 2 次安排，其他道岔按照每年不少于 1 次安排。

2. 联合检查制度

工务、电务部门应严格依据年度联合整治检查计划进行检查，年度计划以外、根据病害实际确定或阶段性专项整治活动明确的道岔结合部检查也应按照联合检查制度执行。联合检查工作依据"工电联合整治道岔项目及要求"进行，检查结果须经工务、电务部门双方签认。

3. 联合整治方案制订

结合部病害整治前，应根据联合调查结果，由工务、电务部门共同制订联合整治方案。

联合整治方案中须明确整治项目、技术标准、实施办法、作业人员、机具材料、安全措施、要点时间、停用范围等内容。联合整治方案须经工、电双方联合作业（车间）小组组长审核、签认。

4. 计划提报

道岔病害（缺陷）的工电联合整治作业处所，电务部门根据当月道岔设备运用质量、实际故障反映确定，由电务部门提报次月施工计划；工务部门根据道岔几何尺寸、轨检车检测结果确定，由工务部门负责向铁路局集团公司提报次月施工计划；根据年度联合调查计划发现病害需纳入整治的，由工务、电务部门商定提报。为消除严重病害需临时要点进行的联合作业，由作业主体单位负责申请临时要点，配合单位配合。更换伤轨（尖轨、基本轨、曲导轨）和伤损岔枕、晃车点整治、严重不良胶接绝缘处理等作业项目以工务部门为主体单位，电务部门为配合单位；处理、更换道岔转换特性调整等作业项目以电务部门为主体单位，工务部门为配合单位。道岔日常工电联合作业由工电双方按实际需求纳入日常维修天窗内进行。

5. 联合整治

联合整治作业前，作业主体单位牵头召开工务、电务人员参加的整治工作预备会，明确岗位责任和作业标准，确保整治效果。在联合作业过程中，工务、电务作业人员严格按照已确定的联合整治方案进行整治。联合作业结束后，作业主体单位组织工务、电务双方召开总结会，对当日联合整治工作进行总结。

6. 联合质量验收

每次整治工作结束后，工电联合作业小组成员必须依据"工电联合整治道岔项目及要求"对整治工作质量进行验收，验收存在问题的，由工电联合作业小组共同制定整改措施，影响正常使用的病害必须立即整改。工电联合工作小组成员每季度对管内联合作业进行验收，验收必须覆盖全部工务、电务车间，验收比例不得少于整治工作量的 1/3，验收表作为基础资料保存。铁路局集团公司工务处、电务处每半年组织对段级工电联合作业工作开展情况进行专项验收评比，随机抽查工电联合作业质量，检查结果纳入铁路局集团公司评比考核内容。

七、应急处理

高速铁路发生道岔设备故障时，应统一指挥、信息畅通、快速反应、正确处置，将故障对运输的干扰降低到最低。

（一）道岔晃车

1. 原因分析

道岔晃车主要由几何尺寸、结构病害或多种病害叠加产生。高速道岔发生晃车大多出现在转辙及辙叉部位。由于道岔结构复杂，所以道岔晃车处理须综合分析、全面整治。

2. 处置方法

（1）原因查找：检查人员经防护到达现场后，应按照"全面看，重点量"的原则，对晃车的道岔及前后各 200 m 线路进行检查，首先检查轨面几何状态，其次检查道岔结构状态。

（2）现场处理：立即组织对道岔几何尺寸超过临时补修管理值的偏差或结构性问题等进行整修，作业后应严格进行质量回检确认，视道岔型号和状态按有关规定放行列车，同时通过驻站防护员掌握通过列车对线路的反映，如司机反映还有晃车，要继续整修。如确认晃车点无危及安全的病害，现场人员应立即联系驻站防护员销记，常速放行列车。

（3）总结分析：发生晃车经现场抢修恢复常速后，应继续加强检查或整修，确保轨道几何状态受控。同时还应及时组织分析，查找真正原因，针对应急预案中存在的不足，进行补充完善。

（二）道岔红光带

1. 原因分析

（1）道岔绝缘接头绝缘失效，或接头弹条与夹板接触连电造成绝缘失效。

（2）道岔内轨道电路回路钢轨件断轨，造成道岔内轨道电路回路断电。

2. 处置方法

（1）由于绝缘接头绝缘失效造成的红光带，应将绝缘接头解开，进行重新胶接。

（2）由于接头弹条与夹板接触连电造成绝缘失效时，整正扣件系统，将弹条与夹板分离。

（3）由于道岔内轨道电路回路钢轨件断轨造成红光带，处理办法同道岔断轨处理。

（三）轨件折断

1. 原因分析

（1）钢轨件材质不良。

（2）焊接质量不良。

（3）轨件与零部件长期点接触，应力集中。

（4）有砟道岔轨枕长期空吊，疲劳伤损。

2. 处置方法

发现道岔尖轨、基本轨、可动心轨和翼轨折断时应立即封锁线路，进行处理。

（1）紧急处理：

① 断缝位于尖轨与基本轨、可动心轨与翼轨密贴段范围以外，且能加固时，处理方法和放行列车条件同钢轨折断处理。

② 断缝位于尖轨与基本轨、可动心轨与翼轨密贴段范围以外不能加固，或断缝位于尖轨与基本轨、可动心轨与翼轨密贴段范围内，且直股或曲股之一可单独放行列车时，根据现场实际情况，确定道岔开向，由工务部门紧固，电务部门确认道岔尖轨及心轨密贴状态，道岔应现场加锁或由控制台单锁，视道岔型号和状态确定放行列车速度，但最高不得超过 60 km/h，并派人看守，邻线限速不超过 160 km/h；直股和曲股均放行列车时，应进行永久处理。

（2）永久处理：更换尖轨、基本轨或辙叉并焊接，其焊接作业宜在当日天窗内或轨温适宜时临时要点进行焊复。

（四）道岔无表示

1. 原因分析

（1）道岔框架不方正造成卡阻：一般为直曲基本轨不方正、错牙或单尖轨大幅度窜移造成设计对应点位严重不对位，在道岔转换时电务各部杆件游动余量不足、磨卡别劲引起转换阻力大，使得各牵引点尖轨移动不一致。

（2）尖轨、心轨转换卡阻：一般为道岔连接件脱落或杂物影响道岔扳动。

（3）道岔尖轨存在假密贴：尖轨、心轨存在假轨距，当间隙大于 1 mm 时有可能使 PLV 控制器（可编程逻辑控制器）密贴点断开，导致无表示。

2．处置方法

（1）工务部门解决尖轨窜动的问题，使得框架、方正良好。

（2）重点检查道岔转辙和岔心可动部位结构状态，补充结构部件缺失并清除杂物。

（3）加强道岔转辙、岔心维护，用撬棍拨动尖轨，使得密贴间隙小于 1 mm，来回操动调试，使得尖轨、心轨密贴状态良好。

八、钢轨伸缩调节器维护

钢轨伸缩调节器性能和配置、尖轨相对于基本轨降低值应符合设计要求。平面曲线和竖曲线地段不得设置钢轨伸缩调节器。在桥梁中部设置双向钢轨伸缩调节器时，温度跨度不宜超过 200 m，宜将双向尖轨的对称中心设置在连续梁中部固定支座上方。钢轨伸缩调节器基本轨始端和尖轨跟端焊接接头位置距梁缝不应小于 2 m。接续线钻孔位置应避开基本轨伸缩范围。单向钢轨伸缩调节器应加强尖轨及其后 100 ~ 150 m 范围内钢轨锁定，双向钢轨伸缩调节器应加强尖轨范围锁定。钢轨伸缩调节器及其前后线路扣件类型应符合设计要求。

钢轨伸缩调节器经常保养和维修作业要求如下：

（1）应加强钢轨伸缩调节器经常保养，使其保持尖轨锁定、基本轨可伸缩状态，防止尖轨爬行或基本轨异常伸缩。

（2）钢轨伸缩调节器所有螺栓扭矩应达到设计要求。

（3）不得对钢轨伸缩调节器基本轨、尖轨及其所焊联的钢轨进行张拉或顶推作业。

（4）定期观测并分析基本轨伸缩量、焊缝位置与气温关系，发现伸缩故障应及时消除。

（5）尖轨或基本轨顶面出现肥边时应及时打磨。

（6）尖轨或基本轨轨头出现擦伤时应及时修理或更换。

（7）尖轨轨顶相对于基本轨轨顶无降低段的尖轨顶面低于基本轨顶面时，应及时修理或更换。

（8）尖轨相对于基本轨降低值偏差超过 1 mm，且对行车平稳性有影响时，应及时修理或更换。

（9）焊接接头质量应满足相关规定。

（10）每半年对基本轨轨撑螺栓、尖轨轨撑螺栓涂油一次。不得对尖轨轨撑贴合面和台板顶面进行涂油或使油污浸入。

（11）日常清扫，保持各部件清洁。

（12）有砟轨道，有下列情况之一时，应及时修理或更换护轨：护轨与尖轨（基本轨）间净距偏差超过 10 mm；护轨高于尖轨（基本轨）5 mm 或低于尖轨（基本轨）25 mm。

第八节　无缝线路养护维修

本节要求

对比掌握高速铁路无缝线路养护维修应突出的重点内容。

我国高速铁路在无（有）砟轨道、长大桥上、大号码道岔和高架站上道岔上一次铺设跨区间无缝线路。因此，与传统无缝线路相比，高速铁路无缝线路养护维修应突出以下重点：

（1）无缝线路维修管理应以一次锁定的轨条为一个管理单元，无缝道岔应以单组或相邻多组一次锁定的道岔及其前后 200 m 线路为一个管理单元。

（2）无缝线路锁定轨温应在设计锁定轨温范围内，相邻单元轨节之间的锁定轨温之差不应大于 5 ℃，同一区间内单元轨节的最高与最低锁定轨温之差不应大于 10 ℃，左右股钢轨锁定轨温之差不应大于 3 ℃。无缝道岔应在设计锁定轨温 ± 3 ℃ 范围内锁定，且相邻单元轨节间的锁定轨温差不应大于 5 ℃。

（3）位移观测桩在轨条就位或轨条拉伸到位后，应立即进行标记。标记应明显、耐久、可靠。

（4）按规定做好无缝线路钢轨位移观测，位移观测可采用仪器观测或弦线测量，也可采用钢轨应力检测仪等检测设备测量无缝线路锁定轨温，累计位移量出现异常时（锁定轨温变化超过 5 ℃），应及时查明原因，采取相应措施。

（5）无缝道岔应铺设在无缝线路固定区，正线道岔除胶接绝缘接头外，其他接头应全部焊接。无缝道岔应在设计锁定轨温范围内铺设和锁定，不宜进行应力放散。无缝道岔的设计锁定轨温应与两端区间无缝线路设计锁定轨温一致，且应满足跨区间无缝线路允许温降和允许温升要求，道岔各联结件应牢固可靠。无缝道岔尖轨尖端伸缩位移、可动心轨尖端伸缩位移应满足表 7-16 的要求，超过允许值时应分析原因，并及时调整，防止转换卡阻。

表 7-16　尖轨相对于基本轨、可动心轨相对于翼轨允许伸缩位移

道岔类型	尖轨允许伸缩位移/mm	心轨允许伸缩位移/mm	备注	
			锁闭机构	尖轨跟端结构
客专线系列	±40	±20	多机多点钩型外锁	限位器、间隔铁或无传力部件
CZ 系列	±45	±30	第一牵引点拐肘外锁	无传力部件
CN 系列	±40	±20	多机多点自调式外锁	限位器

（6）无缝线路地段应根据季节特点、锁定轨温和线路状态，宜按单元轨节为单位，合理安排作业项目。无缝线路作业必须掌握实际锁定轨温，测量作业轨温，根据作业轨温条件进行作业。有砟轨道作业轨温见第六章第八节中"无缝线路养护维修的一般要求"，无砟轨道作业轨温条件见表 7-17。

表 7-17　无缝线路作业轨温条件

作业项目	线路平面条件	最多连续松开扣件个数（按实际锁定轨温计算）				
		−10 ℃ 及以下	−10 ℃ ~ 0 ℃	0 ℃ ~ +10 ℃	+10 ℃ ~ +20 ℃	+20 ℃ 以上
改道、垫板作业	R<2 000 m	9	40	15	9	禁止
	R≥2 000 m 或直线	15	40	20	9	禁止
更换扣件或涂油	—	隔一松一，流水作业				禁止

（7）线路上的钢轨硬弯，应在轨温较高季节矫直，矫直时轨温应高于 25 ℃。

（8）无缝道岔尖轨及其前方 25 m 范围的作业轨温应在实际锁定轨温 ± 10 ℃ 范围。

（9）桥上无缝线路应按设计要求，保持扣件布置方式和扣件紧固程度。高温和低温季节，应加强连续梁活动端或桥台附近线路状态的检查，对位移超限处所及时进行调整，防止碎弯和断轨。温度跨度等于或大于 48 m 时，应加强梁端附近线路状态的检查。

（10）对大坡道地段、隧道口前后 100 m 线路、列车制动地段无缝线路应加强检查和锁定，防止钢轨爬行和线路出现碎弯。

（11）无缝线路锁定轨温必须准确、均匀，有下列情况之一者，应进行应力放散或调整：

① 实际锁定轨温不在设计锁定轨温范围以内。

② 锁定轨温不明、不准确。

③ 两相邻单元轨节锁定轨温差超过 5 ℃，或左右股钢轨实际锁定轨温相差超过 3 ℃，或同一区间单元轨节最高、最低锁定轨温相差超过 10 ℃。

④ 铺设或维修作业方法不当，使轨条产生不正常伸缩。

⑤ 出现严重不均匀位移。

⑥ 夏季线路轨向严重不良，碎弯多。

⑦ 通过位移观测或测试分析，发现温度力分布严重不均匀。

（12）无缝线路应力放散作业。

① 无缝线路放散可根据具体条件采用滚筒配合撞轨法或滚筒结合拉伸配合撞轨法。

② 应力放散时，应每隔 50 ~ 100 m 设一位移观测点观测钢轨位移量，及时排除影响放散的障碍，锁定轨温应准确。

③ 应力放散后，应按实际锁定轨温及时修改有关技术资料和位移观测标记。

（13）胀轨跑道的防治和处理。

① 当线路连续出现碎弯并有胀轨迹象时，应限制列车运行速度或封锁线路，并尽快组织处理。

② 作业中如出现轨向、高低不良时，必须停止作业，并及时采取防胀措施。

③ 发现胀轨跑道时应立即封锁线路进行处理。

④ 无缝线路发生胀轨跑道时，应对胀轨跑道情况按规定内容做好记录。

（14）钢轨折断处理。

发现钢轨折断时应立即封锁线路，并根据现场情况采取紧急处理、临时处理或永久处理。

① 紧急处理：当断缝不大于 30 mm 时，可在断缝处上夹板或臌包夹板，用急救器加固，拧紧断缝前后各 50 m 范围内的扣件，并派专人看守，按不超过 45 km/h 速度放行列车，且邻线限速不超过 160 km/h。

② 临时处理：当钢轨折损严重、断缝超过 30 mm 或紧急处理后不能及时焊复时，应切除伤损部分，在两锯口间插入长度不短于 6 m 的同型钢轨，轨端钻孔，安装接头夹板，用 10.9 级螺栓拧紧，拧紧短轨前后各 50 m 范围内的扣件，按不超过 160 km/h 速度放行列车。

③ 永久处理：对紧急处理或临时处理的处所，宜于当日天窗内或在轨温适宜时临时要点进行焊复。

思考与练习

1. 高铁轨道设备动态检查方法有哪些？

2. 高铁轨道不平顺静态检查方法有哪些？

3. 日计划派工单应包括哪些内容？

4. WJ-7 型扣件如何进行轨向和轨距调整？

5. WJ-7 型扣件，原轨下只有 2 mm 厚绝缘缓冲垫板。现因冻胀，需将该处轨面在现有基础上调高 16 mm，应如何进行垫板作业？

6. WJ-8 型扣件，原轨距为 1 433 mm，现调整为 1 435 mm，应如何调整扣件轨距挡板和轨距块？

7. WJ-8 型扣件，原轨下垫板为 6 mm/1，轨下微调垫板 5 mm/1，铁垫板下调高垫板 20 mm/1。现需撤下若干垫板，将该处轨面在现有基础上调低 16 mm，应如何进行垫板作业？

8. 有砟轨道大机作业时，工务段应提前向工务机械段提供作业地段的哪些资料？

9. 客专系列道岔如何调整轨距？

10. 总结归纳高速铁路钢轨打磨技术与普速铁路钢轨打磨技术的异同点。

11. 尖轨、心轨、叉跟尖轨达到何种伤损时需要更换？

12. 高速铁路道岔养护维修的主要特点有哪些？

13. 简述客专系列无砟高速道岔平面调整作业。

14. 预防整治光带不良的措施是什么？

15. 出现道岔红光带如何处置？

16. 简述高速铁路无缝线路轨道锁定轨温要求。

[1] 谷爱军. 铁路轨道. 北京：中国铁道出版社，2013.

[2] 铁路职工岗位培训教材编审委员会. 铁路线路工. 北京：中国铁道出版社，2010.

[3] 刘建华，冯毅. 单开道岔结构与维修养护. 北京：中国铁道出版社，2013.

[4] 王其昌. 无碴轨道钢轨扣件. 成都：西南交通大学出版社，2005.

[5] 广钟岩，高慧安. 铁路无缝线路. 北京：中国铁道出版社，2015.

[6] 中铁十一局集团有限公司. 无砟轨道施工技术. 北京：中国铁道出版社，2016.

[7] 秦飞. 铁路轨道工程施工技术. 北京：中国铁道出版社，2014.

[8] 李昌宁. CRTS Ⅰ型板式无砟轨道轨道板预制与铺设技术. 北京：中国铁道出版社，2012.

[9] 李昌宁. CRTS Ⅱ型板式无砟轨道轨道板预制与铺设技术. 北京：中国铁道出版社，2012.

[10] 李昌宁. CRTS Ⅲ型板式无砟轨道轨道板预制与铺设技术. 北京：中国铁道出版社，2015.

[11] 李昌宁. CRTS Ⅰ型双块式无砟轨道轨枕预制与铺设技术. 北京：中国铁道出版社，2013.

[12] 李昌宁. CRTS Ⅱ型双块式无砟轨道轨枕预制与铺设技术. 北京：中国铁道出版社，2013.

[13] 李昌宁. 岔区板式与枕式无砟轨道施工技术. 北京：中国铁道出版社，2013.

[14] 中铁第四勘察设计院集团有限公司. 铁路轨道设计规范：TB 10082—2017. 北京：中国铁道出版社，2017.

[15] 中铁第四勘察设计院集团有限公司. 铁路无缝线路设计规范：TB 10015—2012. 北京：中国铁道出版社，2013.

[16] 铁道第三勘察设计院集团有限公司. 高速铁路设计规范：TB 10621—2014. 北京：中国铁道出版社，2015.

[17] 普速铁路线路修理规则：铁总工电〔2019〕34 号. 北京：中国铁道出版社有限公司，2019.

[18] 高速铁路有砟轨道线路维修规则（试行）：铁运〔2013〕29 号. 北京：中国铁道出版社，2013.

[19] 高速铁路无砟轨道线路维修规则（试行）：铁运〔2012〕83 号. 北京：中国铁道出版社，2012.

[20] 中铁八局集团有限公司. 高速铁路轨道工程施工技术规程：Q/CR 9605—2017. 北京：中国铁道出版社，2017.

[21] 中铁一局集团有限公司. 客货共线铁路轨道工程施工技术规程：Q/CR 9654—2017. 北京：中国铁道出版社，2017.

[22] 中国铁路总公司运输局工务部. 铁路工务技术手册：线路养护·高速铁路维修. 北京：中国铁道出版社，2017.

[23] 中国铁路总公司运输局工务部. 铁路工务技术手册：轨道. 北京：中国铁道出版社，2016.

[24] 中国铁路总公司运输局工务部. 铁路工务技术手册：道岔. 北京：中国铁道出版社，2017.

[25] 中国国家铁路集团有限公司工电部. 铁路工务技术手册：线路养护·普速铁路维修. 北京：中国铁道出版社有限公司，2021.